Rechnungswesen Kaufmann/Kauffrau für Bürokommunikation

von
Dipl.-Kfm. Jürgen Hermsen

Winklers

Vorwort zur 14. Auflage

In die 14. Lehrbuchauflage wurden das Bilanzrechtsmodernisierungsgesetz und das Wachstumsbeschleunigungsgesetz eingearbeitet. Darüber hinaus wurden wieder viele Verbesserungen vorgenommen.

Dem Lehrbuch liegt der Rahmenlehrplan der Kultusministerkonferenz zugrunde. Es folgt seinen Intentionen und ist ausgerichtet auf ein Lernen mit einer möglichst großen Praxisnähe.

Zudem bereitet das Lehrbuch optimal auf die Prüfungen der „IHK-Gemeinschaftsstelle für bundeseinheitliche kaufmännische Abschluss- und Zwischenprüfungen" vor.

Folgende Merkmale kennzeichnen das vorliegende Lehrbuch:

- Die Darstellung der erforderlichen Sachinformationen erfolgt in einer klaren Sprache und in klein gehaltenen Lernschritten.
- Betriebswirtschaftliche (fachübergreifende) Lerninhalte werden bei allen sich bietenden Gelegenheiten dargeboten.
- Der Lernprozess wird durch Zusammenfassungen in Form von Schaubildern und Merksätzen unterstützt.
- Für die Lernerfolgssicherung sorgt eine Vielzahl unterschiedlich strukturierter Aufgaben.

  Die Aufgaben unterscheiden sich auch hinsichtlich ihres Schwierigkeitsgrades. Auf diese Weise kann mit einer entsprechenden **Stoffauswahl für jede Klasse ein „angemessenes Aufgabenprogramm"** zusammengestellt werden.

  Die Aufgaben sind praxisnah und **handlungsorientiert** aufbereitet:
  - Eine Vielzahl der Aufgaben bezieht sich auf eine Übungsfirma.
  - In die Aufgabenteile der Buchführungskapitel sind die für den jeweiligen Lernstoff typischen Buchungsbelege eingebaut.
  - Ein Software-Einsatz ist bei einigen Geschäftsgängen (Finanzbuchführungsprogramm) und bei einigen ausgewählten Aufgaben (EXCEL-Arbeitsblätter) vorgesehen.
  - In den Geschäftsgängen sind die Geschäftsfälle (wie in der Praxis) nach Buchungskreisen geordnet. (Ausnahme: Anfangskapitel)
  - Bei den Geschäftsgängen kann praxisnah auf Kunden- und Liefererkonten gebucht werden. (Ausnahme: Anfangskapitel)

Kein Lehrbuch ist so gut, dass es nicht noch verbessert werden könnte. Helfen Sie mir bitte mit entsprechenden Hinweisen. Vielen Dank!

Jürgen Hermsen

Zur **Prüfungsvorbereitung** ist unter www.winklers.de Zusatzmaterial und Software erhältlich.

Die Bücher von Jürgen Hermsen haben das moderne Rechnungswesenlehrbuch wesentlich geprägt. Die von unserem Autor von Beginn an verwendete Konzeption des belegorientierten Arbeitens mit einer zentralen Übungsfirma hat sich auf breiter Basis durchgesetzt.

14., überarbeitete Auflage, 2010
Druck 1, Herstellungsjahr 2010

Westermann Schroedel Diesterweg
Schöningh Winklers GmbH
Postfach 33 20, 38023 Braunschweig
Telefon: 01805 996696* Fax: 0531 708-664
service@winklers.de
www.winklers.de
Redaktion: Kirsten Rotert
Druck: westermann druck GmbH, Braunschweig
ISBN 978-3-8045-**6691**-0

* 14 Cent/Min. aus dem deutschen Festnetz, Mobilfunk maximal 42 Cent/Min.

66912

Eine Vielzahl von Aufgaben bezieht sich auf das folgende Unternehmen:

1. Name und Sitz der Firma Textilfabrik Konrad Fied KG, Goseriede 41, 30159 Hannover

2. Bankverbindungen

Lindener Volksbank eG	Kreissparkasse Hannover	Postbank Hannover
Konto-Nr. 12 345	Konto-Nr. 88 230	Konto-Nr. 15 82-300
BLZ 251 901 01	BLZ 250 502 99	BLZ 250 100 30

3. Geschäftsjahr 1. Januar bis 31. Dezember

4. Produkte/Handelswaren Textilien jeglicher Art

5. Werkstoffe

- Rohstoffe: Stoffe jeglicher Art
- Hilfsstoffe: Nähgarn, Stoßbänder, Knöpfe, Reißverschlüsse, Gummibänder
- Betriebsstoffe: Heizöl, Gas, Strom, Wasser, Schmierstoffe

6. Lieferanten

Bernhard Müller OHG
Im Weiher 1
69121 Heidelberg
Rohstoffe
L.-Nr. 44 001

Emut GmbH
Hohler Weg 3
34369 Hofgeismar
Rohstoffe
L.-Nr. 44 002

Winter GmbH
Ottenstraße 12
30880 Laatzen
Betriebsstoffe
L.-Nr. 44 003

Karl-Heinz More e. Kfm.
Seelhorststraße 6
30175 Hannover
Betriebs- und Geschäftsausstattung
L.-Nr. 44 004

Adsack GmbH
Minister-Stüve-Straße 17
30449 Hannover
Zeitungsanzeigen
L.-Nr. 44 005

Vödisch AG
Neue Straße 17
30457 Hannover
Hilfsstoffe
L.-Nr. 44 006

Sauer KG
Rehbergstraße 24
30173 Hannover
Autohaus
L.-Nr. 44 007

Bettina Meyer e. Kffr.
Erzbergerstr. 1
39104 Magdeburg
Modedesignerin
L.-Nr. 44 008

Winkler KG
Bismarckstraße 7
64293 Darmstadt
Rohstoffe
L.-Nr. 44 009

7. Kunden

Söffgen OHG
Textilgroßhandel
Bergstraße 11
51503 Rösrath
Kd.-Nr. 24 001

Gertrud Schön e. Kffr.
Textileinzelhandel
Sundernstraße 34
22159 Hamburg
Kd.-Nr. 24 002

Hampe KG
Textilgroßhandel
Südstraße 6
06132 Halle
Kd.-Nr. 24 003

Gebert GmbH
Textilgroßhandel
Falkenstraße 5
04229 Leipzig
Kd.-Nr. 24 004

Brandes GmbH
Textilgroßhandel
Lister Meile 5
01169 Dresden
Kd.-Nr. 24 005

Tina Hempe e. Kffr.
Textileinzelhandel
Weststraße 55
81541 München
Kd.-Nr. 24 006

Wolfgang Mehlert e. Kfm.
Textileinzelhandel
Böhmerstraße 5
60437 Frankfurt
Kd.-Nr. 24 007

Adam GmbH
Textilgroßhandel
Löwengasse 38
A–1030 Wien
Kd.-Nr. 24 008

Erklärung der Symbole

A Die so gekennzeichneten Aufgaben sind in einem zum Lehrbuch gehörenden **Arbeitsheft** (ISBN 978-3-8045-**6699**-6) enthalten.

Die so gekennzeichneten Aufgaben können als EXCEL-Arbeitsblätter unter der Bestellnummer 6691 von der Winklers-Homepage (www.winklers.de) kostenlos heruntergeladen werden. An derselben Stelle können Lehrerinnen und Lehrer auch die passwortgeschützten Excel-Lösungen zu diesen Aufgaben kostenlos herunterladen. Das Passwort steht im Lösungsband BN 6635.

FIBU möglich Bei den so gekennzeichneten Aufgaben ist der Einsatz eines Finanzbuchhaltungsprogrammes möglich.

1 Einführung in das Rechnungswesen

2 Einführung in die Systematik der Buchführung

4 Statistik

Reinzeichnungen: Claudia Hild, Angelburg-Gönnern

Globus-Infografik: S. 322

Layout: Gina-Höhm-Design, Frankfurt/Main

Belege: korrekt medien Marcus Hoffstadt, Koblenz

1 Einführung in das Rechnungswesen

1.1 Die kaufmännischen Rechenarten

1.1.1 Die Dreisatzrechnung

1.1.1.1 Der einfache Dreisatz

1.1.1.1.1 Der einfache Dreisatz mit geradem Verhältnis

Beispiel

Die Frachtkosten für einen Rohstoff mit einem Gewicht von 108 kg betragen 19,65 €. Wie viel € betragen die Frachtkosten für einen Rohstoff mit einem Gewicht von 234 kg?

Lösung

❶ Angabesatz: Die Frachtkosten für **108** kg betragen **19,65** €.
❷ Fragesatz: Die Frachtkosten für 234 kg betragen x €.

❸ Bruchsatz: $x = \frac{19{,}65 \cdot 234}{108} = 42{,}575$
$= 42{,}58$ € (gerundet)

Lösungsweg

❶ Beim Formulieren des Angabesatzes wird die gesuchte Größe an den Schluss gesetzt.

❷ Beim Formulieren des Fragesatzes muss darauf geachtet werden, dass gleiche Benennungen (Einheiten) untereinander stehen.

❸ Die folgenden **drei Sätze (daher Dreisatz)** ergeben den Bruchsatz:

I. Die Frachtkosten für **108** kg betragen **19,65** €.
*Anmerkung: Die Zahl im Angabesatz über dem „X" (hier: **19,65**) erscheint **immer zuerst** auf dem Bruchstrich. Bei der weiteren Formulierung des Bruchstriches wird jeweils errechnet, wie sich **diese Zahl verändert.***

II. Die Frachtkosten für 1 kg betragen $\frac{19{,}65}{108}$ €. **(Division)**

III. Die Frachtkosten für 234 kg betragen $\frac{19{,}65 \cdot 234}{108}$ €.

Im obigen Beispiel liegt ein **gerades Verhältnis** vor, weil das Wachsen der ersten Größe (hier: kg) ebenfalls ein Wachsen der zweiten Größe (hier: €) zur Folge hat. Umgekehrt würde ein Sinken der ersten Größe ebenfalls zu einem Sinken der zweiten Größe führen.

In unserem Beispiel gilt:

Je schwerer → desto höher der Preis.
Je leichter → desto geringer der Preis.

Allgemein gilt für ein gerades Verhältnis:

Je mehr → desto mehr.
Je weniger → desto weniger.

Wird „beim Schluss auf eine Einheit" (II. Satz) *dividiert*, so liegt ein *gerades Verhältnis* vor.

AUFGABEN

1 288 kg einer Ware kosten 792,00 €. Wie viel kosten 312 kg?

2 Ein Lagerarbeiter erhält für 40 Arbeitsstunden einen Bruttolohn von 450,00 €. Wie hoch ist der Bruttolohn für 32 Arbeitsstunden?

3 In einem Betrieb verbraucht die Gasheizungsanlage für 85 Heizungstage 1 685 m^3 Gas. Wie hoch ist der Gasverbrauch (bei unverändertem täglichen Verbrauch) für a) 63 Tage, b) 108 Tage? (Genauigkeit: 3 Stellen hinter dem Komma.)

4 Zur Lackierung einer Fläche, die 6,80 m lang und 4,71 m breit ist, werden 3,5 kg Lack benötigt. Wie viele kg Lack sind zum Bestreichen einer Fläche von 10,85 m Länge und 5,36 m Breite erforderlich? (Genauigkeit: 3 Stellen hinter dem Komma.)

1.1.1.1.2 Der einfache Dreisatz mit ungeradem Verhältnis

Beispiel

Bei der Inventur benötigen 8 Angestellte 15 Stunden für die körperliche Bestandsaufnahme. 2 Angestellte fallen in diesem Jahr bei der Inventur durch Krankheit aus.
Wie viele Arbeitsstunden sind nun für die körperliche Bestandsaufnahme einzuplanen?

Lösung

❶ Angabesatz: **8** Angestellte benötigen **15** Stunden
❷ Fragesatz: 6 Angestellte benötigen x Stunden

❸ Bruchsatz: $x = \frac{15 \cdot 8}{6} = \underline{\underline{20 \text{ Stunden}}}$

Lösungsweg

❶ Beim Formulieren des Angabesatzes wird die gesuchte Größe an den Schluss gesetzt.

❷ Beim Formulieren des Fragesatzes muss darauf geachtet werden, dass gleiche Benennungen (Einheiten) untereinander stehen.

❸ Die folgenden **drei Sätze (daher Dreisatz)** ergeben den Bruchsatz:

I. **8** Angestellte benötigen **15** Stunden
*Anmerkung: Die Zahl im Angabesatz über dem „X" (hier: **15**) erscheint **immer zuerst** auf dem Bruchstrich. Bei der weiteren Formulierung des Bruchstriches wird jeweils errechnet, wie sich **diese Zahl verändert.***

II. 1 Angestellter benötigt **15 · 8** Stunden. **(Multiplikation)**

III. 6 Angestellte benötigen $\frac{15 \cdot 8}{6}$ Stunden.

Im obigen Beispiel liegt ein **ungerades Verhältnis** vor, weil das Sinken der ersten Größe (hier: Anzahl der Angestellten) ein Wachsen der zweiten Größe (hier: Stunden) zur Folge hat. Umgekehrt würde ein Wachsen der ersten Größe zu einem Sinken der zweiten Größe führen. Für ein ungerades Verhältnis gilt:

Je weniger → desto mehr.
Je mehr → desto weniger.

Wird „beim Schluss auf eine Einheit" (II. Satz) *multipliziert*, so liegt ein *ungerades Verhältnis* vor.

669110

AUFGABEN

1 Wenn auf einer Geschäftsreise täglich durchschnittlich 154,00 € ausgegeben werden, reichen die Spesen für 14 Tage. Wie lange reichen die Spesen, wenn täglich durchschnittlich 196,00 € ausgegeben werden?

2 Bei einem Verbrauch von 7,5 l pro 100 km reicht die Tankfüllung für 850 km.
Für wie viele km reicht die Tankfüllung, wenn 6,5 l pro 100 km verbraucht werden? (Genauigkeit: 3 Stellen nach dem Komma.)

3 Zum Tapezieren eines Büros werden 48 Tapetenrollen von 70 cm Breite benötigt.
Wie viele Tapetenrollen sind erforderlich, wenn die Breite 85 cm beträgt?

4 Für die Reinigung einer Lagerhalle benötigen 5 Lagerarbeiter 6 Stunden. Wie viele Stunden würden 8 Lagerarbeiter benötigen?

AUFGABEN mit geradem und ungeradem Verhältnis

1 20 kg Äpfel ergeben 1,8 l Apfelsaftkonzentrat. Wie viele kg Äpfel werden für 5 l Apfelsaftkonzentrat benötigt? (Genauigkeit: 3 Stellen nach dem Komma.)

2 Zum Einbau einer Großheizanlage benötigen 5 Monteure 48 Stunden. 1 Monteur fällt krankheitsbedingt aus. Wie viele Arbeitsstunden werden nun benötigt?

3 Ein Großbehälter mit kohlensäurefreiem Mineralwasser ergibt 480 Flaschen zu 1,5 l.
Wie viele Flaschen zu 0,7 l ergibt der Großbehälter?

4 Auf der Strecke von Hannover nach Hamburg (145 km) werden 10,4 l Benzin verbraucht. Wie viele Liter Benzin werden – bei gleichem Fahrverhalten – auf der Strecke von Hannover nach Magdeburg (160 km) verbraucht? (Genauigkeit: 1 Stelle hinter dem Komma.)

5 Für die Autofahrt zu einem Großabnehmer benötigen wir bei einer Durchschnittsgeschwindigkeit von 90 km/h 6 Stunden und 42 Minuten. In welcher Zeit erreichen wir unseren Kunden bei einer Durchschnittsgeschwindigkeit von 105 km/h? (Genauigkeit: Minuten.)

6 Es sollen 1 100 Kugelschreiber zu je 1,80 € umgetauscht werden in Kugelschreiber zu einem Preis von 2,20 €. Wie viele Kugelschreiber werden für denselben Betrag bezogen?

7 Wir kaufen eine EDV-Anlage und vereinbaren den Kaufpreis in 12 monatlichen Raten zu je 6.425,00 € zu entrichten. Aufgrund von Forderungsausfällen kommt es bei uns zu einem Liquiditätsengpass. Wir bitten den Lieferanten der EDV-Anlage in 20 Monatsraten zahlen zu dürfen. Auf wie viel € würden sich in diesem Fall die monatlichen Raten belaufen?

8 Bei einer gemeinsamen Werbeaktion von 12 Unternehmungen trägt jede Unternehmung 30.000,00 € an Werbekosten. Die Werbekosten sollen pro Unternehmung auf 20.000,00 € gesenkt werden. Wie viele Unternehmungen müssen in die gemeinsame Werbeaktion mit einbezogen werden, wenn der gesamte Werbeaufwand unverändert bleiben soll?

9 Die Transportversicherungsprämie beträgt bei einem Warenwert von 228.000,00 € 662,00 €. Auf welchen Betrag beläuft sich die Transportversicherungsprämie, wenn der Warenwert 336.478,00 € beträgt?

10 Bei einem Absatz von 278 Stück erhält unser Vertreter eine Provision von 1.380,00 €. Wie hoch ist seine Provision, wenn er 432 Stück verkauft?

1.1.1.2 Der zusammengesetzte Dreisatz

Beispiel

40 m eines Stoffes mit einer Breite von 1,20 m kosten 960,00 €. Wie viel kosten 60 m dieses Stoffes, wenn die Breite 1,40 m beträgt?

Lösung

❶ Angabesatz: Ein Stoff mit 40 m Länge und 1,20 m Breite kostet **960,00** €.
❷ Fragesatz: Ein Stoff mit 60 m Länge und 1,40 m Breite kostet x €.

❸ Bruchsatz: $x = \frac{\mathbf{960} \cdot 60 \cdot 1{,}40}{40 \cdot 1{,}20} = \underline{\underline{1.680{,}00\ €}}$

Lösungsweg

❶ Beim Formulieren des Angabesatzes wird die gesuchte Größe an den Schluss gesetzt.

❷ Beim Formulieren des Fragesatzes muss darauf geachtet werden, dass gleiche Benennungen (Einheiten) untereinander stehen.

❸ Die folgenden Sätze ergeben den Bruchsatz:

I. Ein Stoff mit 40 m Länge und 1,20 m Breite kostet **960,00** €.
*Anmerkung: Die Zahl im Angabesatz über dem „X" (hier: **960,00**) erscheint **immer zuerst** auf dem Bruchstrich. Bei der weiteren Formulierung des Bruchstriches wird jeweils errechnet, wie sich **diese Zahl verändert**.*

II. Ein Stoff mit 1 m Länge und 1,20 m Breite kostet $\frac{\mathbf{960}}{40}$ €.

III. Ein Stoff mit 60 m Länge und 1,20 m Breite kostet $\frac{\mathbf{960} \cdot 60}{40}$ €.

IV. Ein Stoff mit 60 m Länge und 1 m Breite kostet $\frac{\mathbf{960} \cdot 60}{40 \cdot 1{,}20}$ €.

V. Ein Stoff mit 60 m Länge und 1,40 m Breite kostet $\frac{\mathbf{960} \cdot 60 \cdot 1{,}40}{40 \cdot 1{,}20}$ €.

Bei einem zusammengesetzten Dreisatz erfordert die Lösung 5 oder mehr Sätze. Es können sowohl gerade als auch ungerade Verhältnisse vorliegen. Im obigen Beispiel liegt ein zusammengesetzter Dreisatz mit zwei geraden Verhältnissen vor.

AUFGABEN

1 4 Mikrofilmaufnahmegeräte erfassen in 3 Stunden 12 182 Belege. Ein Mikrofilmaufnahmegerät fällt wegen eines Defektes aus. Es stehen 5 Stunden zur Verfügung. Wie viele Belege werden erfasst?

2 Ein Kapital von 24.000,00 € erbringt in 100 Tagen einen Zinsertrag von 400,00 €. Welchen Zinsertrag erbringt ein Kapital von 18.000,00 € in 160 Tagen bei den gleichen Bedingungen?

3 Bei einem Autohersteller rollen in einer Schicht (8 Arbeitsstunden) 400 Autos vom Band. Dazu sind in der Fertigung 810 Arbeiter erforderlich. Es ist vorgesehen, die Schicht auf 7,5 Arbeitsstunden zu reduzieren und 500 Autos pro Schicht herzustellen. Wie viele Arbeiter müssen eingestellt werden?

4 Eine Lagerhalle wird wöchentlich einmal von 9 Lagerarbeitern gereinigt. Für die Reinigung der 2 000 m^2 großen Fläche werden 100 Minuten gebraucht. Nun wird die Lagerkapazität um 400 m^2 erweitert. 90 Minuten sollen für die Reinigungsarbeiten zur Verfügung stehen. Wie viele Lagerarbeiter müssen abgestellt werden?

5 Ein mittelständischer Betrieb beschäftigt 65 Arbeiter[1]. Die wöchentliche Lohnsumme beträgt 43.225,00 €. Aufgrund der Tarifvereinbarungen soll die wöchentliche Arbeitszeit von 38 Stunden auf 37 Stunden (ohne Lohnausgleich) gesenkt werden. Die gute Ertragslage ermöglicht es, 7 Arbeiter[1] einzustellen. Mit welcher wöchentlichen Lohnsumme ist zu rechnen?

6 14 Straßenbauarbeiter bessern in 8 Arbeitstagen bei 7 Arbeitsstunden täglich einen Autobahnabschnitt von 10,5 km aus. Wie viele Arbeitstage zu je 8 Arbeitsstunden sind erforderlich, wenn 16 Straßenbauarbeiter zur Verfügung stehen und ein Autobahnabschnitt von 12 km ausgebessert werden soll?

7 5 Tischler bauen in 8 Tagen mit je 7,5 Stunden Arbeitszeit 360 Schreibtische zusammen. Ein Auftrag über 588 Schreibtische geht ein. 2 Tischler werden für den Zusammenbau der Schreibtische zusätzlich zur Verfügung gestellt. In wie vielen Arbeitstagen sind die Schreibtische erstellt, wenn aufgrund des neuen Tarifvertrages nur noch 7 Stunden pro Tag gearbeitet werden?

8 8 Produktionsautomaten fertigen in 13 Stunden 512 Zwischenprodukte. Wie viele Zwischenprodukte werden von 11 Automaten in 9 Stunden gefertigt?

9 2 Lkw mit 3 Tonnen Ladegewicht fahren in 10 Fuhren pro Lkw Sand und Kies zu einer Großbaustelle. Wie viele Fuhren pro Lkw wären erforderlich, wenn 3 Lkw mit einem Ladegewicht von je 3,5 t zur Verfügung ständen?

10 Im letzten Jahr wurden 5 Angestellte 6 Tage mit je 4 Einsatzstunden für Inventurarbeiten eingesetzt. Dieses Jahr kommt ein weiterer Angestellter hinzu. Die Inventurarbeiten sollen in 4 Tagen erledigt sein. Für wie viele Stunden täglich müssen die Angestellten nun für Inventurarbeiten abgestellt werden?

11 Der Druck eines Buches mit 256 Seiten in einer Auflage von 10 000 Stück dauert auf einer modernen Druckanlage 16 Stunden. Wie lange dauert der Druck eines Buches mit 192 Seiten bei einer Auflage von 15 000 Stück?

1.1.2 Die Währungsrechnung

Die Währungsrechnung besteht hauptsächlich in der Umrechnung

- der Inlandswährung in eine Auslandswährung bzw.
- einer Auslandswährung in die Inlandswährung.

Dazu dienen sogenannte Kurstabellen, die Umrechnungskurse enthalten.

Der Kurs gibt den Preis für einen Euro (internationale Abkürzung: EUR) in einer ausländischen Währung an (Mengennotierung).

1 *Anmerkung:* Alle Arbeiter sind in derselben Lohngruppe eingestuft und verdienen das Gleiche.

Beispiel[1]

Land	internationale Abkürzung (Bezeichnung)	1 EUR entspricht beim Devisengeschäft[2]		1 EUR entspricht beim Sortengeschäft[5]	
		Geldkurs[3]	Briefkurs[4]	Geldkurs[3]	Briefkurs[4]
USA	USD (US-$)	1,1024	1,1098	1,07	1,14
Kanada	CAD (Kan. $)	1,4232	1,4352	1,36	1,51
Australien	AUD (Austr. $)	1,7745	1,7895	1,68	1,86
Japan	JPY (Yen)	110,1400	110,6200	108,10	116,10
Dänemark	DKK (Dänische Kronen)	7,4206	7,4606	7,11	7,79
Großbritannien	GBP (GB £)	0,6216	0,6256	0,60	0,64
Norwegen	NOK (Norw. Kronen)	7,9420	7,9900	7,75	8,60
Schweden	SEK (Schw. Kronen)	9,5567	9,6047	9,24	10,19
Schweiz	CHF (Schweizer Franken)	1,4696	1,4736	1,44	1,51
Südafrika	ZAR (Rand)	8,4050	8,6050	7,10	10,50
Tschechien	CZK (Kronen)	33,5900	33,7100	30,30	36,30

Zur Abdeckung der Kosten beim Währungsumtausch und zur Erzielung eines Gewinns liegt bei der **handelnden Bank** der Einkaufskurs für einen Euro (= Geldkurs) unter dem Verkaufskurs für einen Euro (= Briefkurs).

1.1.2.1 Die Euro-Umrechnung

Beispiel

Ein Handelsvertreter tauscht für eine Geschäftsreise nach New York am Schalter seiner Hausbank 3.000,00 EUR in USD bar um (Sortengeschäft, Geldkurs [siehe obige Tabelle]: 1 EUR ≙ 1,07 USD). Aus den USA bringt er 980,00 USD wieder mit. Am Bankschalter tauscht er diese 980,00 USD wiederum bar in EUR zurück (Sortengeschäft, Briefkurs [siehe obige Tabelle]: 1 EUR ≙ 1,14 USD).

a) Wie viel USD erhält er von seiner Hausbank vor seiner Abreise?
b) Wie viel EUR erhält er von seiner Hausbank nach seiner Rückkehr?

Lösung mit Dreisatz

a)

$$\begin{array}{rcl} 1{,}00 \text{ EUR} & \widehat{=} & 1{,}07 \text{ USD} \\ 3.000{,}00 \text{ EUR} & \widehat{=} & x \text{ USD} \end{array}$$

$$x = \frac{1{,}07 \cdot 3.000{,}00}{1{,}00} = \underline{\underline{3.210{,}00 \text{ USD}}}$$

Der Handelsvertreter erhält 3.210,00 USD vor seiner Abreise.

b)

$$\begin{array}{rcl} 1{,}14 \text{ USD} & \widehat{=} & 1{,}00 \text{ EUR} \\ 980{,}00 \text{ USD} & \widehat{=} & x \text{ EUR} \end{array}$$

$$x = \frac{1{,}00 \cdot 980{,}00}{1{,}14} = \underline{\underline{859{,}65 \text{ EUR}}}$$

Der Handelsvertreter erhält 859,65 EUR nach seiner Rückkehr.

1 Die Wechselkurse unterliegen z. T. erheblichen Schwankungen. Um im Lehrbuch eine gewisse Konstanz zu erreichen, werden hier die Wechselkurse über einen längeren Zeitraum nicht verändert. Entnehmen Sie bitte die aktuellen Wechselkurse den Tageszeitungen oder den Kurszetteln der Banken.

2 *Devisengeschäft:* Zahlungsvorgang erfolgt mit **Buchgeld** (= bargeldlose Zahlung).

3 *Geldkurs:* Ankaufskurs für **1 EUR** aus der Sicht der handelnden Bank.

4 *Briefkurs:* Verkaufskurs für **1 EUR** aus der Sicht der handelnden Bank.

5 *Sortengeschäft:* Zahlungsvorgang erfolgt am Bankschalter mit **Bargeld.** (Bei den ausländischen Währungen ausschließlich mit Banknoten. Ausländische Münzen werden von den Kreditinstituten wegen des unverhältnismäßig hohen Verwaltungsaufwandes nicht an- und verkauft.)
Hinweis für die Lehrerin/den Lehrer: Die Definition und die Darstellung der Kurse beim Sortengeschäft erfolgt in den Wirtschaftszeitungen und bei den Banken recht unterschiedlich. Zur Vereinfachung werden hier die Kurse beim Sortengeschäft ebenso wie beim Devisengeschäft in Geld- und Briefkurse definiert.

669114

AUFGABEN

1 Unsere ausländischen Kunden überweisen auf unser Bankkonto

a) 249.560,00 ZAR
b) 2.780.400,00 JPY
c) 80.390,00 USD
d) 69.365,00 CHF
e) 137.850,00 CAD
f) 95.752,00 AUD

Wie viel EUR schreibt unsere Bank unserem Konto gut? (Kurse: siehe Tabelle S. 14)

2 Wir tauschen am Bankschalter ausländische Währungen bar in EUR um.

a) 550,00 USD
b) 98.500,00 JPY
c) 2.400,00 CHF
d) 6.300,00 ZAR
e) 1.250,00 CAD
f) 1.500,00 AUD

Wie viel EUR erhalten wir bar ausgezahlt? (Kurse: siehe Tabelle S. 14)

3 Wir tauschen am Bankschalter EUR in ausländische Währungen bar um.

a) 1.200,00 EUR in USD
b) 2.600,00 EUR in JPY
c) 2.800,00 EUR in AUD
d) 500,00 EUR in CHF
e) 2.500,00 EUR in ZAR
f) 1.800,00 EUR in CAD

Wie viele ausländische Währungseinheiten erhalten wir bar ausgezahlt? (Kurse: siehe Tabelle S. 14)

4 Für einen Rohstoff erhalten wir 4 Angebote:

a) aus USA: 22.644,00 USD (Kurs: 1 EUR ≘ 1,1069 USD)
b) aus Japan: 2.182.950,00 JPY (Kurs: 1 EUR ≘ 110,25 JPY)
c) aus der Schweiz: 30.710,00 CHF (Kurs: 1 EUR ≘ 1,4845 CHF)
d) aus Kanada: 27.940,00 CAD (Kurs: 1 EUR ≘ 1,4255 CAD)

Welches ist das günstigste Angebot?

5 Wir beziehen Handelswaren aus den USA für 160.250,00 USD. Aufgrund unserer Mängelrüge ermäßigt sich der Preis um 7.600,00 EUR (Kurs: 1 EUR ≘ 1,1073 USD).

a) Wie viel USD beträgt der reduzierte Preis?
b) Wie viel EUR beträgt der reduzierte Preis?

6 Wir haben den Listenverkaufspreis eines Fertigerzeugnisses mit 5.480,00 EUR kalkuliert. Zu welchen Preisen (in ausländischer Währung) müssen wir unser Produkt in

a) USA (Kurs: 1 EUR ≘ 1,1064 USD)
b) Dänemark (Kurs: 1 EUR ≘ 7,4328 DKK)
c) Kanada (Kurs: 1 EUR ≘ 1,4285 CAD)
d) Australien (Kurs: 1 EUR ≘ 1,7796 AUD)
e) der Schweiz (Kurs: 1 EUR ≘ 1,4725CHF)
f) Japan (Kurs: 1 EUR ≘ 110,45 JPY)

anbieten?

7 Für eine Geschäftsreise in die USA tauscht ein Handelsvertreter am Bankschalter 5.000,00 EUR in USD um. Aus den USA bringt er 450,00 USD wieder mit zurück, die er wiederum bei seiner Bank bar zurücktauscht. (Kurse: siehe Tabelle S. 14)

a) Wie viel USD nimmt er auf seine Geschäftsreise mit?
b) Wie viel EUR erhält er beim Rücktausch?

8 Ein deutscher Möbelhersteller bietet eine komplett ausgestattete Komfortküche für 3.850,00 EUR an. Ein kanadischer Möbelhandelsbetrieb möchte einen Angebotsvergleich durchführen. Welchem Preis in CAD entspricht dieses deutsche Angebot? (Kurs: 1 EUR ≘ 1,4315 CAD)

9 Die Niedersächsischen Automobilwerke (NAW) verkaufen den in Hannover hergestellten Pkw „Mouse" weltweit für 33.500,00 EUR (ohne Umsatzsteuer).
Dieser Preis beinhaltet einen Gewinn von 1.100,00 EUR pro Auto.

a) Bei der Absatzplanung für den USA-Markt geht NAW von einem Kurs 1 EUR = 0,98 USD[1] aus.
Wie viel USD kostet bei diesem Kurs der „Mouse" in den USA (geplanter Preis)?

b) Es kommt zu einem unerwarteten Kursanstieg des EUR. Der aktuelle Kurs beträgt 1 EUR = 1,2704 USD[1].
Wie viel USD kostet bei diesem Kurs der „Mouse" in den USA (tatsächlicher Preis)?

c) Bei NAW wird erwogen, einen Teil der Produktion des „Mouse" vom Werk in Hannover in das NAW-Werk in New York zu verlagern und den USA-Markt mit den in New York hergestellten Autos zu bedienen. Die Selbstkosten für einen in New York hergestellten „Mouse" würden sich auf 32.000,00 USD belaufen.
Zu wie viel USD könnte der „Mouse" in den USA nun angeboten werden, wenn der Stückgewinn von 1.100,00 EUR realisiert werden soll? (Kurs: 1 EUR = 1,2704 USD)

d) Wie hoch wäre der Preisvorteil auf dem USA-Markt bei Produktion des „Mouse" in New York gegenüber der Produktion in Hannover
1. in USD? 2. in EUR? (Kurs: 1 EUR = 1,2704 USD)

e) Das Management von NAW rechnet damit, dass bei Belieferung des USA-Marktes durch das New Yorker Werk aufgrund des niedrigeren Verkaufspreises 40 000 „Mouse" im Betrachtungsjahr in den USA mehr verkauft werden könnten.
Wie viel EUR Ergebnisverbesserung würde in diesem Fall die Produktionsverlagerung von Hannover nach New York bringen?

1.1.2.2 Die Errechnung des Wechselkurses

Beispiel Die Lindener Volksbank in Hannover zahlt für 5.500,00 EUR 6.088,00 USD aus.
Errechnen Sie den Umtauschkurs.

Lösung mit Dreisatz

5.500,00 EUR ≙ 6.088,00 USD
1,00 EUR ≙ x USD

$$x = \frac{6.088{,}00 \cdot 1{,}00}{5.500{,}00} = \underline{\underline{1{,}1069 \text{ USD}}}$$

Der Umtauschkurs beträgt:
1 EUR ≙ 1,1069 USD.

AUFGABEN

1 Errechnen Sie den Briefkurs einer Hamburger Bank.

a) Für 82.560,00 CAD werden ausgezahlt 57.673,77 EUR.
b) Für 53.470,00 DKK werden ausgezahlt 7.174,77 EUR.
c) Für 15.006,00 USD werden ausgezahlt 13.538,80 EUR.
d) Für 18.540,00 CHF werden ausgezahlt 12.588,27 EUR.
e) Für 190.800,00 ZAR werden ausgezahlt 22.231,28 EUR.

2 Errechnen Sie den Geldkurs einer Kölner Bank.

a) Für 5.700,00 EUR werden ausgezahlt 6.288,00 USD.
b) Für 18.900,00 EUR werden ausgezahlt 26.936,00 CAD.
c) Für 22.400,00 EUR werden ausgezahlt 166.114,00 DKK.
d) Für 9.500,00 EUR werden ausgezahlt 5.914,00 GBP.
e) Für 15.600,00 EUR werden ausgezahlt 22.857,00 CHF.

1 Der Dollarkurs unterlag in der Vergangenheit extremen Schwankungen (z. B.: Stand am 26. Okt. 2000: 1 EUR = 0,8252 USD, Stand am 15. Juli 2008: 1 EUR = 1,6037 USD).

3 Unser Reisender tauschte vor Antritt seiner Geschäftsreise nach Kopenhagen bei unserer Hausbank in Hannover 2.500,00 EUR in DKK um. Er erhielt 18.050,00 DKK. Nach seiner Rückkehr aus Kopenhagen wechselte er seinen Restbestand an dänischen Kronen in Höhe von 980,00 DKK in EUR ein. Unsere Hausbank zahlte 124,84 EUR aus.

a) Errechnen Sie den Geldkurs.

b) Errechnen Sie den Briefkurs.

1.1.2.3 Die Umrechnung einer Fremdwährung auf eine andere Fremdwährung

Beispiel

Wir wollen am Bankschalter unserer Hausbank 9.500,00 DKK in USD wechseln. Wie viel USD zahlt unsere Hausbank aus?

Briefkurs (Sortengeschäft): 1,00 EUR ≙ 7,79 DKK
Geldkurs (Sortengeschäft): 1,00 EUR ≙ 1,07 USD

Lösung mit Dreisatz

Zunächst werden die 9.500,00 DKK zum **Briefkurs** des Sortengeschäftes in EUR umgerechnet:

7,79 DKK ≙ 1,00 EUR
9.500,00 DKK ≙ x EUR

$$x = \frac{1{,}00 \cdot 9.500{,}00}{7{,}79} = \underline{\underline{1.219{,}51\ \text{EUR}}}$$

Nun werden die 1.219,51 EUR zum **Geldkurs** des Sortengeschäftes in USD umgerechnet:

1,00 EUR ≙ 1,07 USD
1.219,51 EUR ≙ x USD

$$x = \frac{1{,}07 \cdot 1.219{,}51}{1{,}00} = \underline{\underline{1.304{,}88\ \text{USD}}}$$

Für 9.500,00 DKK erhalten wir von unserer Hausbank 1.304,88 USD. (*Hinweis:* Da die Bank keine USD in Münzen vorrätig hat, zahlt sie die 0,88 USD in EUR aus.)

AUFGABEN

1 Ein Schweizer tauscht am Bankschalter einer Hamburger Bank 2.000,00 CHF in USD um. Wie viel USD erhält er? (Kurse: siehe Tabelle S. 14)

2 Bei unserer Bank sollen ausländische Währungen in andere Fremdwährungen umgetauscht werden. Errechnen Sie den Auszahlungsbetrag. (Kurse: siehe Tabelle S. 14)

an die Bank verkaufte Sorten	gewünschte Währung
a) 1.800,00 CHF	JPY
b) 1.500,00 USD	DKK
c) 1.200,00 GBP	USD
d) 14.000,00 ZAR	CHF
e) 12.000,00 DKK	CAD

1.1.3 Die Verteilungsrechnung

Bei der Verteilungsrechnung wird eine Verteilungsmenge nach einem vorgegebenen Verteilungsschlüssel zerlegt.

Beispiele

Aufgabentyp 1

An einer GmbH sind die Gesellschafter A mit 60.000,00 €, B mit 150.000,00 € und C mit 90.000,00 € beteiligt. Der Gewinn von 100.000,00 € soll entsprechend der gesetzlichen Vorschrift nach dem Verhältnis der Stammeinlagen verteilt werden.

Lösung

❶	Verteilungsbasis Stammeinlagen	Teile	Gewinnanteile
A	60.000,00 € ❷	2 ❸	20.000,00 € ❻
B	150.000,00 €	5	50.000,00 €
C	90.000,00 €	3	30.000,00 €
		❹ 10 T. ≙	100.000,00 € ❼
		❺ 1 T. ≙	10.000,00 €

Lösungsweg

❶ Es ist eine Aufstellung nach dem obigen Muster zu erstellen.

❷ Die Verteilungsbasis (hier: Stammeinlagen) wird erfasst.

❸ Durch Kürzen (hier: durch 30.000,00 € teilen) werden die Teile (Verhältniszahlen) ermittelt.

❹ Die Summe der Teile (hier: 10) wird errechnet. Sie entspricht der Verteilungsmenge (hier: 100.000,00 €).

❺ Der Wert für 1 Teil (hier: 10.000,00 €) wird durch Division ermittelt.

❻ Die Werte für die Teile (Verhältniszahlen) werden durch Multiplikation errechnet. Die ermittelten Teilmengen (hier: Gewinnanteile) sind das Ergebnis der Aufgabe.

❼ Probe: Die Summe der Teilmengen (hier: Gewinnanteile) muss die Verteilungsmenge (hier: Gesamtgewinn) ergeben.

Aufgabentyp 2

Bei einer Unternehmung erhält A $\frac{4}{9}$ des Gewinns und B $\frac{1}{5}$ des Gewinns. C erhält den Rest. Es wird ein Gewinn von 180.000,00 € erzielt. Wie hoch sind die Gewinnanteile der einzelnen Gesellschafter?

Lösung

❶	Verteilungsbasis	Erweiterung	Teile	Gewinnanteile
A	$\frac{4}{9}$ ❷	$\frac{20}{45}$ ❸	20 ❹	80.000,00 € ❼
B	$\frac{1}{5}$	$\frac{9}{45}$	9	36.000,00 €
C	Rest	$\frac{16}{45}$	16	64.000,00 €
		$\frac{45}{45}$	❺ {45 T. ≙	180.000,00 € } ❽
			❻ { 1 T. ≙	4.000,00 €

669118

Lösungsweg

❶ Es ist eine Aufstellung nach dem obigen Muster zu erstellen.

❷ Die Verteilungsbasis wird erfasst.

❸ Die Brüche werden gleichnamig gemacht. Der Rest wird ermittelt.

❹ Die Teile (Verhältniszahlen) werden durch ganze Zahlen ausgedrückt.

❺ Die Summe der Teile (hier: 45) wird der Verteilungsmenge (hier: 180.000,00 €) gleichgesetzt.

❻ Der Wert für 1 Teil (hier: 4.000,00 €) wird durch Division ermittelt.

❼ Die Werte für die Teile werden durch Multiplikation errechnet. Die ermittelten Teilmengen (hier: Gewinnanteile) sind das Ergebnis der Aufgabe.

❽ Probe: Die Summe der Teilmengen (hier: Gewinnanteile) muss die Verteilungsmenge (hier: Gesamtgewinn) ergeben.

Aufgabentyp 3

In einer Unternehmung wird ein Gewinn von 190.000,00 € erzielt. A soll vom Gewinn doppelt so viel erhalten wie B plus 10.000,00 €. C soll das Dreifache von B erhalten minus 30.000,00 €. Wie hoch ist der Gewinnanteil eines jeden Gesellschafters?

Lösung

			Verteilungsbasis			Gewinnanteile	
❶	A	❷	2 Teile	+ 10.000,00 €	=	80.000,00 €	❺
	B		1 Teil		=	35.000,00 €	
	C		3 Teile	− 30.000,00 €	=	75.000,00 €	
		❸	6 Teile	− 20.000,00 €	=	190.000,00 €	❻
			6 Teile		=	210.000,00 €	❹
			1 Teil		=	35.000,00 €	

Lösungsweg

❶ Es ist eine Aufstellung nach dem obigen Muster zu erstellen.

❷ Die Verteilungsbasis ergibt sich aus Gleichungen, die zu formulieren sind. Die rechten Seiten der Gleichungen (= Lösungen) bleiben offen.

❸ Die Gleichungen werden addiert. Die daraus resultierende Gleichung wird der Verteilungsmenge (hier: Gesamtgewinn) gleichgesetzt.

❹ Die Gleichung wird nach einem Teil aufgelöst.

❺ Die Teilmengen (hier: Gewinnanteile) werden errechnet.

❻ Probe: Die Summe der Teilmengen (hier: Gewinnanteile) muss die Verteilungsmenge (hier: Gesamtgewinn) ergeben.

AUFGABEN

1 An einer GmbH sind die Gesellschafter A mit 70.000,00 €, B mit 100.000,00 €, C mit 110.000,00 € und D mit 90.000,00 € beteiligt. Es wird ein Gewinn von 180.000,00 € erzielt. Dieser soll gemäß der gesetzlichen Regelung nach Stammeinlagen verteilt werden. Wie viel € Gewinnanteil erhält jeder Gesellschafter?

2 In einem Industriebetrieb fallen halbjährlich Raumkosten in Höhe von 58.536,00 € an. In der Kostenstellenrechnung werden die Raumkosten nach m^2 auf die Abteilungen umgelegt. Wie viel € Raumkosten entfallen auf die Abteilungen A, B und C?

	a)	b)	c)
Abteilung A	820 m^2	660 m^2	840 m^2
Abteilung B	730 m^2	780 m^2	480 m^2
Abteilung C	580 m^2	420 m^2	560 m^2

3 Im Gesellschaftsvertrag einer Gesellschaft bürgerlichen Rechts ist festgelegt, dass der Gewinn nach der Höhe der Einlagen verteilt wird. A hat $\frac{1}{4}$, B $\frac{2}{5}$ und C das Restkapital eingezahlt. Es wird ein Gewinn von 120.836,00 € erzielt. Wie viel € erhält jeder?

4 Die Vödisch OHG erzielt einen Jahresgewinn von 280.000,00 €. Der Gewinn wird nach der gesetzlichen Regelung verteilt: Zunächst erhält jeder Gesellschafter seine Einlage mit 4 % verzinst. Der Restgewinn wird nach Köpfen verteilt. Wie hoch ist der Gewinnanteil der Gesellschafter Vödisch, Hampe und Gebert?

	Kapitaleinlagen		
	a)	b)	c)
Vödisch	60.000,00 €	84.000,00 €	88.000,00 €
Hampe	110.000,00 €	63.000,00 €	72.000,00 €
Gebert	80.000,00 €	91.000,00 €	56.000,00 €

5 Ein Industriebetrieb bezieht in einer Sendung die folgenden Rohstoffe:

Rohstoff A: 50 kg zu 90,00 € je kg

Rohstoff B: 180 kg zu 150,00 € je kg

Rohstoff C: 320 kg zu 180,00 € je kg

Die Gewichtsspesen belaufen sich auf 280,00 € für die Fracht und 120,00 € für das Rollgeld.

An Wertspesen sind zu zahlen 220,00 € für die Transportversicherung und 150,00 € an Provision.

Schlüsseln Sie die Gewichtsspesen nach dem Gewicht und die Wertspesen nach dem Wert auf die einzelnen Rohstoffe auf.

Wie viel € entfallen insgesamt auf die Rohstoffe A, B und C?

6 In einem Handwerksbetrieb gibt es die Kostenstellen Lager, Werkstatt und Verwaltung. Verteilen Sie die nachfolgend aufgeführten buchungsmäßig erfassten Kosten nach dem jeweils vorgegebenen Verteilungsschlüssel auf die Kostenstellen.

Kostenart	Buchungsbetrag (€)	Verteilungsschlüssel	Lager	Werkstatt	Verwaltung
Personalkosten	65.418,00	3 : 7 : 2	?	?	?
Steuern, Beiträge, Versicherungen	4.352,00	1 : 3 : 2	?	?	?
Raumkosten	26.769,00	4 : 5 : 3	?	?	?
Abschreibungen	54.573,00	2 : 5 : 1	?	?	?

7 Eine Erbschaft soll unter einer Erbengemeinschaft so aufgeteilt werden, dass A das Doppelte von B plus 20.000,00 € und C die Hälfte von B minus 10.000,00 € erhält. Wie viel € erhalten A, B und C bei folgenden Erbschaften?

a) 420.000,00 € b) 560.000,00 € c) 350.000,00 €

8 In einem Industriebetrieb sind die angefallenen Elektrizitätskosten von 21.620,50 € auf die Kostenstellen zu verteilen.

Der Elektrizitätsverbrauch der einzelnen Kostenstellen beträgt:

Einkauf:	28 906 kWh	Lager:	79 513 kWh
Verwaltung:	56 789 kWh	Vertrieb:	31 342 kWh

9 Bei einer Sammelwerbeaktion sind Kosten in Höhe von 122.583,00 € angefallen. Unternehmung A hat $\frac{1}{6}$, Unternehmung B $\frac{2}{7}$, Unternehmung C $\frac{1}{3}$ und Unternehmung D den Rest zu tragen. Wie hoch sind die Werbekosten für die einzelnen Unternehmungen?

10 In eine GmbH haben A $\frac{2}{5}$ und B $\frac{1}{3}$ des Kapitals eingebracht. C hält eine Stammeinlage von 36.000,00 €.

a) Wie hoch sind die Stammeinlagen von A und B?

b) Der Gewinn wird entsprechend der gesetzlichen Vorschrift nach dem Verhältnis der Stammeinlagen verteilt. Wie hoch ist der Gewinnanteil von A, B und C, wenn folgende Gewinne erzielt werden?

1. 60.000,00 € 2. 75.000,00 € 3. 48.000,00 €

11 4 Angestellte beziehen gemeinsam von einer Winzergenossenschaft 129,5 Liter Frankenwein für 802,90 €. B erhält das 1,5fache von A, C erhält 5 Liter mehr als A und D erhält 6 Liter weniger als A.

a) Wie viel Liter Wein erhält jeder?

b) Wie viel € hat jeder zu zahlen?

12 Eine Unternehmung hat das Insolvenzverfahren beantragt. Die verteilbare Restmasse beträgt 63.853,00 €. Es bestehen noch folgende Liefererforderungen:

A: 120.863,00 €, B: 273.728,00 €, C: 341.579,00 € und D: 297.318,00 €. Wie viel € erhält jeder?

13 Ein Werbeetat soll auf Fernsehspots, Zeitungsanzeigen und Werbebriefe aufgeteilt werden. Für Fernsehspots werden 770.000,00 € ausgegeben. 25 % des Werbeetats sollen für Zeitungsanzeigen und 5 % des Werbeetats für Werbebriefe eingesetzt werden. Wie hoch ist der Werbeetat? Wie viel € stehen für Zeitungsanzeigen und Werbebriefe zur Verfügung?

14 Verteilen Sie:

	Verteilungsmenge	Verteilungsgrundlage			
		A	B	C	D
a)	80.000,00 €	$\frac{1}{4}$	$\frac{2}{5}$	Rest	$\frac{1}{8}$
b)	150.000,00 €	10 %	25 %	$\frac{1}{5}$	Rest
c)	?	$\frac{1}{3}$	$\frac{1}{4}$	5.000,00 €	$\frac{1}{5}$
d)	90.000,00 €	102	156	228	174
e)	?	36 kg	$\frac{1}{7}$	$\frac{1}{5}$	$\frac{10}{35}$
f)	?	20 %	900,00 €	$\frac{1}{4}$	$\frac{2}{7}$

15 160.000,00 € sind zu verteilen. B erhält das Dreifache von A. C bekommt 10.000,00 € weniger als A. Wie viel € erhält jeder?

16 A erhält die Hälfte von B. C bekommt doppelt so viel wie A und B zusammen und zusätzlich 5.000,00 €. Wie viel € entfallen auf A, B und C, wenn 90.000,00 € zu verteilen sind?

17 Ein Kaufmann hinterlässt seinen Kindern (1 Sohn, 2 Töchter) 200.000,00 €. Die Töchter sollen doppelt so viel erhalten wie der Sohn, da diesem bereits die Ausbildung finanziert wurde. Wie viel € bekommt jeder?

18 An einer KG ist A als Vollhafter mit 162.000,00 €, B als Teilhafter mit 65.000,00 € und C als Teilhafter mit 40.000,00 € beteiligt. Vom Gewinn erhält zunächst jeder Gesellschafter seine Einlage mit 4 % verzinst. Der Restgewinn wird im Verhältnis 4 : 2 : 1 (A : B : C) verteilt. Es wird ein Gewinn von 220.000,00 € erzielt. Berechnen Sie die Gewinnanteile der 3 Gesellschafter.

19 A erhält 5.000,00 €, B $\frac{1}{3}$ und C $\frac{1}{4}$.

a) Wie viel € sind zu verteilen? b) Wie viel € bekommt jeder?

20 In einem 4-Parteien-Haus sind folgende Nebenkosten angefallen:

Wasser, Abwasser, Strom: 2.851,30 €

Fernheizung: 2.611,70 €

Instandhaltung: 1.174,82 €

Diese Nebenkosten sind auf die Eigentumswohnungen A (36 Personenmonate, 90 m²), B (60 Personenmonate, 125 m²), C (24 Personenmonate, 70 m²) und D (48 Personenmonate, 110 m²) aufzuschlüsseln. Die angefallenen Kosten für Wasser, Abwasser und Strom werden nach Personenmonaten, die Fernheizungskosten nach m² und die Instandhaltungsaufwendungen im Verhältnis der ideellen Miteigentumsanteile 2 286/10 000 : 3 429/10 000 : 1 714/10 000 : 2 571/10 000 (A : B : C : D) umgelegt. Wie hoch sind die Nebenkosten für die einzelnen Parteien?

21 An einer Unternehmung sind die Gesellschafter A mit 120.000,00 €, B mit 90.000,00 € und C mit 110.000,00 € beteiligt. Es wird ein Gewinn von 196.580,00 € erzielt.

B erhält für seine Geschäftsführungstätigkeit vorab 90.000,00 €. Die Gesellschafter erhalten ihre Kapitaleinlagen mit 9 % verzinst. Der Restgewinn wird im Verhältnis 5 : 7 : 3 (A : B : C) verteilt.

a) Erstellen Sie eine tabellarische Übersicht zur Lösung der Aufgabe.

b) Ermitteln Sie die Gewinnanteile, die insgesamt auf die Gesellschafter A, B und C entfallen.

669122

1.1.4 Die Durchschnittsrechnung

1.1.4.1 Der einfache Durchschnitt

Beispiel

Ein Unternehmen erzielt im 1. Quartal folgende Monatsumsätze:

Januar: 228.500,00 €
Februar: 279.682,00 €
März: 297.493,00 €

Wie hoch ist der durchschnittliche Monatsumsatz?

Lösung

$$\text{ø Monatsumsatz} = \frac{228.500 + 279.682 + 297.493}{3}$$

$$= \underline{\underline{268.558{,}33\ €}}$$

Es gilt die Formel:

$$\textbf{Einfacher Durchschnitt} = \frac{\text{Summe der einzelnen Werte}}{\text{Anzahl der Positionen}}$$

AUFGABEN

1 Ein Unternehmen hat folgende Lagerbestände ermittelt:
(AB = Anfangsbestand, SB = Schlussbestand)

Jan.	AB:	298.493,00 €	Juli	SB:	278.354,00 €
	SB:	322.598,00 €	Aug.	SB:	243.519,00 €
Febr.	SB:	334.479,00 €	Sept.	SB:	318.448,00 €
März	SB:	253.998,00 €	Okt.	SB:	345.597,00 €
April	SB:	318.477,00 €	Nov.	SB:	367.761,00 €
Mai	SB:	358.314,00 €	Dez.	SB:	305.433,00 €
Juni	SB:	301.554,00 €			

Errechnen Sie den durchschnittlichen Lagerbestand.

2 Ein Unternehmen verzeichnete in den letzten 4 Jahren folgende Gewinnentwicklung:

	a)	b)
Jahr 1	183.560,00 €	901.452,00 €
Jahr 2	289.432,00 €	364.283,00 €
Jahr 3	492.385,00 €	103.410,00 €
Jahr 4	254.591,00 €	387.493,00 €

Errechnen Sie den Durchschnittsgewinn.

3 Ein Reisender fährt im Firmenwagen folgende Tagesstrecken:

	a)	b)
Montag	512 km	620 km
Dienstag	198 km	214 km
Mittwoch	682 km	435 km
Donnerstag	235 km	339 km
Freitag	342 km	402 km

Errechnen Sie die durchschnittlich gefahrenen Kilometer pro Tag.

4 Ein Unternehmen erreicht folgende Monatsumsätze:

Jan.:	486.510,00 €	Juli:	476.932,00 €
Febr.:	532.419,00 €	Aug.:	512.462,00 €
März:	318.693,00 €	Sept.:	479.698,00 €
April:	289.475,00 €	Okt.:	399.921,00 €
Mai:	356.413,00 €	Nov.:	352.469,00 €
Juni:	433.976,00 €	Dez.:	483.596,00 €

Errechnen Sie:

a) den durchschnittlichen Monatsumsatz,

b) den durchschnittlichen Tagesumsatz (bei 247 Arbeitstagen im Jahr),

c) bei 32 Mitarbeitern

1. den durchschnittlichen Jahresumsatz pro Mitarbeiter,
2. den durchschnittlichen Monatsumsatz pro Mitarbeiter,
3. den durchschnittlichen Tagesumsatz pro Mitarbeiter.

5 Ein Industriebetrieb verzeichnet in seinen Werken in Berlin, Hannover und Regensburg folgende Kapazitätsauslastung:

	Jan.	Febr.	März	April	Mai	Juni	Juli	Aug.	Sept.	Okt.	Nov.	Dez.
Berlin	77 %	82 %	84 %	79 %	76 %	74 %	67 %	69 %	78 %	84 %	83 %	76 %
Hannover	86 %	84 %	82 %	88 %	91 %	85 %	79 %	76 %	82 %	85 %	87 %	80 %
Regensburg	67 %	63 %	70 %	72 %	76 %	69 %	63 %	61 %	68 %	73 %	79 %	71 %

Errechnen Sie:

a) die durchschnittliche monatliche Kapazitätsauslastung pro Werk,

b) die durchschnittliche monatliche Kapazitätsauslastung des Industriebetriebes insgesamt.

6 Unser Handelsvertreter hat im abgelaufenen Jahr für unser Unternehmen folgende Monatsumsätze getätigt:

Jan.:	92.485,00 €	Juli:	69.231,00 €
Febr.:	87.596,00 €	Aug.:	65.731,00 €
März:	78.968,00 €	Sept.:	77.482,00 €
April:	95.763,00 €	Okt.:	81.593,00 €
Mai:	104.573,00 €	Nov.:	94.674,00 €
Juni:	88.498,00 €	Dez.:	88.293,00 €

Wir zahlen an ihn 12 % Umsatzprovision.

a) Wie hoch ist sein durchschnittlich erzielter Monatsumsatz?

b) Wie hoch ist seine durchschnittliche Monatsprovision?

1.1.4.2 Der gewogene Durchschnitt

Beispiel

In der vergangenen Rechnungsperiode wurden die folgenden Aufträge ausgeführt:

138 Aufträge à 2.432,00 €, 152 Aufträge à 4.490,00 €

284 Aufträge à 5.293,00 €, 214 Aufträge à 3.873,00 €

Auf welchen Betrag beläuft sich der Durchschnittsauftrag?

Lösung

Anzahl der Aufträge	·	Preis je Auftrag	=	Gesamtpreis	
138	·	2.432,00 €	=	335.616,00 €	❶
284	·	5.293,00 €	=	1.503.212,00 €	❶
152	·	4.490,00 €	=	682.480,00 €	❶
214	·	3.873,00 €	=	828.822,00 €	❶
❷ 788		Aufträge erbringen		3.350.130,00 €	
❸ 1		Auftrag erbringt		$\frac{3.350.130,00}{788}$ = 4.251,43 €	

Lösungsweg

❶ Ermittlung der Gesamtpreise.

❷ Ermittlung der Summe der Aufträge und der Summe der Gesamtpreise.

❸ Ermittlung des wertmäßigen Durchschnittsauftrages.

Es gilt die Formel:

$$\text{Gewogener Durchschnitt} = \frac{\text{Summe der Gesamtpreise}}{\text{Summe der Mengen}}$$

$$= \frac{(\text{Menge 1} \cdot \text{Preis 1}) + (\text{Menge 2} \cdot \text{Preis 2}) + \ldots + (\text{Menge n} \cdot \text{Preis n})}{\text{Menge 1} + \text{Menge 2} + \ldots + \text{Menge n}}$$

AUFGABEN

1 Bei einer Klassenarbeit einer Berufsschulklasse im Fach Rechnungswesen ergibt sich folgender Klassenspiegel:

Note	1	2	3	4	5	6
Anzahl der Schüler	2	6	9	4	2	1

Errechnen Sie die Durchschnittsnote.

2 Ein Unternehmen zahlt folgende Nettogehälter an seine Angestellten:

8 Angestellte erhalten 1.425,00 €
4 Angestellte erhalten 1.640,00 €
19 Angestellte erhalten 1.970,00 €
5 Angestellte erhalten 2.230,00 €
3 Angestellte erhalten 2.660,00 €

Errechnen Sie das Durchschnittsnettogehalt.

3 Ein Unternehmen hat seine Buchführung einem Servicerechenzentrum übertragen (Buchführung außer Haus). Die Preise pro Buchung sind gestaffelt:

bis 12 000 monatliche Buchungen: 0,08 € pro Buchung
bis 18 000 monatliche Buchungen: 0,07 € pro Buchung
bis 24 000 monatliche Buchungen: 0,06 € pro Buchung
über 24 000 monatliche Buchungen: 0,05 € pro Buchung

Im ersten Halbjahr ist folgende Anzahl an Buchungen angefallen:
Jan.: 9 060, Febr.: 16 869, März: 24 983, April: 17 495, Mai: 22 671, Juni: 19 498.
Errechnen Sie den Durchschnittspreis pro Buchung.

4 Eine Wohnungsbaugenossenschaft erzielt folgende Mieterträge:

52 Wohnungen erbringen monatlich je 390,00 €.
186 Wohnungen erbringen monatlich je 420,00 €.
243 Wohnungen erbringen monatlich je 450,00 €.
68 Wohnungen erbringen monatlich je 490,00 €.

Errechnen Sie den durchschnittlichen monatlichen Mietertrag.

5 Eine Kaffeerösterei mischt

386 kg Rohkaffee der Sorte I zu 8,10 € pro kg,
295 kg Rohkaffee der Sorte II zu 8,65 € pro kg,
243 kg Rohkaffee der Sorte III zu 9,25 € pro kg.

Errechnen Sie die Kosten für 250 g der Rohkaffeemischung.

6 Ein Schuhhersteller hat den Damenschuh „Elegant" mit folgenden Gewinnen verkauft:

237 Paar an Einzelhändler:
- davon 146 Paar zu Beginn der Saison mit einem Gewinn von 17,00 € pro Paar,
- davon 91 Paar am Ende der Saison zum Selbstkostenpreis (ohne Gewinn).

185 Paar an Großhändler:
- davon 139 Paar zu Beginn der Saison mit einem Gewinn von 12,50 € pro Paar,
- davon 46 Paar am Ende der Saison mit einem Verlust von 3,00 € pro Paar.

Errechnen Sie den Durchschnittsgewinn pro Paar.

7 In der unten stehenden Aufstellung sind der Lageranfangsbestand und die Lagerzugänge für eine Ware verzeichnet. Errechnen Sie auf der Grundlage der „gewogenen Durchschnittsrechnung" den wertmäßigen Lagerschlussbestand für 1 200 Stück. (Ein derartiges Bewertungsverfahren wird als „jährliche Durchschnittswertermittlung" bezeichnet.)

		Menge	Anschaffungsstückkosten
Anfangsbestand	1. Jan.	1 500	10,00 €
Zugang	15. März	800	8,00 €
Zugang	8. Aug.	700	9,00 €
Zugang	12. Okt.	1 000	11,00 €
Zugang	20. Dez.	500	7,00 €

1.1.5 Die Prozentrechnung

Prozent (%) bedeutet „vom Hundert". Mit der Prozentrechnung werden ungleiche Zahlenwerte in ein Verhältnis zu 100 gebracht und auf diese Weise vergleichbar gemacht.

Bei der Prozentrechnung wird mit drei Größen gerechnet:

1. Der **Grundwert** ist ein Zahlenwert, der 100 % entspricht **(= Gesamtwert)**.
2. Der **Prozentwert** ist ein Zahlenwert, der einen Teil oder ein Vielfaches des Grundwertes ausmacht **(= Teil bzw. Vielfaches vom Gesamtwert)**.
3. Der **Prozentsatz** drückt den Prozentwert in Prozent (%) aus **(= Hundertsatz[1] vom Gesamtwert)**.

1 in Verbindung mit dem Prozentzeichen (%)

Beispiel

4 %	von 500,00 €	= 20,00 €
↓	↓	↓
Prozentsatz (p) = Hundertsatz[1] vom Gesamtwert	Grundwert (g) = Gesamtwert, der 100 % entspricht	Prozentwert (w) = Teil bzw. Vielfaches vom Gesamtwert

Bei kleinen Prozentsätzen (z. B. 0,4 %) ist es günstiger, als Vergleichsbasis die Zahl 1 000 heranzuziehen. Man spricht von der **Promillerechnung.** Promille (‰) bedeutet „vom Tausend".

Beispiel

4 ‰	von 500,00 €	= 2,00 €
↓	↓	↓
Promillesatz	Grundwert	Promillewert

Es geht bei der Prozentrechnung/Promillerechnung stets darum, eine der drei Größen zu errechnen. Zwei Größen sind immer vorgegeben.

1.1.5.1 Die Berechnung des Prozentwertes

1.1.5.1.1 Einfache Prozentsätze

Beispiel

Eine Rechnung lautet über 6.600,00 €. Es werden 2 % Skonto gewährt. Wie viel € beträgt der Skontonachlass?

1. Lösung mit Dreisatz

100 % ≙ 6.600,00 €
2 % ≙ x €

$$x = \frac{6.600 \cdot 2}{100} = \underline{\underline{132{,}00\ €}}$$

2. Lösung mit Formel

Aus der Dreisatzlösung ergibt sich folgende Formel für den Prozentwert:

$$\textbf{Prozentwert} = \frac{\text{Grundwert} \cdot \text{Prozentsatz}}{100}$$

$$\mathbf{w} = \frac{g \cdot p}{100}$$

3. Lösung mit Multiplikator

Die obige Formel lässt sich auch folgendermaßen schreiben: $w = g \cdot \frac{p}{100}$

Um den Prozentwert zu erhalten, ist der Grundwert mit dem Multiplikator $\frac{p}{100}$ zu multiplizieren.

$w = 6.600 \cdot 0{,}02 = \underline{\underline{132{,}00\ €}}$

1 in Verbindung mit dem Prozentzeichen (%)

AUFGABEN

1 Berechnen Sie schriftlich:

a)	9 %	von	8.972,38 €	e)	0,7 ‰	von	22.985,37 €
b)	13,7 %	von	275,73 €	f)	8,91 ‰	von	983,12 €
c)	1,35 ‰	von	11.293,77 €	g)	7,77 ‰	von	777,77 €
d)	225 %	von	96,68 €	h)	1,2 ‰	von	10.290,34 €

2 Berechnen Sie bei einem Lohntarifabschluss von 4,3 % die neue Lohnsumme.
alte Lohnsumme: a) 385.297,00 € b) 237.120,38 € c) 418.512,30 €

3 Berechnen Sie die Tara und das Nettogewicht (Genauigkeit: 3 Stellen nach dem Komma).
Bruttogewicht: 98,5 kg. Tara in % vom Bruttogewicht: a) 3 % b) 4 % c) 2,7 %

4 Berechnen Sie die Versicherungsbeiträge bei einem Prämiensatz von 1,25 ‰.
Versicherungswert: a) 54.512,00 € b) 38.913,75 € c) 9.924,12 €

1.1.5.1.2 Bequeme Prozentsätze

Ist der Prozentsatz ein bequemer Teiler von 100, so liegt ein **bequemer Prozentsatz** vor. Zur Ermittlung des Prozentwertes braucht der Grundwert nur durch den bequemen Teiler dividiert zu werden.

Beispiel

Es sind $4\frac{1}{6}$ % von 240 zu errechnen.

$100\,\% \mathrel{\widehat{=}} 240$

$4\frac{1}{6}\,\% \mathrel{\widehat{=}} x$

$x = \frac{240 \cdot 4\frac{1}{6}}{100}$ Es wird durch $4\frac{1}{6}$ gekürzt: $x = \frac{240}{24} = 10$

AUFGABEN

1 Die folgende Übersicht enthält die bequemen Prozentsätze. Ergänzen Sie:

75 % = $\frac{3}{4}$ vom Grundwert	$6\frac{2}{3}$ % = ? vom Grundwert
$66\frac{2}{3}$ % = $\frac{2}{3}$ vom Grundwert	$6\frac{1}{4}$ % = ? vom Grundwert
50 % = $\frac{1}{2}$ vom Grundwert	5 % = ? vom Grundwert
$33\frac{1}{3}$ % = ? vom Grundwert	$4\frac{1}{6}$ % = ? vom Grundwert
25 % = ? vom Grundwert	$3\frac{1}{3}$ % = ? vom Grundwert
20 % = ? vom Grundwert	$2\frac{1}{2}$ % = ? vom Grundwert
$16\frac{2}{3}$ % = ? vom Grundwert	2 % = ? vom Grundwert
$14\frac{2}{7}$ % = ? vom Grundwert	$1\frac{2}{3}$ % = ? vom Grundwert
$12\frac{1}{2}$ % = ? vom Grundwert	$1\frac{1}{3}$ % = ? vom Grundwert
$11\frac{1}{9}$ % = ? vom Grundwert	$1\frac{1}{4}$ % = ? vom Grundwert
$9\frac{1}{11}$ % = ? vom Grundwert	1 % = ? vom Grundwert
$8\frac{1}{3}$ % = ? vom Grundwert	

2 Wandeln Sie in bequeme Teiler um und errechnen Sie:

a) 20 % von 600,00 €		i) 33 ⅓ % von 528,00 €	
b) 12 ½ % von 872,00 €		j) 9 $\frac{1}{11}$ % von 998,00 €	
c) 2 ½ % von 960,00 €		k) 1 ⅓ % von 782,00 €	
d) 4 ⅙ % von 720,00 €		l) 1 % von 592,00 €	
e) 11 ⅑ % von 234,00 €		m) 66 ⅔ % von 719,00 €	
f) 8 ⅓ % von 660,00 €		n) 25 % von 998,00 €	
g) 1 ¼ % von 960,00 €		o) 16 ⅔ % von 802,00 €	
h) 5 % von 880,00 €		p) 6 ¼ % von 332,00 €	

3 Über das Vermögen unseres Kunden Vödisch wird das Insolvenzverfahren eröffnet. Unsere Forderung beläuft sich auf 42.693,00 €. Wie hoch sind die Auszahlung und der Forderungsausfall bei folgenden Erstattungsquoten?
a) 6 ¼ %, b) 8 ⅓ %, c) 16 ⅔ %, d) 9 $\frac{1}{11}$ %, e) 11 ⅑ %, f) 12 ½ %.

4 Unser Lieferant gewährt uns auf einen Rechnungsbetrag von 38.452,00 € folgende Preisnachlässe: a) 6 ⅔ %, b) 4 ⅙ %, c) 3 ⅓ %, d) 5 %.
Wie hoch ist der Preisnachlass?

5 Ermitteln Sie zu den unten stehenden Prozentteilern die Prozentsätze.

a) 3	d) 40	g) 6	j) 24	m) ¾	p) 4	s) 80
b) 5	e) 2	h) 8	k) 30	n) 15	q) ⅔	t) 75
c) 9	f) 20	i) 60	l) 16	o) 12	r) 100	u) 11

6 Einer unserer leitenden Angestellten verdiente im 1. Jahr seiner Betriebszugehörigkeit monatlich 4.500,00 € brutto. Die Gehaltserhöhungen betrugen: 2. Jahr: 4 ⅙ %, 3. Jahr: 3 ⅓ %, 4. Jahr: 6 ¼ %.
a) Auf wie viel € beliefen sich die Gehaltserhöhungen pro Jahr?
b) Wie hoch ist sein monatliches Gehalt nach den Erhöhungen in den einzelnen Jahren?

7 Aufgrund von Rationalisierungsmaßnahmen können folgende prozentuale Kostensenkungen erzielt werden: a) 16 ⅔ %, b) 11 ⅑ %, c) 9 $\frac{1}{11}$ %.
Im Betrachtungszeitraum beträgt die Summe der Kosten 7.583.512,00 €.
Wie viel € machen die Kostensenkungen aus und auf welchen Betrag belaufen sich die neuen Kosten?

1.1.5.2 Die Berechnung des Prozentsatzes

Beispiel

Ein Handelsvertreter erhält auf einen Umsatz von 17.543,00 € eine Provision von 877,15 €. Wie viel Prozent beträgt seine Umsatzprovision?

1. Lösung mit Dreisatz

17.543,00 € ≙ 100 %
877,15 € ≙ x %

$$x = \frac{100 \cdot 877{,}15}{17.543{,}00} = \underline{\underline{5\ \%}}$$

2. Lösung mit Formel

Aus der Dreisatzlösung ergibt sich folgende Formel für den Prozentsatz:

$$\textbf{Prozentsatz} = \frac{100 \cdot \text{Prozentwert}}{\text{Grundwert}} \quad \Big| \quad \mathbf{p} = \frac{100 \cdot w}{g}$$

AUFGABEN

1 Berechnen Sie den Prozentsatz durch Kopfrechnen.

	Grundwert	Prozentwert		Grundwert	Prozentwert
a)	100 kg	5 kg	f)	70 kg	14 kg
b)	30 kg	6 kg	g)	60 kg	1,8 kg
c)	42 kg	7 kg	h)	70 kg	42 kg
d)	80 kg	32 kg	i)	40 kg	36 kg
e)	90 kg	36 kg	j)	80 kg	64 kg

2 Berechnen Sie den Prozentsatz schriftlich. (Genauigkeit: 3 Stellen nach dem Komma.)

	Grundwert	Prozentwert		Grundwert	Prozentwert
a)	9 238 l	349 l	f)	942 l	83 l
b)	1 482 l	56 l	g)	1 087 l	179 l
c)	4 931 l	2 327 l	h)	7 679 l	548 l
d)	489 l	97 l	i)	8 931 l	662 l
e)	8 733 l	6 968 l	j)	4 372 l	946 l

3 Berechnen Sie den Prozentsatz.

a) altes Gehalt: 2.480,00 €; Gehaltserhöhung: 111,60 €

b) alter Preis: 480,00 €; Preiserhöhung: 26,88 €

c) Summe der Erträge: 1.280.392,00 €; Umsatz: 1.126.744,90 €

d) Forderung an den Insolvenzschuldner: 10.932,00 €; Erstattung: 1.202,52 €

e) Summe der Kosten: 981.520,00 €; Personalkosten: 253.722,92 €

f) Personalbestand: 280; Neueinstellungen: 14

g) Versicherungswert: 20.900,00 €; Versicherungsprämie: 31,35 €

h) alter Guthabenstand: 13.761,00 €; Einzahlung: 3.302,64 €

4 Aufgrund einer sorgfältigeren Kostenüberwachung sanken im letzten Quartal die Kosten um 28.923,00 € auf 827.249,00 €. Wie viel Prozent beträgt die Kostensenkung? (Genauigkeit: 3 Stellen nach dem Komma.)

5 Im ersten Betrachtungsjahr betrug die Lohnsumme 348.000,00 €. Die Tariferhöhung im zweiten Betrachtungsjahr macht 19.140,00 €, im dritten Betrachtungsjahr 22.028,40 € und im vierten Betrachtungsjahr 15.566,74 € aus.
Wie hoch ist die prozentuale Tariferhöhung in den einzelnen Jahren? (Der Beschäftigungsstand bleibt unverändert.)

6 Aufgrund der Einführung eines Zulagensystems für Betriebstreue verminderte sich in einem Unternehmen mit 2 800 Beschäftigten die Fluktuation der Arbeitskräfte von 224 (Vorjahr) auf 56 (laufendes Jahr).

a) Wie hoch ist der Prozentsatz der Fluktuation vor und nach der Einführung des Zulagensystems?

b) Wie viel Prozent macht die Fluktuation des laufenden Jahres gemessen an der Fluktuation des Vorjahres aus?

c) Wie viel Prozent macht der Rückgang der Fluktuation im laufenden Jahr gegenüber der Fluktuation des Vorjahres aus?

669130

1.1.5.3 Die Berechnung des Grundwertes

Beispiel

Wir erhalten 3 % Skonto. Das macht 45,00 € aus. Wie hoch ist der Rechnungsbetrag?

1. Lösung mit Dreisatz

3 % ≙ 45,00 €
100 % ≙ x €

$$x = \frac{45 \cdot 100}{3} = \underline{\underline{1.500{,}00\ €}}$$

2. Lösung mit Formel

Aus der Dreisatzlösung ergibt sich folgende Formel für den Grundwert:

$$\textbf{Grundwert} = \frac{100 \cdot \text{Prozentwert}}{\text{Prozentsatz}}$$

$$\mathbf{g} = \frac{100 \cdot w}{p}$$

AUFGABEN

1 Berechnen Sie den Grundwert durch Kopfrechnen.

	Prozentwert	Prozentsatz
a)	3 m	3 %
b)	6 m	4 %
c)	8 m	2 %
d)	9 m	6 %
e)	10 m	20 %
f)	12 m	3 %
g)	15 m	6 %
h)	16 m	4 %
i)	18 m	6 %
j)	20 m	8 %

2 Berechnen Sie den Grundwert schriftlich.

	Prozentwert	Prozentsatz
a)	42,50 €	4,2 %
b)	8,30 €	5,9 %
c)	22,80 €	$6\frac{1}{3}$ %
d)	28,70 €	$2\frac{1}{2}$ %
e)	7,90 €	$3\frac{7}{8}$ %
f)	29,30 €	8,9 %
g)	78,20 €	$4\frac{3}{4}$ %
h)	99,10 €	$2\frac{4}{7}$ %
i)	71,30 €	40,5 %
j)	67,50 €	33,6 %

3 Berechnen Sie den Grundwert.

a) absolute Gehaltserhöhung: 255,99 €; prozentuale Gehaltserhöhung: 5,3 %

b) absolute Preiserhöhung: 25,34 €; prozentuale Preiserhöhung: 4,25 %

c) Erstattung aus Insolvenzmasse: 22.930,00 €; Erstattungsquote: 12 %

4 In einem Betrieb beträgt die Produktivitätssteigerung 8 %. Dies entspricht 32 Stück pro Fertigungsstunde.

Errechnen Sie die tägliche Produktionsmenge (nach der Produktivitätssteigerung) bei einer Maschinenlaufzeit von 18 Stunden pro Tag.

5 Die Aufwendungen für Forschung und Entwicklung betragen 538.612,00 €. Dies sind 7,6 % des Umsatzes. Wie hoch ist der Umsatz?

6 In der Abschlussprüfung sind 26 Auszubildende durchgefallen. Dies entspricht 5 %. Wie viel Auszubildende haben an der Prüfung teilgenommen?

7 Für unser Fertigwarenlager zahlen wir eine Versicherungsprämie von $1\frac{3}{4}$ ‰. Dies macht 254,00 € aus. Wie hoch ist der Versicherungswert?

8 Unser Handelsvertreter erhält eine Provision von 8 %. Im August zahlen wir ihm 5.664,00 €. Welchen Umsatz hat er im August erzielt?

1.1.5.4 Vermehrter Grundwert (Prozentrechnung auf Hundert)

Beispiel

Nach einer Preiserhöhung von 22 % beträgt der Preis einer Ware 610,00 €. Errechnen Sie den alten Preis und die Preiserhöhung.

Der neue Preis von 610,00 € ist der um 22 % **vermehrte Grundwert**. Er entspricht 122 %.

vermehrter Grundwert	=	Grundwert	+	Vermehrung
122 %	=	100 %	+	22 %

Lösung mit Dreisatz

122 % ≙ 610,00 €
100 % ≙ x €

$$x = \frac{610 \cdot 100}{122} = \underline{\underline{500{,}00\ €}} \rightarrow \text{alter Preis}$$

Preiserhöhung → 610,00 € – 500,00 € = $\underline{\underline{110{,}00\ €}}$

Es ist auch möglich, die Preiserhöhung als gesuchte Größe zu wählen.

Bei bequemen Prozentsätzen kann mit bequemen Teilern gerechnet werden.

Beispiel

Nach einer Lohnerhöhung von $6\frac{2}{3}$ % beträgt der Lohn eines Lagerarbeiters 2.040,00 €. Errechnen Sie den alten Lohn.

Lösung

$$x = \frac{2.040 \cdot 100}{106\frac{2}{3}}$$

$6\frac{2}{3}$ ist ein bequemer Teiler von 100 (= $\frac{1}{15}$) und somit auch von $106\frac{2}{3}$ (= $\frac{1}{16}$).
Es wird durch $6\frac{2}{3}$ gekürzt:

$$x = \frac{2.040 \cdot 15}{16} = \underline{\underline{1.912{,}50\ €}}$$

669132

AUFGABEN

1 Errechnen Sie unter Zuhilfenahme der bequemen Teiler den alten Preis und die Preiserhöhung.

	neuer Preis	Preisaufschlag		neuer Preis	Preisaufschlag
a)	212,00 €	4 ⅙ %	g)	322,00 €	11 ⅑ %
b)	328,00 €	9 1/11 %	h)	438,00 €	2 ½ %
c)	187,00 €	33 ⅓ %	i)	163,00 €	5 %
d)	467,00 €	8 ⅓ %	j)	239,00 €	6 ¼ %
e)	580,00 €	12 ½ %	k)	418,00 €	3 ⅓ %
f)	423,00 €	16 ⅔ %	l)	591,00 €	6 ⅔ %

2 Berechnen Sie die gesuchten Werte:

a) neues Gehalt: 2.730,00 €; prozentuale Gehaltserhöhung: 6,2 %; altes Gehalt?

b) neuer Preis: 169,00 €; prozentuale Preiserhöhung: 8,5 %; absolute Preiserhöhung?

c) Summe der aktuellen Kosten: 892.538,00 €; prozentuale Kostensteigerung: 12,3 %; alte Kostensumme?

d) neuer Personalbestand: 421; prozentualer Personalzuwachs: 5 ¼ %; Neueinstellungen?

e) neuer Stromverbrauch 94 622 kWh; prozentualer Mehrverbrauch: 21 %; alter Stromverbrauch?

f) derzeitige Mietaufwendungen: 12.855,00 €; prozentuale Mieterhöhung: 7 ⅛ %; absolute Mieterhöhung?

g) neuer Kontostand: 18.479,00 €; prozentualer Zuwachs: 8,7 %; alter Kontostand?

3 Errechnen Sie die absoluten Kostensteigerungen und die Vorjahreskosten der Kostenstellen A, B und C.

A: derzeitige Kosten: 99.792,21 €; Kostenzuwachs: 4,3 %

B: derzeitige Kosten: 87.228,34 €; Kostenzuwachs: 5,6 %

C: derzeitige Kosten: 76.453,56 €; Kostenzuwachs: 8,4 %

4 Ein Kunde zahlt an uns einschließlich eines 2%igen Aufschlages für unsere Mahnkosten

a) 9.732,83 € b) 6.293,74 € c) 728,15 €

Auf welche Beträge belaufen sich der Rechnungsbetrag und die Mahnkosten?

5 Eine leitende Angestellte erhielt in den letzten drei Jahren folgende Gehaltserhöhungen:

1. Jahr: 3,8 %, 2. Jahr: 5,7 %, 3. Jahr: 4,6 %.

Errechnen Sie die Monatsverdienste in den einzelnen Jahren und die jeweiligen Gehaltserhöhungen.

Ihr jetziges Gehalt beträgt: a) 4.390,87 € b) 5.780,29 € c) 5.230,41 €

6 Die Unterhaltungskosten für unsere betriebseigenen Immobilien sind im laufenden Geschäftsjahr wie folgt gestiegen: Produktionshalle: um 5,7 % auf 58.230,76 €, Lagerhalle: um 14 2/7 % auf 22.708,93 €, Verwaltungsgebäude: um 8,4 % auf 23.490,84 €. Errechnen Sie die Kostensteigerungen und die Vorjahreskosten.

7 In einer Unternehmung stiegen die Monatsumsätze jeweils gegenüber dem Vormonat wie folgt:

August: 4,3 % (5,7 %) September: 5,9 % (6,9 %) Oktober: 6,8 % (7,3 %)

Die Umsatzsteigerung des Monats Oktober beträgt 44.538,33 € (52.680,73 €). Errechnen Sie die jeweiligen Monatsumsätze (Juli bis Oktober).

1.1.5.5 Verminderter Grundwert (Prozentrechnung im Hundert)

Beispiel

Nach einer Preissenkung von 22 % beträgt der Preis einer Ware 390,00 €. Errechnen Sie den alten Preis und die Preissenkung.

Der neue Preis von 390,00 € ist der um 22 % **verminderte Grundwert**. Er entspricht 78 %.

verminderter Grundwert	=	Grundwert	–	Verminderung
78 %	=	100 %	–	22 %

Lösung mit Dreisatz

78 % ≘ 390,00 €
100 % ≘ x €

$$x = \frac{390 \cdot 100}{78} = \underline{\underline{500{,}00\ €}} \rightarrow \text{alter Preis}$$

Preissenkung → 500,00 € – 390,00 € = 110,00 €

Es ist auch möglich, die Preissenkung als gesuchte Größe zu wählen.

Bei bequemen Prozentsätzen kann mit bequemen Teilern gerechnet werden.

Beispiel

Aufgrund einer Rationalisierungsmaßnahme kann der Preis für ein Produkt um $11\frac{1}{9}$ % auf 656,00 € gesenkt werden. Errechnen Sie den alten Preis.

Lösung

$$x = \frac{656 \cdot 100}{88\frac{8}{9}}$$

$11\frac{1}{9}$ ist ein bequemer Teiler von 100 (= $\frac{1}{9}$) und somit auch von $88\frac{8}{9}$ (= $\frac{1}{8}$).

Es wird durch $11\frac{1}{9}$ gekürzt:

$$x = \frac{656 \cdot 9}{8} = \underline{\underline{738{,}00\ €}}$$

AUFGABEN

1 Errechnen Sie unter Zuhilfenahme der bequemen Teiler den alten Preis und die Preissenkung.

	neuer Preis	Preisabschlag		neuer Preis	Preisabschlag
a)	320,00 €	20 %	g)	825,00 €	$16\frac{2}{3}$ %
b)	605,00 €	$8\frac{1}{3}$ %	h)	492,00 €	$14\frac{2}{7}$ %
c)	414,00 €	$4\frac{1}{6}$ %	i)	910,00 €	$9\frac{1}{11}$ %
d)	413,00 €	$12\frac{1}{2}$ %	j)	741,00 €	$2\frac{1}{2}$ %
e)	596,00 €	$33\frac{1}{3}$ %	k)	994,00 €	$6\frac{2}{3}$ %
f)	536,00 €	$11\frac{1}{9}$ %	l)	899,00 €	$3\frac{1}{3}$ %

2 Aufgrund von Rationalisierungsmaßnahmen sanken die Kosten in den Abteilungen A, B und C wie folgt:

A: um 13,8 % auf 105.636,00 €
B: um $9\frac{1}{11}$ % auf 86.914,00 €
C: um 7,1 % auf 148.468,00 €

Errechnen Sie die alten Kosten und die Kostensenkungen. Runden Sie dabei auf ganze €-Beträge.

669134

3 Berechnen Sie die gesuchten Werte:

a) neue Ausschussmenge: 455 Stück; prozentuale Ausschusssenkung: 9 %; alte Ausschussmenge?
b) neue wöchentliche Arbeitszeit: 36 Stunden; prozentuale Arbeitszeitsenkung: 4 %; absolute Arbeitszeitsenkung (in Stunden)?
c) erzielter Gewinn: 93.682,12 €; prozentuale Gewinnminderung: 5,4 %; alter Gewinn?
d) neuer Stromverbrauch: 98 932 kWh; prozentualer Minderverbrauch: 6 $\frac{1}{7}$ %; absoluter Minderverbrauch (in kWh)? (Auf volle kWh runden.)
e) neues Bankguthaben: 25.984,63 €; prozentuale Abnahme: 11 $\frac{1}{9}$ %; altes Bankguthaben?
f) Trockengewicht einer Packung Backobst: 55 kg; Schwund: 48,5 %; Frischgewicht?
g) Nettogewicht (Reingewicht): 238,005 kg; Tara (Verpackungsgewicht) in Prozent: 7 $\frac{3}{4}$ %; Bruttogewicht (Rohgewicht)?

4 Vier nicht bevorrechtigte Gläubiger erhalten bei einem Insolvenzverfahren 12,5 % ihrer Forderungen erstattet. Gläubiger A bekommt 12.438,00 €, Gläubiger B 4.273,00 €, Gläubiger C 2.467,00 € und Gläubiger D 14.731,00 €.

Wie viel € hat jeder Gläubiger verloren?

5 Bedingt durch die stufenweise Einführung eines neuen Produktionsverfahrens werden die Stückkosten gesenkt.

Im September wurde eine Stückkostenreduzierung von 7,5 % (8,4 %) erzielt, im Oktober von 8,8 % (9,2 %) und im November von 6,9 % (4,3 %) (jeweils gegenüber dem Vormonat).

Im November wird ausschließlich das neue Produktionsverfahren eingesetzt. Die Stückkosten betragen nun 136,74 € (198,23 €).

Wie hoch waren die Stückkosten im August?

6 Aufgrund eines saisonal bedingten Nachfragerückganges beläuft sich der Umsatz des Monats Mai nur noch auf 68.582,73 € (53.492,81 €).

Der prozentuale Umsatzrückgang gegenüber April beträgt 9,7 % (10,2 %). Im April wiederum sank der Umsatz um 8,7 % (7,9 %) gegenüber März. Im März schließlich wurde ein Umsatzrückgang von 5,8 % (4,3 %) gegenüber Februar registriert.

Wie hoch waren

a) die monatlichen Umsatzrückgänge in €,
b) die Umsätze der Monate April, März und Februar?

GEMISCHTE AUFGABEN

1 Ein Autohersteller verkauft zwei Pkw zu jeweils 18.000,00 €. Das eine Fahrzeug verkauft er mit einem Gewinn von 25 %, das andere mit einem Verlust von 25 %.

Wie viel Prozent Gewinn bzw. Verlust hat er insgesamt erzielt?

2 A, B, C und D sind Gesellschafter einer Unternehmung.
Gemäß Gesellschaftsvertrag erhält A 18,7 %, B 31,8 %, C 27,4 % des Gewinns. D erhält den Restgewinn.

Wie viel € Gewinn hat jeder Gesellschafter in den Geschäftsjahren 1 bis 4 erhalten?

Jahr	1	2	3	4
Gewinn (€)	128.412,00	296.522,00	241.687,00	187.913,00

3 Gemäß HGB gilt für die Gewinnverteilung einer OHG:

Vom Gewinn eines Geschäftsjahres erhält jeder Gesellschafter eine vierprozentige Verzinsung seines Kapitalanteils. Der Restgewinn wird nach Köpfen verteilt.

Für das vergangene Geschäftsjahr haben Gesellschafter A 190.000,00 €, Gesellschafter B 240.000,00 € und Gesellschafter C 160.000,00 € Gewinnanteil erhalten.

Wie hoch sind die Kapitaleinlagen der Gesellschafter A, B und C, wenn der Restgewinn, der nach Köpfen verteilt wurde, 420.000,00 € betrug?

4 Nach Abzug von zunächst 25 % Rabatt und 3 % Skonto vom Restbetrag überweisen wir an unseren Lieferanten 12.479,26 €. Errechnen Sie den Listeneinkaufspreis.

5 Aufgrund von Rationalisierungsinvestitionen erhöhen sich die Kosten für die maschinellen Anlagen (Abschreibungen, Wartung). Dies macht eine Gesamtkostensteigerung von 3,8 % aus. Auf der anderen Seite sinken die Personalkosten um 324.000,00 €. Die Personalkostensenkung bewirkt eine Minderung der Gesamtkosten um 6,4 %.

a) Errechnen Sie die alten Gesamtkosten.
b) Errechnen Sie den Zuwachs der Gesamtkosten, der durch den Anstieg der Kosten für die maschinellen Anlagen bedingt ist.
c) Errechnen Sie die Kostensenkung insgesamt.
d) Errechnen Sie die neuen Gesamtkosten.

6 Die Miete für unsere Geschäftsräume beträgt heute 6.728,35 €. Sie erhöhte sich im letzten Jahr um 5 %, im vorletzten Jahr um 3 % und im vorvorletzten Jahr um 7 %.

a) Um wie viel € ist die Miete im letzten, im vorletzten und im vorvorletzten Jahr gestiegen?
b) Wie hoch waren die Mietaufwendungen in den letzten drei Jahren?

7 In einem Unternehmen verdient der Buchhalter 43 % weniger als die Prokuristin. Das Gehalt der Prokuristin ist 18 % höher als das Gehalt des Abteilungsleiters. Der Buchhalter verdient 2.950,00 € im Monat. Wie viel verdienen die Prokuristin und der Abteilungsleiter?

8 In einem Kaufhaus wurde die Verkaufsfläche für Sport- und Fitnessgeräte auf Kosten der Möbelabteilung um 8,3 % erhöht. Sie beträgt jetzt 458,4 m^2. Die Verkaufsfläche für Sport- und Fitnessgeräte macht jetzt 6,4 % der gesamten Verkaufsfläche aus.

a) Wie groß war die Verkaufsfläche für Sport- und Fitnessgeräte vorher?
b) Wie groß ist die gesamte Verkaufsfläche des Kaufhauses?
c) Wie hoch war der prozentuale Anteil der Verkaufsfläche für Sport- und Fitnessgeräte an der gesamten Verkaufsfläche vorher?

9 Vollmilchschokolade setzt sich zusammen aus 36 % Zucker, 29 % Vollmilchpulver, 20 % Kakaobutter und 15 % Kakaomasse. Wie viel kg der einzelnen Bestandteile sind erforderlich, um 190 000 Schokoladentafeln zu je 75 g herzustellen?

10 Der Umsatz eines Produktes hat sich wie folgt verändert:

März: + 2,4 %; April: – 3,8 %; Mai: – 1,7 %; Juni: + 4,9 %
(prozentuale Umsatzveränderung jeweils gegenüber dem Vormonat)

Im Juni beträgt der Umsatz 85.638,91 €.

a) Errechnen Sie die Umsatzveränderungen in €.
b) Errechnen Sie die Umsätze der Monate Mai, April, März und Februar.

1.2 Die Teilgebiete des betrieblichen Rechnungswesens und deren Aufgaben

Das betriebliche Rechnungswesen beinhaltet folgende vier Teilgebiete:

- Geschäftsbuchführung oder Finanzbuchführung,
- Kosten- und Leistungsrechnung,
- Statistik und
- Planungsrechnung.

1.2.1 Die Geschäftsbuchführung (Finanzbuchführung)

Die Geschäftsbuchführung umfasst eine **Bestandsrechnung** und eine **Erfolgsrechnung**.

In der **Bestandsrechnung** werden alle Veränderungen (Mehrungen oder Minderungen) von Vermögens- oder Kapitalwerten aufgezeichnet.

Die **Erfolgsrechnung** ermittelt durch die Gegenüberstellung von Erträgen und Aufwendungen einen Gewinn oder Verlust.

Die in einer bestimmten Ordnung zusammengetragenen Zahlen der Bestands- und Erfolgsrechnung **dokumentieren** die Geschäftstätigkeit des Unternehmens.

Neben dieser **Dokumentationsaufgabe** kommt der Buchführung vor allen Dingen eine **Rechenschaftslegungs**- und **Informationsaufgabe** zu. Mit ihrer Hilfe wird am Geschäftsjahresende der gesetzlich vorgeschriebene Jahresabschluss (Bilanz und Gewinn- und Verlustrechnung) erstellt. Kapitalgeber, Finanzbehörden und die Mitarbeiter erhalten so einen Einblick in die Ertrags- und Vermögenslage des Unternehmens.

1.2.2 Die Kosten- und Leistungsrechnung

Die Geschäftsbuchführung wird aufgrund ihrer Aufgabenstellung von steuerrechtlichen und handelsrechtlichen Vorschriften geprägt. Den Anforderungen einer betriebswirtschaftlichen Betrachtung wird sie damit nicht gerecht. Hierzu wird die Kosten- und Leistungsrechnung herangezogen, die sich an betriebswirtschaftlichen Erfordernissen orientiert.

Die Kosten- und Leistungsrechnung bietet vor allen Dingen ein Instrumentarium, das die Wirtschaftlichkeit des betrieblichen Leistungsprozesses überwacht. Damit nimmt die Kosten- und Leistungsrechnung vornehmlich eine **Kontrollaufgabe** wahr.

Darüber hinaus liefert die Kosten- und Leistungsrechnung zusammen mit der **Statistik** und der **Planungsrechnung** die Daten, auf denen die **unternehmerischen Entscheidungen** basieren. Insofern erfüllt die Kosten- und Leistungsrechnung auch eine **Dispositionsaufgabe**.

1.2.3 Die Statistik

Die betriebliche Statistik bereitet die Daten der Geschäftsbuchführung und der Kosten- und Leistungsrechnung auf und wertet sie aus. Es können in tabellarischer oder grafischer Form Statistiken über Umsatzzahlen, Produktionskosten, Lohnkosten, Lagerkennzahlen, Bilanzkennzahlen, Gewinnentwicklungen usw. erstellt werden.

Diese Statistiken werden mit den Zahlen früherer Abrechnungsperioden **(Zeitvergleiche)** oder mit den entsprechenden Werten von Betrieben der gleichen Branche **(Betriebsvergleiche)** verglichen. Die dabei gewonnenen Erkenntnisse führen zu unternehmerischen Entscheidungen **(Dispositionsaufgabe).**

1.2.4 Die Planungsrechnung

Grundlage der Planungsrechnung sind die Daten der Geschäftsbuchführung, der Kosten- und Leistungsrechnung und der Statistik. Mithilfe der Planungsrechnung werden Absatzpläne, Produktionspläne, Beschaffungspläne, Investitionspläne und Finanzpläne erstellt.

Abweichungen zwischen den geplanten Zahlen (Sollzahlen) und den tatsächlich eingetretenen Zahlen (Istzahlen) werden analysiert und ausgewertet.

Der Planungsrechnung kommt somit neben der **Dispositionsaufgabe** eine wichtige **Kontrollaufgabe** zu.

Zusammenfassung

Schaubild

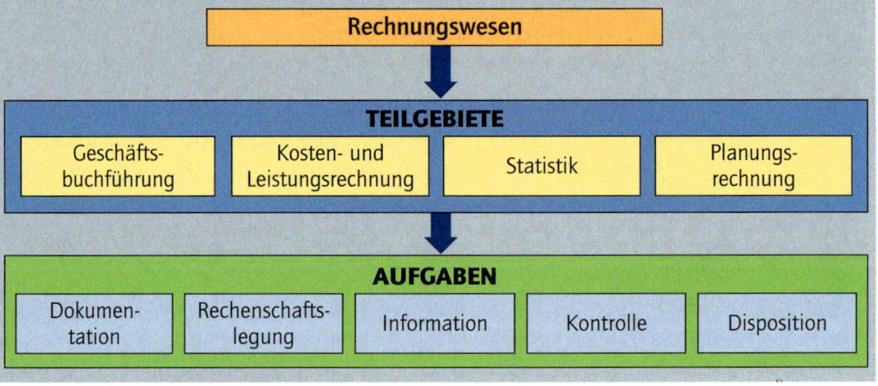

AUFGABE

Welche Aussagen sind richtig bzw. falsch? Begründen Sie Ihre Meinung.

a) Das betriebliche Rechnungswesen umfasst zwei Teilgebiete, die Geschäftsbuchführung und die Planungsrechnung.
b) Die Geschäftsbuchführung orientiert sich an betriebswirtschaftlichen Anforderungen.
c) Der Geschäftsbuchführung kommt eine Dokumentations-, Rechenschaftslegungs- und Informationsaufgabe zu.
d) In der Erfolgsrechnung der Geschäftsbuchführung wird durch die Gegenüberstellung von Erträgen und Aufwendungen ein Gewinn oder Verlust ermittelt.
e) Die Kosten- und Leistungsrechnung wird von handelsrechtlichen und steuerrechtlichen Vorschriften geprägt.
f) Die Kosten- und Leistungsrechnung wird den Anforderungen einer betriebswirtschaftlichen Betrachtung gerecht.
g) Die Kosten- und Leistungsrechnung dient im Wesentlichen der Rechenschaftslegung und der Kontrolle.
h) Im Rahmen der Kosten- und Leistungsrechnung werden Betriebsvergleiche durchgeführt.
i) In der betrieblichen Statistik werden die Zahlen der Geschäftsbuchführung und der Kosten- und Leistungsrechnung aufbereitet und ausgewertet.
j) Die Planungsrechnung erfüllt eine Dispositions- und Kontrollaufgabe.

2 Einführung in die Systematik der Buchführung

2.1 Grundlagen der Buchführung

2.1.1 Aufgaben der Buchführung

In einer Unternehmung fällt eine Vielzahl unterschiedlicher Geschäftsfälle an, z. B.:

Fertigerzeugnisse werden verkauft.
Rohstoffe werden eingekauft.
Schulden gegenüber Lieferanten werden abgezahlt.
Kunden begleichen Forderungen.
Löhne und Gehälter sind zu zahlen.
Dem Bankkonto werden Zinsen gutgeschrieben.
Betriebliche Fahrzeuge werden gekauft.
Büromaterial wird angeschafft.
Mieten sind zu zahlen.
Provisionserträge werden unserem Postbankkonto gutgeschrieben usw.

Aus diesem Katalog, der nur einen ganz kleinen Teil betrieblicher Geschäftsfälle aufzeigt, ist schon zu erkennen, dass niemand sämtliche Geschäftsfälle einer Unternehmung im Gedächtnis behalten kann. Hieraus erwächst die Notwendigkeit, schriftliche Aufzeichnungen zu machen.

Da diese Aufzeichnungen früher in gebundenen Büchern erfolgten, bezeichnet man diese Tätigkeit als Buchführung.

Eine Buchführung ist ein Zahlenwerk, das alle Geschäftsfälle einer Unternehmung in einer bestimmten Ordnung systematisch und vollständig erfasst, verarbeitet und verwaltet.

Die reine Gedächtnishilfe ist nur ein Grunderfordernis zur Buchführung. Ihre heutigen Aufgaben gehen weit darüber hinaus.

Für die Unternehmung selbst erfüllt die Buchführung folgende Aufgaben:

1. Sie stellt die Vermögens- und Schuldenwerte fest.
2. Sie gibt einen Überblick über die Geschäftslage, z. B. über
   - die Verkaufserlöse,
   - die Forderungen an Kunden,
   - den Kassenbestand,
   - die Einkäufe,
   - die Schulden gegenüber Lieferanten,
   - die angefallenen Raumkosten usw.
3. Sie ermittelt den Unternehmenserfolg, den Gewinn bzw. den Verlust.
4. Sie bildet die Grundlage für die Preiskalkulation.
5. Sie liefert die Daten für außerbetriebliche Vergleiche, innerbetriebliche Zeitvergleiche und für innerbetriebliche Kontrollen.
6. Sie ist ein Beweismittel zur Klärung von gerichtlichen Streitfällen.

Neben dem **Eigeninteresse** besteht noch ein **Fremdinteresse** Außenstehender an der Buchführung.

Für den **Staat** beispielsweise bildet die Buchführung einer Unternehmung die Grundlage

1. der Besteuerung (z. B. der Einkommensteuer, der Körperschaftsteuer, der Gewerbesteuer),

2. der Ermittlung der Umsatzsteuerzahllast,
3. der Bemessung der Lohnsteuer.

Auch die Banken als Kreditgeber, sonstige Gläubiger und Lieferanten haben ein Interesse daran, die Vermögensverhältnisse und die Geschäftslage einer Unternehmung kennen zu lernen. Hierzu liefert die Buchführung das Zahlenwerk.

2.1.2 Gesetzliche Vorschriften der Buchführung

Da nicht nur ein Eigeninteresse an einer Aufzeichnung von Geschäftsfällen besteht, sind Kaufleute zur Buchführung gesetzlich verpflichtet. Die Vorschriften der Buchführung sind in den folgenden Gesetzen und Verordnungen geregelt:

1. Die grundlegenden gesetzlichen Buchführungsbestimmungen für Kaufleute stehen im

   Handelsgesetzbuch (HGB).

2. Da die Buchführung auch eine Grundlage zur Besteuerung der Unternehmung und des Unternehmers ist, gibt es neben den handelsrechtlichen Vorschriften auch eine Reihe von steuerrechtlichen Buchführungsbestimmungen.
   Diese werden durch folgende Gesetze und Verordnungen vorgeschrieben:

   Abgabenordnung (AO)
   Einkommensteuergesetz (EStG)
   Körperschaftsteuergesetz (KStG)
   Gewerbesteuergesetz (GewStG)
   Umsatzsteuergesetz (UStG)

3. Sondervorschriften für die Bilanzierung und für den Jahresabschluss bei bestimmten Unternehmensformen sind in folgenden Gesetzen geregelt:

   Aktiengesetz (AktG)
   GmbH-Gesetz (GmbHG)
   Genossenschaftsgesetz (GenG)

Zu 1. Eine besondere Bedeutung kommt dem § 238 Abs. 1 HGB zu, weil er alle ins Handelsregister eingetragenen Kaufleute verpflichtet Bücher zu führen: „Jeder Kaufmann ist verpflichtet Bücher zu führen und in diesen seine Handelsgeschäfte und die Lage seines Vermögens nach den Grundsätzen ordnungsmäßiger Buchführung ersichtlich zu machen."

§§ 241 a, 242 Abs. 4 HGB befreien die **Einzelkaufleute**, „die an den **Abschlussstichtagen von zwei aufeinander folgenden Geschäftsjahren** nicht mehr als

- 500.000,00 € Umsatz **und**
- 50.000,00 € Jahresüberschuss aufweisen",

von der **handelsrechtlichen** Pflicht zur Buchführung und zur Erstellung eines Inventars.

Zu 2. Bei den steuerrechtlichen Buchführungsbestimmungen hat die Abgabenordnung als steuerrechtliches Mantelgesetz eine besondere Bedeutung.

Sie trifft Regelungen, die für mehrere Steuern gemeinsam gelten. In ihr stehen die wichtigsten steuerlichen Buchführungsvorschriften.

Nach § 141 AO sind **gewerbliche** Unternehmer[1] **steuerrechtlich** zur Buchführung verpflichtet, wenn **eine** der folgenden Voraussetzungen erfüllt ist:

- Der Umsatz übersteigt 500.000,00 €.
- Der erwirtschaftete Gewinn übersteigt 50.000,00 €.

---

1 Freiberufler und andere selbstständig Tätige (wie z. B. Anlageberater, Ärzte, Künstler, Rechtsanwälte, Schriftsteller) sind nicht zur Buchführung verpflichtet. Für diesen Personenkreis ist eine Einnahmen-Überschussrechnung ausreichend.

Zu 1. und 2.

Einige handelsrechtliche und steuerrechtliche Vorschriften beschreiben gemeinsam, auf welche Weise die Bücher zu führen sind:

HGB	AO	Vorschrift
§ 238 Abs. 1	§ 145 Abs. 1	Die Buchführung muss so beschaffen sein, dass sich ein sachverständiger Dritter allein zurechtfinden kann.
§ 239 Abs. 2	§ 146 Abs. 1	Die Eintragungen in Büchern und die sonst erforderlichen Aufzeichnungen müssen vollständig, richtig, zeitgerecht und geordnet vorgenommen werden.
§ 239 Abs. 3	§ 146 Abs. 4	Eine Eintragung oder eine Aufzeichnung darf nicht so verändert werden, dass ihr ursprünglicher Inhalt nicht mehr feststellbar ist.

Zusammenfassung

Schaubild

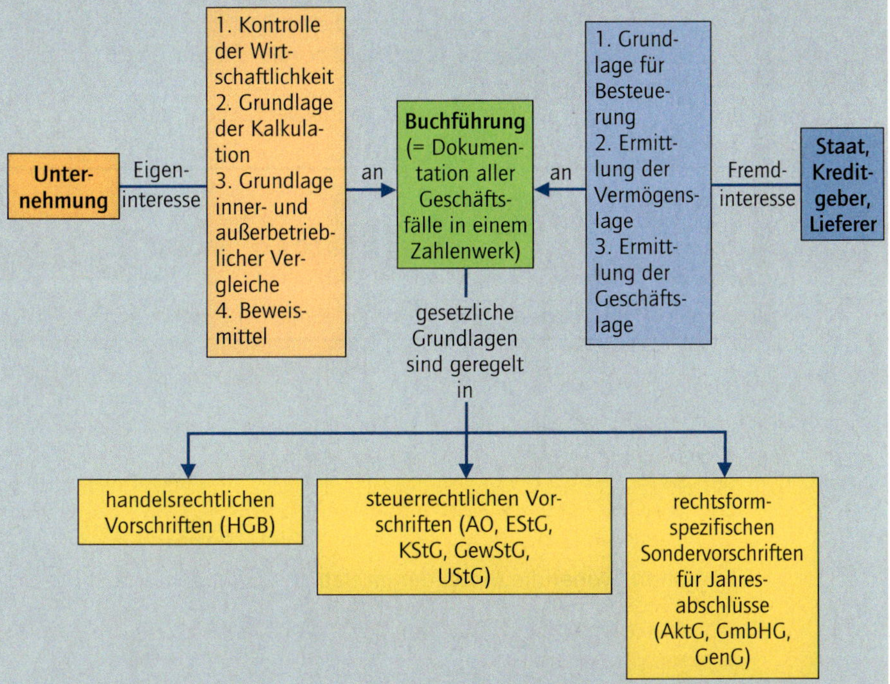

Merksätze

1. **Die Buchführung ist ein Zahlenwerk, das alle Geschäftsfälle einer Unternehmung in einer bestimmten Ordnung systematisch und vollständig erfasst, verarbeitet und verwaltet.**
2. **Die Buchführung stellt für die Unternehmung Daten zur Kontrolle der Wirtschaftlichkeit, Daten für die Kalkulation, Daten für inner- und außerbetriebliche Vergleiche und Daten für Beweisführungen bereit.**
3. **Für den Staat liefert die Buchführung insbesondere Besteuerungsgrundlagen.**
4. **Kreditgeber können aus der Buchführung die Geschäftslage und die Vermögensverhältnisse ersehen.**
5. **Handelsrechtliche, steuerrechtliche Vorschriften und rechtsformspezifische Sondervorschriften schreiben die Buchführung vor bzw. regeln sie.**

AUFGABEN

1 Nennen Sie Geschäftsfälle, die in einer Unternehmung anfallen.

2 Definieren Sie den Begriff „Buchführung".

3 Nennen Sie innerbetriebliche Aufgaben der Buchführung.

4 Begründen Sie, weshalb

a) der Staat,
b) die Kreditgeber und
c) die Lieferanten

Interesse an einer aussagefähigen Buchführung haben.

5 Nennen Sie

a) das Gesetzbuch, das die handelsrechtlichen Buchführungsvorschriften regelt,
b) die Verordnung bzw. die Gesetzbücher, die die steuerrechtlichen Buchführungsvorschriften regeln und
c) die Gesetzbücher, die die rechtsformspezifischen Buchführungssondervorschriften regeln.

6 Ein Gewerbebetrieb weist aus:

	a)	b)	c)
Umsatz	245.000,00 €	510.000,00 €	470.000,00 €
Gewinn	15.000,00 €	20.000,00 €	51.000,00 €

Besteht eine **steuerrechtliche** Pflicht zur doppelten Buchführung in den Fällen a) – c)?

2.2 Kapital und Vermögen

Das Kapital ist – im buchhalterischen Sinne – die Finanzierungsquelle des in einem Unternehmen vorhandenen Vermögens.

Es gibt an, **woher** die Mittel der im Betrieb vorhandenen Sachgüter stammen.

Das Vermögen ist die Gesamtheit aller in Geld bewerteten Sachwerte eines Unternehmens.

Es gibt an, **was** in einem Unternehmen vorhanden ist bzw. **wohin** das Kapital geflossen ist.
Da zu allen Sachwerten eine Finanzierungsquelle gehört bzw. umgekehrt sich Kapital immer in Vermögen umwandelt, sind Vermögen und Kapital zwangsläufig identisch.

Vermögen = Kapital

Das Kapital wird in das **Eigenkapital** und in das **Fremdkapital** unterteilt.

Das Eigenkapital ist der vom Unternehmer bzw. von den Gesellschaftern selbst eingebrachte Teil des Kapitals.

Das Fremdkapital ist die Gesamtheit der Schulden eines Unternehmens. Hierzu gehören z. B. Hypothekenschulden, Darlehensschulden, Liefererschulden.

Auch der Gegenwert des Kapitals, das Vermögen, wird in zwei Arten, in das **Anlagevermögen** und in das **Umlaufvermögen**, untergliedert.

Zum Anlagevermögen gehören alle Vermögensteile, die langfristig im Unternehmen gebunden sind, z. B. Gebäude, Grundstücke, Maschinen, Betriebsfahrzeuge und Geschäftsausstattung. Das Anlagevermögen schafft die Grundvoraussetzung für die betriebliche Tätigkeit, wie Einkauf, Produktion, Lagerung und Verkauf.

Zum Umlaufvermögen gehören alle Vermögensteile, die nicht längere Zeit im Betrieb verbleiben, sondern umlaufen bzw. umgesetzt werden, wie z. B. Fertigerzeugnisse, Rohstoffe, Waren, Forderungen an Kunden, Bargeld (Kasse), Postbankguthaben und Bankguthaben. Die betriebliche Tätigkeit verändert ständig die Positionen des Umlaufvermögens.

Verfeinern wir die obige Grundgleichung mit diesen vier Unterbegriffen, so erhalten wir:

Anlagevermögen + Umlaufvermögen = Eigenkapital + Fremdkapital

Zusammenfassung

Schaubild

was? (wohin?) = vorhandene Sachwerte, Mittelverwendung			**woher?** = Finanzierungsquelle, Mittelherkunft
Vermögen	Anlagevermögen Umlaufvermögen	= **Kapital**	Eigenkapital Fremdkapital

Merksätze

1. **Die Summe des Vermögens entspricht der Summe des Kapitals.**
2. **Das Kapital zeigt an, woher die Mittel des vorhandenen Vermögens kommen (= Mittelherkunft).**
3. **Das Vermögen zeigt an, wie das in einem Unternehmen eingesetzte Kapital verwendet ist (= Mittelverwendung).**
4. **Das Kapital unterteilt sich in eigene Finanzierungsmittel, das Eigenkapital, und in Schulden, das Fremdkapital.**
5. **Das Vermögen unterteilt sich in das langfristig im Unternehmen gebundene Vermögen, das Anlagevermögen, und in das sich kurzfristig ändernde Vermögen, das Umlaufvermögen.**

AUFGABEN

1 Manfred Fiedler, 30173 Hannover, eröffnet am 1. Mai eine Kfz-Werkstatt.

Herr Fiedler hat 90.000,00 € gespart, 30.000,00 € hat er im Lotto gewonnen. Die Stadtsparkasse gibt ihm ein Darlehen über 60.000,00 €.

Die Ausstattung des Büros kostet 10.000,00 €. Für die Werkstatteinrichtung muss Herr Fiedler 50.000,00 € bezahlen. Er kauft sich ferner Werkzeuge, für die er 80.000,00 € aufwenden muss. Für den Erstbedarf deckt er sich mit Ersatzteilen für 40.000,00 € ein.

a) Was ist in der neu eröffneten Kfz-Werkstatt vorhanden?
b) Woher stammen die Mittel?

2 Erklären Sie die Begriffe „Vermögen" und „Kapital".

3 Unterscheiden Sie nach Vermögen und Kapital:

Betriebs- und Geschäftsausstattung, Postbankguthaben, Darlehen, Betriebsfahrzeuge, Rohstoffe, Liefererschulden, Forderungen an Kunden, Lottogewinn, Hypothekenschulden, Bargeld (Kasse).

4 Frau Susanne Arend hat, um sich selbstständig zu machen, 30.000,00 € gespart. Ihre Bank gewährt ihr ein Darlehen von 25.000,00 €. Ihr Mann leiht ihr 15.000,00 € und ihre Tante 5.000,00 €. Sie kauft eine Schneiderei. Der frühere Inhaber überlässt ihr die Betriebsausstattung für 64.000,00 € und die Stoffvorräte für 10.000,00 €. Außerdem übernimmt Frau Arend die Forderungen an vier Kunden (Außenstände) in Höhe von insgesamt 1.000,00 €.

Erstellen Sie die Vermögens- und Kapitalübersicht.

5 Warum müssen Vermögen und Kapital immer gleich groß sein?

6 Herr Klaus Frost hat als Angestellter 40.000,00 € gespart, um einen Autoschilderschnelldienst zu eröffnen. Er mietet sich einen Laden. Für Maschinen gibt er 12.000,00 € und für eine Heizung 9.000,00 € aus. Die Betriebs- und Geschäftsausstattung kostet 15.000,00 €. Für Bleche und andere einschlägige Artikel muss er 8.000,00 € aufwenden.

Das fehlende Kapital leiht ihm ein Freund.

Stellen Sie mithilfe der Vermögens- und Kapitalübersicht fest, wie viel Geld Herr Frost sich von seinem Freund leiht.

7 Zur Eröffnung einer Textilfabrik bringt der Unternehmer 200.000,00 € an eigenem Kapital ein. Seine Bank leiht ihm 50.000,00 €. Für Betriebs- und Geschäftsausstattung gibt er 60.000,00 €, für den Erstbedarf an Stoffen 80.000,00 € aus. Für Maschinen bezahlt er 90.000,00 €. Das restliche Kapital bleibt auf dem betrieblichen Bankkonto. Wie hoch ist das betriebliche Bankguthaben?

8 Erklären Sie a) die Begriffe „Eigenkapital" und „Fremdkapital" sowie
b) die Begriffe „Anlagevermögen" und „Umlaufvermögen".

9 Unterscheiden Sie nach Eigenkapital und Fremdkapital sowie nach Anlagevermögen und Umlaufvermögen:

Hypothekenschulden, Vorräte, Forderungen an Kunden, Lottogewinn, Maschinen, Bargeld (Kasse), Verbindlichkeiten gegenüber Lieferern, Postbankguthaben, ins Unternehmen eingebrachte Ersparnisse, Lastkraftwagen, Darlehensschulden.

669144

10 Erstellen Sie eine Kapitalübersicht, unterteilt nach Eigen- und Fremdkapital, und eine Vermögensübersicht, unterteilt nach Anlage- und Umlaufvermögen.

Das nicht kapitalmäßig gedeckte Vermögen ist durch ein Bankdarlehen finanziert.

Fertigerzeugnisse 60.000,00 €; Forderungen an Kunden 7.000,00 €; Hypothekenschulden 180.000,00 €; Postbankguthaben 15.000,00 €; ins Unternehmen eingebrachter Lottogewinn 120.000,00 €; Kasse (Bargeld) 4.000,00 €; Maschinen 190.000,00 €; ins Unternehmen eingebrachte Ersparnisse 170.000,00 €; bebaute Grundstücke 250.000,00 €; Verbindlichkeiten gegenüber Lieferern 30.000,00 €; Betriebs- und Geschäftsausstattung 50.000,00 €.

11 Errechnen Sie die Werte der fehlenden Positionen.

	a) €	b) €	c) €	d) €
Anlagevermögen	520.000,00	850.000,00	?	713.000,00
Umlaufvermögen	380.000,00	618.000,00	543.000,00	?
Eigenkapital	?	597.000,00	1.002.000,00	920.000,00
Fremdkapital	412.000,00	?	650.000,00	539.000,00

2.3 Inventur und Inventar

§ 240 HGB (Handelsgesetzbuch) schreibt dem Kaufmann vor

- beim Beginn seines Handelsgewerbes und
- zum Schluss eines jeden Geschäftsjahres

sein Vermögen und seine Schulden genau zu verzeichnen.

Dazu sind bestimmte Vermögensteile, wie z. B. Fuhrpark, Maschinen, Geschäftsausstattung, Vorräte und Bargeld, durch

- Messen,
- Zählen,
- Wiegen und
- Schätzen,

also durch **körperliche Bestandsaufnahme**, zu erfassen. Anschließend werden sie bewertet, d. h. in Geldeinheiten ausgedrückt.

Andere Vermögensteile (z. B. Forderungen und Bankguthaben) und die Schulden (z. B. Hypothekenschulden und Liefererschulden) sind anhand von Belegen (z. B. Ausgangsrechnungen, Eingangsrechnungen und Kontoauszügen) durch **buchmäßige Bestandsaufnahme** festzustellen.

Die körperliche und buchmäßige Bestandsaufnahme aller Vermögensteile und Schulden nach Art, Menge und Wert ist die Inventur.

Das Ergebnis der Inventur wird in einem Bestandsverzeichnis, dem Inventar, aufgezeichnet.

Das Bestandsverzeichnis aller Vermögensteile und Schulden nach Art, Menge und Wert ist das Inventar.

2.3.1 Das Inventar

Die folgende Übersicht zeigt die wesentlichen Merkmale eines Inventars.

Definition der Hauptgliederungspunkte	Gliederungskriterien[1]	Konkrete Anordnung der Positionen
Zum **Anlagevermögen**[2] gehören alle Vermögensteile, die langfristig im Unternehmen gebunden sind. Das Anlagevermögen schafft die Grundvoraussetzung der betrieblichen Tätigkeit. Zum **Umlaufvermögen**[2] gehören alle Vermögensteile, die nicht längere Zeit im Betrieb verbleiben, sondern umlaufen bzw. umgesetzt werden. Die betriebliche Tätigkeit verändert ständig die Positionen des Umlaufvermögens.	Die Vermögenspositionen werden nach **steigender Liquidität** (Flüssigkeit) angeordnet, d. h.: Vermögenspositionen, die am schwersten in Geld umzuwandeln (liquide zu machen) sind, stehen oben; Vermögenspositionen, die am leichtesten in Geld umzuwandeln sind, stehen unten.	**A. Vermögen** **I. Anlagevermögen** 1. Grundstücke und Bauten 2. Maschinen 3. Fuhrpark 4. Betriebs- und Geschäftsausstattung **II. Umlaufvermögen** 1. Rohstoffe 2. Hilfsstoffe 3. Betriebsstoffe 4. Unfertige Erzeugnisse 5. Fertigerzeugnisse 6. Forderungen 7. Bargeld (Kasse) 8. Postbankguthaben 9. Guthaben bei Kreditinstituten
Langfristige Schulden Hierzu zählen insbesondere die Verbindlichkeiten gegenüber Kreditinstituten. **Kurzfristige Schulden** Hierzu zählen insbesondere die Verbindlichkeiten aus Lieferungen und Leistungen.	Die Schulden werden nach **steigender Dringlichkeit der Rückzahlung** angeordnet. Langfristige Schulden stehen oben, kurzfristige Schulden stehen unten.	**B. Schulden (Fremdkapital)** **I. Langfristige Schulden** 1. Hypothekenschulden 2. Darlehensschulden **II. Kurzfristige Schulden** Liefererschulden
Das **Reinvermögen (Eigenkapital)** ist der vom Unternehmer bzw. von den Gesellschaftern selbst eingebrachte Teil des Kapitals.		**C. Errechnung des Reinvermögens (Eigenkapitals)** Vermögen – Schulden = Reinvermögen (Eigenkapital)

1 Für das Inventar gibt es keine Gliederungsvorschrift. In der Praxis haben sich jedoch Gliederungsregeln gebildet, die sich an die Gliederungsgrundsätze der Bilanz anlehnen.

2 vgl. Kapitel 2.2

Musterbeispiel eines Inventars

Inventar der Textilfabrik Konrad Fied KG, Hannover, zum 31. Dezember 20..

A. Vermögen	€	€
I. Anlagevermögen	Vorspalte	Hauptspalte
1. Gebäude, Goseriede 41		650.000,00
2. Maschinen lt. bes. Verzeichnis, Anlage 1		330.000,00
3. Fuhrpark		
– 2 Lkw	122.000,00	
– 3 Pkw	58.000,00	180.000,00
4. Betriebs- und Geschäftsausst. lt. bes. Verzeichnis, Anlage 2		124.000,00
II. Umlaufvermögen		
1. Rohstoffe lt. bes. Verzeichnis, Anlage 3		280.000,00
2. Hilfsstoffe lt. bes. Verzeichnis, Anlage 4		70.000,00
3. Betriebsstoffe lt. bes. Verzeichnis, Anlage 5		90.000,00
4. Unfertige Erzeugnisse lt. bes. Verzeichnis, Anlage 6		250.000,00
5. Fertigerzeugnisse		
Damenoberbekleidung lt. bes. Verzeichnis, Anlage 7	253.000,00	
Herrenoberbekleidung lt. bes. Verzeichnis, Anlage 8	278.000,00	531.000,00
6. Forderungen an Kunden		
– Söffgen OHG, Rösrath	32.800,00	
– Gertrud Schön e. Kffr., Hamburg	118.700,00	
– Hampe KG, Halle	28.300,00	179.800,00
7. Kassenbestand		25.900,00
8. Guthaben bei Kreditinstituten		
– Kreissparkasse Hannover	78.700,00	
– Lindener Volksbank	64.200,00	142.900,00
Summe des Vermögens		2.853.600,00
B. Schulden (Fremdkapital)		
I. Langfristige Schulden		
1. Hypothek der Kreissparkasse Hannover		525.000,00
2. Darlehen der Lindener Volksbank		645.000,00
II. Kurzfristige Schulden		
Verbindlichkeiten gegenüber Lieferern		
– B. Müller OHG, Heidelberg	197.000,00	
– Emut GmbH, Hofgeismar	153.000,00	
– Vödisch AG, Hannover	119.300,00	469.300,00
Summe der Schulden		1.639.300,00
C. Errechnen des Reinvermögens (Eigenkapitals)		
Summe des Vermögens		2.853.600,00
– Summe der Schulden		1.639.300,00
= Reinvermögen (Eigenkapital)		1.214.300,00

Gemäß § 257 Abs. 3 HGB (Handelsgesetzbuch) bzw. § 147 Abs. 2 AO (Abgabenordnung) können Inventare mit den zu ihrem Verständnis erforderlichen Anlagen auch auf Bildträgern, z. B. Mikrokopien, oder auf anderen Datenträgern, z. B. CD-ROM, Festplatte, aufbewahrt werden, wenn sichergestellt ist, dass sie innerhalb angemessener Frist lesbar gemacht werden können.

Inventare sind zehn Jahre aufzubewahren. Die Aufbewahrungsfrist beginnt mit dem Schluss des Kalenderjahres. (§ 257 Abs. 4, 5 HGB bzw. § 147 Abs. 3, 4 AO)

2.3.2 Die Inventur

Die gesetzlichen Vorschriften erlauben mehrere Inventurverfahren.

2.3.2.1 Die zeitnahe Stichtagsinventur

Kleine und mittelgroße Unternehmen sind oft in der Lage, wegen ihrer relativ geringen Lagerbestände die zeitnahe Stichtagsinventur durchzuführen.

Die Finanzverwaltung räumt zur Durchführung der körperlichen Inventur einen Zeitraum von 10 Tagen vor oder von 10 Tagen nach dem Abschluss-Stichtag ein. Die Bestände müssen dann – belegmäßig nachweisbar – auf den Abschluss-Stichtag fortgeschrieben bzw. zurückgerechnet werden.

2.3.2.2 Die permanente Inventur

Die permanente Inventur (§ 241 Abs. 2 HGB) ermöglicht es, die sonst stoßweise zum Abschluss-Stichtag anfallenden Inventurarbeiten über das ganze Jahr zu verteilen: Es findet eine ständige, meist EDV-mäßige Bestandsfortschreibung aller Bestände nach Art und Menge anhand der Lagerbücher bzw. der Lagerdatei statt.

Diese permanente Bestandsfortschreibung muss belegmäßig nachprüfbar sein.

Außerdem ist mindestens einmal im Jahr – zu einem beliebigen Zeitpunkt – mit einer körperlichen Bestandsaufnahme zu prüfen, ob der Buchbestand (Sollbestand) mit dem tatsächlichen Bestand (Istbestand) übereinstimmt. Die körperliche Bestandsaufnahme braucht nicht für sämtliche Bestände gleichzeitig durchgeführt zu werden. Sollten Abweichungen vorliegen, so wird der Buchbestand dem tatsächlichen Bestand angepasst. Die Durchführung und das Ergebnis der körperlichen Inventur sind zu dokumentieren.

Die einmal jährlich vorzunehmende körperliche Inventur wird, um die Inventurarbeiten so gering wie möglich zu halten, häufig zu Zeiten mit geringen Vorratsbeständen durchgeführt.

2.3.2.3 Die zeitlich verlegte Inventur

Ist eine zeitnahe Stichtagsinventur wegen zu großer Bestände nicht durchführbar und eine permanente Inventur wegen fehlender Bestandsfortschreibung nicht möglich, so wird die zeitlich verlegte Inventur gemäß § 241 Abs. 3 HGB gewählt.

Bei der zeitlich verlegten Inventur wird die körperliche Bestandsaufnahme zu einem Zeitpunkt innerhalb der letzten drei Monate vor oder der ersten zwei Monate nach dem Abschluss-Stichtag durchgeführt.

Der zum Inventurstichtag ermittelte Bestand wird wertmäßig auf den Abschluss-Stichtag fortgeschrieben bzw. zurückgerechnet (Wertnachweisverfahren).

2.3.2.4 Die mathematisch-statistische Stichprobeninventur

Ein besonderes technisches Verfahren der Bestandsaufnahme ist die mathematisch-statistische Stichprobeninventur (§ 241 Abs. 1 HGB). Der Bestand der Wirtschaftsgüter wird mithilfe mathematisch-statistischer Methoden aufgrund von Stichproben ermittelt. Dieses spezielle Verfahren hat eine große Rationalisierungswirkung.

669148

Zusammenfassung

Schaubild

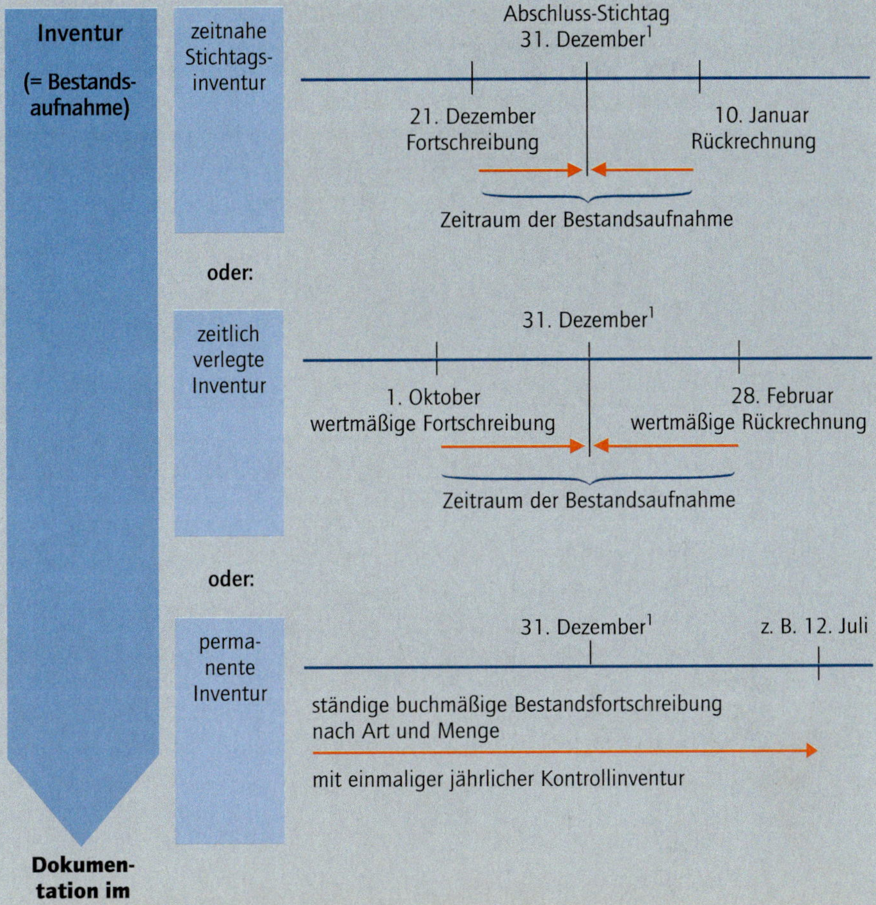

Inventar (= Bestandsverzeichnis)

A. Vermögen
- I. Anlagevermögen
- II. Umlaufvermögen

} gegliedert nach steigender Liquidität

B. Schulden (Fremdkapital)
- I. Langfristige Schulden
- II. Kurzfristige Schulden

} gegliedert nach steigender Dringlichkeit der Rückzahlung

C. Reinvermögen (Eigenkapital)

  Vermögen
− Schulden
= Reinvermögen (Eigenkapital)

Merksätze

1. **Die Bestandsaufnahme aller Vermögensteile und Schulden nach Art, Menge und Wert ist die Inventur.**
2. **Nach dem Zeitpunkt der Bestandsaufnahme bzw. dem Zeitraum für die Bestandsaufnahme unterscheidet man die zeitnahe Stichtagsinventur, die zeitlich verlegte Inventur und die permanente Inventur.**
3. **Bei der mathematisch-statistischen Inventur wird der Bestand der Wirtschaftsgüter anhand von Stichproben mathematisch-statistisch ermittelt.**

1 *Annahme:* Geschäftsjahr entspricht dem Kalenderjahr.

4. Das Bestandsverzeichnis aller Vermögensteile und Schulden nach Art, Menge und Wert ist das Inventar.

5. Das Inventar besteht aus den drei Teilen: Vermögen, Schulden und Reinvermögen (= Eigenkapital), wobei sich das Reinvermögen aus der Differenz zwischen Vermögen und Schulden ergibt.

6. Inventare sind zehn Jahre aufzubewahren. Die Aufbewahrungsfrist beginnt mit dem Schluss des Kalenderjahres, in dem das Inventar aufgestellt worden ist.

AUFGABEN

Aufgabe 1: Definitorische Abgrenzung der Begriffe Inventur und Inventar;
Aufgaben 2 bis 5: Inventur;
Aufgaben 6 bis 11: Inventar;
Aufgabe 12: Bestandsfortschreibung/Bestandsrückrechnung.

1 Unterscheiden Sie definitorisch die Begriffe Inventur und Inventar.

2 a) Worin liegt der Unterschied zwischen einer körperlichen und einer buchmäßigen Inventur?
b) Welche verschiedenen Tätigkeiten sind mit der körperlichen Inventur verbunden?
c) Welche Bestände werden mit der buchmäßigen Inventur ermittelt?

3 Welches Inventurverfahren passt zu welcher Beschreibung (Annahme: Geschäftsjahr entspricht dem Kalenderjahr)? Ordnen Sie zu.

A Inventurverfahren	B Beschreibung
1. Zeitnahe Stichtagsinventur	1. Die Inventur erfolgt zwischen dem 1. Oktober und dem 28. Februar.
2. Permanente Inventur	2. Aufgrund von Stichproben werden die Bestände errechnet.
3. Zeitlich verlegte Inventur	3. Die körperliche Bestandsaufnahme erfolgt zu einem beliebigen Zeitpunkt.
4. Mathematisch-statistische Stichprobeninventur	4. Die Inventur wird zwischen dem 21. Dezember und dem 10. Januar vorgenommen.

4 Stellen Sie die Vor- und Nachteile der in Aufgabe 3 genannten Inventurverfahren heraus.

5 Eine Kombination der Inventurverfahren ist zulässig.
Ordnen Sie den zwei vorgegebenen Vermögensgruppen das jeweils besonders geeignete der beiden vorgegebenen Inventurverfahren zu. Begründen Sie Ihre Zuordnung.

A Vermögensgruppen	B Inventurverfahren
1. Umlaufvermögen	1. Zeitnahe Stichtagsinventur
2. Anlagevermögen	2. Permanente Inventur

6 a) In welche drei Teile wird das Inventar unterteilt?
b) Stellen Sie eine Gleichung auf, die die Beziehungen zwischen den drei Teilen des Inventars wiedergibt.

7 a) Unterscheiden Sie definitorisch Anlagevermögen und Umlaufvermögen.
b) Nach welchem Gliederungskriterium werden die Vermögensteile im Inventar angeordnet?

8 Nach welchem Gliederungskriterium werden die Schuldenteile im Inventar angeordnet?

9 Ordnen Sie die unten stehenden Inventarpositionen dem Anlagevermögen, dem Umlaufvermögen, den langfristigen Schulden und den kurzfristigen Schulden zu.

Forderungen an Kunden, Verbindlichkeiten gegenüber Lieferern, Guthaben bei Kreditinstituten, bebaute Grundstücke, unbebaute Grundstücke, Darlehensschulden, Rohstoffe, Kassenbestand, Hypothekenschulden, Fuhrpark, Postbankguthaben, Betriebs- und Geschäftsausstattung, Fertigerzeugnisse, Maschinen.

10 A Der Jeanshersteller Gust GmbH, Frankfurt, hat die unten stehenden Inventurbestände ermittelt. Erstellen Sie das Inventar.

Bebaute Grundstücke (Verwaltungsgebäude 400.000,00 €, Fabrikhalle I 200.000,00 €, Fabrikhalle II 150.000,00 €, Garagen 80.000,00 €); Maschinen lt. besonderem Verzeichnis (Anlage 1) 390.000,00 €; Fuhrpark (2 Lkw 120.000,00 €, 1 Pkw 20.000,00 €); Betriebs- und Geschäftsausstattung lt. besonderem Verzeichnis (Anlage 2) 130.000,00 €; Rohstoffe lt. besonderem Verzeichnis (Anlage 3) 190.000,00 €; Hilfsstoffe lt. besonderem Verzeichnis (Anlage 4) 80.000,00 €; Betriebsstoffe lt. besonderem Verzeichnis (Anlage 5) 110.000,00 €; Unfertige Erzeugnisse lt. besonderem Verzeichnis (Anlage 6) 340.000,00 €; Fertigerzeugnisse lt. besonderem Verzeichnis (Anlage 7) 710.000,00 €; Forderungen (Kunde Fielers OHG 78.000,00 €, Kunde Mehlert KG 64.000,00 €, Kunde Kretzer OHG 59.000,00 €); Kassenbestand 8.200,00 €; Guthaben bei Kreditinstituten (Stadtsparkasse Frankfurt 111.000,00 €, Frankfurter Volksbank 98.000,00 €); Hypothekenschulden bei der Frankfurter Volksbank 680.000,00 €; Darlehensschulden (Stadtsparkasse Frankfurt 750.000,00 €, Frankfurter Volksbank 260.000,00 €); Verbindlichkeiten (Lieferer Yildiz KG 92.000,00 €, Lieferer Eitner OHG 61.000,00 €, Lieferer Goll KG 48.000,00 €).

11 A Die Möbelfabrik Mobilia GmbH, München, hat die unten stehenden Inventurbestände ermittelt.

a) Ordnen Sie die unten stehenden Inventarpositionen nach den Gliederungskriterien des Inventars. b) Erstellen Sie das Inventar.

Betriebsstoffe lt. besonderem Verzeichnis 130.000,00 €; Maschinen lt. besonderem Verzeichnis 460.000,00 €; Kassenbestand 14.000,00 €; Betriebs- und Geschäftsausstattung lt. besonderem Verzeichnis 138.000,00 €; Hypothekenschulden bei der Deutschen Bank 830.000,00 €; Fertigerzeugnisse (Polstermöbel lt. besonderem Verzeichnis 850.000,00 €, Schränke lt. besonderem Verzeichnis 735.000,00 €, Tische lt. besonderem Verzeichnis 650.000,00 €, Betten lt. besonderem Verzeichnis 430.000,00 €, Stühle lt. besondere Verzeichnis 120.000,00 €); bebaute Grundstücke (Verwaltungsgebäude 600.000,00 €, Fabrikhalle 400.000,00 €); Darlehensschulden (Deutsche Bank 950.000,00 €, Dresdner Bank 1.620.000,00 €); Rohstoffe lt. besonderem Verzeichnis 310.000,00 €; Fuhrpark (4 Lkw 190.000,00 €, 1 Pkw 16.000,00 €); Verbindlichkeiten (Lieferer Warda OHG 280.000,00 €, Lieferer Schulz KG 397.000,00 €, Lieferer Biskup OHG 367.000,00 €, Lieferer Schenk KG 155.000,00 €); Forderungen (Kunde Richter KG 125.000,00 €, Kunde Engelke OHG 218.000,00 €); Guthaben bei Kreditinstituten (Deutsche Bank 102.000,00 €, Dresdner Bank 96.000,00 €); Unfertige Erzeugnisse lt. besonderem Verzeichnis 790.000,00 €; Hilfsstoffe lt. besonderem Verzeichnis 60.000,00 €.

12 Der Sportartikelhersteller Seifert KG, Lübeck, der Lederbälle als Handelsware führt, macht eine zeitlich verlegte Inventur.

a) Die körperliche Bestandsaufnahme nach Art, Menge und Wert erfolgt am 20. Okt. 20.. (Abschlussjahr). Wertmäßig werden folgende Warenbestände festgestellt:

Lederfußball .... 650.000,00 €, Lederhandball............ 228.000,00 €

In der Zeit bis zum Abschluss-Stichtag sind folgende Bestandsveränderungen zu verzeichnen:

Lederfußball:	Einkäufe	58.000,00 €
	Verkäufe	93.000,00 €
Lederhandball:	Einkäufe	87.000,00 €
	Verkäufe	71.000,00 €

Ermitteln Sie die Inventurbestände zum Abschluss-Stichtag.

b) Die körperliche Bestandsaufnahme nach Art, Menge und Wert erfolgt am 5. Febr. 20.. (Folgejahr). Wertmäßig werden folgende Warenbestände festgestellt:

Lederfußball .... 590.000,00 €, Lederhandball .... 254.000,00 €

In der Zeit vom Abschluss-Stichtag bis zum Inventurtag sind folgende Bestandsveränderungen zu verzeichnen:

Lederfußball:	Einkäufe	61.000,00 €
	Verkäufe	47.000,00 €
Lederhandball:	Einkäufe	72.000,00 €
	Verkäufe	55.000,00 €

Ermitteln Sie die Inventurbestände zum Abschluss-Stichtag.

2.3.3 Erfolgsermittlung durch Eigenkapitalvergleich

Der Vergleich des Eigenkapitals am Anfang des Geschäftsjahres mit dem Eigenkapital am Ende des Geschäftsjahres zeigt an, ob ein **Gewinn** oder ein **Verlust** erzielt wurde.

Beispiel

	Fall 1 €	Fall 2 €
Eigenkapital am Ende des Geschäftsjahres	500.000,00	500.000,00
– Eigenkapital am Anfang des Geschäftsjahres	400.000,00	560.000,00
Eigenkapitalmehrung = Gewinn	+ 100.000,00	
Eigenkapitalminderung = Verlust		– 60.000,00

Eine Eigenkapitaländerung wird auch durch **Privatentnahmen** und **Privateinlagen** hervorgerufen.

Bringt der Unternehmer Vermögensgegenstände (z. B. Geld, Auto, PC) in den Betrieb ein, so spricht man von einer **Privateinlage.** Eine Privateinlage führt zu einer **Eigenkapitalmehrung.**

Entnimmt der Unternehmer dem Betrieb Vermögensgegenstände (z. B. Geld, Waren), so liegt eine **Privatentnahme** vor. Diese führt zu einer **Eigenkapitalminderung.**

Soll der reine Unternehmenserfolg (Gewinn oder Verlust) ermittelt werden, so müssen Privateinlagen von der Eigenkapitalveränderung abgezogen und Privatentnahmen müssen zur Eigenkapitalveränderung hinzuaddiert werden.

Beispiel

Eigenkapital am Ende des Geschäftsjahres	1.000.000,00 €
– Eigenkapital am Anfang des Geschäftsjahres	800.000,00 €
Eigenkapitalmehrung	200.000,00 €
– Privateinlagen während des Geschäftsjahres	10.000,00 €
+ Privatentnahmen während des Geschäftsjahres	80.000,00 €
Gewinn	270.000,00 €

669152

AUFGABEN

1 Das Inventar der Textilfabrik Konrad Fied KG, 30159 Hannover, weist am Geschäftsjahresanfang ein Eigenkapital von 980.000,00 € aus. Am Geschäftsjahresende ergibt sich aus dem Inventar ein Eigenkapital von 1.030.000,00 €. Während des Geschäftsjahres hat Herr Fied der Unternehmung 90.000,00 € entnommen. Ermitteln Sie den Erfolg (Gewinn oder Verlust) des Unternehmens.

2 Am Geschäftsjahresanfang beträgt das Eigenkapital eines Handwerksbetriebes 250.000,00 €. Durch Inventur werden am Geschäftsjahresende eine Vermögenssumme von 470.000,00 € und eine Schuldensumme von 320.000,00 € ermittelt. Dem Betrieb wurden während des Geschäftsjahres 80.000,00 € entnommen. Wie hoch ist der Erfolg (Gewinn oder Verlust) des Handwerksbetriebes?

3 Werte am **Geschäftsjahresanfang:**

Summe des Vermögens . . 680.000,00 €, Summe der Schulden. . . . . 410.000,00 €

Werte am **Geschäftsjahresende:**

Summe des Vermögens . . 770.000,00 €, Summe der Schulden. . . . . 440.000,00 €

Privateinlagen . . . . 30.000,00 €, Privatentnahmen . . . . 110.000,00 €

Errechnen Sie den Gewinn bzw. Verlust.

2.4 Bilanz

Inventare liefern Detailinformationen über Menge, Art und Wert aller Vermögensteile und Schulden. Sie haben den Nachteil, aufgrund ihrer Ausführlichkeit unübersichtlich zu sein. Aus diesem Grund schreibt § 242 Abs. 1 HGB dem Kaufmann vor, neben dem Inventar eine Bilanz aufzustellen.

Eine Bilanz ist ein kurz gefasstes Inventar.

Die folgende Tabelle stellt die Unterschiede zwischen einer Bilanz und einem Inventar heraus:

	Inventar	Bilanz
Umfang	Einzelpositionen und Hauptpositionen	Hauptpositionen
Maßangabe	Mengen- und Wertangabe	Wertangabe
äußere Form	Anordnung der Positionen untereinander (Staffelform)	Anordnung von Vermögen[1] und Kapital[1] nebeneinander (Kontenform)
Unterschrift	nicht erforderlich	Unterschrift des Unternehmers

In der Bilanz werden Vermögen und Kapital gegenübergestellt. Das Vermögen (= Mittelverwendung) steht auf der linken Seite der Bilanz und wird als **Aktiva** bezeichnet. Das Kapital (= Mittelherkunft) steht auf der rechten Seite der Bilanz und wird als **Passiva** bezeichnet.

Da Vermögen und Kapital gleich groß sind,[1] müssen die Summen der **Aktivseite** und der **Passivseite** zwingend identisch sein. Aus der Gleichheit von Aktiva (Vermögen) und Passiva (Kapital) ist der Begriff Bilanz abgeleitet (italienisch: bilancia = Waage).

1 vgl. Kapitel 2.2

Ebenso wie im Inventar wird in der Bilanz das Vermögen in Anlagevermögen und Umlaufvermögen untergliedert. Die Anordnung der einzelnen Vermögenspositionen erfolgt nach **steigender Liquidität**[1]. Das Kapital untergliedert sich in Eigenkapital und Schulden. Die Anordnung der einzelnen Kapitalpositionen wird nach **steigender Dringlichkeit der Rückzahlung**[1] vorgenommen.

Beispiel

Aktiva		**Bilanz zum 31. Dezember 20..**	Passiva
A. Anlagevermögen		**A. Eigenkapital**	1.884.300,00
1. Gebäude	650.000,00	**B. Schulden**	
2. Maschinen	590.000,00	1. Hypothekenschulden	525.000,00
3. Fuhrpark	180.000,00	2. Darlehensschulden	1.245.000,00
4. Betriebs- und Gesch.-Ausst.	224.000,00	3. Verbindlichkeiten a. LL[2]	818.300,00
B. Umlaufvermögen			
1. Rohstoffe	610.000,00		
2. Hilfsstoffe	190.000,00		
3. Betriebsstoffe	140.000,00		
4. Unfertige Erzeugnisse	430.000,00		
5. Fertigerzeugnisse	920.000,00		
6. Forderungen a. LL[2]	179.800,00		
7. Kasse[3]	15.900,00		
8. Guthaben bei Kreditinstituten[3]	342.900,00		
	4.472.600,00		4.472.600,00

Hannover, 5. Januar 20.. Fied

Wie die Bilanz aufzustellen ist, ergibt sich aus einer Reihe handelsrechtlicher Vorschriften:

HGB	Vorschrift
§ 243 Abs. 1, 2	Der Jahresabschluss ist nach den Grundsätzen ordnungsmäßiger Buchführung aufzustellen. Er muss klar und übersichtlich sein.
§ 244	Der Jahresabschluss ist in deutscher Sprache und in Euro aufzustellen.
§ 245	Der Jahresabschluss ist vom Kaufmann unter Angabe des Datums zu unterzeichnen. Sind mehrere persönlich haftende Gesellschafter[4] vorhanden, so haben sie alle zu unterzeichnen.
§ 247 Abs. 1	Nur für Einzelkaufleute[4] und Personengesellschaften[4] mit mindestens einer natürlichen Person[5] als Vollhafter (z. B. OHG, KG): In der Bilanz sind das Anlage- und das Umlaufvermögen, das Eigenkapital, die Schulden sowie die Rechnungsabgrenzungsposten gesondert auszuweisen und hinreichend aufzugliedern.
§ 266 Abs. 1, 2, 3	Nur für Kapitalgesellschaften[4] (z. B. AG, GmbH): Siehe Rückseite des Kontenrahmens. (Obwohl § 266 HGB sich nur auf Kapitalgesellschaften bezieht, ist das in diesem Paragrafen vorgegebene Bilanzschema grundsätzlich als ordnungsmäßige Bilanzgliederung anzusehen.)
§ 257 Abs. 4, 5	Bilanzen sind zehn Jahre aufzubewahren. Die Aufbewahrungsfrist beginnt mit dem Schluss des Kalenderjahres.

1 Vereinfachte Aussage, vgl. § 247 HGB bzw. § 266 HGB.
2 a. LL = aus Lieferungen und Leistungen
3 Die Reihenfolge von „Kasse" (= **Bargeld**) und „Guthaben bei Kreditinstituten" (= **Buchgeld**) kann auch geändert werden. *Hinweis für die Lehrerin/den Lehrer:* Im „IKR" wird „Guthaben bei Kreditinstituten" zuerst genannt. In der „Gliederung der Jahresbilanz für mittelgroße und große Kapitalgesellschaften" nach § 266 HGB wird unter „B. IV" Kasse zuerst aufgeführt.
4 *Hinweis für die Schülerin/den Schüler:* Haben Sie im Unterricht die „Unternehmensformen" noch nicht besprochen, so ignorieren Sie bitte die entsprechenden Hinweise.
5 Gibt es bei Personengesellschaften keine natürliche Person als Vollhafter (z. B. GmbH & Co. KG), so gelten die Vorschriften der Kapitalgesellschaften.

Zusammenfassung

Schaubild

Aktiva	Bilanz	Passiva
A. Anlagevermögen		A. Eigenkapital
B. Umlaufvermögen		B. Schulden
Summe Vermögen	=	**Summe Kapital**

Aktivseite: gegliedert nach steigender Liquidität

Passivseite: gegliedert nach steigender Dringlichkeit der Rückzahlung

Merksätze[1]

1. **Die Bilanz wird aufgrund des Inventars erstellt. Sie ist ein kurz gefasstes Inventar.**
2. **In der Bilanz werden Vermögen (= Aktiva) und Kapital (= Passiva) gegenübergestellt.**
3. **Einzelkaufleute und Personengesellschaften mit mindestens einer natürlichen Person als Vollhafter (z. B. OHG, KG) haben in der Bilanz das Anlage- und das Umlaufvermögen, das Eigenkapital und die Schulden gesondert auszuweisen und hinreichend aufzugliedern (§ 247 Abs. 1 HGB).**
4. **Kapitalgesellschaften (z. B. AG, GmbH) und Personengesellschaften, die keine natürliche Person als Vollhafter haben (z. B. GmbH & Co. KG), ist die Bilanzgliederung handelsrechtlich detailliert vorgeschrieben (vgl. § 266 Abs. 1, 2, 3 HGB).**
5. **Bilanzen sind zehn Jahre aufzubewahren. Die Aufbewahrungsfrist beginnt mit dem Schluss des Kalenderjahres, in dem die Bilanz aufgestellt[2] worden ist.**

AUFGABEN

1 Stellen Sie die Unterschiede zwischen einer Bilanz und einem Inventar heraus.

2 A Welche **Fehler** enthält die unten stehende Bilanz? Erstellen Sie die korrekte Bilanz.

falsch

Aktiva		Bilanz zum 31. Dezember 20..		Passiva
A. Eigenkapital	2.588.000,00	A. Umlaufvermögen		
B. Schulden		1. Gebäude	1.580.000,00	
1. Hypothekenschulden	1.410.000,00	2. Maschinen	945.000,00	
2. Darlehensschulden	1.250.000,00	3. Betriebs- und Geschäftsausst.	340.000,00	
3. Verbindlichkeiten a. LL	580.000,00	B. Anlagevermögen		
		1. Rohstoffe	460.000,00	
		2. Hilfsstoffe	180.000,00	
		3. Betriebsstoffe	120.000,00	
		4. Unfertige Erzeugnisse	390.000,00	
		5. Fertigerzeugnisse	980.000,00	
		6. Forderungen a. LL	563.000,00	
		7. Kasse	18.000,00	
		8. Guthaben bei Kreditinstituten	252.000,00	
	5.828.000,00		5.828.000,00	

Hannover, 31. Dezember 20.. i. V. *Adam*

3 A Erstellen Sie aus den Inventaren der Aufgaben 10 und 11 des Kapitels „2.3 Inventur und Inventar" die entsprechenden Bilanzen.

1 *Hinweis für die Schülerin/den Schüler:* Haben Sie im Unterricht die „Unternehmensformen" noch nicht besprochen, so ignorieren Sie bitte die entsprechenden Hinweise.

2 Einzelkaufleute und Personengesellschaften mit mindestens einer natürlichen Person als Vollhafter müssen die Bilanz innerhalb einer angemessenen Zeit nach Ablauf des Geschäftsjahres aufstellen (später als 12 Monate nach Ablauf des Geschäftsjahres gilt nicht mehr als rechtzeitig). Kleine Kapitalgesellschaften haben 6 Monate Zeit, große und mittelgroße Kapitalgesellschaften 3 Monate.

4 A Erstellen Sie aufgrund der unten stehenden Angaben eine Bilanz.

	a)	b)
Gebäude	1.680.000,00	1.720.000,00
Maschinen	880.000,00	990.000,00
Fuhrpark	270.000,00	290.000,00
Betriebs- und Geschäftsausstattung	370.000,00	410.000,00
Rohstoffe	450.000,00	520.000,00
Hilfsstoffe	90.000,00	80.000,00
Betriebsstoffe	120.000,00	140.000,00
Unfertige Erzeugnisse	510.000,00	380.000,00
Fertigerzeugnisse	970.000,00	1.200.000,00
Forderungen a. LL	250.000,00	340.000,00
Kasse	78.000,00	95.000,00
Guthaben bei Kreditinstituten (Bank)	360.000,00	410.000,00
Hypothekenschulden	1.400.000,00	1.500.000,00
Darlehensschulden	2.500.000,00	2.800.000,00
Verbindlichkeiten a. LL	220.000,00	310.000,00

5 A Ordnen Sie die unten stehenden Bilanzpositionen nach den Gliederungskriterien der Bilanz. Erstellen Sie die Bilanz.

	a)	b)
Hypothekenschulden	480.000,00	150.000,00
Guthaben bei Kreditinstituten (Bank)	0,00	135.000,00
Bebaute Grundstücke	610.000,00	200.000,00
Rohstoffe	330.000,00	291.000,00
Verbindlichkeiten a. LL	287.000,00	180.000,00
Fuhrpark	0,00	189.000,00
Forderungen a. LL	193.000,00	133.000,00
Postbankguthaben	98.000,00	0,00
Maschinen	230.000,00	480.000,00
Darlehensschulden	751.000,00	790.000,00
Betriebs- und Geschäftsausstattung	163.000,00	138.000,00
Fertigerzeugnisse	560.000,00	430.000,00

6 Welche Aussagen sind richtig bzw. falsch? Begründen Sie Ihre Meinung.

1. Bilanzen sind zwölf Jahre und Inventare acht Jahre aufzubewahren.
2. Ein Inventar enthält detailliertere Angaben als eine Bilanz.
3. Das Vermögen wird in der Bilanz als Passiva bezeichnet.
4. Auf der Aktivseite steht die Position Rohstoffe über der Position Maschinen.
5. In der Bilanz stehen Mengen- und Wertangaben.
6. In der Bilanz werden Vermögen und Kapital in Kontenform gegenübergestellt.
7. Die rechte Seite der Bilanz ist die Aktivseite.
8. Bilanzen können von Prokuristen unterschrieben werden.
9. Die Anordnung der Vermögenspositionen auf der Aktivseite erfolgt nach „steigender Dringlichkeit der Rückzahlung".
10. Die Anordnung der Kapitalpositionen auf der Passivseite erfolgt nach „steigender Liquidität".
11. Eine Bilanz, die am 20. Januar 2009 erstellt wurde, kann am 21. Januar 2019 vernichtet werden.

669156

2.5 Das System der doppelten Buchführung

2.5.1 Die vier Möglichkeiten der Bilanzveränderung

Die Bilanz verändert sich durch Geschäftsfälle. Da Vermögen (Aktiva) und Kapital (Passiva) zwingend gleich groß sind, bleibt dabei das Bilanzgleichgewicht gewahrt.

Man unterscheidet grundsätzlich vier Möglichkeiten der Bilanzveränderung:

Aktivtausch, Passivtausch, Aktiv-Passiv-Mehrung, Aktiv-Passiv-Minderung.

Beispiel

Am Anfang des Geschäftsjahres stellt ein Industriebetrieb folgende Ausgangsbilanz auf:

Aktiva	Ausgangsbilanz		Passiva
Maschinen	183.000,00	Eigenkapital	169.000,00
Rohstoffe	110.000,00	Darlehensschulden	155.000,00
Kasse	18.000,00	Verbindlichkeiten a. LL	19.000,00
Guthaben bei Kreditinstituten	32.000,00		
	343.000,00		343.000,00

Geschäftsfall 1: Der Industriebetrieb kauft eine Maschine bar für 10.000,00 €.

Die Ausgangsbilanz ändert sich folgendermaßen:

Aktiva	Bilanz 1		Passiva
Maschinen	193.000,00	Eigenkapital	169.000,00
Rohstoffe	110.000,00	Darlehensschulden	155.000,00
Kasse	8.000,00	Verbindlichkeiten a. LL	19.000,00
Guthaben bei Kreditinstituten	32.000,00		
	343.000,00		343.000,00

Durch den Kauf der Maschine wächst die Position Maschinen um **10.000,00 €** auf **193.000,00 €**. Die Kasse vermindert sich im selben Maß auf **8.000,00 €**.

Da ein Werttausch lediglich auf der Aktivseite der Bilanz stattfindet, bezeichnet man diese Bilanzveränderung als **Aktivtausch.**

Geschäftsfall 2: Verbindlichkeiten a. LL beim Lieferer in Höhe von 8.000,00 € werden in langfristige Darlehensschulden umgewandelt.

Die Bilanz 1 ändert sich folgendermaßen:

Aktiva	Bilanz 2		Passiva
Maschinen	193.000,00	Eigenkapital	169.000,00
Rohstoffe	110.000,00	Darlehensschulden	163.000,00
Kasse	8.000,00	Verbindlichkeiten a. LL	11.000,00
Guthaben bei Kreditinstituten	32.000,00		
	343.000,00		343.000,00

Die Darlehensschulden wachsen um **8.000,00 €** auf **163.000,00 €** und die Verbindlichkeiten a. LL vermindern sich um denselben Betrag auf **11.000,00 €**.

In diesem Fall findet ein Werttausch auf der Passivseite der Bilanz statt. Man spricht von einem **Passivtausch.**

Geschäftsfall 3: Der Industriebetrieb kauft Rohstoffe auf Ziel für 6.300,00 €.

Die Bilanz 2 ändert sich folgendermaßen:

Aktiva	**Bilanz 3**		Passiva
Maschinen	193.000,00	Eigenkapital	169.000,00
Rohstoffe	116.300,00	Darlehensschulden	163.000,00
Kasse	8.000,00	Verbindlichkeiten a. LL	17.300,00
Guthaben bei Kreditinstituten	32.000,00		
	349.300,00		349.300,00

Der Rohstoffbestand erhöht sich um **6.300,00 €** auf **116.300,00 €**. Um denselben Betrag steigen die Verbindlichkeiten a. LL auf **17.300,00 €**.

Da sich Positionen der Aktivseite und der Passivseite mehren, nennt man diese Bilanzveränderungen **Aktiv-Passiv-Mehrung.**

Geschäftsfall 4: Der Industriebetrieb begleicht Liefererverbindlichkeiten in Höhe von 5.500,00 € durch Banküberweisung.
Die Bilanz 3 ändert sich folgendermaßen:

Aktiva	**Bilanz 4**		Passiva
Maschinen	193.000,00	Eigenkapital	169.000,00
Rohstoffe	116.300,00	Darlehensschulden	163.000,00
Kasse	8.000,00	Verbindlichkeiten a. LL	11.800,00
Guthaben bei Kreditinstituten	26.500,00		
	343.800,00		343.800,00

Das Guthaben bei Kreditinstituten mindert sich um **5.500,00 €** auf **26.500,00 €**. Die Verbindlichkeiten a. LL sinken im selben Maß auf **11.800,00 €**.

Positionen der Aktivseite und der Passivseite mindern sich. Man spricht von einer **Aktiv-Passiv-Minderung.**

Zusammenfassung

Schaubild

1. Aktivtausch

Aktiva	**Bilanz** Passiva
Mehrung einer Position +	
Minderung einer Position −	

2. Passivtausch

Aktiva	**Bilanz** Passiva
	Mehrung einer Position +
	Minderung einer Position −

3. Aktiv-Passiv-Mehrung

Aktiva	**Bilanz** Passiva
Mehrung einer Position +	Mehrung einer Position +

4. Aktiv-Passiv-Minderung

Aktiva	**Bilanz** Passiva
Minderung einer Position −	Minderung einer Position −

Merksatz **Die Gleichheit von Aktiva (Vermögen) und Passiva (Kapital) wird durch Bilanzveränderungen nicht beeinträchtigt.**

669158

AUFGABEN

1 Nennen Sie a) zum Aktivtausch, b) zum Passivtausch, c) zur Aktiv-Passiv-Mehrung und d) zur Aktiv-Passiv-Minderung je zwei Beispiele.

2 Geben Sie zu den unten stehenden Geschäftsfällen an,

a) welche Bilanzpositionen berührt werden,
b) ob eine Minderung oder Mehrung der jeweiligen Bilanzposition bewirkt wird und
c) welche Art der Bilanzveränderung vorliegt.

1. Ein Kunde überweist auf unser Postbankkonto.
2. Wir zahlen eine Darlehensschuld durch Banküberweisung zurück.
3. Wir zahlen Bargeld auf unser Bankkonto ein.
4. Wir wandeln eine Darlehensschuld in eine Hypothekenschuld um.
5. Wir kaufen Rohstoffe auf Ziel.
6. Wir heben Geld von unserem Postbankkonto ab.
7. Wir verkaufen eine gebrauchte Maschine auf Ziel.
8. Wir begleichen Liefererverbindlichkeiten durch Banküberweisung.
9. Wir wandeln eine Liefererverbindlichkeit in eine Darlehensschuld um.
10. Wir verkaufen einen gebrauchten PC bar.

3 **A** Erstellen Sie nach den folgenden Angaben die Bilanz.

Maschinen 178.000,00 €; Rohstoffe 110.000,00 €; Fertigerzeugnisse 250.000,00 €; Forderungen a. LL 60.000,00 €; Kasse 20.000,00 €; Postbank 54.000,00 €; Guthaben bei Kreditinstituten (Bank) 66.000,00 €; Eigenkapital ?; Darlehensschulden 390.000,00 €; Verbindlichkeiten a. LL 100.000,00 €.

a) Erstellen Sie nach jedem der folgenden Geschäftsfälle die neue Bilanz.
b) Geben Sie zu jedem Geschäftsfall an, welche Möglichkeit der Bilanzveränderung vorliegt.

1. Zielverkauf einer gebrauchten Maschine .... 20.000,00 €
2. Umwandlung einer Verbindlichkeit a. LL in eine Darlehensschuld .... 10.000,00 €
3. Zieleinkauf von Rohstoffen .... 30.000,00 €
4. Tilgung eines Darlehens durch Banküberweisung .... 5.000,00 €
5. Überweisung vom Postbankkonto auf das Bankkonto .... 8.000,00 €

4 **A** Erstellen Sie nach den folgenden Angaben die Bilanz.

Bebaute Grundstücke 250.000,00 €; Maschinen 80.000,00 €; Rohstoffe 115.000,00 €; Forderungen a. LL 11.000,00 €; Kasse 10.000,00 €; Guthaben bei Kreditinstituten (Bank) 17.000,00 €; Eigenkapital ?; Hypothekenschulden 120.000,00 €; Darlehensschulden 38.000,00 €; Verbindlichkeiten a. LL 20.000,00 €.

a) Erstellen Sie nach jedem der folgenden Geschäftsfälle die neue Bilanz.
b) Geben Sie zu jedem Geschäftsfall an, welche Möglichkeit der Bilanzveränderung vorliegt.

1. Umwandlung einer Darlehensschuld in eine Hypothekenschuld ... 16.000,00 €
2. Kunde begleicht Rechnung durch Banküberweisung .... 3.600,00 €
3. Wir begleichen Liefererrechnung durch Banküberweisung .... 3.000,00 €
4. Wir wandeln kurzfristige Liefererschulden in eine langfristige Darlehensschuld um .... 8.500,00 €
5. Wir tilgen eine Hypothekenschuld durch Banküberweisung .... 7.000,00 €

2.5.2 Von der Eröffnung der Bestandskonten bis zum Abschluss der Bestandskonten

Jeder Geschäftsfall ändert die Bilanz. Nach jedem Geschäftsfall eine neue Bilanz zu erstellen, wäre ein zu aufwändiges Verfahren. Man löst daher die Bilanz in einzelne Verrechnungsstellen, so genannte Konten, auf.

Für jeden Bilanzposten wird ein Konto geführt.

Aus der Aktivseite der Bilanz werden die **„aktiven Bestandskonten"** (oder auch **„Aktivkonten"**) abgeleitet, aus der Passivseite der Bilanz die **„passiven Bestandskonten"** (oder auch **„Passivkonten"**).

1. Erstellen der Bilanz am Geschäftsjahresanfang

Zum Geschäftsjahresanfang wird aufgrund der Inventurwerte die Bilanz erstellt. Die Inventurwerte sind zugleich die Anfangsbestände der aktiven und passiven Bestandskonten.

Schemadarstellung

Aktiva	Bilanz[1] Passiva
Inventurwerte	Inventurwerte
= Anfangsbestände der aktiven Bestandskonten	= Anfangsbestände der passiven Bestandskonten

Beispiel

Aktiva	Bilanz		Passiva
Maschinen	40.000,00	Eigenkapital	50.000,00
Rohstoffe	20.000,00	Darlehensschulden	30.000,00
Forderungen a. LL	10.000,00	Verbindlichkeiten a. LL	5.000,00
Guthaben bei Kreditinstituten	15.000,00		
	85.000,00		85.000,00

2. Übertragen der Anfangsbestände auf die Bestandskonten am Geschäftsjahresanfang

Aus der Bilanz werden die Anfangsbestände auf die aktiven und passiven Bestandskonten vorgetragen.

Dabei trägt man die Anfangsbestände der **aktiven Bestandskonten** auf der **linken Kontoseite,** genannt **Sollseite (S)**, ein. Begründung: Die Anfangsbestände der aktiven Bestandskonten stehen in der Bilanz auch auf der linken Seite.

Entsprechend werden die Anfangsbestände der **passiven Bestandskonten** auf der **rechten Kontoseite,** genannt **Habenseite (H)**, vorgetragen.

Schemadarstellung

Soll	aktives Bestandskonto Haben
Anfangsbestand	

Soll	passives Bestandskonto Haben
	Anfangsbestand

Beispiel

Soll	Rohstoffe	Haben
AB	20.000,00	

Soll	Verbindlichkeiten a. LL		Haben
	AB	5.000,00	

1 Ab Kapitel 2.5.4 wird die Bilanz durch das Eröffnungsbilanzkonto bzw. durch das Schlussbilanzkonto ersetzt.

3. Buchen der Geschäftsfälle im Laufe des Geschäftsjahres

Die Geschäftsfälle, die während der Rechnungsperiode anfallen, mehren oder mindern die Anfangsbestände der aktiven und passiven Bestandskonten.

Bestandsmehrungen werden auf aktiven Bestandskonten im Soll, auf passiven Bestandskonten im Haben gebucht.

Schemadarstellung

Soll	aktives Bestandskonto	Haben
Anfangsbestand + Bestandsmehrung		

Soll	passives Bestandskonto	Haben
		Anfangsbestand + Bestandsmehrung

Beispiel

Rohstoffeinkauf auf Ziel 3.000,00 €. (Es ist eine **Bestandsmehrung** sowohl auf dem aktiven Bestandskonto „Rohstoffe" als auch auf dem passiven Bestandskonto „Verbindlichkeiten a. LL" zu buchen.)

Soll	Rohstoffe		Haben
AB	20.000,00		
Verb. a. LL	3.000,00		

Soll	Verbindlichkeiten a. LL		Haben
		AB	5.000,00
		Rohst.	3.000,00

Vor die gebuchten Beträge werden die Gegenkonten eingetragen, um die Gegenbuchungen kenntlich zu machen.

Bestandsminderungen werden auf aktiven Bestandskonten im Haben, auf passiven Bestandskonten im Soll gebucht.

Schemadarstellung

Soll	aktives Bestandskonto	Haben
Anfangsbestand + Bestandsmehrung		− Bestandsminderung

Soll	passives Bestandskonto	Haben
− Bestandsminderung		Anfangsbestand + Bestandsmehrung

Beispiel

Tilgung einer Darlehensschuld durch Banküberweisung 4.000,00 €. (Es ist eine **Bestandsminderung** sowohl auf dem aktiven Bestandskonto „Guthaben bei Kreditinstituten [Bank]" als auch auf dem passiven Bestandskonto „Darlehensschulden" zu buchen.)

Soll	Guthaben bei KI[1] (Bank)		Haben
AB	15.000,00	Darl.	4.000,00

Soll	Darlehensschulden		Haben
KI[1] (Bank)	4.000,00	AB	30.000,00

1 Die Abkürzung **„KI"** in diesem Buch bedeutet „Kreditinstitute(n)".

Am Geschäftsjahresende ergeben sich aus den Anfangsbeständen, den Bestandsmehrungen und den Bestandsminderungen die Schlussbestände. Diese werden rechnerisch wie folgt ermittelt:

Anfangsbestand + Bestandsmehrungen − Bestandsminderungen = Schlussbestand

Auf aktiven Bestandskonten werden die Schlussbestände im Haben, auf passiven Bestandskonten im Soll gebucht.

Schemadarstellung

Soll	aktives Bestandskonto Haben
Anfangsbestand + Bestands-mehrung	− Bestands-minderung = Schlussbestand

Soll	passives Bestandskonto Haben
− Bestands-minderung = Schlussbestand	Anfangsbestand + Bestands-mehrung

Beispiel

Soll	Rohstoffe		Haben
AB	20.000,00	−	5.000,00
+	3.000,00	SB	22.000,00
+	4.000,00		
	27.000,00		27.000,00

Soll	Verbindlichkeiten a. LL		Haben
−	6.000,00	AB	5.000,00
SB	10.000,00	+	3.000,00
		+	8.000,00
	16.000,00		16.000,00

4. Abschluss der Bestandskonten mit Ermittlung der Schlussbestände am Geschäftsjahresende

Beim Kontoabschluss wird in folgender Reihenfolge vorgegangen:

❶ Die Buchstaben SB für Schlussbestand werden auf die entsprechende Kontoseite eingetragen.

❷ Die Kontoseite, auf der der Anfangsbestand und die Bestandsmehrungen gebucht sind, wird addiert.

❸ Die Kontensumme wird auf die andere Kontenseite übertragen.

❹ Der Schlussbestand wird als Differenz (= Saldo) auf der wertmäßig schwächeren Kontoseite ermittelt.

❺ Falls sich ein Leerraum auf einer Kontoseite ergibt, so wird dieser durch einen Schrägstrich, die so genannte Buchhalternase, entwertet.

Beispiel

Soll	Guthaben bei Kreditinstituten (Bank)		Haben
AB	7.000,00	Kasse	− 2.500,00
Forderungen a. LL ❷	+ 2.000,00	Rohstoffe	− 1.500,00
Darlehensschulden	+ 6.000,00	Darlehensschulden	− 4.000,00
❺		Maschinen	− 1.000,00
		Verbindlichkeiten a. LL	− 3.000,00
		SB ❶	❹ 3.000,00
	15.000,00	❸	15.000,00

669162

5. Erstellen der Bilanz am Geschäftsjahresende

Mit den ermittelten Schlussbeständen wird am Geschäftsjahresende die Bilanz erstellt.

Beide Seiten der Bilanz müssen in der Summe identisch sein, da Vermögen (Aktiva) und Kapital (Passiva) gleich groß sind.[1]

Schemadarstellung

Aktiva	Bilanz[2] Passiva
Schlussbestände der aktiven Bestandskonten	Schlussbestände der passiven Bestandskonten

Beispiel

Aktiva		Bilanz[2]	Passiva
Maschinen	42.000,00	Eigenkapital	50.000,00
Rohstoffe	22.000,00	Darlehensschulden	28.000,00
Forderungen a. LL	6.000,00	Verbindlichkeiten a. LL	10.000,00
Guthaben bei Kreditinstituten	18.000,00		
	88.000,00		88.000,00

Zusammenfassung

Schaubild

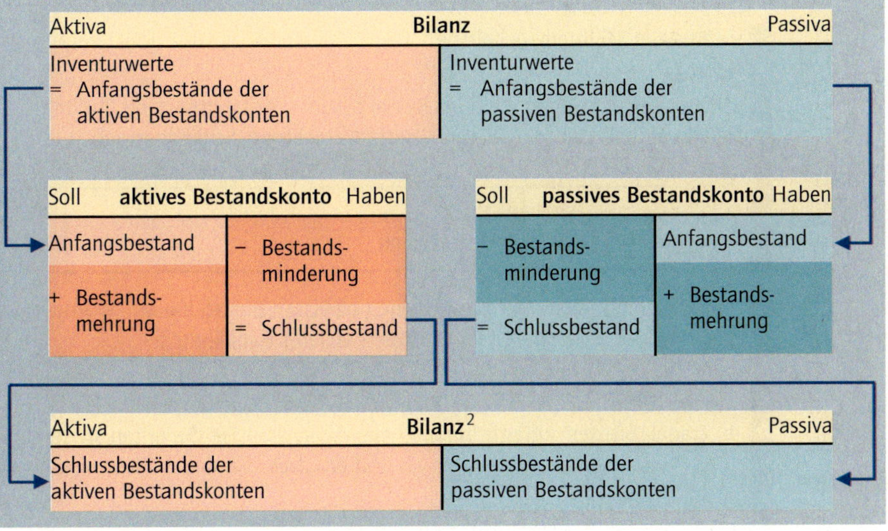

1 vgl. Kapitel 2.2

2 *Hinweis für die Lehrerin/den Lehrer:* Diese Bilanz wird ab Kapitel 2.5.4 durch das Schlussbilanzkonto ersetzt. An dieser Stelle wird aus methodisch-didaktischen Gründen vereinfacht.

Merksätze

1. **Aktive Bestandskonten werden aus der Aktivseite der Bilanz abgeleitet. Passive Bestandskonten werden aus der Passivseite der Bilanz abgeleitet.**
2. **Auf aktiven Bestandskonten werden die Anfangsbestände im Soll gebucht. Auf passiven Bestandskonten werden die Anfangsbestände im Haben gebucht.**
3. **Auf aktiven Bestandskonten wird die Bestandsmehrung im Soll, die Bestandsminderung im Haben gebucht. Auf passiven Bestandskonten wird die Bestandsmehrung im Haben, die Bestandsminderung im Soll gebucht.**
4. **Auf aktiven Bestandskonten werden die Schlussbestände im Haben ermittelt. Auf passiven Bestandskonten werden die Schlussbestände im Soll ermittelt.**
5. **Die Schlussbestände der aktiven Bestandskonten werden auf der Aktivseite der Bilanz gegengebucht. Die Schlussbestände der passiven Bestandskonten werden auf der Passivseite der Bilanz gegengebucht.**

AUFGABEN

Aufgaben 1 bis 3: Regeln für das Buchen auf Bestandskonten;
Aufgabe 4: Führen eines aktiven Bestandskontos;
Aufgabe 5: Führen eines passiven Bestandskontos;
Aufgaben 6 bis 8: Geschäftsgänge;
Aufgaben 9 u. 10: Deutung von Buchungen.

1 Geben Sie an, ob im Soll oder im Haben gebucht wird.

1. Der Anfangsbestand auf aktiven Bestandskonten.
2. Die Bestandsmehrung auf passiven Bestandskonten.
3. Die Bestandsminderung auf aktiven Bestandskonten.
4. Der Anfangsbestand auf passiven Bestandskonten.
5. Die Bestandsmehrung auf aktiven Bestandskonten.
6. Der Schlussbestand auf aktiven Bestandskonten.
7. Die Bestandsminderung auf passiven Bestandskonten.
8. Der Schlussbestand auf passiven Bestandskonten.

2 A Setzen Sie in Ihrem Arbeitsheft folgende Wörter auf die (mit Fragezeichen versehenen) Zeilen ein.

aktives Bestandskonto, passives Bestandskonto, Anfangsbestand, Anfangsbestand, Bestandsminderung, Bestandsminderung, Bestandsmehrung, Schlussbestand

S ?	H
?	?
?	Schlussbestand

S ?	H
?	?
?	Bestandsmehrung

3 Wir zahlen auf unser Bankkonto einen gewissen Betrag bar ein. Warum bucht unser Kreditinstitut diesen Geschäftsfall im Haben unseres Bankkontos?

4 A Führen Sie das Bankkonto (ohne Gegenkonten).

a) Tragen Sie den Anfangsbestand ein. b) Buchen Sie die unten stehenden Geschäftsfälle. c) Schließen Sie das Bankkonto ab und ermitteln Sie den Schlussbestand.

Anfangsbestand	€
Guthaben bei Kreditinstituten (Bank)	9.000,00
Geschäftsfälle	€
1. Aufnahme eines Darlehens bei der Bank	6.000,00
2. Ausgleich einer Liefererrechnung durch Banküberweisung	3.000,00

3. Kauf einer EDV-Anlage mit ec-Karte unserer Bank	3.000,00
4. Kunde überweist auf unser Bankkonto	2.000,00
5. Tilgung einer Darlehensschuld durch Banküberweisung	4.000,00
6. Bareinzahlung auf Bankkonto	1.500,00
7. Barabhebung vom Bankkonto	2.500,00

5 A

Führen Sie das Verbindlichkeitenkonto (ohne Gegenkonten).
a) Tragen Sie den Anfangsbestand ein.
b) Buchen Sie die unten stehenden Geschäftsfälle.
c) Schließen Sie das Verbindlichkeitenkonto ab und ermitteln Sie den Schlussbestand.

Anfangsbestand	€
Verbindlichkeiten a. LL	8.000,00

Geschäftsfälle	€
1. Zieleinkauf von Betriebsstoffen	3.000,00
2. Umwandlung einer Liefererschuld in eine Darlehensschuld	2.000,00
3. Ausgleich einer Liefererrechnung durch Banküberweisung	1.000,00
4. Zieleinkauf von Hilfsstoffen	1.500,00
5. Postbanküberweisung an einen Lieferer	2.500,00
6. Zieleinkauf von Rohstoffen	3.500,00

Der Weg von der Eröffnung der Bestandskonten bis zum Abschluss der Bestandskonten vollzieht sich in folgenden Schritten:

1. Erstellen der Bilanz aufgrund der Anfangsbestände (Inventurwerte).
2. Übertragen der Anfangsbestände auf die Bestandskonten.
3. Buchen der Geschäftsfälle.
4. Abschluss der Bestandskonten mit Ermittlung der Schlussbestände.
5. Erstellen der Bilanz aufgrund der Schlussbestände.

Erstellen Sie die Aufgaben 6–8 in diesen Ablaufschritten.

6 A

Anfangsbestände	€		€
Maschinen	115.000,00	Eigenkapital	?
Rohstoffe	92.000,00	Darlehensschulden	96.000,00
Forderungen a. LL	30.000,00	Verbindlichkeiten a. LL	78.000,00
Guthaben bei KI (Bank)	67.000,00		

Geschäftsfälle	€
1. Zieleinkauf von Rohstoffen	12.000,00
2. Kauf einer Maschine mit ec-Karte unserer Bank	21.000,00
3. Umwandlung einer Liefererschuld in eine Darlehensschuld	32.500,00
4. Kunde begleicht Rechnung durch Banküberweisung	23.000,00
5. Ausgleich einer Liefererrechnung durch Banküberweisung	11.500,00

7 A

Anfangsbestände	€		€
Maschinen	120.000,00	Guthaben bei KI (Bank)	55.000,00
Rohstoffe	90.000,00	Eigenkapital	?
Forderungen a. LL	72.000,00	Darlehensschulden	110.000,00
Kasse	12.000,00	Verbindlichkeiten a. LL	79.000,00

Geschäftsfälle	€
1. Kauf einer Maschine gegen Bankscheck	21.500,00
2. Zieleinkauf von Rohstoffen	12.000,00

3. Barverkauf einer gebrauchten Maschine	4.500,00
4. Umwandlung einer Liefererschuld in eine Darlehensschuld	11.000,00
5. Bareinzahlung auf Bankkonto	2.500,00
6. Tilgung einer Darlehensschuld durch Banküberweisung	2.000,00
7. Kunde überweist auf unser Bankkonto	13.000,00
8. Ausgleich einer Liefererrechnung durch Banküberweisung	22.500,00

8 A

Anfangsbestände

	€		€
Bebaute Grundstücke	195.000,00	Guthaben bei Kreditinstituten (Bank)	38.000,00
Maschinen	125.000,00	Eigenkapital	?
Rohstoffe	75.000,00	Hypothekenschulden	150.000,00
Forderungen a. LL	90.000,00	Darlehensschulden	115.000,00
Kasse	15.000,00	Verbindlichkeiten a. LL	72.000,00
Postbank	27.000,00		

Geschäftsfälle

	€
1. Überweisung vom Postbankkonto auf das Bankkonto	12.000,00
2. Barabhebung vom Bankkonto	1.500,00
3. Teilrückzahlung der Hypothekenschuld durch Banküberweisung	2.500,00
4. Kauf einer Maschine gegen Bankscheck	9.500,00
5. Kunde begleicht Rechnung durch Postbanküberweisung	23.000,00
6. Zieleinkauf von Rohstoffen	8.500,00
7. Ausgleich einer Liefererrechnung durch Banküberweisung	7.000,00
8. Aufnahme eines Darlehens bei der Bank	15.000,00
9. Umwandlung einer Darlehensschuld in eine Hypothekenschuld	24.000,00
10. Kunde überweist auf unser Postbankkonto	9.500,00

9 10

a) Welche Geschäftsfälle liegen den Buchungen in den unten stehenden Konten zugrunde? (Die Gegenkonten sind aus Vereinfachungsgründen nicht vorgegeben.)

b) Geben Sie zu jeder Buchung an, welche Möglichkeit der Bilanzveränderung vorliegt.

9.

S	Postbank		H
AB	10.000,00	2. Guthaben bei KI (Bank)	4.000,00
1. Kasse	2.000,00	3. Darlehensschulden	5.000,00
4. Forderungen a. LL	8.000,00	6. Geschäftsausstattung	1.500,00
5. Maschinen	1.000,00	7. Rohstoffe	2.500,00
8. Geschäftsausstattung	500,00	SB	8.500,00
	21.500,00		21.500,00

10.

S	Darlehensschulden		H
2. Postbank	3.000,00	AB	12.000,00
4. Guthaben bei KI (Bank)	4.500,00	1. Guthaben bei KI (Bank)	5.000,00
SB	11.500,00	3. Verbindlichkeiten a. LL	2.000,00
	19.000,00		19.000,00

2.5.3 Der Buchungssatz

2.5.3.1 Der einfache Buchungssatz

Beim Geschäftsfall[1] „Rohstoffeinkauf auf Ziel bei der Bernhard Müller OHG für 3.500,00 €" wird folgende Buchung vorgenommen:

Auf dem aktiven Bestandskonto Rohstoffe wird der Rechnungsbetrag von 3.500,00 € als Bestandsmehrung im Soll gebucht. Auf dem passiven Bestandskonto Verbindlichkeiten a. LL wird derselbe Betrag als Bestandsmehrung im Haben gebucht.

Eine derartige Ausdrucksweise für eine Buchungsanweisung ist zu ausführlich, zu wortreich. Man verwendet daher eine kurze, eindeutige Form für die Buchungsanweisung, den so genannten **Buchungssatz.** Für den Buchungssatz gilt folgende Regel:

Zuerst wird das Konto aufgerufen, auf dem die Sollbuchung erfolgt, dann folgt das Wörtchen „an" und schließlich wird das im Haben berührte Konto genannt.

Für unseren oben genannten Zieleinkauf von Rohstoffen lautet demnach der Buchungssatz:

	Soll	Haben
Rohstoffe	3.500,00	
an Verbindlichkeiten a. LL		3.500,00

Bevor der Kaufmann die Geschäftsfälle auf den Konten bucht, erfasst er sie zunächst in Form von Buchungssätzen mit erklärendem Buchungstext im **Grundbuch (Journal):**

Buchungstext	Soll	Haben
.	.	.
.	.	.
Rohstoffe	3.500,00	
an Verbindlichkeiten a. LL		3.500,00
Rohstoffeinkauf auf Ziel		
bei der B. Müller OHG		
.	.	.

Im Grundbuch werden alle Geschäftsfälle in **zeitlicher (chronologischer) Reihenfolge** fortlaufend aufgezeichnet. Danach erfolgt die Buchung auf den Konten des **Hauptbuches:**

Konten

S	Rohstoffe		H
AB	10.000,00		
Verb. a. LL	3.500,00		

S	Verbindlichkeiten a. LL		H
		AB	8.000,00
		Rohstoffe	3.500,00

S	...	H

S	...	H

Im Hauptbuch werden die Geschäftsfälle in **sachlicher (systematischer) Ordnung** auf Sachkonten erfasst.

1 Grundlage eines jeden Geschäftsfalles ist ein Beleg (vgl. Kapitel 2.13).

2.5.3.2 Der zusammengesetzte Buchungssatz

Werden durch einen Geschäftsfall mehr als zwei Konten berührt, so liegt ein **zusammengesetzter Buchungssatz** vor.

Beispiele

1. Geschäftsfall: Einkauf von Rohstoffen bei der Emut GmbH

bar	1.000,00 €	
auf Ziel	2.000,00 €	3.000,00 €

2. Geschäftsfall: Verkauf einer gebrauchten EDV-Anlage

bar	500,00 €	
auf Ziel	4.000,00 €	4.500,00 €

Grundbuch

Nr.	Buchungstext	Soll	Haben
1.	Rohstoffe	3.000,00	
	an Kasse		1.000,00
	an Verbindlichkeiten a. LL		2.000,00
	Rohstoffeinkauf bei der Emut GmbH		
2.	Kasse	500,00	
	Forderungen a. LL	4.000,00	
	an Geschäftsausstattung		4.500,00
	Verkauf einer gebrauchten EDV-Anlage		

Hauptbuch

S	Rohstoffe		H
AB	12.000,00		
1. Ka./Verb.	3.000,00		

S	Kasse		H
AB	4.000,00	1. Rohstoffe	1.000,00
2. G.-Ausst.	500,00		

S	Forderungen a. LL		H
AB	8.000,00		
2. G.-Ausst.	4.000,00		

S	Verbindlichkeiten a. LL		H
		AB	6.000,00
		1. Rohstoffe	2.000,00

S	Geschäftsausstattung		H
AB	20.000,00	2. Ka./Ford.	4.500,00

Bei jedem Buchungssatz muss die Summe der im Soll gebuchten Beträge der Summe der im Haben gebuchten Beträge entsprechen.

669168

Zusammenfassung

Schaubild

Geschäftsfall → z. B. Zieleinkauf von Rohstoffen bei der Emut GmbH 8.500,00

Formulierung als Buchungssatz →

im **Soll** berührtes Konto	z. B. Rohstoffe 8.500,00
an im **Haben** berührtes Konto	an Verbindlichkeiten a. LL 8.500,00

Erfassung im Grundbuch

Nr.	Buchungstext	Soll	Haben
	.	.	.
	.	.	.
	.	.	.
	Rohstoffe	8.500,00	
	an Verbindlichkeiten a. LL		8.500,00
	Zieleinkauf von Rohstoffen bei der Emut GmbH		

(zeitliche [chronologische] Ordnung)

Niederschlag im Hauptbuch

S	Rohstoffe		H
AB	...		
Verb. a. LL	8.500,00		

S	Verbindlichkeiten a. LL		H
		AB	...
		Rohstoffe	8.500,00

S	...		H

S	...		H

(sachliche [systematische] Ordnung)

Merksätze

1. **Ein Buchungssatz ist die sprachliche Kurzfassung eines Geschäftsfalles. Er definiert eindeutig eine vorzunehmende Buchung.**
2. **Der Buchungssatz nennt zuerst das im Soll berührte Konto, dann folgt das Wörtchen „an“ und schließlich wird das im Haben berührte Konto aufgerufen.**
3. **Buchungssätze mit erklärendem Buchungstext werden zunächst im Grundbuch (Journal) in zeitlicher (chronologischer) Reihenfolge erfasst.**
4. **Nach der Erfassung im Grundbuch werden die Buchungen in sachlicher (systematischer) Ordnung auf den Sachkonten des Hauptbuches vorgenommen.**

AUFGABEN

Aufgaben 1 bis 5: einfacher Buchungssatz;
Aufgaben 6 bis 8: zusammengesetzter Buchungssatz.

1 Richten Sie sich ein Grundbuch ein und buchen Sie darin folgende Geschäftsfälle:

1. Barverkauf eines gebrauchten Pkw .... 5.000,00 €
2. Zieleinkauf von Rohstoffen .... 3.500,00 €
3. Bareinzahlung auf Bankkonto .... 2.100,00 €
4. Barverkauf eines gebrauchten PC .... 300,00 €
5. Tilgung einer Darlehensschuld durch Banküberweisung .... 4.800,00 €
6. Wir begleichen Liefererrechnung durch Banküberweisung .... 1.400,00 €
7. Kunde begleicht Rechnung durch Postbanküberweisung .... 3.900,00 €
8. Postbanküberweisung auf Bankkonto .... 3.800,00 €
9. Aufnahme eines Darlehens bei der Bank (gegen Bankgutschrift) .... 6.300,00 €
10. Umwandlung einer Liefererschuld in eine Darlehensschuld .... 2.500,00 €
11. Kauf eines Autos gegen Bankscheck .... 18.000,00 €
12. Barabhebung vom Bankkonto .... 1.000,00 €
13. Zieleinkauf von Hilfsstoffen .... 500,00 €
14. Aufnahme einer Hypothek bei der Sparkasse (gegen Bankgutschrift) .... 30.000,00 €
15. Barzahlung an einen Lieferer .... 1.200,00 €
16. Kunde begleicht Rechnung bar .... 800,00 €
17. Tilgung einer Hypothekenschuld durch Postbanküberweisung .... 2.000,00 €
18. Kauf eines Kopiergerätes mit ec-Karte unserer Bank .... 1.500,00 €

2 Welche Geschäftsfälle liegen den folgenden Buchungssätzen zugrunde?

1. Rohstoffe an Verbindlichkeiten a. LL
2. Forderungen a. LL an Maschinen
3. Fuhrpark an Guthaben bei KI (Bank)
4. Guthaben bei KI (Bank) an Kasse
5. Darlehensschulden an Guthaben bei KI (Bank)
6. Verbindlichkeiten a. LL an Postbank
7. Guthaben bei KI (Bank) an Geschäftsausstattung
8. Verbindlichk. a. LL an Darlehensschulden
9. Kasse an Postbank
10. Guthaben bei KI (Bank) an Darlehensschulden
11. Guthaben bei KI (Bank) an Postbank
12. Postbank an Forderungen a. LL
13. Betriebsstoffe an Kasse
14. Geschäftsausstattung an Kasse
15. Guthaben bei KI (Bank) an Maschinen
16. Guthaben bei KI (Bank) an Hypothekenschulden

3 Nennen Sie
a) die Buchungssätze, b) die Geschäftsfälle, die den Buchungen 1.–7. zugrunde liegen.

S	Rohstoffe		H
AB	10.000,00		
2. Verb. a. LL	2.500,00		

S	Forderungen a. LL		H
AB	9.000,00	4. KI (Bank)	3.000,00

S	Verbindlichkeiten a. LL		H
5. KI (Bank)	2.500,00	AB	8.000,00
6. Darl.	3.500,00	2. Rohst.	2.500,00

S	Guthaben bei Kreditinstituten (Bank)		H
AB	11.000,00	1. G.-Ausst.	1.000,00
4. Ford. a. LL	3.000,00	3. Darl.	3.000,00
7. G.-Ausst.	500,00	5. Verb. a. LL	2.500,00

S	Geschäftsausstattung		H
AB	22.500,00	7. KI (Bank)	500,00
1. KI (Bank)	1.000,00		

S	Darlehensschulden		H
3. KI (Bank)	3.000,00	AB	12.000,00
		6. Verb. a. LL	3.500,00

4 Sie sind Angestellte(r) der Textilfabrik Konrad Fied KG, Goseriede 41, 30159 Hannover. Die folgenden Belege liegen Ihnen zur Buchung vor.

a) Welche Geschäftsfälle liegen den Belegen zugrunde? b) Nennen Sie die Buchungssätze.

Beleg 1

Konto-Nummer: **12 345** BLZ **251 901 01**
IBAN: DE81 2519 0101 0000 0123 45 BIC: GENODEF1HLI

Lindener Volksbank eG

Beleg	Buch.-Datum	Text	Wert	Betrag
99 902	05.04.20..	SÖFFGEN OHG, R.-NR. 487, KD.-NR. 24 001, R.-DATUM 27.03.20..	03.04.20..	43.400,00 +
99 541	05.04.20..	SB-ÜBERWEISUNG, B. MÜLLER OHG, R.-NR. 256, R.-DATUM 14.03.20..	05.04.20..	58.950,00 -
99 272	05.04.20..	BAREINZAHLUNG, FILIALE LINDENER MARKT	05.04.20..	5.000,00 +

TEXTILFABRIK
KONRAD FIED KG
GOSERIEDE 41
30159 HANNOVER

Konto-Auszug		
07.04.20..	27	1
Datum	Nummer	Blatt

EUR 60.000,00 +	Alter Kontostand
EUR 49.450,00 +	Neuer Kontostand

Hinweis: Es sind drei Geschäftsfälle zu bearbeiten.

Beleg 2

EMUT GmbH • Frottierweberei

EMUT GmbH • Postfach 3 46/3 47 • 34369 Hofgeismar

Textilfabrik
Konrad Fied KG
Goseriede 41
30159 Hannover

EINGEGANGEN
22. Jan. 20..
Erl. ....

Telefax 05671 303- 2268
E-Mail biedenstein@emut-wvd.de

Ihr Zeichen, Ihre Nachricht vom	Unser Zeichen, unsere Nachricht vom	Telefon, Name 05671 303-	Datum
tel. 10.01.20..	bi-he	65 Herr Helms	20.01.20..

Doppelzahlung, Rechnung Nr. 947

Sehr geehrte Damen und Herren,

Ihre Frau Kibat teilte uns am 10.01.20.. telefonisch mit, dass Sie unsere Rechnung Nr. 947 doppelt bezahlt haben.

Unsere Überprüfung hat dies bestätigt.

Den Betrag von 8.786,00 € haben wir deshalb auf Ihr Konto bei der Lindener Volksbank zurücküberwiesen.

Bitte buchen Sie entsprechend.

Mit freundlichen Grüßen

EMUT GmbH

i. V.

Biedenstein

Hinweis: Unser Kontoauszug bestätigt die Banküberweisung.

5 a) Wie bucht die Söffgen OHG den Beleg 1 der Aufgabe 4 (Banküberweisung)?
b) Wie bucht die Bernhard Müller OHG den Beleg 1 der Aufgabe 4 (Banküberweisung)?
c) Wie bucht die Emut GmbH den Beleg 2 der Aufgabe 4 (Banküberweisung)?

6 Richten Sie sich ein Grundbuch ein und buchen Sie darin folgende Geschäftsfälle:

Konten: Forderungen a. LL, Kasse, Guthaben bei Kreditinstituten (Bank), Postbank, Rohstoffe, Betriebsstoffe, Fuhrpark, Betriebs- und Geschäftsausstattung, Unbebaute Grundstücke, Verbindlichkeiten a. LL, Hypothekenschulden, Darlehensschulden.

	€	€
1. Kunde begleicht Rechnung durch		
Banküberweisung	2.000,00	
Postbanküberweisung	3.000,00	5.000,00
2. Kauf eines gebrauchten Autos		
bar	1.500,00	
gegen Bankscheck	10.000,00	11.500,00
3. Einkauf von Betriebsstoffen		
bar	1.000,00	
auf Ziel	3.000,00	4.000,00
4. Tilgung einer Darlehensschuld durch		
Banküberweisung	2.500,00	
Postbanküberweisung	1.500,00	4.000,00
5. Verkauf eines gebrauchten Autos		
bar	1.000,00	
gegen Bankscheck	7.000,00	8.000,00
6. Einkauf von Rohstoffen		
bar	500,00	
gegen Bankscheck	2.000,00	
auf Ziel	3.500,00	6.000,00
7. Wir begleichen Liefererrechnung		
bar	1.000,00	
durch Postbanküberweisung	2.000,00	
durch Banküberweisung	3.000,00	6.000,00
8. Verkauf eines gebrauchten PCs		
bar	200,00	
gegen Bankscheck	300,00	500,00
9. Kauf eines Grundstücks		
bar	2.000,00	
gegen Bankscheck	150.000,00	152.000,00
10. Tilgung einer Hypothekenschuld		
durch Banküberweisung	3.000,00	
bar	1.000,00	
durch Postbanküberweisung	6.000,00	10.000,00
11. Kauf eines Kopiergerätes		
bar	500,00	
mit ec-Karte für unser Postbankkonto	1.000,00	1.500,00

7 Nennen Sie
a) die Buchungssätze und
b) die Geschäftsfälle, die den Buchungen 1.–5. zugrunde liegen.

S	Rohstoffe	H
AB	10.000,00	
1. Ka./Verb.	5.000,00	

S	Geschäftsausstattung		H
AB	30.000,00	4. Kl/Ford.	1.000,00
3. Ka./Postb.	2.000,00		

669172

S	Forderungen a. LL		H
AB	9.000,00	2. Kl/Postb.	4.000,00
4. G.-Ausst.	600,00		

S	Verbindlichkeiten a. LL		H
5. Kl/Postb.	5.000,00	AB	11.000,00
		1. Rohst.	4.000,00

S	Kasse		H
AB	5.000,00	1. Rohst.	1.000,00
		3. G.-Ausst.	500,00

S	Postbank		H
AB	4.000,00	3. G.-Ausst.	1.500,00
2. Ford. a. LL	2.500,00	5. Verb. a. LL	1.500,00

S	Guthaben bei Kreditinstituten (Bank)		H
AB	8.000,00	5. Verb. a. LL	3.500,00
2. Ford. a. LL	1.500,00		
4. G.-Ausst.	400,00		

8 Sie sind Angestellte(r) der Textilfabrik Konrad Fied KG, Goseriede 41, 30159 Hannover. Der folgende Beleg liegt Ihnen zur Buchung vor.

a) Welcher Geschäftsfall liegt dem Beleg zugrunde?
b) Wie lautet der Buchungssatz?

KARL-HEINZ MORE e. Kfm.

Großküchen- und Kantineneinrichtungen, Krankenhausapparate, Milchküchen, Geschirrspülmaschinen, Kaffeemaschinen, Kartoffelschälmaschinen

Karl-Heinz More e. Kfm. • Postfach 4 06 • 30175 Hannover

VERKAUFSBÜRO
PLANUNG
KUNDENDIENST

Textilfabrik
Konrad Fied KG
Goseriede 41
30159 Hannover

Telefax 0511 4066- 18
E-Mail hinz@more-wvd.de

Ihre Bestellung vom	Unser Zeichen	Lieferdatum	Telefon, Name	Datum
12.08.20..	Hi/Re	17.09.20..	0511 4066- 14 Hinz	19.09.20..

Rechnung Nr. 4 761

Wir lieferten Ihnen auf eigene Rechnung und Gefahr:

Bezeichnung	Preis je Einheit/€	Betrag/€
Für Ihre Kantine lieferten wir Ihnen:		
1 Fritteuse KS 317	1.740,00	1.740,00
1 Kartoffelschälmaschine PM 902	2.100,00	2.100,00
		3.840,00
Betrag dankend erhalten. bar 2.000,00 €, Bankscheck 1.840,00 €		
Hannover, 21.09.20.. *Hinz*		
Erfüllungsort und Gerichtsstand für beide Teile: Hannover		

EINGEGANGEN
21. Sept. 20..
Erl. ....

Geschäftsräume: Seelhorststraße 6
Telefon: 0511 4066-0
Internet: www.more-wvd.de

Banken:
Deutsche Bank Hannover, Kto.-Nr. 69 731, BLZ 250 700 70
IBAN DE25 2507 0070 0000 0697 31, BIC DEUTDEDBHAN
Postbank Hannover, Kto.-Nr. 739 04-300, BLZ 250 100 30
IBAN DE97 2501 0030 0073 9043 00, BIC PBNKDEFF

USt-IdNr. DE 114 246 158

2.5.4 Eröffnungsbilanzkonto und Schlussbilanzkonto

Für die doppelte Buchführung gilt der Grundsatz, dass jeder Sollbuchung eine Habenbuchung in gleicher Höhe gegenübersteht (Doppik). Dieser Grundsatz wurde bisher bei den Konteneröffnungen nicht eingehalten: Die Anfangsbestände wurden auf den Konten auf der Seite gebucht, auf der sie auch in der Bilanz stehen.

Um den oben beschriebenen Grundsatz der doppelten Buchführung auch bei den Eröffnungsbuchungen zu wahren, wird ein Hilfskonto, das so genannte **Eröffnungsbilanzkonto (EBK),** eingerichtet.

Dieses Eröffnungsbilanzkonto nimmt die Aktivposten der Bilanz im Haben und die Passivposten der Bilanz im Soll auf. Somit ist das Eröffnungsbilanzkonto das **Spiegelbild** der Bilanz.

Aktiva	**Bilanz**	Passiva
Aktivposten		Passivposten

Soll	**Eröffnungsbilanzkonto**	Haben
Passivposten		Aktivposten

Mit den folgenden Eröffnungsbuchungen werden die Anfangsbestände auf die aktiven und passiven Bestandskonten vorgetragen.

1. Eröffnungsbuchungen für aktive Bestandskonten

aktive Bestandskonten (Soll) an Eröffnungsbilanzkonto (Haben)

2. Eröffnungsbuchungen für passive Bestandskonten

Eröffnungsbilanzkonto (Soll) an passive Bestandskonten (Haben)

Am Ende des Geschäftsjahres werden die Schlussbestände der aktiven und passiven Bestandskonten ermittelt. Auch für die Schlussbestände werden Gegenbuchungen vorgenommen, und zwar über das so genannte **Schlussbilanzkonto (SBK).**

Die Abschlussbuchungen für die aktiven und passiven Bestandskonten lauten:

1. Abschlussbuchungen für aktive Bestandskonten

Schlussbilanzkonto (Soll) an aktive Bestandskonten (Haben)

2. Abschlussbuchungen für passive Bestandskonten

passive Bestandskonten (Soll) an Schlussbilanzkonto (Haben)

Die durch die Inventur ermittelten Bestände werden im Inventar und in der Bilanz dokumentiert. Diese tatsächlichen Bestände (Istbestände) sollten mit den Buchbeständen (Sollbeständen) der aktiven und passiven Bestandskonten übereinstimmen.

Liegen Abweichungen vor, so werden die Buchbestände den tatsächlichen Beständen buchhalterisch angepasst.

Das Eröffnungsbilanzkonto, die Sachkonten und das Schlussbilanzkonto werden im **Hauptbuch** geführt, das Inventar und die Bilanz im **Inventar- und Bilanzbuch.**

Zusammenfassung

Schaubild

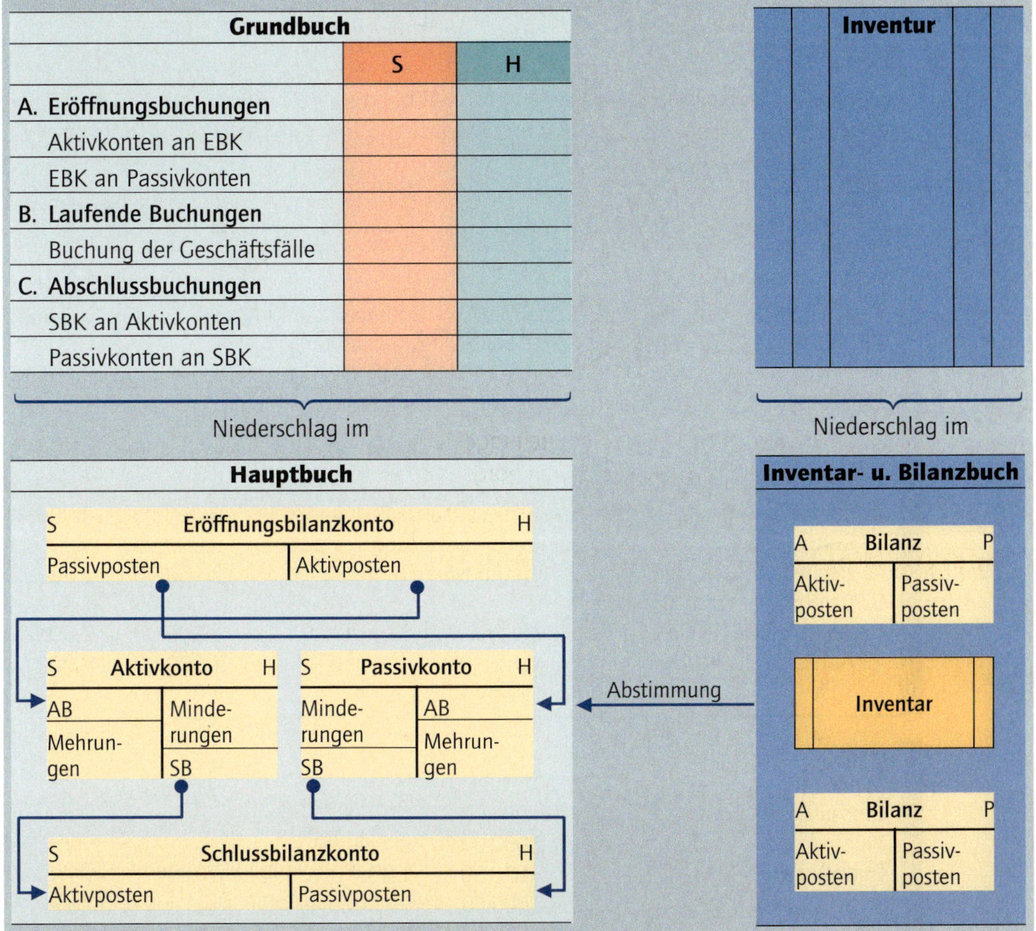

Merksätze

1. **Das Eröffnungsbilanzkonto (EBK) ist ein Hilfskonto, das bei den Eröffnungsbuchungen das Prinzip der Doppik (jeder Sollbuchung steht eine Habenbuchung in gleicher Höhe gegenüber) wahrt. Es ist das Spiegelbild der Bilanz: Auf der Sollseite stehen die Passivposten, auf der Habenseite die Aktivposten.**
2. **Das Schlussbilanzkonto (SBK) ist ebenso aufgebaut wie die Bilanz: Auf der Sollseite stehen die Aktivposten, auf der Habenseite die Passivposten.**
3. **Die Bilanzkonten (EBK und SBK) ergeben sich aus den Schlussbeständen der Bestandskonten. Sie werden im Hauptbuch geführt.**
4. **Die Bilanzen werden aufgrund von Inventaren erstellt. Sie werden im Inventar- und Bilanzbuch geführt.**

AUFGABEN

1 Vergleichen Sie a) Eröffnungsbilanzkonto und Bilanz, b) Schlussbilanzkonto und Bilanz.

2 Erklären Sie, inwiefern das Eröffnungsbilanzkonto bei den Eröffnungsbuchungen das Prinzip der Doppik wahrt.

Gehen Sie bei den Geschäftsgängen der Aufgaben 3 und 4 in folgenden Schritten vor:

1. Erstellen Sie die Bilanz.
2. Erstellen Sie das Eröffnungsbilanzkonto und nehmen Sie die Eröffnungsbuchungen vor.
3. Buchen Sie die Geschäftsfälle.
4. Schließen Sie die Konten ab und nehmen Sie die Abschlussbuchungen über das Schlussbilanzkonto vor.
5. Erstellen Sie die Bilanz. (Unterstellung: Die Buchwerte stimmen mit den Istwerten der Inventur überein.)

3 **A**

Anfangsbestände €

Maschinen	90.000,00	Guthaben bei KI (Bank)	45.000,00
Rohstoffe	95.000,00	Eigenkapital	?
Forderungen a. LL	30.000,00	Langfr. Bankverbindlichkeiten[1]	110.000,00
Kasse	5.600,00	Verbindlichkeiten a. LL	42.000,00

Geschäftsfälle

	a) €	b) €
1. Barabhebung vom Bankkonto	5.000,00	7.000,00
2. Zieleinkauf von Rohstoffen	6.000,00	8.000,00
3. Kunde begleicht Rechnung per Banküberweisung	3.000,00	5.000,00
4. Barverkauf einer gebrauchten Fertigungsmaschine	2.500,00	2.400,00
5. Bareinzahlung auf Bankkonto	1.000,00	1.500,00
6. Wir zahlen an Lieferer per Banküberweisung	5.000,00	7.000,00
7. Aufnahme eines Darlehens, Bankgutschrift	7.000,00	8.000,00
Barauszahlung	3.000,00	4.000,00

4 **A**

Anfangsbestände €

Maschinen	120.000,00	Guthaben bei Kreditinstituten (Bank)	25.000,00
Geschäftsausst.	85.000,00	Eigenkapital	?
Rohstoffe	110.000,00	Langfr. Bankverbindlichkeiten[1]	160.000,00
Forderungen a. LL	19.000,00	Verbindlichkeiten a. LL	78.000,00
Kasse	10.000,00		

Geschäftsfälle

	a) €	b) €
1. Rohstoffeinkauf, auf Ziel	2.500,00	3.500,00
bar	500,00	800,00
gegen Bankscheck	2.000,00	1.500,00
2. Darlehenstilgung durch Banküberweisung	5.000,00	7.000,00
3. Kauf eines PC, bar	800,00	900,00
mit ec-Karte unserer Bank	1.000,00	700,00
4. Verkauf einer gebrauchten Fertigungsmaschine, auf Ziel	1.800,00	1.500,00
bar	900,00	800,00
gegen Bankscheck	1.200,00	1.300,00

1 Im Konto „Langfristige Bankverbindlichkeiten" werden sowohl die Darlehensschulden als auch die Hypothekenschulden gebucht. In den Anfangskapiteln des Lehrbuches waren dafür zwei einzelne Konten vorgesehen.

669176

5. Umwandlung einer Liefererverbindlichkeit in eine Darlehensschuld	3.000,00	2.500,00
6. Kunde begleicht Rechnung per Banküberweisung	1.800,00	2.100,00
7. Wir begleichen Liefererrechnung, bar	900,00	1.200,00
per Banküberweisung	2.000,00	2.400,00

2.5.5 Erfolgsvorgänge

2.5.5.1 Buchen auf den Erfolgskonten

Bei allen bisherigen Geschäftsfällen ist das Konto Eigenkapital unberührt geblieben. Das Konto Eigenkapital ändert sich durch **Aufwendungen und Erträge.**

Aufwendungen mindern das Eigenkapital. Hierzu gehören z. B.: Personalkosten, Mietaufwendungen, Materialaufwendungen und Betriebsteuern.

Erträge mehren das Eigenkapital. Hierzu gehören z. B.: Verkaufserlöse, Mieteinnahmen, Provisionserträge und Zinserträge.

Erträge könnten als Bestandsmehrungen im Haben und Aufwendungen als Bestandsminderungen im Soll auf dem passiven Bestandskonto Eigenkapital gebucht werden.

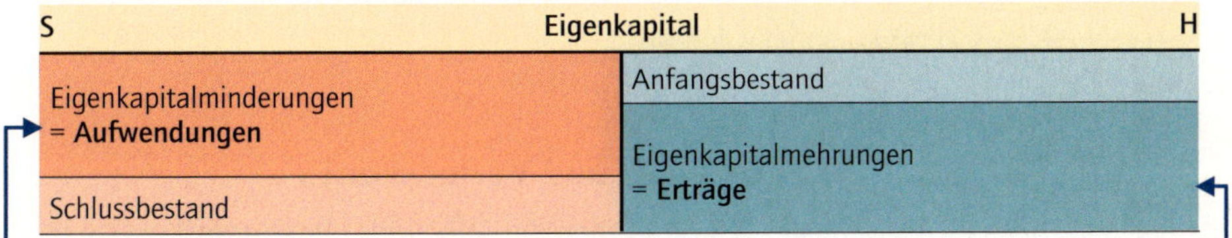

Damit nun aber

1. die sachliche Herkunft der einzelnen Erträge und Aufwendungen zu erkennen ist und
2. das Eigenkapitalkonto nicht zu unübersichtlich wird,

werden für gleichartige Erträge und Aufwendungen spezielle **Erfolgskonten** angelegt.

Ihrem Aufwands- oder Ertragscharakter entsprechend unterteilt man die Erfolgskonten in **Aufwandskonten und Ertragskonten.**

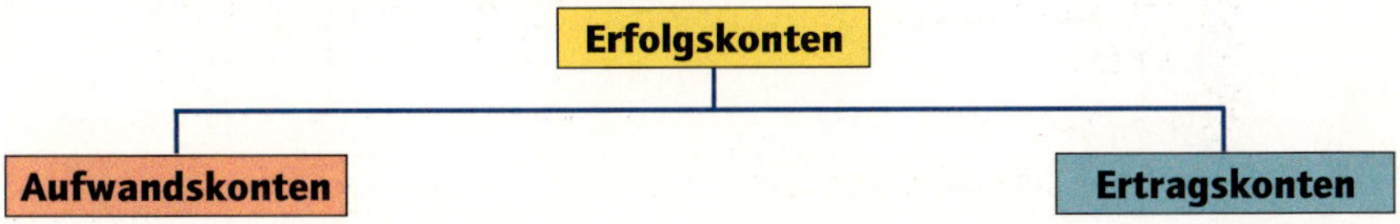

Im Gegensatz zu den Bestandskonten haben die Erfolgskonten **keinen** Anfangsbestand.

Die Erfolgskonten sind Unterkonten des Eigenkapitalkontos. Auf ihnen muss ebenso gebucht werden wie auf dem Eigenkapitalkonto:

Aufwendungen (= Eigenkapitalminderungen) werden auf Aufwandskonten im Soll gebucht. Erträge (= Eigenkapitalmehrungen) werden auf Ertragskonten im Haben gebucht.

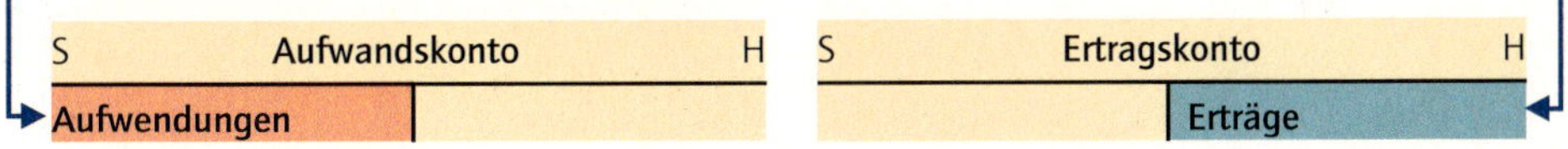

Beispiel

1. Löhne werden durch Banküberweisung gezahlt .... 14.000,00 €

		Soll	Haben
Buchungssatz	Löhne	14.000,00	
	an Guthaben bei Kreditinstituten (Bank)		14.000,00

Buchung

S	Löhne		H
KI (Bank)	14.000,00		

S	Guthaben bei Kreditinstituten (Bank)		H
AB	...	Löhne	14.000,00

Beispiel

2. Wir erhalten eine Zinsgutschrift auf unserem Bankkonto .... 700,00 €

		Soll	Haben
Buchungssatz	Guthaben bei Kreditinstituten (Bank)	700,00	
	an Zinserträge		700,00

Buchung

S	Guthaben bei Kreditinstituten (Bank)		H
AB	...		
Zinserträge	700,00		

S	Zinserträge		H
		KI (Bank)	700,00

2.5.5.2 Das Gewinn- und Verlustkonto

Am Geschäftsjahresende werden die Aufwands- und Ertragskonten über ein Sammelkonto, das so genannte **Gewinn- und Verlustkonto (GuV)**, abgeschlossen.

Auf dem Gewinn- und Verlustkonto wird als Saldo aller Erträge und Aufwendungen ein **Gewinn** bzw. **Verlust** ermittelt.

Summe der Erträge
– Summe der Aufwendungen
= Gewinn bzw. Verlust

Beispiel

S	Löhne		H
KI (Bank)	14.000,00	GuV	14.000,00

S	Zinserträge		H
GuV	700,00	KI (Bank)	700,00

S	Mietaufwendungen		H
Postbank	6.000,00	GuV	6.000,00

S	Provisionserträge		H
GuV	23.000,00	KI (Bank)	23.000,00

S	Gewinn- und Verlustkonto		H
Löhne	14.000,00	Zinserträge	700,00
Mietaufwendungen	6.000,00	Provisionserträge	23.000,00
Gewinn	3.700,00		
	23.700,00		23.700,00

669178

Sind die Erträge größer als die Aufwendungen, so ergibt sich im Soll des Gewinn- und Verlustkontos ein Gewinn.

Sind die Aufwendungen größer als die Erträge, so ergibt sich im Haben des Gewinn- und Verlustkontos ein Verlust.

Der Gewinn bzw. Verlust, der auf dem Gewinn- und Verlustkonto ermittelt wird, gelangt in das Eigenkapitalkonto und mehrt bzw. mindert den Eigenkapitalbestand.

Beispiel

S	GuV		H
Löhne	14.000,00	Zinserträge	700,00
Mietaufw.	6.000,00	Prov.-Ertr.	23.000,00
EK	3.700,00		
	23.700,00		23.700,00

S	Eigenkapital		H
SB	103.700,00	AB	100.000,00
		GuV	3.700,00
	103.700,00		103.700,00

Großen Kapitalgesellschaften (AG, GmbH, KGaA) schreibt § 275 HGB die Gliederung der offenlegungspflichtigen GuV-Rechnung detailliert vor (siehe Kapitel 5.5.3).

Zusammenfassung

Schaubild

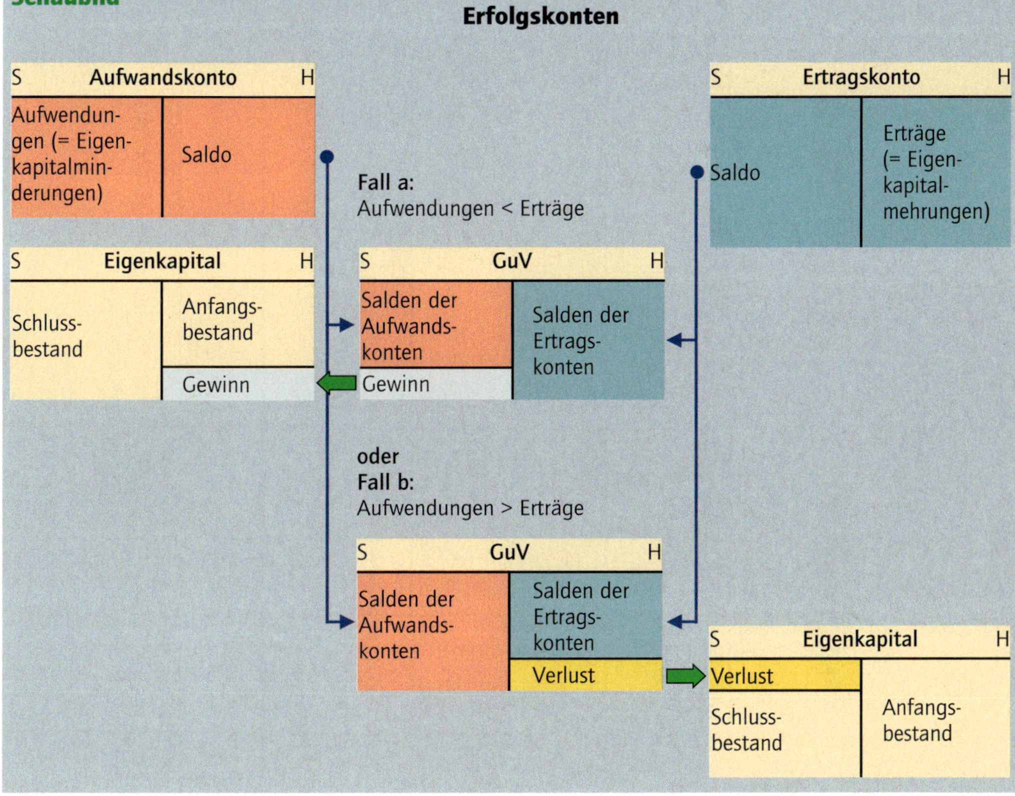

Beispiel für einen Geschäftsgang im Hauptbuch[1]

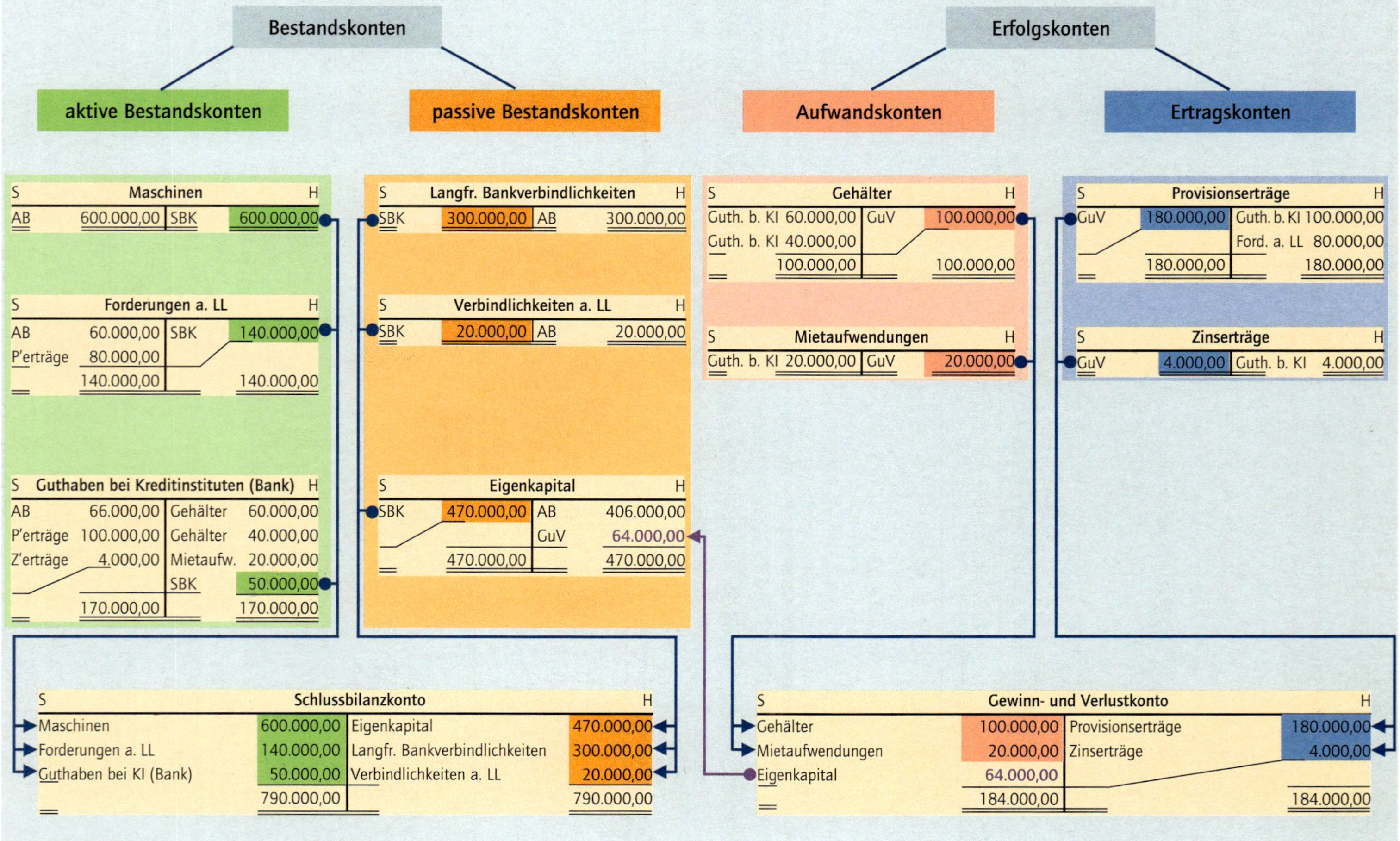

1 Auf die Darstellung des Eröffnungsbilanzkontos wird verzichtet.

Merksätze

1. **Neben dem Bestandskontenkreis gibt es den Erfolgskontenkreis.**
2. **Im Gegensatz zu den Bestandskonten weisen die Erfolgskonten keinen Anfangsbestand auf.**
3. **Die Erfolgskonten werden in die Aufwandskonten und Ertragskonten unterteilt.**
4. **Aufwendungen werden auf Aufwandskonten im Soll gebucht.**
5. **Erträge werden auf Ertragskonten im Haben gebucht.**
6. **Die Aufwandskonten und Ertragskonten werden über das Gewinn- und Verlustkonto (GuV) abgeschlossen.**
7. **Ist die Summe der Erträge größer als die Summe der Aufwendungen, so ergibt sich im Soll des Gewinn- und Verlustkontos ein Gewinn. Umgekehrt ergibt sich im Haben des Gewinn- und Verlustkontos ein Verlust, wenn die Summe der Aufwendungen größer ist als die Summe der Erträge.**
8. **Das Gewinn- und Verlustkonto wird über das Eigenkapitalkonto abgeschlossen. Ein Gewinn führt zu einer Eigenkapitalmehrung, ein Verlust zu einer Eigenkapitalminderung.**

AUFGABEN

Aufgaben 1 und 2: Einführung in die Thematik;
Aufgabe 3: Buchungsregeln;
Aufgabe 4: Übersicht über die Konten der Buchführung;
Aufgabe 5: Buchen auf Erfolgskonten;
Aufgabe 6: Belegbuchungen;
Aufgaben 7 und 8: Geschäftsgänge.

1 Wie lauten die Buchungssätze, wenn direkt über das Konto Eigenkapital gebucht wird?

1. Stromkosten werden per Banküberweisung gezahlt	1.800,00 €
2. Wir erhalten eine Zinsgutschrift auf unserem Bankkonto	900,00 €
3. Banküberweisung der betrieblichen Telekommunikationsgebühren	770,00 €
4. Löhne werden durch Banküberweisung gezahlt	12.500,00 €
5. Barzahlung für Inserate	420,00 €
6. Wir erhalten Provision per Postbanküberweisung	5.100,00 €
7. Wir zahlen Darlehenszinsen per Banküberweisung	850,00 €
8. Wir kaufen Büromaterial bar	95,00 €

2 Warum ist es unzweckmäßig, Erträge und Aufwendungen direkt über das Konto Eigenkapital zu buchen?

3 Geben Sie an, ob im Soll oder im Haben gebucht wird:

a) Der Anfangsbestand auf aktiven Bestandskonten.
b) Einen Aufwand auf Aufwandskonten.
c) Der Schlussbestand auf passiven Bestandskonten.
d) Einen Ertrag auf Ertragskonten.
e) Der Schlussbestand auf aktiven Bestandskonten.
f) Eine Bestandsminderung auf aktiven Bestandskonten.
g) Der Saldo auf Ertragskonten.
h) Der Anfangsbestand auf passiven Bestandskonten.
i) Der Saldo auf Aufwandskonten.
j) Eine Bestandsmehrung auf passiven Bestandskonten.
k) Der Gewinn auf dem Gewinn- und Verlustkonto.
l) Eine Bestandsmehrung auf aktiven Bestandskonten.
m) Der Verlust auf dem Gewinn- und Verlustkonto.
n) Eine Bestandsminderung auf passiven Bestandskonten.

4 A Setzen Sie in Ihrem Arbeitsheft auf die gestrichelten Linien die folgenden Begriffe sinngemäß ein:

Verlust, Verlust, Gewinn, Aufwand, Ertrag, Aufwandskonten, Ertragskonten, Aufwandskonto, Ertragskonto, Gewinn- und Verlustkonto, AB, AB, SB, SB, Bestandsmehrungen, Bestandsmehrungen, Bestandsminderungen, Bestandsminderungen, Bestandsminderungen, aktives Bestandskonto, passives Bestandskonto, aktiven Bestandskonten, passiven Bestandskonten, Schlussbilanzkonto, Erfolgskonten, Bestandskonten.

Übersicht über die Konten der Buchführung

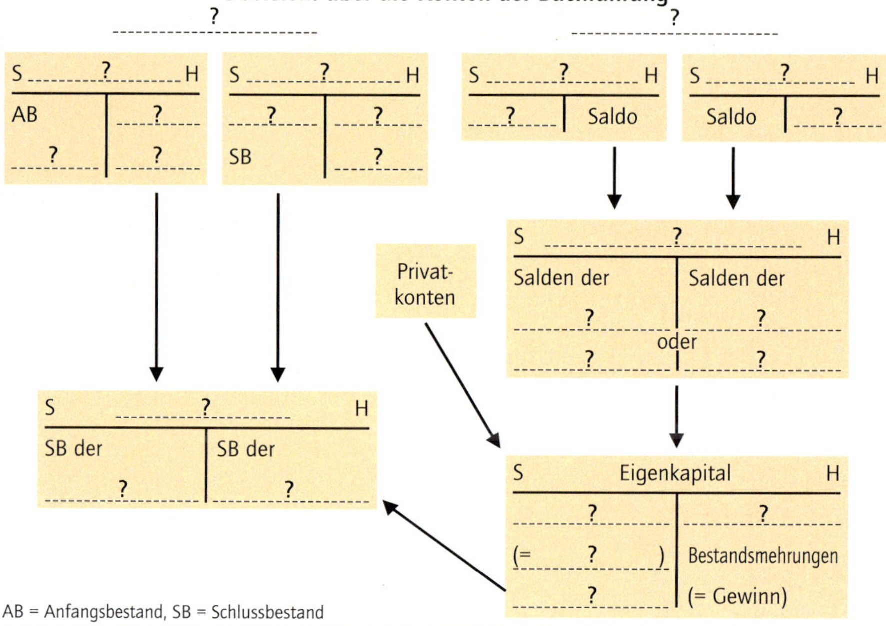

AB = Anfangsbestand, SB = Schlussbestand

5 A a) Richten Sie sich die Konten Löhne, Mietaufwendungen, Büromaterial, Zinserträge und Provisionserträge ein. Buchen Sie auf diesen Konten, ohne die Gegenkonten zu führen, die folgenden Geschäftsfälle:

1. Bank schreibt uns Zinsen gut	950,00 €
2. Lohnzahlung per Banküberweisung	3.000,00 €
3. Barzahlung für Büromaterial	120,00 €
4. Wir zahlen Miete für Geschäftsräume per Postbanküberweisung	1.100,00 €
5. Wir erhalten Provision durch Banküberweisung	4.300,00 €

b) Richten Sie sich ein Gewinn- und Verlustkonto ein. Schließen Sie die Konten ab und ermitteln Sie den Gewinn bzw. Verlust.

6 Sie sind Angestellte(r) der Textilfabrik Konrad Fied KG, Goseriede 41, 30159 Hannover. Die folgenden Belege liegen Ihnen zur Buchung vor.

a) Welche Geschäftsfälle liegen den Belegen zugrunde?

b) Wie lauten die Buchungssätze?

Konten: Büromaterial, Postgebühren, Zinsaufwendungen, langfristige Bankverbindlichkeiten, Guthaben bei Kreditinstituten (Bank), Reisekosten (oder: Aufwendungen für Betriebsstoffe), Kasse, Nebenerlöse aus Vermietung und Verpachtung, Versicherungsbeiträge, Kosten des Geldverkehrs, Zinserträge, Aufwendungen für Energie.

Beleg 1

Bürotechnik + Organisation
Verbund führender Fachgeschäfte
Eitner
Schwarzer Bär 8 • 30449 Hannover • Tel. 0511 4442
Fa. Konrad Fied KG

Anz.	Datum 02.01.20..	Preis	€	ct
	Bürobedarf		23	50
	Betrag dankend erhalten. Ha			

Verk. Ha | 000195-11 | Bei Irrtum oder Umtausch bitte diesen Beleg vorlegen.

EITNER Bürotechnik + Organisation
St.-Nr. 22 368 15925

Beleg 2

Tank-Center **St.-Nr.** 13 357 33127
Klaus Cianciaruso
Blumenauer Str. 10
30449 Hannover T. 4473

0117A 03.01.20..

* Zapfsäule 03
* SUPER BLEIFREI *
* 39,80 l *
* 53,69 *
****

TOTAL € 53,69

BAR € 53,69

Buchungsvermerk: Tankquittung unseres Reisenden R. Ramm

Beleg 3

Konto-Nummer: **12 345** BLZ **251 901 01**
IBAN: DE81 2519 0101 0000 0123 45 BIC: GENODEF1HLI
Lindener Volksbank eG

Beleg	Buch.-Datum	Text	Wert	Betrag
99 692	03.01.20..	KLAUS FROST MIETE FÜR JANUAR	02.01.20..	920,00 +
99 782	03.01.20..	ENERGIE AG, VORAUSZAHLUNGS- PAUSCHALE FÜR STROM, KUNDEN-NR. 24 007	02.01.20..	4.500,00 -

TEXTILFABRIK
KONRAD FIED KG
GOSERIEDE 41
30159 HANNOVER

Konto-Auszug		
04.01.20..	3	1
Datum	Nummer	Blatt

EUR 80.000,00 +
Alter Kontostand
EUR 76.420,00 +
Neuer Kontostand

Hinweis: Es sind zwei Geschäftsfälle zu bearbeiten.

Beleg 4

Konto-Nummer: **12 345** BLZ **251 901 01**
IBAN: DE81 2519 0101 0000 0123 45 BIC: GENODEF1HLI
Lindener Volksbank eG

Beleg	Buch.-Datum	Text	Wert	Betrag
99 346	02.07.20..	DARLEHEN 60 531 TILGUNG 76,58 EUR ZINSEN 298,42 EUR	30.06.20..	375,00 -

TEXTILFABRIK
KONRAD FIED KG
GOSERIEDE 41
30159 HANNOVER

Konto-Auszug		
03.07.20..	122	1
Datum	Nummer	Blatt

EUR 50.000,00 +
Alter Kontostand
EUR 49.625,00 +
Neuer Kontostand

Beleg 5[1]

Konto-Nummer: **12 345** BLZ **251 901 01**
IBAN: DE81 2519 0101 0000 0123 45 BIC: GENODEF1HLI

Lindener Volksbank eG

Beleg	Buch.-Datum	Text	Wert	Betrag
99 758	02.07.20..	KONTO-ABSCHLUSSRECHNUNG 3 % HABEN-ZINSEN 75,00 + 9 % SOLL-ZINSEN 468,00 - 0,25 % KREDIT-PROV. 55,00 - 3 % ÜBERZIEHG.-PROV.57,00 - 1 % UMSATZ-PROV. 30,00 - GEBÜHREN 38,00 -	30.06.20..	573,00 -

TEXTILFABRIK
KONRAD FIED KG
GOSERIEDE 41
30159 HANNOVER

Konto-Auszug		
04.07.20..	123	1
Datum	Nummer	Blatt

EUR 60.000,00 +
Alter Kontostand
EUR 59.427,00 +
Neuer Kontostand

Beleg 6

Konto-Nummer: **12 345** BLZ **251 901 01**
IBAN: DE81 2519 0101 0000 0123 45 BIC: GENODEF1HLI

Lindener Volksbank eG

Beleg	Buch.-Datum	Text	Wert	Betrag
99 317	15.07.20..	ARMINIA-VERSICHERUNG AG, VERS.-NR. 111, LKW H-RJ 662, RÜCKZAHLUNG KFZ-VERSICHERUNG (ABMELDUNG)	13.07.20..	535,00 +

TEXTILFABRIK
KONRAD FIED KG
GOSERIEDE 41
30159 HANNOVER

Konto-Auszug		
16.07.20..	131	1
Datum	Nummer	Blatt

EUR 70.000,00 +
Alter Kontostand
EUR 70.535,00 +
Neuer Kontostand

Anmerkung: Der Rückzahlungsbetrag beinhaltet die Kfz-Versicherung des laufenden Geschäftsjahres.

Beleg 7 *Hinweis:* Barzahlung

Deutsche Post AG
30449 Hannover
81301811 31.01.20..

7027
Postwertzeichen ohne Zuschlag
*30,60 EUR A

Bruttoumsatz ***30,60 EUR**
mehrwertsteuerbefreit A
Nettoumsatz A *30,60 EUR

Vielen Dank für Ihren Besuch.
Ihre Deutsche Post AG

Beleg 8

TURN-ELECTRO St.-Nr.
Handels GmbH 16 668 24639
Ihmezentrum
Spinnereistr. 14
30449 Hannover

4901780385164 12,95 x 1
100 CD-R/700 SPINDEL 12,95

===› TOTAL € 12,95

---› BAR € 103,00
===› RÜCKGELD € -90,05

Vielen Dank für Ihren Einkauf.

331 45001 6 2142
17.01.20.. 15:38:54

1 Buchung mit hohem Schwierigkeitsgrad.

Lösen Sie die Aufgaben 7 und 8 in folgenden Schritten:

1. Erstellen Sie das Eröffnungsbilanzkonto.
2. Buchen Sie die Anfangsbestände auf die Bestandskonten.
3. Buchen Sie die Geschäftsfälle auf den Bestands- und Erfolgskonten.
4. Schließen Sie die Erfolgskonten über das Gewinn- und Verlustkonto ab.
5. Ermitteln Sie den Gewinn bzw. Verlust auf dem Gewinn- und Verlustkonto und schließen Sie das Gewinn- und Verlustkonto über das Eigenkapitalkonto ab.
6. Schließen Sie die Bestandskonten über das Schlussbilanzkonto ab.

7 A

Anfangsbestände	€		€
Maschinen	79.000,00	Guthaben bei KI (Bank)	9.000,00
Rohstoffe	45.000,00	Eigenkapital	?
Forderungen a. LL	13.000,00	Langfristige Bankverbindlichk.[1]	42.000,00
Kasse	2.500,00	Verbindlichkeiten a. LL	8.000,00

Erfolgskonten: Büromaterial, Zinsaufwendungen, Löhne, Zinserträge, Provisionserträge.

Eröffnungs- bzw. Abschlusskonten: Eröffnungsbilanzkonto, Gewinn- und Verlustkonto, Schlussbilanzkonto.

Geschäftsfälle	€
1. Zinsgutschrift der Bank	850,00
2. Zieleinkauf von Rohstoffen	3.000,00
3. Bareinkauf von Büromaterial	120,00
4. Tilgung einer Darlehensschuld durch Banküberweisung	2.000,00
5. Darlehenszinsen werden vom Bankkonto abgebucht	350,00
6. Kunde begleicht Rechnung durch Banküberweisung	4.000,00
7. Lohnzahlung per Banküberweisung	4.500,00
8. Wir erhalten Provision durch Banküberweisung	1.200,00
9. Barverkauf einer gebrauchten Fertigungsmaschine	3.500,00
10. Ausgleich einer Liefererrechnung durch Banküberweisung	2.000,00

8 A

Anfangsbestände	€		€
Maschinen	70.000,00	Guthaben bei Kreditinstituten (Bank)	10.000,00
Geschäftsausstattung	25.000,00		
Rohstoffe	80.000,00	Eigenkapital	?
Forderungen a. LL	18.000,00	Langfristige Bankverbindlichk.[1]	50.000,00
Kasse	9.000,00	Verbindlichkeiten a. LL	20.000,00

Erfolgskonten: Aufw. für Verpackungsmaterial, Aufw. für Beiträge, Zinsaufw., Mietaufw., Büromaterial, Nebenerlöse aus Vermietung und Verpachtung, Provisionserträge.

Eröffnungs- bzw. Abschlusskonten: Eröffnungsbilanzkonto, Gewinn- und Verlustkonto, Schlussbilanzkonto.

Geschäftsfälle	€
1. Bareinkauf von Verpackungsmaterial	700,00
2. Banküberweisung eines Kunden	5.000,00
3. Wir erhalten Miete per Banküberweisung	1.000,00
4. Ausgleich einer Liefererrechnung per Banküberweisung	3.000,00
5. Zieleinkauf von Rohstoffen	4.000,00
6. Provisionseingang per Bankscheck	5.000,00
7. Zahlung des Industrie- und Handelskammerbeitrages per Banküberweisung	800,00
8. Kunde begleicht Rechnung per Banküberweisung	6.000,00

1 Im Konto „Langfristige Bankverbindlichkeiten" werden sowohl die Darlehensschulden als auch die Hypothekenschulden gebucht. In den Anfangskapiteln des Lehrbuches waren dafür zwei einzelne Konten vorgesehen.

9.	Banküberweisung für Darlehenstilgung	1.000,00
	und für Darlehenszinsen	500,00
10.	Barkauf von zwei Büroschreibtischen	1.500,00
11.	Wir zahlen Miete per Banküberweisung	2.000,00
12.	Barkauf von Büromaterial	200,00
13.	Verkauf einer gebrauchten Fertigungsmaschine gegen Bankscheck	5.000,00

2.5.6 Abstimmung zwischen den Daten der Buchführung und den Daten der Inventur

Die bei der Inventur ermittelten Bestände sind maßgeblich für die Bilanz.

Nun sind die bei der Inventur ermittelten Bestände **(= Istbestände)** nicht immer mit den in der Buchführung ermittelten Schlussbeständen der aktiven und passiven Bestandskonten **(= Sollbestände)** identisch. In diesen Fällen müssen die Sollbestände der Buchführung den Istbeständen des Inventars angepasst werden.

Die Soll-Ist-Abweichungen werden verursacht durch

■ falsche Buchungen, ■ irrtümlich unterlassene Buchungen, ■ mehrfach vorgenommene Buchungen, ■ in der laufenden Buchführung nicht bekannt gewordene und deshalb buchhalterisch nicht erfasste Bestandsabgänge (z. B. Schwund, Diebstahl).

Die Ursachen sind in jedem Einzelfall zu klären, entsprechende Korrekturbuchungen sind vorzunehmen.

Die erforderlichen buchhalterischen Korrekturen können neben den betroffenen Bestandskonten auch **Erfolgskonten** berühren.

Beispiele

	Werte des Inventars (= Istbestände)	Vorläufige Schlussbestände der Bestandskonten (= Sollbestände)	Inventurdifferenz (= Sollbestände − Istbestände)
Fall 1, Kasse	5.869,55 €	5.969,55 €	+ 100,00 €
Fall 2, Rohstoffe	243.689,00 €	248.689,00 €	+ 5.000,00 €
Fall 3, Hilfsstoffe	15.400,00 €	10.400,00 €	− 5.000,00 €

Ursachenklärung und Korrekturbuchungen:

a) Fall 1: Ursache: Die Inventurdifferenz von 100,00 € resultiert aus einem unaufgeklärten Diebstahl.

Korrekturbuchung		Soll	Haben
	Verluste aus Kassenbeständen	100,00	
	an Kasse		100,00

b) Fall 2 und Fall 3: Ursache: Eine Eingangsrechnung über Hilfsstoffe in Höhe von 5.000,00 € wurde versehentlich auf dem Konto Rohstoffe gebucht.

Korrekturbuchungen		Soll	Haben
1. Storno-	Verbindlichkeiten a. LL	5.000,00	
buchung	an Rohstoffe		5.000,00
2. korrekte	Hilfsstoffe	5.000,00	
Buchung	an Verbindlichkeiten a. LL		5.000,00

669186

Zusammenfassung

Schaubild

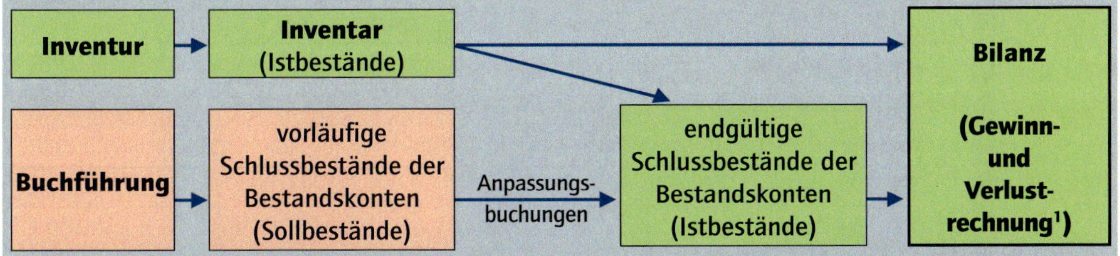

Merksätze

1. **Die bei der Inventur ermittelten Bestände sind maßgeblich für die Bilanz.**
2. **Weichen die Bestände, die bei der Inventur ermittelt werden (= Istbestände), von den buchhalterisch ermittelten Schlussbeständen der Bestandskonten (= Sollbestände) ab, so sind die buchhalterisch ermittelten Werte den Inventurwerten anzupassen.**
3. **Bei den erforderlichen Korrekturbuchungen können neben Bestandskonten auch Erfolgskonten berührt werden.**

1 Die Gewinn- und Verlustrechnung ergibt sich nicht aus dem Inventar, sondern nur aus der Buchführung.

AUFGABE

Die Gegenüberstellung der Werte des Inventars und der vorläufigen Schlussbestände der Bestandskonten (Werte der Buchführung) erbrachte die unten stehenden Abweichungen. (Es handelt sich um Fälle aus mehreren Geschäftsjahren.)

Nehmen Sie die erforderlichen Korrekturbuchungen (Buchungssätze) vor.

Bestandskonten: Postbank, Geschäftsausstattung, Forderungen a. LL, Guthaben bei Kreditinstituten (Bank), Kasse, Rohstoffe, Fuhrpark, Maschinen, Verbindlichkeiten a. LL.

Erfolgskonten: Zinsaufwendungen, Verluste aus Kassenbeständen, Nebenerlöse aus Vermietung und Verpachtung, Zinserträge, Provisionserträge, Umsatzerlöse für eigene Erzeugnisse.

Betroffene Konten	Werte des Inventars (Istbestände)	Vorläufige Schlussbestände der Bestandskonten (Sollbestände)	Inventurdifferenz (Sollbestände – Istbestände)
Fall 1, Maschinen	250.000,00 €	253.000,00 €	+ 3.000,00 €
Fall 2, Geschäftsausstattung	83.000,00 €	80.000,00 €	– 3.000,00 €
Ursache (Fall 1 und Fall 2): Ein PC, der mit ec-Karte unserer Bank gekauft worden war, wurde versehentlich auf dem Konto „Maschinen" gebucht.			
Fall 3, Kasse	8.600,00 €	8.800,00 €	+ 200,00 €
Ursache (Fall 3): Aus der Kasse wurden 200,00 € gestohlen (unaufgeklärter Diebstahl).			
Fall 4, Fuhrpark	100.000,00 €	140.000,00 €	+ 40.000,00 €
Fall 5, Verbindlichkeiten a. LL	70.000,00 €	110.000,00 €	+ 40.000,00 €
Ursache (Fall 4 und Fall 5): Der Zieleinkauf eines Pkw wurde versehentlich doppelt gebucht.			
Fall 6, Kasse	7.900,00 €	7.400,00 €	– 500,00 €
Ursache (Fall 6): Eine Barzahlung (Zahlungseingang) über Provisionserträge wurde versehentlich nicht gebucht.			

Betroffene Konten	Werte des Inventars (Istbestände)	Vorläufige Schlussbestände der Bestandskonten (Sollbestände)	Inventurdifferenz (Sollbestände – Istbestände)
Fall 7, Rohstoffe	180.000,00 €	170.000,00 €	– 10.000,00 €
Fall 8, Verbindlichkeiten a. LL	50.000,00 €	40.000,00 €	– 10.000,00 €
Ursache (Fall 7 und Fall 8): Ein Zieleinkauf von Rohstoffen wurde versehentlich nicht gebucht.			
Fall 9, Guthaben b. KI (Bank)	95.000,00 €	92.500,00 €	– 2.500,00 €
Fall 10, Postbank	37.500,00 €	40.000,00 €	+ 2.500,00 €
Ursache (Fall 9 und Fall 10): Eine Bareinzahlung auf das Bankkonto wurde versehentlich auf dem Postbankkonto gebucht.			
Fall 11, Kasse	8.000,00 €	7.000,00 €	– 1.000,00 €
Ursache (Fall 11): Unser Mieter hatte die Miete ausnahmsweise bar an uns gezahlt. Dies wurde versehentlich nicht gebucht.			
Fall 12, Guthaben b. KI (Bank)	103.000,00 €	102.400,00 €	– 600,00 €
Ursache (Fall 12): Die Abbuchung von Darlehenszinsen von unserem Bankkonto wurde versehentlich doppelt gebucht.			
Fall 13, Forderungen a. LL	90.000,00 €	97.000,00 €	+ 7.000,00 €
Ursache (Fall 13): Eine Ausgangsrechnung über eigene Erzeugnisse (Konto: „Umsatzerlöse für eigene Erzeugnisse") wurde versehentlich mit einem zu hohen Betrag gebucht.			
Fall 14, Geschäftsausstattung	85.000,00 €	84.600,00 €	– 400,00 €
Fall 15, Verbindlichkeiten a. LL	52.000,00 €	51.600,00 €	– 400,00 €
Ursache (Fall 14 und Fall 15): Der Zieleinkauf e. PC wurde mit einem zu niedrigen Betrag gebucht.			
Fall 16, Postbank	42.000,00 €	40.400,00 €	– 1.600,00 €
Ursache (Fall 16): Der Zahlungseingang von 800,00 € Zinserträgen wurde versehentlich als Zahlungsausgang von 800,00 € Zinsaufwendungen gebucht.			

2.6 Besonderheiten der Erfolgsermittlung im Handelsbetrieb[1]

In einem Handelsbetrieb (Großhandel, Einzelhandel) liegt der Verkaufspreis einer Ware in der Regel über ihrem Einstandspreis (Bezugspreis)[2]. Die Differenz zwischen dem Verkaufspreis und dem Einstandspreis soll dem Handelsbetrieb

- die Kosten decken und
- einen Gewinn erwirtschaften.

Das folgende Kalkulationsschema zeigt die Wertbasis der Wareneinkäufe und Warenverkäufe eines Handelsbetriebes auf:

	Rechnungspreis	
+	Bezugskosten	
=	Einstandspreis (Bezugspreis)	→ Wertbasis der Waren**einkäufe**
+	Handlungskosten	
=	Selbstkosten	
+	Gewinn	
=	Verkaufspreis	→ Wertbasis der Waren**verkäufe**

Die buchhalterische Trennung von Wareneinkäufen und Warenverkäufen vollzieht sich durch die Einrichtung unterschiedlicher Konten.

1 In Industriebetrieben gelten die Ausführungen dieses Kapitels für Handelswaren.
2 Preis, der für den Erwerb der Ware gezahlt werden muss. Er ergibt sich aus dem Rechnungspreis zuzüglich der Bezugskosten (Verpackung, Transportkosten usw.).

2.6.1 Die Warenverkaufsseite

Die Warenverkäufe (Verkaufserlöse) werden auf dem Konto „Umsatzerlöse für Waren" gebucht.

Das Konto „Umsatzerlöse für Waren" ist ein Ertragskonto.

Beispiel

Wir verkaufen Waren auf Ziel .... 80.000,00 €

Buchungssatz

	Soll	Haben
Forderungen a. LL	80.000,00	
an Umsatzerlöse für Waren		80.000,00

Buchung

S	Forderungen a. LL		H
AB	...		
UW	80.000,00		

S	Umsatzerlöse für Waren		H
		Ford. a. LL	80.000,00

2.6.2 Die Wareneinkaufsseite[1]

Die Wareneinkäufe können nach dem **„Bestandsrechnerischen Verfahren"** oder nach dem **„Aufwandsrechnerischen Verfahren"** (auch: **„Just-in-time-Verfahren"**) gebucht werden.

2.6.2.1 Das „Bestandsrechnerische Verfahren"[2]

Beim traditionellen **„Bestandsrechnerischen Verfahren"** werden auf dem Konto „Waren" im **Soll**

- der **Warenanfangsbestand** und
- die **Wareneinkäufe** gebucht.

Beispiel

Warenanfangsbestand .... 200.000,00 €
Wareneinkäufe .... 50.000,00 €

S	Waren		H
AB	200.000,00		
Einkäufe	50.000,00		

Im **Haben** werden auf dem Warenkonto

- die **Bestandsminderungen** und
- der **Warenschlussbestand** erfasst.

Bestandsminderungen stellen die **Warenverkäufe** dar. Diese werden aber bereits auf dem Konto **„Umsatzerlöse für Waren"** gebucht. Folglich fehlen zunächst die Buchungen der Bestandsminderungen auf dem Warenkonto.

Der **Schlussbestand an Waren** ist daher rechnerisch als Saldo des Warenkontos nicht ermittelbar. Er muss dem **Inventar** entnommen werden.

1 *Hinweis für die Lehrerin/den Lehrer:* In den bundeseinheitlichen schriftlichen Prüfungen der „IHK-Gemeinschaftsstelle für bundeseinheitliche Abschluss- und Zwischenprüfungen" wird nur noch das „Aufwandsrechnerische Verfahren" geprüft. Der Vollständigkeit halber werden hier die beiden in der Praxis angewandten Verfahren dargestellt. Sie sollten es von der Leistungsfähigkeit Ihrer Klasse abhängig machen, ob Sie beide Verfahren im Unterricht behandeln.

2 Es wird davon ausgegangen, dass die Kapitel 2.6.2.1 und 2.6.2.2 alternativ im Unterricht behandelt werden. Insofern werden die grundsätzlichen Lerninhalte in beiden Kapiteln dargestellt.

Als Saldo ergeben sich dann die **Bestandsminderungen.** Diese Bestandsminderungen sind die Warenabgänge, also die **Warenverkäufe bewertet zum Einstandspreis.** Man nennt sie **Wareneinsatz.**

Die verkauften Waren, bewertet zum Einstandspreis (Bezugspreis), werden als Wareneinsatz bezeichnet.

	Warenanfangsbestand
+	Bestandsmehrungen (= Wareneinkäufe)
–	Warenschlussbestand (lt. Inventur)
=	Wareneinsatz (= verkaufte Waren bewertet zum Einstandspreis)

Fortsetzung des obigen Beispiels

Warenschlussbestand laut Inventur .... 190.000,00 €

S	Waren		H	
AB	200.000,00	Wareneinsatz	60.000,00	→ ergibt sich als Saldo
Einkäufe	50.000,00	SB	190.000,00	→ wird bei der Inventur ermittelt
	250.000,00		250.000,00	

Der Wareneinsatz wird nun vom Warenkonto auf das Konto **„Aufwendungen für Waren"**[1] umgebucht. Von dort aus gelangt der Wareneinsatz in das **GuV-Konto.**

Beispiel

Abschluss der Konten „Waren", „Aufwendungen für Waren" und „Umsatzerlöse für Waren" nach dem „Bestandsrechnerischen Verfahren".

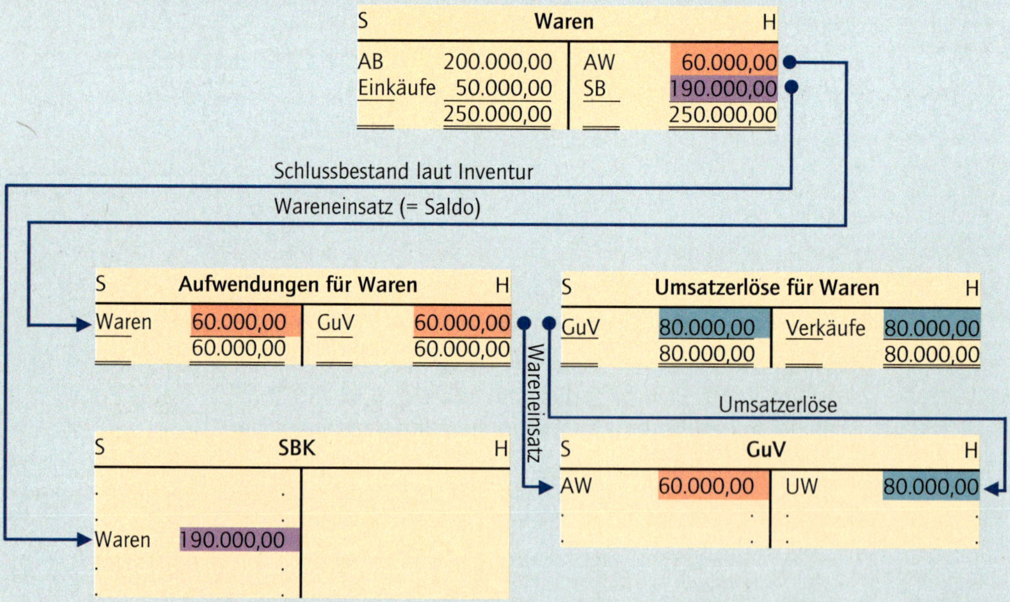

1 *Hinweis für die Lehrerin/den Lehrer:* Die Umbuchung des Wareneinsatzes auf das Konto „Aufwendungen für Waren" trägt § 275 Abs. 2 HGB Rechnung, der diese Position in der GuV-Rechnung vorsieht.

Die Differenz zwischen den Umsatzerlösen (= verkaufte Waren bewertet zum Verkaufspreis) und dem Wareneinsatz (= Aufwendungen für Waren, = verkaufte Waren bewertet zum Einstandspreis) ergibt das **Rohergebnis**, in unserem Beispiel einen **Rohgewinn** von 20.000,00 € (= 80.000,00 € – 60.000,00 €).

2.6.2.2 Das „Aufwandsrechnerische Verfahren" („Just-in-time-Verfahren")[1]

Beim **„Aufwandsrechnerischen Verfahren"** (auch: **„Just-in-time-Verfahren"**) werden die Wareneinkäufe auf dem Konto **„Aufwendungen für Waren"** gebucht.

Auf dem Konto **„Waren"** werden lediglich der Warenanfangsbestand, der Warenschlussbestand, der durch Inventur ermittelt wird, und als Saldo die Bestandsveränderung erfasst.

Die **Bestandsveränderung** (also der Saldo des Kontos „Waren") kann

- eine **Bestandsmehrung** (Warenschlussbestand ist größer als der Warenanfangsbestand) oder
- eine **Bestandsminderung** (Warenschlussbestand ist kleiner als der Warenanfangsbestand)

sein.

Die Bestandsveränderung (die Bestandsmehrung oder die Bestandsminderung) wird auf das Konto **„Aufwendungen für Waren"** umgebucht. Auf diese Weise ergibt sich auf diesem Konto als Saldo der **Wareneinsatz.**

Als Wareneinsatz bezeichnet man die verkauften Waren bewertet zum Einstandspreis (Bezugspreis).

	Wareneinkäufe			Wareneinkäufe
+	Bestandsminderung	**oder**	–	Bestandsmehrung
=	Wareneinsatz (= verkaufte Waren bewertet zum Einstandspreis)		=	Wareneinsatz (= verkaufte Waren bewertet zum Einstandspreis)

Beispiel

Warenanfangsbestand .... 200.000,00 €
Warenschlussbestand lt. Inventur .... 190.000,00 €
Wareneinkäufe .... 50.000,00 €

Buchungen

S	Waren		H
AB	200.000,00	AW	10.000,00
		SB	190.000,00
	200.000,00		200.000,00

AW 10.000,00 → ergibt sich als Saldo
SB 190.000,00 → wird bei der Inventur ermittelt

hier: Bestandsminderung

S	Aufwendungen für Waren		H
Einkäufe	50.000,00	Wareneinsatz	60.000,00
Waren	10.000,00		
	60.000,00		60.000,00

Wareneinsatz 60.000,00 → ergibt sich als Saldo

1 Es wird davon ausgegangen, dass die Kapitel 2.6.2.1 und 2.6.2.2 alternativ im Unterricht behandelt werden. Insofern werden die grundsätzlichen Lerninhalte in beiden Kapiteln dargestellt.

Der Wareneinsatz ist der Aufwand an Waren, der erforderlich ist, um die Umsatzerlöse zu erzielen. Der Wareneinsatz hat Aufwandscharakter.

Er gelangt deshalb auf die Sollseite des GuV-Kontos. Dort wird er den Umsatzerlösen gegenübergestellt.

Beispiel

Abschluss der Konten „Waren", „Aufwendungen für Waren" und „Umsatzerlöse für Waren" nach dem „Aufwandsrechnerischen Verfahren" („Just-in-time-Verfahren").

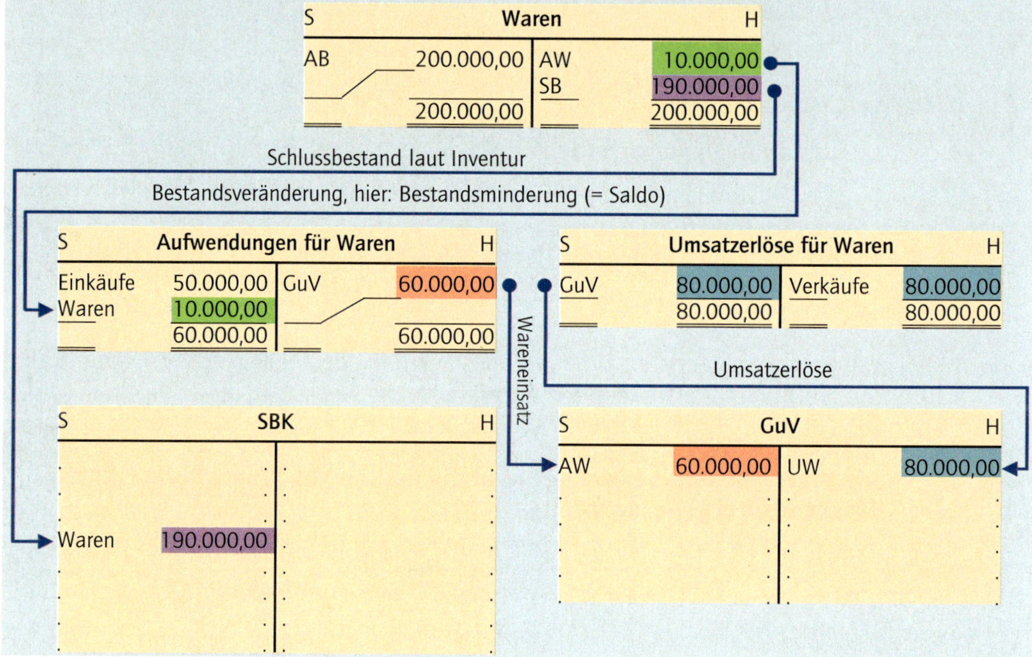

Die Differenz zwischen den Umsatzerlösen (= verkaufte Waren bewertet zum Verkaufspreis) und dem Wareneinsatz (= Aufwendungen für Waren, = verkaufte Waren bewertet zum Einstandspreis) ergibt das **Rohergebnis,** in unserem Beispiel einen **Rohgewinn** von 20.000,00 € (= 80.000,00 € – 60.000,00 €).

AUFGABEN[1]

Aufgaben 1 bis 3: Ermittlung des Wareneinsatzes, des Schlussbestandes an Waren und des Warenrohergebnisses;
Aufgabe 4: Buchen auf den Warenkonten;
Aufgabe 5: Geschäftsgang.

1 Errechnen Sie den Wareneinsatz.

	a) €	b) €
Warenanfangsbestand	70.000,00	10.000,00
Wareneinkäufe	90.000,00	80.000,00
Warenschlussbestand lt. Inventur	60.000,00	20.000,00

(Fortsetzung der Aufgaben s. S. 94)

1 Alle Aufgaben können wahlweise nach dem „Bestandsrechnerischen Verfahren" oder nach dem „Aufwandsrechnerischen Verfahren" bearbeitet werden.

Schaubild **Zusammenfassung**

1. Das „Bestandsrechnerische Verfahren"

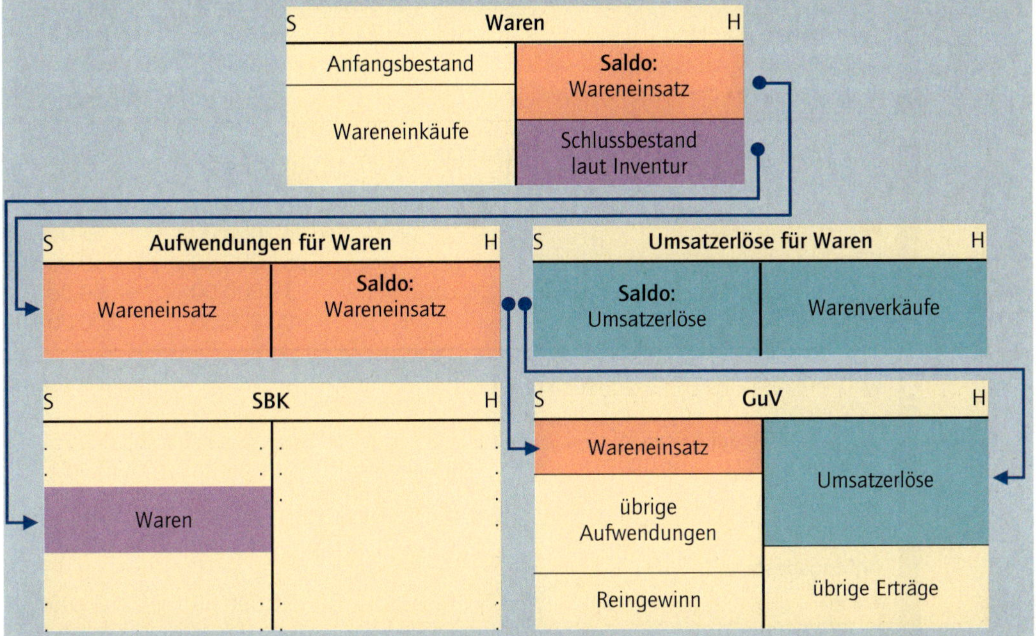

2. Das „Aufwandsrechnerische Verfahren" („Just-in-time-Verfahren")

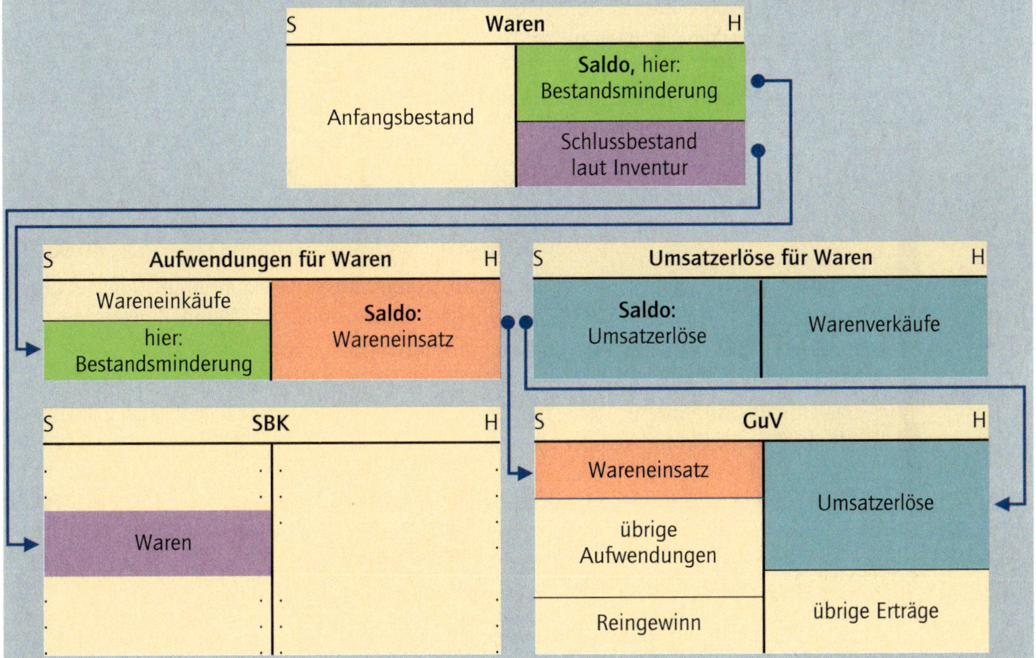

(Fortsetzung der Aufgaben von S. 92)

2 Errechnen Sie den (wertmäßigen) Schlussbestand an Waren.

	a) Stück	zu €	b) kg	zu €
Warenanfangsbestand	2 000	50,00	100	100,00
Wareneinkäufe	5 000	50,00	500	100,00
Warenverkäufe	6 000	70,00	400	120,00

3 Errechnen Sie den Warenrohgewinn bzw. Warenrohverlust.

	a) €	b) €
Warenanfangsbestand	80.000,00	50.000,00
Wareneinkäufe	250.000,00	130.000,00
Warenschlussbestand lt. Inventur	70.000,00	60.000,00
Verkaufserlöse	300.000,00	100.000,00

4 A

a) Richten Sie sich die Konten „Waren", „Aufwendungen für Waren", „Umsatzerlöse für Waren", „GuV" und „SBK" ein.
b) Buchen Sie auf diesen Konten (ohne Gegenkonten) die unten stehenden Geschäftsfälle.
c) Schließen Sie die Konten ab.
d) Errechnen Sie den Warenrohgewinn bzw. den Warenrohverlust.
e) Errechnen Sie 1. den Kalkulationszuschlag[1] und 2. die Handelsspanne[2].

Anfangsbestand	I. €	II. €
Waren	25.000,00	20.000,00
Geschäftsfälle		
1. Bareinkauf von Waren	5.000,00	5.000,00
2. Barverkauf von Waren	7.000,00	3.000,00
3. Zieleinkauf von Waren	12.000,00	7.000,00
4. Zielverkauf von Waren	13.000,00	16.000,00
Warenschlussbestand lt. Inventur	27.000,00	12.000,00

5 A

Anfangsbestände der Bestandskonten

	€		€
Betriebs- und Geschäftsausstattung	60.000,00	Guthaben bei KI (Bank)	30.000,00
Waren	80.000,00	Eigenkapital	?
Forderungen a. LL	20.000,00	Langfristige Bankverbindlichkeiten[3]	60.000,00
Kasse	9.000,00	Verbindlichkeiten a. LL	40.000,00

Erfolgskonten: Gehälter, Zinsaufwendungen, Büromaterial, Telekommunikationsgebühren, Aufwendungen für Waren, Mietaufwendungen, Umsatzerlöse für Waren, Zinserträge.

Abschlusskonten: Gewinn- und Verlustkonto, Schlussbilanzkonto.

Geschäftsfälle	€
1. Zieleinkauf von Waren	70.000,00
2. Banküberweisung für Gehälter	18.000,00
3. Zielverkauf von Waren	98.000,00
4. Kunde zahlt auf unser Bankkonto ein	20.000,00

---

1 Der Kalkulationszuschlag ist der Warenrohgewinn ausgedrückt in Prozent des Wareneinsatzes.
2 Die Handelsspanne ist der Warenrohgewinn ausgedrückt in Prozent der Umsatzerlöse.
3 Im Konto „Langfristige Bankverbindlichkeiten" werden sowohl die Darlehensschulden als auch die Hypothekenschulden gebucht. In den Anfangskapiteln des Lehrbuches waren dafür zwei einzelne Konten vorgesehen.

5.	Banküberweisung	€
	für Darlehenstilgung	5.000,00
	für Darlehenszinsen	2.000,00
6.	Barkauf von Büromaterial	500,00
7.	Barverkauf von Waren	1.500,00
8.	Telefonrechnung wird per Banküberweisung bezahlt	800,00
9.	Wir begleichen Liefererrechnung per Banküberweisung	8.000,00
10.	Zinsgutschrift der Bank	1.000,00
11.	Banküberweisung für Miete der Geschäftsräume	2.000,00
12.	Verkauf eines gebrauchten Fotokopiergerätes gegen Bankscheck	500,00
13.	Bareinkauf von Waren	2.000,00

Abschlussangaben €

1. Warenschlussbestand lt. Inventur 92.000,00
2. Die Schlussbestände der anderen Bestandskonten entsprechen den Inventurbeständen.

2.7 Besonderheiten der Erfolgsermittlung im Industriebetrieb[1]

2.7.1 Der Verbrauch von Werkstoffen

Während in Handelsbetrieben der Einkauf und der Verkauf von Waren im Vordergrund stehen, besteht die Haupttätigkeit von Industriebetrieben im Werkstoffeinkauf, in der Produktion und im Verkauf von Fertigerzeugnissen.

Zur Erzielung von Umsatzerlösen werden in Industriebetrieben die eingekauften Werkstoffe unter Einsatz der Produktionsfaktoren Kapital und Arbeit be- und verarbeitet.

Bei den Werkstoffen unterscheidet man

- Rohstoffe, ■ Fremdbauteile, ■ Hilfsstoffe und ■ Betriebsstoffe.

Rohstoffe werden zu Hauptbestandteilen der Erzeugnisse, z. B. Holz bei der Möbelherstellung.

Fremdbauteile gehen ebenfalls in die Erzeugnisse ein, z. B. Batterien, Reifen, Keilriemen, Polstersitze im Auto.

Hilfsstoffe sind Nebenbestandteile der Erzeugnisse mit relativ niedrigem Kostenanteil, z. B. Leim, Lack, Schrauben, Dübel, Drähte.

Betriebsstoffe gehen nicht in die Erzeugnisse ein, werden jedoch für den Produktionsprozess benötigt, z. B. Brennstoffe, Treibstoffe, Schmierstoffe, Reinigungsstoffe.

2.7.1.1 Die „Bestandsrechnerischen Verfahren"

Der Einkauf von Rohstoffen, Fremdbauteilen, Hilfsstoffen und Betriebsstoffen wird bei den **„Bestandsrechnerischen Verfahren"** als **Bestandsmehrung** auf den gleichnamigen **aktiven Bestandskonten** im Soll gebucht.

1 *Hinweis für die Lehrerin/den Lehrer:* In den bundeseinheitlichen schriftlichen Prüfungen der „IHK-Gemeinschaftsstelle für bundeseinheitliche Abschluss- und Zwischenprüfungen" wird nur noch das „Aufwandsrechnerische Verfahren" geprüft. Der Vollständigkeit halber werden hier neben dem „Aufwandsrechnerischen Verfahren" („Just-in-time-Verfahren") auch die beiden „Bestandsrechnerischen Verfahren" („Fortschreibungsmethode", „Inventurmethode"), die in der kaufmännischen Praxis eine große Bedeutung haben, dargestellt. Sie sollten es von der Leistungsfähigkeit Ihrer Klasse abhängig machen, ob Sie ein, zwei oder alle drei Verfahren im Unterricht behandeln.

Erst der **Verbrauch** von Werkstoffen wird **aufwandswirksam** erfasst. Dafür sind folgende **Aufwandskonten** vorgesehen:

- Aufwendungen für Rohstoffe/Fertigungsmaterial,
- Aufwendungen für Vorprodukte/Fremdbauteile,
- Aufwendungen für Hilfsstoffe und
- Aufwendungen für Betriebsstoffe.

Der Verbrauch von Werkstoffen wird einerseits als Bestandsminderung im Haben des Werkstoffbestandskontos und andererseits als Aufwand im Soll des entsprechenden Werkstoffaufwandskontos gebucht.

Werkstoffaufwandskonto (Soll) an Werkstoffbestandskonto (Haben)

Für die Buchung des Werkstoffverbrauchs gibt es zwei Methoden:

1. Bei der **„Fortschreibungsmethode"** wird der Werkstoffverbrauch **fortlaufend durch Materialentnahmescheine** (MES) belegt und gebucht. Auf diese Weise erfolgt eine **ständige Bestandsfortschreibung** auf dem Werkstoffbestandskonto.

   Die Schlussbestände auf den Werkstoffbestandskonten ergeben sich **buchhalterisch.**

Beispiel

S **Rohstoffe** H

	S		H		
	AB	60.000,00	Aufw. f. R.	20.000,00	
Rohstoffeinkäufe	Verb. a. LL	40.000,00	Aufw. f. R.	30.000,00	
	Verb. a. LL	50.000,00	Aufw. f. R.	10.000,00	
			Aufw. f. R.	20.000,00	
			SB	70.000,00	→ SBK
		150.000,00		150.000,00	

Rohstoffverbrauch gemäß Materialentnahmescheine

S **Aufwendungen für Rohstoffe** H

S		H		
Rohst.	20.000,00	GuV	80.000,00	→ GuV
Rohst.	30.000,00			
Rohst.	10.000,00			
Rohst.	20.000,00			
	80.000,00		80.000,00	

2. Bei der **„Inventurmethode"** wird der Werkstoffverbrauch **am Ende eines Abrechnungszeitraumes durch Bestandsvergleich** errechnet.

   Die Schlussbestände der Werkstoffbestandskonten werden **durch Inventur** ermittelt.

	Anfangsbestand an Werkstoffen
+	Werkstoffeinkäufe
–	Schlussbestand laut Inventur
=	Werkstoffverbrauch

Beispiel

S	Rohstoffe		H
AB	60.000,00	Aufw. f. R.	80.000,00
Rohstoffeinkäufe: Verb. a. LL	40.000,00	SB lt. Inv.	70.000,00 → SBK
Rohstoffeinkäufe: Verb. a. LL	50.000,00		
	150.000,00		150.000,00

Rohstoffverbrauch (= Saldo)

S	Aufwendungen für Rohstoffe[1]		H
Rohst.	80.000,00	GuV	80.000,00 → GuV

Zusammenfassung („Bestandsrechnerische Verfahren")

Schaubild

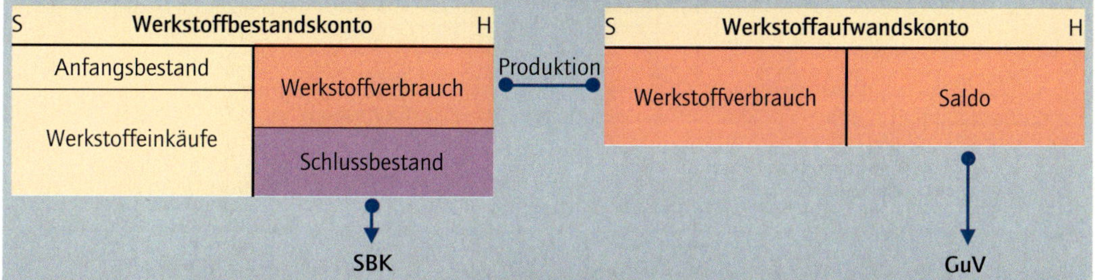

Merksätze

1. **Der Verbrauch von Werkstoffen wird einerseits als Bestandsminderung im Haben des Werkstoffbestandskontos und andererseits als Aufwand im Soll des entsprechenden Werkstoffaufwandskontos gebucht.**
2. **Bei der „Fortschreibungsmethode" wird der Werkstoffverbrauch fortlaufend durch Materialentnahmescheine belegt und gebucht.**
3. **Bei der „Inventurmethode" wird der Schlussbestand an Werkstoffen durch Inventur ermittelt. Der Werkstoffverbrauch ergibt sich am Ende des Abrechnungszeitraumes als Saldo auf dem Werkstoffbestandskonto.**

2.7.1.2 Inventurdifferenzen bei der „Fortschreibungsmethode"

Bei der **„Fortschreibungsmethode"** wird der Schlussbestand auf den Werkstoffbestandskonten buchhalterisch ermittelt. Aufgrund von Diebstählen, Zählfehlern, Verderb oder Schwund stimmt der Buchbestand nicht immer mit dem Istbestand, der durch die körperliche Bestandsaufnahme festgestellt wird, überein. Die sich u. U. ergebende **Inventurdifferenz** muss buchhalterisch ausgeglichen werden.

Beispiel

Gemäß Inventarverzeichnis beträgt der tatsächliche Bestand an Rohstoffen 99 Stück à 700,00 €, also 69.300,00 € (= SB lt. Inventur).
Auf dem Werkstoffbestandskonto „Rohstoffe" ergibt sich bei der „Fortschreibungsmethode" ein rechnerischer Schlussbestand von 70.000,00 € (= 100 Stück à 700,00 €).
Die Buchung der Inventurdifferenz von 700,00 € (= 70.000,00 € – 69.300,00 €) erfolgt über das Konto „Aufwendungen für Rohstoffe":

Buchungssatz

	Soll	Haben
Aufwendungen für Rohstoffe	700,00	
an Rohstoffe		700,00

1 *Hinweis für die Lehrerin/den Lehrer:* Die Umbuchung des Rohstoffaufwandes auf das Konto „Aufwendungen für Rohstoffe" trägt § 275 Abs. 2 HGB Rechnung, der diese Position in der GuV-Rechnung vorsieht.

2.7.1.3 Das „Aufwandsrechnerische Verfahren" („Just-in-time-Verfahren")

Neben der „Fortschreibungsmethode" und der „Inventurmethode" gibt es noch eine weitere Buchungsmethode zur Erfassung des Werkstoffverbrauchs.

Bei diesem **„Aufwandsrechnerischen Verfahren"** bucht man die Werkstoffeinkäufe sofort auf den Werkstoffaufwandskonten.

Die Werkstoffbestandskonten enthalten nur die **Anfangsbestände,** die **Schlussbestände laut Inventur** und als Salden die **Bestandsveränderungen.**

Die Bestandsveränderungen (die Bestandsmehrungen oder die Bestandsminderungen) werden auf die Werkstoffaufwandskonten umgebucht. Auf diese Weise ergibt sich auf den Werkstoffaufwandskonten als Saldo der **Werkstoffverbrauch (Werkstoffaufwand).**

	Werkstoffeinkäufe			Werkstoffeinkäufe
+	Bestandsminderungen	**oder**	–	Bestandsmehrungen
=	Werkstoffverbrauch		=	Werkstoffverbrauch

Beispiel

hier: Bestandsmehrung (= Saldo)

S **Rohstoffe** H

AB	60.000,00	SB lt. Inv.	70.000,00
Aufw. f. R.	10.000,00		
	70.000,00		70.000,00

→ SBK

S **Aufwendungen für Rohstoffe** H

Rohstoffeinkäufe	Verb. a. LL	40.000,00	Rohstoffe	10.000,00
	Verb. a. LL	50.000,00	GuV	80.000,00
		90.000,00		90.000,00

→ GuV

Zusammenfassung („Aufwandsrechnerisches Verfahren", „Just-in-time-Verfahren")

Schaubild

1. Auf dem Werkstoffbestandskonto ergibt sich als Saldo eine Bestandsmehrung.

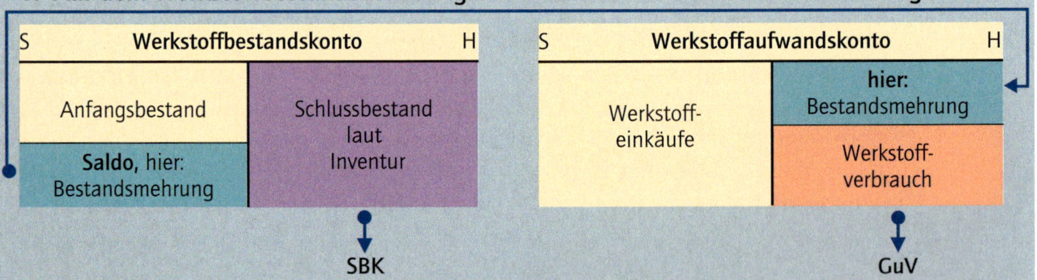

2. Auf dem Werkstoffbestandskonto ergibt sich als Saldo eine Bestandsminderung.

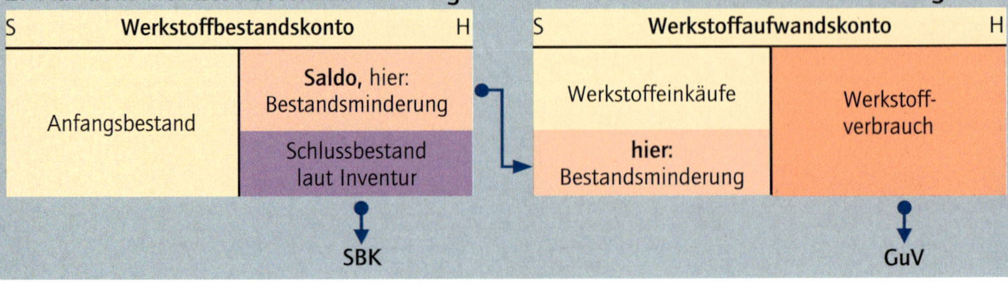

Merksätze

1. **Die Einkäufe von Werkstoffen werden auf den entsprechenden Werkstoffaufwandskonten gebucht.**
2. **Auf den Werkstoffbestandskonten wird nur der Anfangsbestand, der Schlussbestand laut Inventur und die daraus resultierende Bestandsveränderung (Bestandsmehrung oder Bestandsminderung) gebucht.**
3. **Die Bestandsveränderung (Bestandsmehrung oder Bestandsminderung), die auf dem jeweiligen Werkstoffbestandskonto als Saldo ermittelt wurde, wird auf dem entsprechenden Werkstoffaufwandskonto gegengebucht.**

AUFGABEN

Aufgabe 1: Einführung in die Thematik;
Aufgaben 2 und 3: Fortschreibungsmethode;
Aufgabe 4: Inventurdifferenzen bei der Fortschreibungsmethode;
Aufgaben 5 und 6: Inventurmethode;
Aufgaben 7 und 8: Aufwandsrechnerisches Verfahren;
Aufgabe 9: Kombination der 3 Methoden;
Aufgabe 10: Geschäftsgang.

1 Welche der folgenden Aussagen sind richtig bzw. falsch? Begründen Sie Ihre Meinung.

a) Rohstoffe gehen als Nebenbestandteile in das zu fertigende Produkt ein.
b) Betriebsstoffe werden nur mittelbar für die Produktion benötigt; sie sind keine Bestandteile der Erzeugnisse.
c) Die Konten „Rohstoffe", „Fremdbauteile", „Hilfsstoffe" und „Betriebsstoffe" sind Aufwandskonten.
d) Bei der „Fortschreibungsmethode" wird der Werkstoffverbrauch fortlaufend aufgrund von Materialentnahmescheinen gebucht.
e) Der Buchungssatz zur Buchung des Werkstoffverbrauchs lautet: „Werkstoffbestandskonto an Werkstoffaufwandskonto".
f) Bei der „Inventurmethode" wird der Werkstoffeinkauf am Ende des Abrechnungszeitraumes als Saldo auf dem Werkstoffbestandskonto ermittelt.
g) Bei dem „Aufwandsrechnerischen Verfahren" werden die Werkstoffeinkäufe auf den Werkstoffbestandskonten gebucht.

2 Sie sind Angestellte(r) der Textilfabrik Konrad Fied KG, Goseriede 41, 30159 Hannover. Die folgenden Belege liegen Ihnen zur Buchung vor.

a) Welche Geschäftsfälle liegen den Belegen zugrunde?
b) Wie lauten die Buchungssätze?

Beleg 1

Konrad Fied KG
Hannover

Material-Entnahmeschein

Datum: 08.10.20.. Nr.: 16 512

ausgestellt: Wontke
ausgegeben: Pikras

[x] Rohstoffe [ ] Hilfsstoffe [ ] Betriebsstoffe

Kostenstelle: Zuschneiderei IV (8)

Artikel-Nr.	Menge	Einheit	Bezeichnung	€/Einheit	Betrag (€)
219 Vi	360	m	Viskose M	6,00	2.160,00
221 Vi	420	m	Viskose L	7,00	2.940,00
				Summe	5.100,00

Beleg 2

Konrad Fied KG
Hannover

Material-Entnahmeschein

Datum: 12.10.20.. Nr.: 16 564

ausgestellt: Wonlke
ausgegeben: Pikras

☐ Rohstoffe ☒ Hilfsstoffe ☐ Betriebsstoffe

Kostenstelle: Näherei II (11)

Artikel-Nr.	Menge	Einheit	Bezeichnung	€/Einheit	Betrag (€)
1298	1 600	Rolle	Nähgarn b	1,50	2.400,00
2413	1 200	m	Stoßband f	0,90	1.080,00
				Summe	3.480,00

3 A Buchen Sie nur auf den Werkstoffaufwandskonten und auf den Werkstoffbestandskonten (ohne Gegenkonten) und ermitteln Sie den jeweiligen Schlussbestand („Fortschreibungsmethode").

Anfangsbestände

Rohstoffe .... 450.000,00 €
Hilfsstoffe .... 180.000,00 €
Betriebsstoffe .... 60.000,00 €

Geschäftsfälle

1. Zieleinkauf von Rohstoffen .... 20.000,00 €
2. Hilfsstoffverbrauch lt. Materialentnahmeschein .... 2.500,00 €
3. Zieleinkauf von Betriebsstoffen .... 3.000,00 €
4. Rohstoffverbrauch lt. Materialentnahmeschein .... 12.000,00 €
5. Betriebsstoffverbrauch lt. Materialentnahmeschein .... 1.500,00 €
6. Zieleinkauf von Hilfsstoffen .... 8.000,00 €

4 Nennen Sie die Buchungssätze zur Buchung der Inventurdifferenzen („Fortschreibungsmethode").

Werkstoffkonto	Stückpreis	Istbestand	Buchbestand
Rohstoffe	50,00 €	8 720 Stück	8 745 Stück
Fremdbauteile	120,00 €	910 Stück	922 Stück
Hilfsstoffe	8,00 €	560 kg	593 kg
Betriebsstoffe	1,40 €	22 800 l	23 460 l

5

	AB	Einkäufe	SB lt. Inv.
Rohstoffe	450.000,00 €	600.000,00 €	500.000,00 €
Hilfsstoffe	120.000,00 €	250.000,00 €	160.000,00 €
Betriebsstoffe	80.000,00 €	110.000,00 €	60.000,00 €
Fremdbauteile	350.000,00 €	400.000,00 €	200.000,00 €

a) Ermitteln Sie den Verbrauch von Roh-, Hilfs-, Betriebsstoffen und Fremdbauteilen („Inventurmethode").
b) Nennen Sie die Buchungssätze für den jeweiligen Werkstoffverbrauch.

6691100

6 A

a) Buchen Sie nur auf den Werkstoffaufwandskonten und auf den Werkstoffbestandskonten (ohne Gegenkonten) und ermitteln Sie den jeweiligen Werkstoffverbrauch („Inventurmethode").

b) Nennen Sie für den jeweiligen Werkstoffverbrauch den Buchungssatz.

Anfangsbestände

Rohstoffe	890.000,00 €
Fremdbauteile	530.000,00 €
Hilfsstoffe	70.000,00 €
Betriebsstoffe	50.000,00 €

Geschäftsfälle

1. Zieleinkauf von Rohstoffen	760.000,00 €
2. Zieleinkauf von Betriebsstoffen	90.000,00 €
3. Zieleinkauf von Fremdbauteilen	380.000,00 €
4. Zieleinkauf von Hilfsstoffen	80.000,00 €

Schlussbestände lt. Inventur

Rohstoffe	770.000,00 €
Fremdbauteile	410.000,00 €
Hilfsstoffe	78.000,00 €
Betriebsstoffe	72.000,00 €

7 A

a) Richten Sie sich die Konten Rohstoffe, Fremdbauteile, Hilfsstoffe und Betriebsstoffe ein. Tragen Sie die Anfangsbestände der Aufgabe 6 auf diese Werkstoffbestandskonten vor.

b) Richten Sie sich zu den Werkstoffbestandskonten die entsprechenden Werkstoffaufwandskonten ein. Buchen Sie die Geschäftsfälle der Aufgabe 6 (ohne Gegenkonten) nach dem „Aufwandsrechnerischen Verfahren" („Just-in-time-Verfahren").

c) Ermitteln Sie auf den Werkstoffbestandskonten die Bestandsveränderungen und buchen Sie diese („Aufwandsrechnerisches Verfahren").

d) Ermitteln Sie den jeweiligen Werkstoffverbrauch.

8 A

S	Rohstoffe	H
AB	100.000,00	

S	Aufwendungen für Rohstoffe	H
Verb. a. LL	70.000,00	

Rohstoffbestand lt. Inventur: 80.000,00 € (110.000,00 €)

a) Übertragen Sie die Konten in Ihr Arbeitsheft und schließen Sie sie ab („Aufwandsrechnerisches Verfahren").

b) Wie hoch ist der Rohstoffverbrauch?

9[1] A

Der Verbrauch an Rohstoffen wird aufgrund von Materialentnahmescheinen gebucht („Fortschreibungsmethode").

Der Verbrauch an Hilfsstoffen wird buchhalterisch aufgrund des Schlussbestandes lt. Inventur ermittelt („Inventurmethode").

Der Verbrauch an Betriebsstoffen wird nach dem „Aufwandsrechnerischen Verfahren" ermittelt.

a) Richten Sie sich die Konten „Rohstoffe", „Hilfsstoffe", „Betriebsstoffe", „Aufwendungen für Rohstoffe", „Aufwendungen für Hilfsstoffe" und „Aufwendungen für Betriebsstoffe" ein und buchen Sie die folgenden Geschäftsfälle nur auf diesen Konten.

1 Es handelt sich um eine Aufgabe mit einem hohen Schwierigkeitsgrad, da drei unterschiedliche Buchungsmethoden verlangt werden.

b) Buchen Sie die Inventurdifferenz bei den Rohstoffen und schließen Sie das Rohstoffkonto ab.
c) Schließen Sie das Hilfsstoffkonto ab und buchen Sie den Hilfsstoffverbrauch.
d) Schließen Sie das Betriebsstoffkonto ab und buchen Sie die Bestandsveränderung.

Anfangsbestände

Rohstoffe	540.000,00 €
Hilfsstoffe	30.000,00 €
Betriebsstoffe	60.000,00 €

Geschäftsfälle

1. Zieleinkauf von Rohstoffen	100.000,00 €
2. Zieleinkauf von Betriebsstoffen	50.000,00 €
3. Zieleinkauf von Hilfsstoffen	40.000,00 €
4. Verbrauch von Rohstoffen lt. Materialentnahmeschein	150.000,00 €
5. Zieleinkauf von Betriebsstoffen	30.000,00 €
6. Zieleinkauf von Hilfsstoffen	20.000,00 €
7. Verbrauch von Rohstoffen lt. Materialentnahmeschein	200.000,00 €

Schlussbestände lt. Inventur:	Rohstoffe	284.000,00 €
	Hilfsstoffe	40.000,00 €
	Betriebsstoffe	100.000,00 €

10[1] A

Anfangsbestände der Bestandskonten

Maschinen	700.000,00 €	Kasse	7.000,00 €
Rohstoffe	250.000,00 €	Guthaben bei KI (Bank)	260.000,00 €
Fremdbauteile	100.000,00 €	Eigenkapital	?
Betriebsstoffe	20.000,00 €	Langfr. Bankverb.[2]	550.000,00 €
Forderungen a. LL	80.000,00 €	Verbindlichkeiten a. LL.	227.000,00 €

Erfolgskonten

Aufwendungen für Rohstoffe, Aufwendungen für Fremdbauteile, Aufwendungen für Betriebsstoffe, Löhne, Gehälter, Büromaterial, Zinsaufwendungen, Mietaufwendungen, Fremdinstandhaltung, Umsatzerlöse für eigene Erzeugnisse.

Abschlusskonten

Gewinn- und Verlustkonto, Schlussbilanzkonto.

Geschäftsfälle		€
1. Verbrauch gemäß Materialentnahmeschein:[3]	Rohstoffe	80.000,00
	Fremdbauteile	50.000,00
	Betriebsstoffe	9.000,00
2. Banküberweisung für	Löhne	100.000,00
	Gehälter	80.000,00
3. Barkauf von Büromaterial		190,00
4. Kunde begleicht Rechnung durch Banküberweisung		20.000,00
5. Ausgleich einer Liefererrechnung durch Banküberweisung		40.000,00
6. Wir zahlen die Lagerhallenmiete per Banküberweisung (Dauerauftrag)		18.000,00
7. Verkauf eigener Erzeugnisse	gegen Bankscheck	120.000,00
	auf Ziel	280.000,00

1 Der Geschäftsgang kann alternativ nach der „Fortschreibungsmethode" oder nach der „Inventurmethode" oder nach dem „Aufwandsrechnerischen Verfahren" gebucht werden.
2 Im Konto „Langfristige Bankverbindlichkeiten" werden sowohl die Darlehensschulden als auch die Hypothekenschulden gebucht. In den Anfangskapiteln des Lehrbuches waren dafür zwei einzelne Konten vorgesehen.
3 Soll nach der „Inventurmethode" oder nach dem „Aufwandsrechnerischen Verfahren" gebucht werden, so entfällt dieser Geschäftsfall.

8.	Maschinenreparaturrechnung geht ein	3.000,00
9.	Lastschrift der Bank für Darlehenstilgung	6.000,00
	für Darlehenszinsen	4.000,00
10.	Kauf einer Maschine mit ec-Karte unserer Bank	50.000,00
11.	Zieleinkauf von Rohstoffen	90.000,00
	Fremdbauteilen	20.000,00
	Betriebsstoffen	14.000,00

Abschlussangaben („Fortschreibungsmethode")

1. Bei den Rohstoffen ist der Istbestand gemäß Inventur kleiner als der Sollbestand gemäß Buchführung (Inventurdifferenz) 500,00
2. Die übrigen Inventurbestände entsprechen den Buchbeständen.

Abschlussangaben („Inventurmethode", „Aufwandsrechnerisches Verfahren")

Schlussbestände lt. Inventur:	Rohstoffe	259.500,00
	Fremdbauteile	70.000,00
	Betriebsstoffe	25.000,00

2.7.2 Bestandsveränderungen fertiger und unfertiger Erzeugnisse

In Industriebetrieben befinden sich i. d. R. am Abschluss-Stichtag noch Produkte im Lager, die zum Teil oder ganz fertig gestellt, aber noch nicht verkauft sind.

Diese Bestände an unfertigen bzw. fertigen Erzeugnissen werden auf den Konten

■ **Unfertige Erzeugnisse** bzw. ■ **Fertige Erzeugnisse** erfasst.

Auf diesen **aktiven Bestandskonten** werden lediglich der **Anfangsbestand,** der **Schlussbestand laut Inventur** und als Saldo die **Bestandsveränderung** gebucht.

Die Bestandsveränderung kann eine **Bestandsmehrung** oder eine **Bestandsminderung** sein.

Beispiel

S	Unfertige Erzeugnisse		H
AB	200.000,00	SB lt. Inventur	300.000,00
Bestandsmehrung	100.000,00		
	300.000,00		300.000,00

S	Fertige Erzeugnisse		H
AB	500.000,00	SB lt. Inventur	200.000,00
		Bestandsminderung	300.000,00
	500.000,00		500.000,00

Liegt eine **Bestandsmehrung** an unfertigen bzw. fertigen Erzeugnissen vor, so ist in einer Rechnungsperiode mehr produziert als verkauft worden. Zusätzlich zu den Verkaufserlösen ist in diesem Fall die Bestandsmehrung als betriebliche **Leistung** buchhalterisch zu behandeln.

Eine Bestandsmehrung an unfertigen bzw. fertigen Erzeugnissen fließt als Ertrag in die GuV-Rechnung ein.

Liegt umgekehrt eine **Bestandsminderung** an unfertigen bzw. fertigen Erzeugnissen vor, so ist in der entsprechenden Rechnungsperiode mehr verkauft als produziert worden. Die abgebauten Lagerbestände werden nun aufwandswirksam gebucht.

Eine Bestandsminderung an unfertigen bzw. fertigen Erzeugnissen fließt als Aufwand in die GuV-Rechnung ein.

Im GuV-Konto sind also auf der Aufwandsseite eventuelle Bestandsminderungen fertiger und unfertiger Erzeugnisse und auf der Ertragsseite eventuelle Bestandsmehrungen fertiger und unfertiger Erzeugnisse zu erfassen.

S GuV	H
Aufwendungen	Erträge
Bestandsminderungen fertiger und unfertiger Erzeugnisse	Bestandsmehrungen fertiger und unfertiger Erzeugnisse

Die Bestandsveränderungen fertiger und unfertiger Erzeugnisse werden nun nicht direkt über das GuV-Konto gebucht. Sie werden vielmehr zunächst auf den Konten „Bestandsveränderungen an fertigen Erzeugnissen" bzw. „Bestandsveränderungen an unfertigen Erzeugnissen" erfasst, die über das GuV-Konto abgeschlossen werden.

Die Bestandsveränderungskonten („Bestandsveränderungen an fertigen Erzeugnissen" und „Bestandsveränderungen an unfertigen Erzeugnissen") sind Erfolgskonten, auf denen im Soll Bestandsminderungen aufwandswirksam und im Haben Bestandsmehrungen ertragswirksam gebucht werden.

Weist das jeweilige Bestandsveränderungskonto eine Bestandsminderung aus, so hat es den Charakter eines Aufwandskontos. Wird umgekehrt eine Bestandsmehrung erfasst, so hat das entsprechende Bestandsveränderungskonto den Charakter eines Ertragskontos.

Beispiel

S	Fertige Erzeugnisse		H
AB	500.000,00	SB lt. Inv.	200.000,00
		Bestandsminderung	300.000,00
	500.000,00		500.000,00

S	Unfertige Erzeugnisse		H
AB	200.000,00	SB lt. Inv.	300.000,00
Bestandsmehrung	100.000,00		
	300.000,00		300.000,00

S	Bestandsveränd. an fertigen Erzeugn.		H
Bestandsminderung	300.000,00	Saldo	300.000,00
	300.000,00		300.000,00

S	Bestandsveränd. an unfertigen Erzeugn.		H
Saldo	100.000,00	Bestandsmehrung	100.000,00
	100.000,00		100.000,00

S	GuV		H
Aufwendungen		Erträge	
.	.	.	.
Bestandsminderung (FE)	300.000,00	Bestandsmehrung (UE)	100.000,00

Zusammenfassung

Schaubild

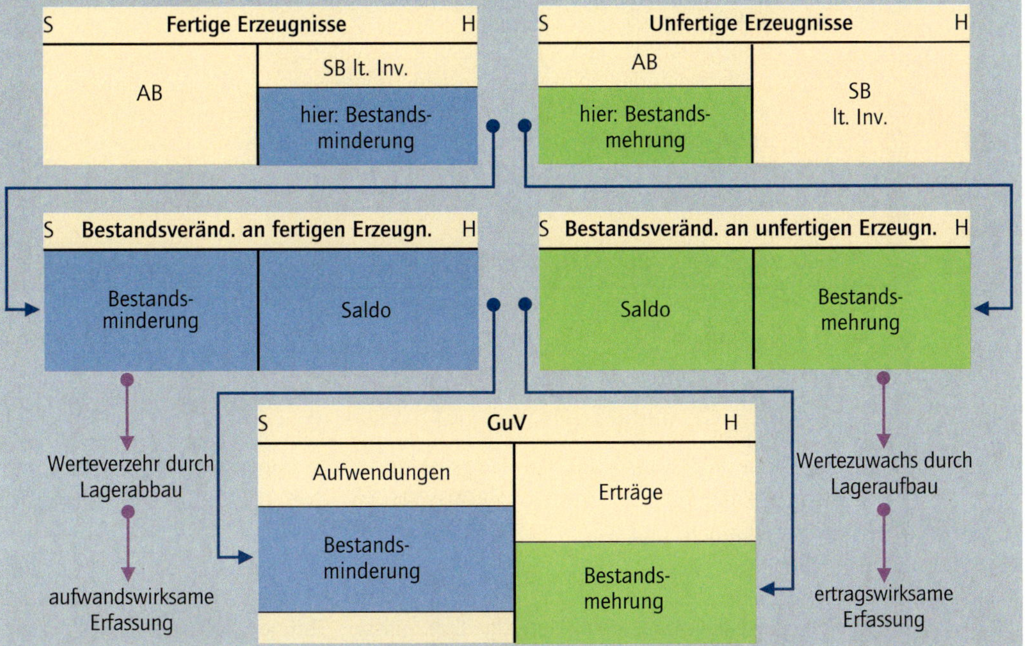

Merksätze

1. **Auf den Konten „Unfertige Erzeugnisse" und „Fertige Erzeugnisse" werden lediglich Anfangsbestände, Schlussbestände laut Inventur und als Salden Bestandsmehrungen bzw. Bestandsminderungen erfasst.**
2. **Bestandsmehrungen fertiger bzw. unfertiger Erzeugnisse werden ertragswirksam auf den Bestandsveränderungskonten („Bestandsveränderungen an fertigen Erzeugnissen" bzw. „Bestandsveränderungen an unfertigen Erzeugnissen") gegengebucht.**

   Bestandsminderungen fertiger bzw. unfertiger Erzeugnisse werden aufwandswirksam auf den Bestandsveränderungskonten („Bestandsveränderungen an fertigen Erzeugnissen" bzw. „Bestandsveränderungen an unfertigen Erzeugnissen") gegengebucht.
3. **Die Bestandsveränderungskonten („Bestandsveränderungen an fertigen Erzeugnissen" bzw. „Bestandsveränderungen an unfertigen Erzeugnissen") werden über das GuV-Konto abgeschlossen.**

AUFGABEN

Aufgabe 1: Einführung in die Thematik;
Aufgaben 2 und 3: Buchungen von Bestandsveränderungen;
Aufgabe 4: Geschäftsgang.

1 Welche der folgenden Aussagen sind richtig bzw. falsch? Begründen Sie Ihre Meinung.

a) Eine Bestandsmehrung fertiger Erzeugnisse bedeutet, dass in einer Rechnungsperiode mehr verkauft als produziert wurde.

b) Das Konto „Fertige Erzeugnisse" ist ein Ertragskonto, auf dem die Verkaufserlöse gebucht werden.

c) Liegt eine Bestandsminderung an fertigen Erzeugnissen vor, so resultiert ein Teil der Verkaufserlöse aus in vergangenen Perioden aufgebauten Lagerbeständen.

d) Bestandsmehrungen an unfertigen bzw. fertigen Erzeugnissen werden buchhalterisch ertragswirksam erfasst.

e) Die Bestandsveränderungskonten („Bestandsveränderungen an fertigen Erzeugnissen" und „Bestandsveränderungen an unfertigen Erzeugnissen") sind Bestandskonten.

f) Auf den Konten „Unfertige Erzeugnisse" und „Fertige Erzeugnisse" werden lediglich Anfangsbestände, Schlussbestände lt. Inventur und Bestandsveränderungen (Bestandsmehrungen, Bestandsminderungen) gebucht.

g) Bestandsmehrungen mindern und Bestandsminderungen mehren den betrieblichen Gewinn.

h) Bestandsminderungen werden buchhalterisch aufwandswirksam behandelt.

2 A

	I. €	II. €	III. €
Anfangsbestände			
Unfertige Erzeugnisse	200.000,00	250.000,00	180.000,00
Fertige Erzeugnisse	300.000,00	320.000,00	210.000,00
Erfolgssituation			
Summe der Aufwendungen	220.000,00	480.000,00	370.000,00
Summe der Erträge	280.000,00	550.000,00	310.000,00
Schlussbestände lt. Inventur			
Unfertige Erzeugnisse	225.000,00	180.000,00	150.000,00
Fertige Erzeugnisse	330.000,00	260.000,00	340.000,00

a) Buchen Sie auf den Konten „Unfertige Erzeugnisse", „Fertige Erzeugnisse", „Bestandsveränderungen an unfertigen Erzeugnissen", „Bestandsveränderungen an fertigen Erzeugnissen" und „GuV" und ermitteln Sie den Gewinn/Verlust.

b) Erklären Sie die erfolgswirksame Auswirkung der Bestandsveränderungen.

3 A

Sie sind Angestellte(r) der Textilfabrik Konrad Fied KG, Goseriede 41, 30159 Hannover. Der folgende Beleg liegt Ihnen zur Buchung vor.

a) Nennen Sie die Buchungssätze zur Erfassung der Bestandsveränderungen unfertiger und fertiger Erzeugnisse.

b) Veranschaulichen Sie sich die Buchungen auf den Konten „Unfertige Erzeugnisse", „Fertige Erzeugnisse", „Bestandsveränderungen an unfertigen Erzeugnissen", „Bestandsveränderungen an fertigen Erzeugnissen" und „GuV".

Konrad Fied KG

INVENTURAUSWERTUNG

VORRÄTE zum Geschäftsjahresende 31.12.20..

	BILANZWERT 31.12., Jahr 1 €	BILANZWERT 31.12., Jahr 2 €
1. ROHSTOFFE	190.800,00	180.200,00
2. HANDELSWAREN	130.400,00	118.900,00
3. BETRIEBSSTOFFE	32.600,00	19.700,00
4. HILFSSTOFFE	42.500,00	47.300,00
5. UNFERTIGE ERZEUGNISSE	190.100,00	210.600,00
6. FERTIGE ERZEUGNISSE	240.800,00	181.500,00
SUMME VORRÄTE	827.200,00	758.200,00

4 A [1] **Anfangsbestände der Bestandskonten**

Maschinen	600.000,00 €	Kasse	10.000,00 €
Rohstoffe	250.000,00 €	Postbank	190.000,00 €
Betriebsstoffe	50.000,00 €	Eigenkapital	?
Unfertige Erzeugnisse	40.000,00 €	Langfristige Bankverbindlichkeiten	400.000,00 €
Fertige Erzeugnisse	70.000,00 €	Verbindlichkeiten a. LL	190.000,00 €
Forderungen a. LL	80.000,00 €		

Erfolgskonten

Umsatzerlöse für eigene Erzeugnisse; BV an UE; BV an FE; Aufwendungen für Rohstoffe; Aufwendungen für Betriebsstoffe; Löhne; Gehälter; Leasing; Provisionsaufwendungen; Büromaterial; Postgebühren, Telefon, Telefax; Reisekosten; Verluste aus Kassenbeständen.

Abschlusskonten: Gewinn- und Verlustkonto, Schlussbilanzkonto.

Geschäftsfälle	€
1. Kassenausgänge: für Briefmarken	150,00
für Reisekosten	900,00
2. Zielverkauf eigener Erzeugnisse	296.000,00
3. Kunde begleicht unsere Rechnung durch Postbanküberweisung	50.000,00
4. Barabhebung vom Postbankkonto	3.000,00
5.[2] Verbrauch gemäß Materialentnahmescheine: Rohstoffe	98.000,00
Betriebsstoffe	10.000,00
6. Postbanklastschrift für	
Provisionen	2.200,00
Leasinggebühren (Lkw)	1.700,00
Löhne	49.000,00
Gehälter	38.000,00
Liefererrechnung	56.000,00
Aufladen der Frankiermaschine	1.900,00
7. Zieleinkauf von	
Rohstoffen	20.000,00
Betriebsstoffen	4.000,00
8. Bareinzahlung auf Postbankkonto	1.800,00
9. Zielkauf einer Maschine	60.000,00
10. Barkauf von Büromaterial	500,00

Abschlussangaben

1. **Schlussbestände lt. Inventur**
   Unfertige Erzeugnisse 25.000,00
   Fertige Erzeugnisse 98.000,00
2. Kassenfehlbestand aufgrund eines nicht aufgeklärten Diebstahls (Inventurdifferenz) 150,00
3. Die Buchbestände der übrigen Bestandskonten entsprechen den Inventurbeständen.

Zusätzliche Abschlussangaben bei Buchung nach der „Inventurmethode" oder nach dem „Aufwandsrechnerischen Verfahren"

Schlussbestände lt. Inventur: Rohstoffe 172.000,00
Betriebsstoffe 44.000,00

1 Der Geschäftsgang kann alternativ nach der „Fortschreibungsmethode" oder nach der „Inventurmethode" oder nach dem „Aufwandsrechnerischen Verfahren" gebucht werden.

2 Soll nach der „Inventurmethode" oder nach dem „Aufwandsrechnerischen Verfahren" gebucht werden, so entfällt dieser Geschäftsfall.

2.8 Die Umsatzsteuer

2.8.1 Steuerbare Umsätze

Die **steuerbaren Umsätze** sind Gegenstand der Umsatzsteuer. Sie können **steuerpflichtig** oder **steuerfrei** sein.

Der **Steuerbarkeit** unterliegen nach dem Umsatzsteuergesetz[1]

- **alle Lieferungen und sonstige Leistungen, die von einem Unternehmer im Inland gegen Entgelt erbracht werden** (§ 1 Abs. 1 UStG) (z. B. Verkauf von Erzeugnissen, Durchführung von Reparaturen, Vermittlung von Vertragsabschlüssen usw.),
- **der Import von Gegenständen aus Nicht-EU-Mitgliedstaaten in das Zollgebiet**[2] (§ 1 Abs. 1 UStG) (z. B. Einfuhr von Textilien aus China usw.),
- **der innergemeinschaftliche Erwerb im Inland gegen Entgelt**[2] (§ 1 Abs. 1 UStG),
- **die Gegenstandsentnahme für private Zwecke, wenn zuvor ein voller oder teilweiser Vorsteuerabzug**[3] **möglich war** (§ 3 Abs. 1 b Nr. 1 UStG) (z. B. Entnahme von Erzeugnissen),
- **die private Verwendung betrieblicher Gegenstände, wenn zuvor ein voller oder teilweiser Vorsteuerabzug**[3] **möglich war** (§ 3 Abs. 9 a Nr. 1 UStG) (z. B. die private Nutzung des betrieblichen Telefons durch den Unternehmer) und
- **die Entnahme von Dienst- oder Werkleistungen für private Zwecke, unabhängig davon, ob zuvor ein Vorsteuerabzug**[3] **möglich war** (§ 3 Abs. 9 a Nr. 2 UStG) (z. B. Reparaturarbeiten am Privathaus durch Beschäftigte des Betriebes).

Aus wirtschafts-, kultur- und sozialpolitischen Gründen sind einige steuerbare Umsätze steuerfrei. Hierzu zählen (§ 4 UStG) z. B.:

- Ausfuhrlieferungen,
- Entgelte für Kreditgewährung,
- Entgelte für Versicherungsverhältnisse,
- Umsätze aus der Tätigkeit als Versicherungsvertreter,
- Entgelte für Vermietung und Verpachtung von Grundstücken und
- Umsätze aus der Tätigkeit als Arzt, Zahnarzt, Heilpraktiker, Hebamme oder aus vergleichbaren heilberuflichen Tätigkeiten.

Die Bemessungsgrundlage der Besteuerung ist in der Regel der Wert des steuerpflichtigen Umsatzes (§§ 10 und 11 UStG); auf sie wird der Steuersatz berechnet. Der **Regelsteuersatz** beträgt ab 2007 19 % der Bemessungsgrundlage. Bestimmte Umsätze, z. B. Lebensmittel und Bücher, unterliegen dem **ermäßigten Steuersatz** von 7 %.

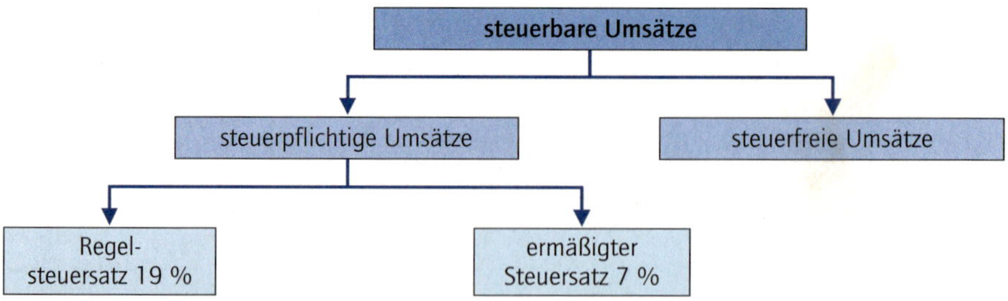

1 *Hinweis für die Schülerin/den Schüler:* Hier sind die recht komplizierten steuerrechtlichen Bestimmungen detailliert aufgeführt. Für das Verständnis ist zunächst nur der zuerst aufgeführte Sachverhalt wesentlich.
2 siehe Hermsen, Rechnungswesen der Industrie – IKR, 10. Auflage, Winklers, Braunschweig 2010, Kap. 3.1.8
3 siehe Erklärung S. 109 ff.

2.8.2 Die Umsatzsteuerkonten

2.8.2.1 Buchen auf dem Umsatzsteuerkonto

Beispiel

Ein Industriebetrieb schickt die folgende Ausgangsrechnung an seinen Kunden:

Ausgangsrechnung	
Verkaufspreis (eigene Erzeugnisse)	10.000,00 €
+ 19 % USt	1.900,00 €
Rechnungsbetrag	11.900,00 €

Dieser Industriebetrieb bucht den Zielverkauf von Erzeugnissen wie folgt:

Buchungssatz

	Soll	Haben
Forderungen a. LL	11.900,00	
an Umsatzerlöse für eigene Erzeugnisse		10.000,00
an Umsatzsteuer		1.900,00

Buchung

S	Forderungen a. LL		H
UfeE/USt	11.900,00		

S	Umsatzerlöse für eigene Erzeugnisse		H
		Ford. a. LL	10.000,00

S	Umsatzsteuer		H
		Ford. a. LL	1.900,00

Der Kunde wird mit dem vollen Rechnungsbetrag belastet. Er muss neben dem Preis für die Erzeugnisse die Umsatzsteuer an den Industriebetrieb entrichten.

Auf dem Konto „Umsatzerlöse für eigene Erzeugnisse" wird der Nettoverkaufspreis gebucht, die Umsatzsteuer wird gesondert auf dem Konto „Umsatzsteuer" erfasst.

Der Industriebetrieb kann nun die Umsatzsteuer, die er seinem Kunden in Rechnung stellt, selbstverständlich **nicht einbehalten,** sondern muss sie **an das Finanzamt weiterleiten.**

Die Kunden in Rechnung gestellte Umsatzsteuer wird auf dem Konto „Umsatzsteuer" erfasst. Sie stellt eine Verbindlichkeit gegenüber dem Finanzamt dar. Das Konto „Umsatzsteuer" hat daher den Charakter eines Verbindlichkeitenkontos. Es ist ein passives Bestandskonto.

2.8.2.2 Buchen auf dem Vorsteuerkonto

Fortsetzung des Beispiels

Für die Erzeugnisse, die unser Industriebetrieb mit oben stehender Ausgangsrechnung verkauft hat, hat er seinerseits Rohstoffe mit folgender Eingangsrechnung eingekauft:

Eingangsrechnung	
Rohstoffe	4.000,00 €
+ 19 % USt	760,00 €
Rechnungsbetrag	4.760,00 €

Den Rohstoffeinkauf bucht der Industriebetrieb wie folgt:

Buchungssatz

	Soll	Haben
Aufwendungen für Rohstoffe[1]	4.000,00	
Vorsteuer	760,00	
an Verbindlichkeiten a. LL		4.760,00

Buchung

S	Aufwendungen für Rohstoffe[1]		H
Verb. a. LL	4.000,00		

S	Verbindlichkeiten a. LL		H
		Rohst.[1]/VSt	4.760,00

S	Vorsteuer		H
Verb. a. LL	760,00		

Unser Industriebetrieb muss den vollen Rechnungsbetrag einschließlich Umsatzsteuer an seinen Lieferer entrichten.
Auf dem Konto „Aufwendungen für Rohstoffe"[1] wird der Nettoeinkaufspreis gebucht, die zu zahlende Umsatzsteuer wird gesondert auf dem Konto „Vorsteuer" erfasst.
Die ihm in Rechnung gestellte Umsatzsteuer (= Vorsteuer) kann unser Industriebetrieb **vom Finanzamt zurückverlangen.**

Die an Lieferer zu zahlende Umsatzsteuer wird auf dem Konto „Vorsteuer" erfasst. Sie stellt eine Forderung an das Finanzamt dar. Das Konto „Vorsteuer" hat daher den Charakter eines Forderungskontos. Es ist ein aktives Bestandskonto.

2.8.2.3 Die Verrechnung der Umsatzsteuerschuld gegen die Vorsteuerforderung

Die Umsatzsteuerschuld und die Vorsteuerforderung werden gegeneinander verrechnet, d. h., die Konten „Umsatzsteuer" und „Vorsteuer" werden übereinander abgeschlossen.

2.8.2.3.1 Die Zahllast

Fortsetzung des Beispiels

Im obigen Beispiel hat unser Industriebetrieb gegenüber dem Finanzamt eine Umsatzsteuerschuld von 1.900,00 € und eine Vorsteuerforderung von 760,00 €.
Die Verrechnung erfolgt buchhalterisch folgendermaßen:

Buchungssatz

	Soll	Haben
Umsatzsteuer	760,00	
an Vorsteuer		760,00

Buchung

S	Umsatzsteuer		H
VSt	760,00	Ford. a. LL	1.900,00

S	Vorsteuer		H
Verb. a. LL	760,00	USt	760,00

Verrechnung der Umsatzsteuerschuld gegen die Vorsteuerforderung

Es ergibt sich in unserem Fall auf dem Umsatzsteuerkonto ein **Überhang an Umsatzsteuerschulden** an das Finanzamt in Höhe von **1.140,00 €**, der als **Zahllast** bezeichnet wird.

S	Umsatzsteuer		H
VSt	760,00	Ford. a. LL	1.900,00
Zahllast	**1.140,00**		

1 alternativ: Rohstoffe („Bestandsrechnerisches Verfahren")

6691110

Die Zahllast wird wie folgt errechnet:

  Umsatzsteuerschulden gemäß Ausgangsrechnungen
– Vorsteuerforderungen gemäß Eingangsrechnungen
= Zahllast

Fortsetzung des Beispiels

Die Zahllast muss als Umsatzsteuerrestverbindlichkeit an das Finanzamt abgeführt werden, z. B. per Banküberweisung:

		Soll	Haben
Buchungssatz	Umsatzsteuer	1.140,00	
	an Guthaben bei Kreditinstituten (Bank)		1.140,00

Buchung

S	Umsatzsteuer		H
VSt	760,00	Ford. a. LL	1.900,00
KI (Bank)	1.140,00		

S	Guthaben bei Kreditinstituten (Bank)		H
AB	...	USt	1.140,00

Überweisung der Zahllast

Die Zahllast wird i. d. R. am Ende eines jeden Monats ermittelt. Bis zum 10. des Folgemonats muss eine Umsatzsteuervoranmeldung auf amtlichen Vordrucken über das Internet an das Finanzamt eingereicht werden.[1] Die entsprechende Vorauszahlung der Zahllast muss spätestens drei Tage später (drei Tage Zahlungsschonfrist), also spätestens bis zum 13. des Folgemonats, beim Finanzamt eingehen. Fallen Abgabefrist für die Umsatzsteuervoranmeldung bzw. Zahlungsfrist für die Zahllast auf einen Samstag, Sonntag oder gesetzlichen Feiertag, so verschieben sich Abgabefrist bzw. Zahlungsfrist auf den nächsten Werktag.

Die Zeit ist eng bemessen. Aus diesem Grund kann auf Antrag **(Dauerfristverlängerung)** die Abgabefrist für die Umsatzsteuervoranmeldung und die entsprechende Zahlungsfrist jeweils um einen Monat verlängert werden, beispielsweise für den Monat März bis zum 10. bzw. 13. Mai.

Hat die Umsatzsteuerzahllast des vergangenen Kalenderjahres 7.500,00 € oder weniger betragen, so gelten statt der Monatsfristen Vierteljahresfristen.

Betrag der Vorjahressteuer	Ermittlung der Zahllast	Voranmeldung und Überweisung der Zahllast[2]
mehr als 7.500,00 €	zum Ende eines jeden Monat	bis zum 10. bzw. 13. des Folgemonats
7.500,00 € und weniger	zum Ende eines jeden Quartals	10 bzw. 13 Tage nach Quartalsende

Für das ganze Kalenderjahr hat der Unternehmer eine Jahreserklärung abzugeben. Waren die Vorauszahlungen nicht richtig, so muss der Unternehmer eine Abschlusszahlung leisten bzw. das Finanzamt eine Rückzahlung erstatten.

2.8.2.3.2 Der Vorsteuerüberhang

Sind z. B. bei hohen saisonbedingten Einkäufen die Vorsteuerforderungen eines Umsatzsteuer-Voranmeldezeitraumes höher als die Umsatzsteuerschulden, so liegt ein **Vorsteuerüberhang** vor.

1 siehe www.elsterformular.de
2 ohne Dauerfristverlängerung

Beispiel

Es sind insgesamt 8.000,00 € an Umsatzsteuerschulden und 10.000,00 € an Vorsteuerforderungen in einem Umsatzsteuer-Voranmeldezeitraum gebucht worden.

Die Verrechnung erfolgt folgendermaßen:

Buchungssatz

	Soll	Haben
Umsatzsteuer	8.000,00	
an Vorsteuer		8.000,00

Buchung

S	Umsatzsteuer		H
VSt	8.000,00	Ford. a. LL	8.000,00

S	Vorsteuer		H
Verb. a. LL	10.000,00	USt	8.000,00

Verrechnung der Umsatzsteuerschuld gegen die Vorsteuerforderung

In diesem Fall sind die Vorsteuerforderungen höher als die Umsatzsteuerschulden. Es ergibt sich ein **Vorsteuerüberhang** von **2.000,00 €.**

S	Vorsteuer		H
Verb. a. LL	10.000,00	USt	8.000,00
		Vorsteuerüberhang	**2.000,00**

Das Finanzamt erstattet diesen Überschuss bzw. verrechnet ihn gegebenenfalls mit Steuerschulden.

2.8.2.4 Bilanzierung von Zahllast bzw. Vorsteuerüberhang

Ist am Abschluss-Stichtag (31. Dezember) die Zahllast für den letzten Voranmeldezeitraum noch nicht an das Finanzamt überwiesen (Zahlung muss bis zum 13. Januar[1] erfolgen), so wird diese als Schlussbestand des passiven Bestandskontos „Umsatzsteuer" **passiviert.** Man nennt diesen Vorgang entsprechend **Passivierung der Zahllast.**

Beispiel

Die Zahllast beträgt für den Monat Dezember 4.000,00 €.

Buchung

S	Umsatzsteuer		H
.	.		
.	.		
SBK	4.000,00		

S	Schlussbilanzkonto		H
		.	.
		.	.
		USt	4.000,00

Passivierung der Zahllast

Buchungssatz

	Soll	Haben
Umsatzsteuer	4.000,00	
an Schlussbilanzkonto		4.000,00

Im Falle eines Vorsteuerüberhanges wird dieser beim Abschluss aktiviert.

2.8.3 Die Versteuerung des Mehrwertes

Beispiel

In unserem Beispiel (von S. 109 ff.) hat der Industriebetrieb durch die Herstellung des Erzeugnisses einen **Mehrwert** geschaffen. Dieser Mehrwert ergibt sich aus der Differenz zwischen dem **Nettoverkaufspreis der erbrachten Leistung** und dem **Nettoeinkaufspreis der bezogenen Leistung** (im Beispiel: vereinfacht nur Rohstoffe).

1 ohne Dauerfristverlängerung

Nettoverkaufspreis (der erbrachten Leistung)	–	Nettoeinkaufspreis (der bezogenen Leistung)	=	Mehrwert
10.000,00 €[1]	–	4.000,00 €[2]	=	6.000,00 €

Zahllast (**1.140,00 €**)[3] = 19 % des Mehrwertes (6.000,00 €)

Die Zahllast stellt eine Versteuerung des Mehrwertes dar.

Dem Unternehmer wird also nicht für seinen vollen Verkaufspreis eine Zahllast aufgebürdet, sondern lediglich für seine Wertschöpfung, d. h. für den Mehrwert auf seiner Produktions- bzw. Handelsstufe. Daher kommt die Bezeichnung **Mehrwertsteuer.**

Die folgende Darstellung zeigt beispielhaft auf, wie sich die Verrechnung der Zahllasten über mehrere Produktions- bzw. Handelsstufen vollzieht.

Produktions- bzw. Handelsstufen	Ausgangsrechnung (= Eingangsrechnung der nachfolgenden Umsatzstufe) (€)	Umsatzsteuer (€)	Vorsteuer (€)	Zahllast (=19 % vom Mehrwert) (€)	Mehrwert (€)
Urerzeuger	Nettopreis 10.000,00 + 19 % USt 1.900,00 Bruttopreis 11.900,00	1.900,00	0,00	1.900,00	10.000,00
verarbeitende Industrie	Nettopreis 25.000,00 + 19 % USt 4.750,00 Bruttopreis 29.750,00	4.750,00	1.900,00	2.850,00	15.000,00
Großhandel	Nettopreis 30.000,00 + 19 % USt 5.700,00 Bruttopreis 35.700,00	5.700,00	4.750,00	950,00	5.000,00
Einzelhandel	Nettopreis **34.000,00** + 19 % USt **6.460,00** Bruttopreis 40.460,00	6.460,00	5.700,00	760,00	4.000,00
Summe				**6.460,00**	**34.000,00**

Der nicht vorsteuerabzugsberechtigte Endverbraucher trägt die Umsatzsteuer. Sein Umsatzsteueranteil (im obigen Beispiel **6.460,00 €**) entspricht der Summe der an das Finanzamt abgeführten Zahllasten (im obigen Beispiel **6.460,00 €**).

Für die Unternehmen auf allen Produktions- und Handelsstufen ist die Umsatzsteuer **erfolgsneutral.** Sie stellt nur einen **durchlaufenden Posten** dar.

Der Gesetzgeber könnte den Einzug der Umsatzsteuer vereinfachen, indem er nur den Umsatz der letzten Stufe der Handelskette (im obigen Beispiel: Einzelhandel) besteuert. Um jedoch zu vermeiden, dass nur eine Absatzstufe von dem Besteuerungsverfahren betroffen ist, wurde die Umsatzsteuer als Mehrwertsteuer mit dem oben beschriebenen Verrechnungs- und Einzugsverfahren ausgestaltet.

1 vgl. Kapitel 2.8.2.1 2 vgl. Kapitel 2.8.2.2 3 vgl. Kapitel 2.8.2.3.1

Zusammenfassung

Schaubild

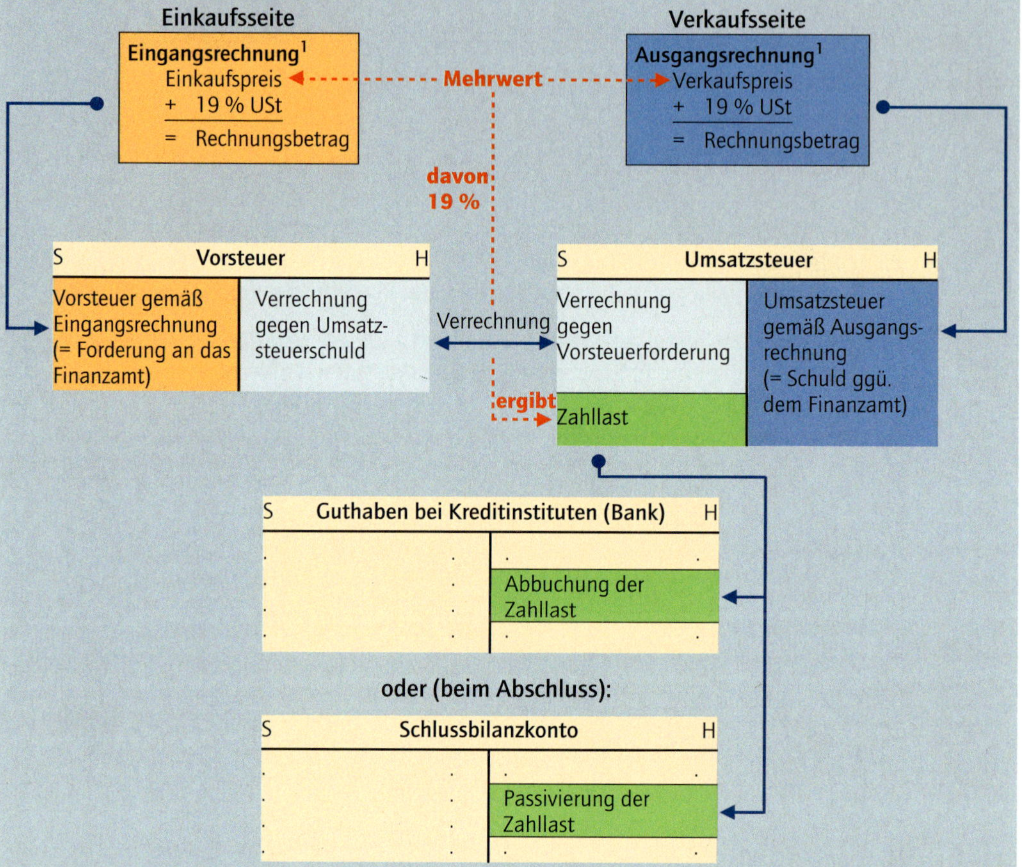

Merksätze

1. **Die Umsatzsteuer für bezogene „steuerpflichtige Umsätze" wird beim leistungsempfangenden Unternehmen im Soll des aktiven Bestandskontos Vorsteuer erfasst. Die gebuchte Vorsteuer stellt eine Forderung an das Finanzamt dar.**
2. **Die Umsatzsteuer für erbrachte „steuerpflichtige Umsätze" wird beim leistungsabgebenden Unternehmen im Haben des passiven Bestandskontos Umsatzsteuer erfasst. Die gebuchte Umsatzsteuer stellt eine Schuld gegenüber dem Finanzamt dar.**
3. **Die Vorsteuerforderung wird mit der Umsatzsteuerschuld verrechnet. Überwiegen die Umsatzsteuerschulden, so ergibt sich eine Restschuld gegenüber dem Finanzamt, die so genannte Zahllast. Überwiegen die Vorsteuerforderungen, so ergibt sich eine Restforderung an das Finanzamt, der so genannte Vorsteuerüberhang.**
4. **Auf jeder Produktions- und Handelsstufe ist die Zahllast die Versteuerung der Wertschöpfung (des Mehrwertes).**
5. **Der nicht vorsteuerabzugsberechtigte Endverbraucher trägt die Umsatzsteuer.**

---

1 Liegt der Gesamtbetrag (Entgelt und Umsatzsteuer) unter 150,00 €, so brauchen Entgelt und Umsatzsteuer nicht getrennt ausgewiesen zu werden (Kleinbetragsrechnung).

AUFGABEN

Aufgabe 1: Verständnisaufgabe zum Lernstoff;
Aufgaben 2 und 3: Belegbuchungen;
Aufgabe 4: buchhalterische Behandlung von Umsatzsteuer und Vorsteuer;
Aufgabe 5: Versteuerung des Mehrwertes auf mehreren Produktions- und Handelsstufen;
Aufgabe 6: Geschäftsgang.

1 Jede der unter A stehenden Angaben passt inhaltlich zu einer der unter B stehenden Angaben. Nehmen Sie die jeweiligen Zuordnungen vor.

A

1. Buchung der Umsatzsteuer für bezogene Lieferungen und sonstige Leistungen.
2. Vorsteuerkonto.
3. Aktivierung des Vorsteuerüberhanges.
4. Buchung der Umsatzsteuer für erbrachte Lieferungen und sonstige Leistungen.
5. Umsatzsteuerkonto.
6. Nach der monatlichen Verrechnung von Umsatzsteuer und Vorsteuer ergibt sich eine Restverbindlichkeit gegenüber dem Finanzamt.
7. Passivierung der Zahllast.
8. Träger der Umsatzsteuer.
9. Nach der monatlichen Verrechnung von Umsatzsteuer und Vorsteuer ergibt sich eine Restforderung an das Finanzamt.

B

1. Beim Abschluss wird die Umsatzsteuerschuld in der Bilanz ausgewiesen.
2. Zahllast.
3. Im Soll des Vorsteuerkontos.
4. Passives Bestandskonto.
5. Im Haben des Umsatzsteuerkontos.
6. Vorsteuerüberhang.
7. Nicht vorsteuerabzugsberechtigter Endverbraucher.
8. Aktives Bestandskonto.
9. Beim Abschluss wird die Umsatzsteuerforderung in der Bilanz ausgewiesen.

2[1] a) Wie bucht die Textilfabrik Konrad Fied KG die Belege 1 und 2?
b) Wie bucht der Textileinzelhandel Tina Hempe e. Kffr. den Beleg 1 und das Unternehmen Heinrich Paulmann e. K. den Beleg 2?

Beleg 1

Konrad Fied KG

Textilfabrik • Goseriede 41
30159 Hannover

Konrad Fied KG • Postfach 59 40 • 30159 Hannover

Textileinzelhandel
Tina Hempe e. Kffr.
Weststraße 55
81541 München

Kunden-Nr.	Beleg-Nr.
24 006	88

Bitte stets angeben!

Telefax 0511 32129
E-Mail service@fied-wvd.de

Ihr Zeichen, Ihre Bestellung vom	Unser Zeichen	Lieferdatum	Telefon, Name 0511 4155-	Datum
he-ts 13.02.20..	fi-lk	24.02.20..	58 Fied	25.02.20..

Rechnung

Lfd. Nr.	Stückzahl	Gegenstand	Preis je Einheit/	Betrag/
1	30	Herrenpullover „Adam"	22,90	687,00
2	34	Damenröcke „Regina"	36,25	1.232,50
3	28	Kinderschlafanzüge „Bär"	9,75	273,00
4	60	Herrenhosen „Mark"	41,40	2.484,00
5	136	Damenblusen „Lena"	29,75	4.046,00
6	104	Herrenhemden „Lars"	14,25	1.482,00
				10.204,50
		+ 19 % Umsatzsteuer		1.938,86
				12.143,36

1 **Konten:** Forderungen a. LL, Verbindlichkeiten a. LL, Fremdinstandhaltung, Waren/Aufwendungen für Waren, Umsatzerlöse für eigene Erzeugnisse, Umsatzerlöse für erbrachte Instandsetzung, Vorsteuer, Umsatzsteuer.

Beleg 2

Heinrich Paulmann e. K. · Inhaber M. Happe
Elektrische Licht- und Kraftanlagen

PAULMANN
Elektro-Anlagen

Paulmann · Stephanusstr. 8 · 30449 Hannover

Textilfabrik
Konrad Fied KG
Goseriede 41
30159 Hannover

Stephanusstraße 8 · 30449 Hannover
St.-Nr. 23 250 20714

Telefax 0511 4115-235
E-Mail happe@paulmann-wvd.de

Ihr Zeichen, Ihre Bestellung vom | Unser Zeichen: hp | Telefon, Name: 0511 4115-334 Happe | Datum: 27.02.20..

EINGEGANGEN
28. Febr. 20..
Erl. ....

Rechnung – Nr. 10027 – 20../04005

Erbringung der Leistung: 22.02.20..
Lampenanschlüsse instand gesetzt

Pos 001:	Montage Doering	2,00 Std.	33,93	67,86
Pos 002:	Auszubildender (2. Jahr) Bergen	2,00 Std.	17,55	35,10
Pos 003:	Goseriede Fahrauslage	1,00 Psch.	6,60	6,60
Pos 004:	Schraubenlose Klemmen, Leuchtenklemmen 2 x 2,5 mm²	8 St.	0,20	1,60
				111,16
		+ 19 % USt		21,12
		Ges.-Summe		132,28

>>>>>HANDWERKERRECHNUNG<<<<<
gemäß VOB innerhalb von 8 Tagen
nach Rechnungsdatum fällig!
>>OHNE ABZUG!<<
Rechnungsnummer bitte angeben!

3 Sie sind Angestellte(r) der Textilfabrik Konrad Fied KG, Goseriede 41, 30159 Hannover. Die unten stehenden Belege liegen Ihnen zur Buchung vor.

a) Welche Geschäftsfälle liegen den Belegen zugrunde?
b) Wie lauten die Buchungssätze[1]?

Beleg 1

GAUF Service GmbH Das Service-Center der Gauf Mediengruppe

GAUF Service GmbH • Lörracher Str. 4 • 79115 Freiburg

Service-Center Freiburg:
Kundenbetreuung
Telefon: 0761 9898-83
Auftragsannahme: -81
Fax: -82

Service-Center München:
Kundenbetreuung
Telefon: 089 9517-28
Auftragsannahme: -27
Fax: -25

Textilfabrik
Konrad Fied KG
Goseriede 41
30159 Hannover

EINGEGANGEN
6. Okt. 20..
Erl. ....

E-Mail: service@gauf-wvd.de
Internet: www.gauf-wvd.de

Wir liefern für Rechnung:
Rudolf Gauf Verlag GmbH & Co. KG
RS Verlag Recht und Steuern GmbH & Co. KG
InfoTex Verlag GmbH & Co. KG
Tablos Tabellen- und Software Verlag GmbH
Memos Verlag AG

0006053817343

Abonnement-Rechnung

Ihre Bestellung vom	Ihre Zeichen	Kunden-Nr	Rechnungs-Nr.	Rechnungs-Datum
		24007	6053817343	04.10.20..

Bitte bei Zahlung oder Zuschrift immer angeben!

Auftrag/Material	Bezugsgebühren für Ihr Abonnement	Seitenzahl	Seitenpreis EUR ohne USt	Gesamtpreis EUR
06963536	Praxislexikon Buchführung Heft 05/..			
	Heft-Nr. / Lieferdatum / Seitenzahl			
1120-5024	005 04.10.20.. 220	220	0,19395	42,67

* Abbuchung des Rechnungsbetrages *
* zum 09.11.20.. von Ihrem Konto *
* BLZ 251 901 01, Konto 12 345 *

Warenwert	42,67
Umsatzsteuer 7,0 %	2,99
Rechnungsbetrag EUR	45,66

Gauf Service GmbH, Lörracher Straße 4, D-79115 Freiburg
Die Gauf Service GmbH handelt in eigenem Namen und für Rechnung der oben genannten Verlage. St.-Nr. 39 739 32483
Registergericht Freiburg HRB 18, Geschäftsführer: Alfons Böging, Thekla Emmermann
Deutsche Bank Freiburg, Konto 41 300, BLZ 680 700 30, IBAN DE51 6807 0030 0000 0413 00, BIC DEUTDEDBFRE
Postbank Karlsruhe, Konto 16 855-754, BLZ 660 100 75, IBAN DE83 6601 0075 0016 8557 54, BIC PBNKDEFF

1 **Konten:** Verbindlichkeiten a. LL, Guthaben bei Kreditinstituten (Bank), Umsatzsteuer, Vorsteuer, Reisekosten, Kasse, Werbung, Fremdleistungen für Erzeugnisse, Fuhrpark, Vertriebsprovisionen, Büromaterial, Forderungen a. LL, Sonstige Aufwendungen für bezogene Leistungen, Übrige sonstige Personalaufwendungen, Zeitungen und Fachliteratur.

Beleg 2

Autohaus
Sauer KG

Rehbergstraße 24
30173 Hannover

Autohaus Sauer KG · Rehbergstraße 24 · 30173 Hannover

Textilfabrik
Konrad Fied KG
Goseriede 41
30159 Hannover

Bitte bei Zahlung angeben:
Rechnungsnummer: 1 584
Rechnungsdatum: 05.11.20..
Ihre Bestellung vom: 21.09.20..
Unsere Lieferung vom: 05.11.20..

Telefax 0511 3213-33
E-Mail walter@sauer-wvd.de
Telefon 0511 3213-21

EINGEGANGEN
6. Nov. 20..
Erl. ....

Rechnung

Wir danken für Ihren Auftrag und berechnen Ihnen wie folgt:

	Leistungsbezeichnung/Warenbezeichnung	Preise in €
1	Pkw	45.000,00
	Sonderausstattung:	
	Klimaanlage	1.200,00
	Autoradio	450,00
	Automatik-Antenne	200,00
		46.850,00
	+ 19 % USt	8.901,50
		55.751,50

ZAHLUNG IST ERFOLGT PER ELECTRONIC CASH
BLZ 251 901 01, KONTO-NR. 12 345
IBAN DE81 2519 0101 0000 0123 45
BIC GENODEF1HLI

Beleg 3[1]

Firma Textilfabrik Konrad Fied KG
Goseriede 41, 30159 Hannover

Quittung

EINGEGANGEN
11. Okt. 20..
Erl. ....

4 Eingangsstempel	€	59,50
3 Stempelkissen		
	+ 19 % USt	inkl.
	€	59,50

Betrag dankend erhalten
Münch
Datum 10.10.20..

stempel +
schilder
siegfried münch
Stephanusstr. 13 · Tel.: 0511 447428
30449 Hannover (Linden)
St.-Nr. 47 852 75661

1 Liegt der Gesamtbetrag (Entgelt und Umsatzsteuer) unter 150,00 €, so brauchen Entgelt und Umsatzsteuer nicht getrennt ausgewiesen zu werden (Kleinbetragsrechnung).

Beleg 4[1]

Konrad Fied KG

Textilfabrik • Goseriede 41
30159 Hannover

Konrad Fied KG • Postfach 59 40 • 30159 Hannover

Söffgen OHG
Bergstraße 11
51503 Rösrath

Telefax
0511 32129

E-Mail
service@fied-wvd.de

Ihr Zeichen, Ihre Nachricht vom	Unser Zeichen, unsere Nachricht vom	Telefon, Name 0511 4155-	Datum
ah/sö 19.09.20..	ki/he	58 Kibat	30.09.20..

Provision

Sehr geehrter Herr Söffgen,

Sie haben unsere Erzeugnisse in Kommission verkauft (siehe beigefügte Auflistung).

Wie vereinbart, erteilen wir Ihnen die nachstehende Gutschrift auf unsere noch ausstehenden Forderungen:

Provisionsgutschrift	500,00 €
+ 19 % USt	95,00 €
	595,00 €

Wir bitten um gleichlautende Buchung.

Mit freundlichem Gruß

Konrad Fied KG

i. A. Kibat

Provisionen + USt an Ford

Funk-Taxi-Ruf
38 12
Hannoversche Funk-Taxi-Zentrale eG
Geibelstraße 13 · 30173 Hannover
Büro: ☎ 0511 8001-0 · St.-Nr. 27 164 33624
Stadtsparkasse Hannover · Kto.-Nr. 6 666 · BLZ 250 501 80
IBAN DE61 2505 0180 0000 0066 66 · BIC SPKHDE2H

für Stadt- ~~Kranken-~~	Fahrt mit Taxi-Nr. 332

für Frau Kibat
von Goseriede
bis Nussriede

Taxi-Quittung € 12,84

Diesen Betrag haben wir dankend erhalten.
In diesem Betrag ist die gesetzl. USt (7 %) enthalten.

Hannover 12. Dez. 20..

Damm
Unterschrift / Stempel des Taxiunternehmens

Buchungsvermerk
Taxi-Fahrt (Frau Kibat) zum Lieferanten
Betrag bar erhalten
Hannover, 13. Dez. 20.. Kibat

Beleg 5[2]

~~Kasse an~~
Reisekosten an Ka
Vorsteuer

1 Buchung mit hohem Schwierigkeitsgrad. Die Söffgen OHG ist eine Kundin, an die wir noch Forderungen a. LL haben. (Unsere Forderungen a. LL an die Söffgen OHG übersteigen die Bruttoprovisionsgutschrift.)

2 Bei einer **Personenbeförderung** bis 50 km oder innerhalb einer Gemeinde beträgt der Umsatzsteuersatz 7 %.

Beleg 6

SAUBERFRAU GEBÄUDEREINIGUNG

SAUBERFRAU GmbH • Minister-Stüve-Str. 17 • 30449 Hannover

Textilfabrik
Konrad Fied KG
Goseriede 41
30159 Hannover

EINGEGANGEN
3. April 20..
Erl. ....

Rechnung

Bitte bei Überweisung angeben

Ihre Bestellung vom	Bestellzeichen	Rechnungs-Nr.	Datum
gemäß Vertrag		597	02.04.20..

Leistungsbezeichnung/Warenbezeichnung	Preis je Einheit/€	Betrag/€
Für die Reinigung Ihres Betriebsgebäudes, Goseriede 41, im März d. J. stellen wir Ihnen in Rechnung:		
Reinigungsmaterial		100,00
Summe Lohnarbeiten		1.300,00
		1.400,00
+ 19 % Umsatzsteuer		266,00
		1.666,00
Eine genaue Auflistung der erbrachten Leistungen fügen wir als Anlage bei		
Zahlungsziel: 20 Tage		

Telefon: 0511 4444 USt-Id-Nr.: DE 382 946 175 Stadtsparkasse Hannover Hannover HRB 321
Geschäftsführer:
ieter Bremer

Beleg 7

Konrad Fied KG

Textilfabrik • Goseriede 41
30159 Hannover

Konrad Fied KG • Postfach 59 40 • 30159 Hannover

Kunden-Nr.	Beleg-Nr.
24 008	201

Bitte stets angeben!

Frau
Bettina Meyer e. Kffr.
Erzbergerstraße 1
39104 Magdeburg

Telefax
0511 32129

E-Mail
service@fied-wvd.de

Ihr Zeichen, Ihre Nachricht vom	Unser Zeichen, unsere Nachricht vom	Telefon, Name	Datum
	ki/kl	0511 4155-58 Kibat	05.04.20..

Ihre St.-Nr. 27 133 47258

Honorarabrechnung

Für die Entwürfe von Modellkleidern im 1. Quartal d. J. (siehe Anlage) erteilen wir Ihnen folgende Gutschrift:

Honorar	3.000,00 €
19 % USt	570,00 €
	3.570,00 €

Vereinbarungsgemäß überweisen wir Ihnen den Betrag bis Mitte Mai d. J.

Beleg 8

KREY & Rubin
Personal-Leasing GmbH

Der Dienstleister für die Arbeitswelt
schafft sichere Arbeitsplätze im kaufmännischen, technischen und gewerblichen Bereich

Krey & Rubin Personal-Leasing GmbH
Lutherstraße 51 • 30171 Hannover
Telefon: 0511 8140-0
Telefax: 0511 8140-55
E-Mail: info@krey-rubin-wvb.de
Internet: www.krey-rubin-wvb.de

Krey & Rubin GmbH • Lutherstraße 51 • 30171 Hannover

Textilfabrik
Konrad Fied KG
Goseriede 41
30159 Hannover

bei Zahlungen bitte immer angeben:

Rechnungsnummer: 478
Kundennummer: 24009
Rechnungsdatum: 20.12.20..

Rechnung

Berufsbezeichnung Einsatzort Mitarbeiter/-in Zeitraum	geleistete Stunden	Zuschläge	%-Satz	Stunden-satz (€)	Gesamt (€)
Näherin Hannover, Goseriede 41					
Anna König 26.11.20.. bis 30.11.20..	22,50 9,50	Normalstunden Nachtzuschlag	100,0 125,0	19,80 24,75	445,50 235,13
Anna König 03.12.20.. bis 07.12.20..	22,50	Normalstunden	100,0	19,80	445,50
Anna König 10.12.20.. bis 14.12.20..	22,50	Normalstunden	100,0	19,80	445,50
				Nettobetrag	1.571,63
				19 % USt	298,61
				Rechnungsbetrag	**1.870,24**

…stens 10 Tage nach Rechnungszugang.

…ührer: Karsten Rubin, Steuernummer: 25 226 00098
…01 80, IBAN DE15 2505 0180 0403 5552 36, BIC SPKHDE2H
…00 30, IBAN DE97 2501 0030 0038 8075 66, BIC PBNKDEFF

Beleg 9

Werbekönig

Agentur für Mediendesign, Werbung, Publikationen GmbH

Werbeagentur Werbekönig GmbH
Am Listholze 2
30177 Hannover

Tel. 0511/6963
Fax 0511/6964
E-Mail wawk@aol.com
USt-IdNr. DE24915
Steuernr. 064/116/0248

Werbekönig GmbH • Am Listholze 2 • 30177 Hannover

Textilfabrik
Konrad Fied KG
Goseriede 41
30159 Hannover

Rechnung

Seite 1
Rechnungsnr. 928/10
Rechnungsdatum 05.10.20..
Kundennr. 24005

Wir berechnen für unsere Leistung vom 11.09.20.. bis 15.09.20..:

Pos.	Auftragsbezeichnung	Menge	Preis
1	Werbewirksame Gestaltung des Verkaufskatalogs 20..	1 Katalog, 84 Seiten	Festpreis gemäß ausführlichem Angebot vom 25.08.20.. 9.000,00 €
		Nettosumme	9.000,00 €
		19% USt.	1.710,00 €
		Bruttosumme	10.710,00 €

Zahlungsziel: 20 Tage ab Rechnungsdatum

Werbekönig GmbH
Filiale Hannover
Am Listholze 2
30177 Hannover
Tel. 0511.6963
Fax 0511.6964

Geschäftsführung:
Imke Wolff
Heiko Baarlink
Sitz Braunschweig
HRB 533
www.werbekoenig.com

Deutsche Bank Hannover
Bankleitzahl 250 700 70
Konto 0 107
IBAN DE80 2507 0070 0010
SWIFT (BIC) DEUTDE2HXXX

Beleg 10

Konto-Nummer: **12 345** BLZ **251 901 01**
IBAN: DE81 2519 0101 0000 0123 45 BIC: GENODEF1HLI

Lindener Volksbank eG

Beleg	Buch.-Datum	Text	Wert	Betrag
99 061	08.11.20..	SB-ÜBERWEISUNG, FINANZAMT HANNOVER-SÜD, STEUER-NR.26/815/08151, UMSATZSTEUER-ZAHLLAST OKTOBER 20..	08.11.20..	11.780,00 -

TEXTILFABRIK
KONRAD FIED KG
GOSERIEDE 41
30159 HANNOVER

Konto-Auszug		
10.11.20..	87	1
Datum	Nummer	Blatt

EUR 60.000,00 +
Alter Kontostand

EUR 48.220,00 +
Neuer Kontostand

Beleg 11

Konto-Nummer: **12 345** BLZ **251 901 01**
IBAN: DE81 2519 0101 0000 0123 45 BIC: GENODEF1HLI

Lindener Volksbank eG

Beleg	Buch.-Datum	Text	Wert	Betrag
99 001	18.04.20..	FINANZAMT HANNOVER-SÜD, STEUER-NR.26/815/08151, UMSATZSTEUERERSTATTUNG MÄRZ 20.. Bk an VST	18.04.20..	503,00 +

TEXTILFABRIK
KONRAD FIED KG
GOSERIEDE 41
30159 HANNOVER

Konto-Auszug		
19.04.20..	29	1
Datum	Nummer	Blatt

EUR 60.000,00 +
Alter Kontostand

EUR 60.503,00 +
Neuer Kontostand

4 A Im Umsatzsteuervoranmeldezeitraum sind in der Summe folgende Rohstoffeinkäufe und Verkaufserlöse angefallen:

	I. €	II. €
Zieleinkäufe von Rohstoffen	70.000,00	80.000,00
+ 19 % Umsatzsteuer	13.300,00	15.200,00
Zielverkäufe eigener Erzeugnisse	90.000,00	60.000,00
+ 19 % Umsatzsteuer	17.100,00	11.400,00

a) Buchen Sie auf den Konten Forderungen a. LL, Verbindlichkeiten a. LL, Aufwendungen für Rohstoffe[1], Umsatzerlöse für eigene Erzeugnisse, Vorsteuer und Umsatzsteuer die oben stehenden Zieleinkäufe und Zielverkäufe.

b) Ermitteln Sie buchhalterisch die Zahllast bzw. den Vorsteuerüberhang.

c) Nennen Sie den Buchungssatz zur Passivierung der Zahllast bzw. zur Aktivierung des Vorsteuerüberhanges.

1 alternativ: Rohstoffe („Bestandsrechnerisches Verfahren“)

5 A Es liegen die folgenden Ausgangsrechnungen eines Betriebes der Grundstoffindustrie, der verarbeitenden Industrie, des Großhandels und des Einzelhandels vor.

	Grundstoff-industrie	verarbeitende Industrie	Groß-handel	Einzel-handel
Ausgangsrechnung	**€**	**€**	**€**	**€**
Warenwert	40.000,00	100.000,00	120.000,00	130.000,00
+ 19 % USt	7.600,00	19.000,00	22.800,00	24.700,00
Rechnungsbetrag	47.600,00	119.000,00	142.800,00	154.700,00

a) Nennen Sie für jede Produktions- bzw. Handelsstufe den Buchungssatz für den Zieleinkauf und für den Zielverkauf.

b) Richten Sie sich ein Stufenschema nach dem Muster auf Seite 113 ein und füllen Sie es ebenso aus.

c) Erklären Sie, weshalb die Umsatzsteuer auch Mehrwertsteuer genannt wird.

d) Erklären Sie, weshalb die Umsatzsteuer nur für den nicht vorsteuerabzugsberechtigten Endverbraucher einen Aufwand darstellt, für die Unternehmen auf allen Produktions- und Absatzstufen hingegen lediglich ein durchlaufender Posten ist.

6 A[1] **Anfangsbestände**

	€		€
Maschinen	220.000,00	Kasse	13.000,00
Fuhrpark	100.000,00	Postbank	18.000,00
Rohstoffe	90.000,00	Guthaben bei KI (Bank)	22.000,00
Hilfsstoffe	30.000,00	Eigenkapital	?
Unfertige Erzeugnisse	20.000,00	Langfristige Bankverbindl.	300.000,00
Fertige Erzeugnisse	50.000,00	Verbindlichkeiten a. LL	100.000,00
Forderungen a. LL	40.000,00	Umsatzsteuer	6.000,00

Erfolgskonten

Aufwendungen für Rohstoffe, Aufwendungen für Hilfsstoffe, Büromaterial, Fremdinstandhaltung, Löhne, Werbung, Zinserträge, Umsatzerlöse für eigene Erzeugnisse, BV an UE, BV an FE.

Abschlusskonten: Gewinn- und Verlustkonto, Schlussbilanzkonto.

Geschäftsfälle

	€
1. Lastschriftanzeige der Bank gemäß Kontoauszug	
1. für Überweisung der Zahllast	6.000,00
2. Lohnzahlung	12.000,00
3. Barabhebung	1.000,00
2. Ausgangsrechnung an Kunden	
Nettopreis (eigene Erzeugnisse)	130.000,00
+ 19 % Umsatzsteuer	24.700,00
Rechnungspreis	154.700,00
3. Eingangsrechnung	
1. unseres Rohstofflieferanten, Nettopreis	50.000,00
+ 19 % Umsatzsteuer	9.500,00
Rechnungspreis	59.500,00
2. unseres Hilfsstofflieferanten, Nettopreis	10.000,00
+ 19 % Umsatzsteuer	1.900,00
Rechnungspreis	11.900,00

1 Der Geschäftsgang kann alternativ nach der „Fortschreibungsmethode" oder nach der „Inventurmethode" oder nach dem „Aufwandsrechnerischen Verfahren" gebucht werden.

3. unseres Autohändlers, Nettopreis (des Pkw)	20.000,00
+ 19 % Umsatzsteuer	3.800,00
Rechnungspreis	23.800,00
4. der Hannover Druck GmbH für den Druck von Werbeprospekten	4.000,00
+ 19 % Umsatzsteuer	760,00
Rechnungspreis	4.760,00

4. Wir begleichen eine Verbindlichkeit a. LL mit einer Lieferung eigener Erzeugnisse.

Nettopreis (eigene Erzeugnisse)	900,00
+ 19 % Umsatzsteuer	171,00
Rechnungspreis	1.071,00

5.[1] **Verbrauch gemäß Materialentnahmescheine**

1. Rohstoffe	45.000,00
2. Hilfsstoffe	5.000,00

6. Kassenausgänge für

1. Einkauf von Büromaterial, Nettopreis	400,00
+ 19 % Umsatzsteuer	76,00
Rechnungspreis	476,00
2. Kfz-Reparatur, Nettopreis	700,00
+ 19 % Umsatzsteuer	133,00
Rechnungspreis	833,00

7. Bankgutschrift gemäß Kontoauszug für

1. Postbanküberweisung auf Bankkonto	5.000,00
2. Zinsgutschrift	800,00
3. Kundenzahlung	18.000,00

Abschlussangaben

1. Der Bargeldbestand gemäß Inventur (Ist-Bestand) ist größer als der Kassenbestand gemäß Buchführung (Soll-Bestand) ... 357,00
Ursache: Ein Barverkauf eigener Erzeugnisse in der Verkaufsfiliale wurde wegen einer defekten Registrierkasse versehentlich nicht gebucht.

2. Ermittlung und Passivierung der Zahllast ... ?

3. Schlussbestände lt. Inventur

1. Unfertige Erzeugnisse	24.000,00
2. Fertige Erzeugnisse	36.000,00

4. Die Buchbestände der übrigen Bestandskonten entsprechen den Inventurbeständen.

Zusätzliche Abschlussangaben bei Buchung nach der „Inventurmethode" oder nach dem „Aufwandsrechnerischen Verfahren"

Schlussbestände lt. Inventur

1. Rohstoffe	95.000,00
2. Hilfsstoffe	35.000,00

1 Soll nach der „Inventurmethode" oder nach dem „Aufwandsrechnerischen Verfahren" gebucht werden, so entfällt dieser Geschäftsfall.

2.9 Das Privatkonto

Neben Aufwendungen und Erträgen führen auch **Privatentnahmen** und **Privateinlagen** zu **Eigenkapitaländerungen.**

Privatentnahmen mindern das Eigenkapital; Privateinlagen mehren das Eigenkapital.

2.9.1 Privatentnahmen

Im Vorgriff auf den zu erwartenden Gewinn entnimmt ein Unternehmer seinem Betrieb hin und wieder im Laufe des Geschäftsjahres Wirtschaftsgüter. Man spricht hier von **Privatentnahmen.** Zu den Privatentnahmen zählen nach § 4 Abs. 1 EStG:

- **Barentnahmen** (Beispiele: Ein Unternehmer entnimmt der betrieblichen Kasse 1.000,00 € für eine private Wochenendreise. Ein Unternehmer zahlt seine Einkommensteuer durch Überweisung vom betrieblichen Bankkonto. Ein Unternehmer begleicht den Rechnungsbetrag für private Zeitungsanzeigen per Überweisung vom betrieblichen Postbankkonto.),
- **Warenentnahmen** (Beispiel: Ein Feinkosthändler entnimmt seinem Geschäft Kaviar für eine private Feier.),
- **Erzeugnisentnahmen** (Beispiel: Ein Textilwarenfabrikant entnimmt eine in seinem Betrieb hergestellte Bluse, um sie seiner Frau zu schenken.),
- **Nutzungsentnahmen** (Beispiele: Der Geschäftswagen wird für Privatfahrten eingesetzt. Betriebsräume werden als Privatwohnung genutzt.) und
- **Leistungsentnahmen** (Beispiel: Der Inhaber einer Kfz-Werkstatt lässt während der betrieblichen Arbeitszeit seinen Privatwagen von einem angestellten Kfz-Meister reparieren.).

2.9.2 Privateinlagen

Privateinlagen liegen vor, wenn ein Unternehmer seinem Betrieb im Laufe des Geschäftsjahres Wirtschaftsgüter zuführt. Zu den Privateinlagen zählen nach § 4 Abs. 1 EStG:

- **Bareinzahlungen** (Beispiel: Ein Unternehmer zahlt einen Lottogewinn von 5.000,00 € auf das betriebliche Bankkonto ein.) und
- **sonstige Wirtschaftsgüter** (Beispiele: Der Privatwagen des Unternehmers wird in den Betrieb als Fahrzeug für die Reisenden eingebracht. Die privat entlohnte Putzfrau des Unternehmers reinigt auch das betriebliche Arbeitszimmer.).

2.9.3 Möglichkeit von Privatentnahmen und Privateinlagen bei den Unternehmungsformen

Nur bei den **Einzelunternehmungen** (e. K.) und den **Personengesellschaften** (OHG, KG) sind Privatentnahmen und Privateinlagen möglich.

Bei den **Kapitalgesellschaften** (GmbH, AG) gibt es keine Privatbuchungen. Hier sind die Eigentümer nicht so eng mit dem Unternehmen verbunden (z. B. die Aktionäre einer großen AG), dass sie Privatentnahmen oder Privateinlagen tätigen können. Die Leitung der Kapitalgesellschaften liegt in den Händen des Vorstandes bzw. der Geschäftsführung.

2.9.4 Buchhalterische Behandlung von Privatentnahmen und Privateinlagen

Das betriebliche Eigenkapital ändert sich durch Privatentnahmen und Privateinlagen.

Privatentnahmen führen zu Eigenkapitalminderungen. Privateinlagen führen zu Eigenkapitalmehrungen.

Privatentnahmen könnten als Bestandsminderungen im Soll und Privateinlagen als Bestandsmehrungen im Haben des passiven Bestandskontos Eigenkapital gebucht werden.

Damit nun aber das Eigenkapitalkonto nicht zu unübersichtlich wird, werden Privatentnahmen und Privateinlagen auf dem „Privatkonto" erfasst.

Privatentnahmen werden auf dem Privatkonto im Soll gebucht.

Privateinlagen werden auf dem Privatkonto im Haben gebucht.

Das Privatkonto wird über das Eigenkapitalkonto abgeschlossen.

Beispiele

1. Der Unternehmer entnimmt der Kasse 400,00 €, um seiner Frau ein Geschenk zu machen.
2. Der Unternehmer überweist private Ersparnisse von 10.000,00 € auf das betriebliche Bankkonto.
3. Der Unternehmer überweist 20.000,00 € vom betrieblichen Postbankkonto für den Kauf eines Privatwagens.

Buchungssätze

	Soll	Haben
1. Privatkonto	400,00	
an Kasse		400,00
2. Guthaben bei Kreditinstituten (Bank)	10.000,00	
an Privatkonto		10.000,00
3. Privatkonto	20.000,00	
an Postbank		20.000,00

Buchungen auf dem Privatkonto

S	Privatkonto		H
1. Kasse	400,00	2. KI (Bank)	10.000,00
3. Postb.	20.000,00		

Der Abschluss des Privatkontos erfolgt über das Eigenkapitalkonto. In unserem Fall sind die Privatentnahmen um 10.400,00 € höher als die Privateinlagen. Das Eigenkapital (angenommener Anfangsbestand: 100.000,00 €) mindert sich um diesen Betrag.

S	Privatkonto		H
1. Kasse	400,00	2. KI (Bank)	10.000,00
3. Postb.	20.000,00	EK	10.400,00
	20.400,00		20.400,00

S	Eigenkapital		H
Privat	10.400,00	AB	100.000,00
SB	89.600,00		
	100.000,00		100.000,00

2.9.5 Umsatzsteuerpflicht der Privatentnahmen[1]

Privatentnahmen sind zum Teil umsatzsteuerpflichtig. Der Unternehmer ist bei der Entnahme für private Zwecke Endverbraucher. Würden die Privatentnahmen nicht der Umsatzsteuer unterliegen, so wäre der Unternehmer besser gestellt als alle anderen Konsumenten, die Umsatzsteuer bezahlen müssen.

Nach dem Umsatzsteuergesetz unterliegen der Umsatzsteuer

- **die Gegenstandsentnahme für private Zwecke, wenn zuvor ein voller oder teilweiser Vorsteuerabzug möglich war** (§ 3 Abs. 1 b Nr. 1 UStG) (z. B. Entnahme von Erzeugnissen),
- **die private Verwendung betrieblicher Gegenstände, wenn zuvor ein voller oder teilweiser Vorsteuerabzug möglich war** (§ 3 Abs. 9 a Nr. 1 UStG) (z. B. die private Nutzung des betrieblichen Telefons durch den Unternehmer) und
- **die Entnahme von Dienst- oder Werkleistungen für private Zwecke, unabhängig davon, ob zuvor ein Vorsteuerabzug möglich war** (§ 3 Abs. 9 a Nr. 2 UStG) (z. B. Reparaturarbeiten am Privathaus durch Beschäftigte des Betriebes).

Die Entnahme von Geld (z. B. aus der Kasse, vom Bankkonto usw.) unterliegt nicht der Umsatzsteuer.

Die umsatzsteuerliche Bemessungsgrundlage für Wirtschaftsgüter, die dem Unternehmen entnommen werden, ist der Einkaufspreis (zuzüglich der Nebenkosten) zum Zeitpunkt der Entnahme (= Wiederbeschaffungskosten).

Beispiele

1. Barentnahme für private Zwecke .... 500,00 €
2. Privatentnahme von Erzeugnissen, Nettowert .... 5.000,00 €
   + 19 % Umsatzsteuer .... 950,00 €
3. Es sind vom Unternehmer private Telefongespräche mit den betriebseigenen Telefonen geführt worden. Der private Anteil an den telefonischen Grund- und Gesprächsgebühren beträgt .... 100,00 €
   Darauf 19 % Umsatzsteuer .... 19,00 €
4. Der betriebliche Pkw[2] wurde auch privat benutzt. Der private Nutzungsanteil beträgt gemäß Einzelnachweis insgesamt netto .... 1.500,00 €
   darauf 19 % Umsatzsteuer .... 285,00 €

Buchungssätze

	Soll	Haben
1. Privatkonto	500,00	
an Kasse		500,00
2. Privatkonto	5.950,00	
an Entnahme von Gegenständen und sonstigen Leistungen		5.000,00
an Umsatzsteuer		950,00

1 *Hinweis für die Lehrerin/den Lehrer:* Der Vollständigkeit halber sind hier die steuerrechtlichen Tatbestände komplett dargestellt. Im Unterricht sollten Sie u. U. darauf verzichten.

2 Der Entnahmewert für die private Nutzung des betrieblichen Pkw kann auf zwei Arten (Wahlrecht) ermittelt werden:
1. Durch **Einzelnachweis** des Entnahmewertes (Fahrtenbuch).
2. Durch **Pauschalierung** des Entnahmewertes mit monatlich 1 % des Listenpreises (einschließlich Umsatzsteuer). Da nicht alle Aufwendungen für den betrieblichen Pkw mit Vorsteuer belastet sind (z. B. Kraftfahrzeugversicherung, Kraftfahrzeugsteuer, steuerfreie Garagenmiete usw.), wird bei der Pauschalierung zur Vereinfachung lediglich auf 80 % des Entnahmewertes Umsatzsteuer berechnet.

	Soll	Haben
3.[1] Privatkonto	119,00	
an Entnahme von Gegenständen und sonstigen Leistungen		100,00
an Umsatzsteuer		19,00
4. Privatkonto	1.785,00	
an Entnahme von Gegenständen und sonstigen Leistungen		1.500,00
an Umsatzsteuer		285,00

Das Konto „Entnahme von Gegenständen und sonstigen Leistungen" ist ein Ertragskonto und wird über das GuV-Konto abgeschlossen.

Zusammenfassung

Schaubild

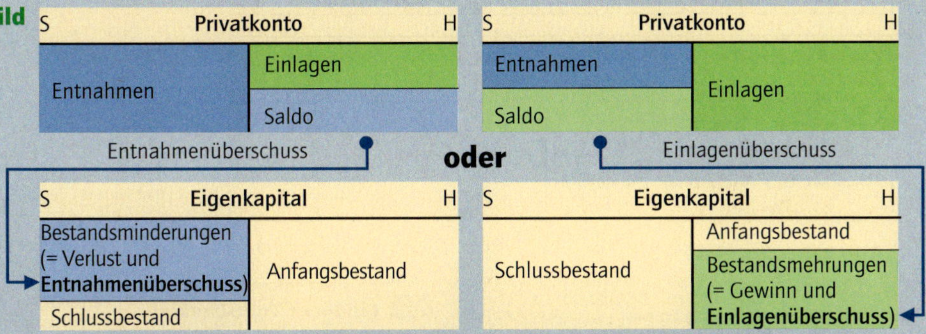

Merksätze

1. **Privatentnahmen werden auf dem Privatkonto im Soll gebucht. Privateinlagen werden auf dem Privatkonto im Haben gebucht.**
2. **Das Privatkonto wird über das Eigenkapitalkonto abgeschlossen.**
3. **Privatentnahmen mindern das betriebliche Eigenkapital. Privateinlagen mehren das betriebliche Eigenkapital.**
4. **Die Privatentnahme betrieblicher Gegenstände und sonstiger Leistungen ist umsatzsteuerpflichtig.**

AUFGABEN

Aufgabe 1: Arten von Privatentnahmen und Privateinlagen;
Aufgabe 2: umsatzsteuerpflichtige Entnahmen;
Aufgabe 3: Belegbuchungen;
Aufgaben 4 bis 7: buchmäßige Auswirkungen von Privateinlagen und -entnahmen;
Aufgabe 8: Buchungssätze;
Aufgabe 9: Geschäftsgang.

1 Geben Sie an, in welcher Form
a) Privatentnahmen und b) Privateinlagen getätigt werden können.

2 Welche der aufgeführten Privatentnahmen sind umsatzsteuerpflichtig?
- Banküberweisung der Einkommensteuer.
- Textilfabrikant entnimmt seinem Unternehmen einen Pullover für seine Frau.
- Barentnahme zum Kauf von Sportschuhen.
- Beschäftigte des Betriebes reinigen die Privatwohnung des Unternehmers.

1 Die private Nutzung des betrieblichen Telefons stellt keine umsatzsteuerpflichtige Entnahme dar (BFH-Urteil vom 23. Sept. 1993), wenn der Unternehmer **gemietete** Fernsprecheinrichtungen benutzt (→ Privatkonto an Telefonkosten und an Vorsteuer).

3 Sie sind Angestellte(r) der Textilfabrik Konrad Fied KG, Goseriede 41, 30159 Hannover. Die unten stehenden Belege liegen Ihnen zur Buchung vor.

a) Welche Geschäftsfälle liegen den Belegen zugrunde?

b) Wie lauten die Buchungssätze?

Beleg 1

Erzeugnisentnahme

2 Trainingsanzüge, Artikel-Nr. 3210.......	100,00
2 Herren-Sweatshirts, Artikel-Nr. 3543 ...	50,00
2 Herren-T-Shirts, Artikel-Nr. 5680	28,00
	178,00
+ 19 % Umsatzsteuer......................	33,82
	211,82

28.09.20.. Fied

Beleg 2[1]

Konrad Fied KG Hannover	Buchungsanweisung Buchungsdatum: 31.08.20..	Beleg-Nr.: 568

für: Die Grund- u. Gesprächsgebühren d. Monats Aug. betrugen netto 2.199,00 €.
Der private Anteil an den Telefonaten betrug 5 % (= 109,95 €).
Darauf 19 % Umsatzsteuer (= 20,89 €).

1 Es handelt sich um eine betriebseigene Telefonanlage.

Beleg 3[2]

Konto-Nummer: **12 345** BLZ **251 901 01**
IBAN: DE81 2519 0101 0000 0123 45 BIC: GENODEF1HLI
Lindener Volksbank eG

Beleg	Buch.-Datum	Text	Wert	Betrag
99 668	08.03.20..	SB-ÜBERWEISUNG, SPENDE WELTHUNGERHILFE	08.03.20..	150,00 -
99 527	08.03.20..	SB-ÜBERWEISUNG, FERIENWOHNUNG SYLT	08.03.20..	2.788,00 -
99 718	08.03.20..	SB-ÜBERWEISUNG, FINANZAMT HANNOVER-SÜD, EINKOMMENSTEUERVORAUSZAHLUNG III/20.., ST.-NR. 26/815/08151	08.03.20..	8.000,00 -

TEXTILFABRIK
KONRAD FIED KG
GOSERIEDE 41
30159 HANNOVER

Konto-Auszug		
10.03.20..	19	1
Datum	Nummer	Blatt

EUR 30.000,00 + Alter Kontostand
EUR 19.062,00 + Neuer Kontostand

2 *Hinweis zum 1. Geschäftsfall auf dem Kontoauszug:* Bei **Einzelunternehmungen** (e. K.) und bei **Personengesellschaften** (OHG, KG) sind Spenden keine Betriebsausgaben. (Sie können hier im Rahmen bestimmter Höchstbeträge steuerlich als **Sonderausgaben** abgesetzt werden.) Nur bei **Kapitalgesellschaften** (AG, GmbH, KGaA) sind Spenden als **Betriebsausgaben** (Konto „6880 Spenden") zu buchen.

Hinweis: Es sind drei Geschäftsfälle zu bearbeiten.

Beleg 4

Konto-Nummer: **12 345** BLZ **251 901 01**
IBAN: DE81 2519 0101 0000 0123 45 BIC: GENODEF1HLI
Lindener Volksbank eG

Beleg	Buch.-Datum	Text	Wert	Betrag
99 544	15.04.20..	RÜCKERSTATTUNG FERIENWOHNUNG SYLT	15.04.20..	2.788,00 +
99 617	15.04.20..	SB-ÜBERWEISUNG, DR. BANGE, ARZTRECHNUNG 512, ANNI FIED	14.04.20..	443,00 -
99 270	16.04.20..	FINANZAMT HANNOVER-SÜD, EINKOMMENSTEUERERSTATTUNG, ST.-NR. 26/815/08151	16.04.20..	2833,00 +

TEXTILFABRIK
KONRAD FIED KG
GOSERIEDE 41
30159 HANNOVER

Konto-Auszug		
18.04.20..	28	1
Datum	Nummer	Blatt

EUR 25.000,00 + Alter Kontostand
EUR 30.178,00 + Neuer Kontostand

Hinweis: Es sind drei Geschäftsfälle zu bearbeiten.

6691128

4 A

	I. €	II. €
Anfangsbestand des Eigenkapitalkontos	300.000,00	400.000,00
Aufwendungen, insgesamt	250.000,00	280.000,00
Erträge, insgesamt	320.000,00	250.000,00
Privatentnahmen, insgesamt	70.000,00	40.000,00
Privateinlagen, insgesamt	50.000,00	80.000,00

Konten: Eigenkapital, Gewinn- und Verlustkonto, Privatkonto.

a) Buchen Sie die oben stehenden Angaben.
b) Schließen Sie das Gewinn- und Verlustkonto und das Privatkonto ab.
c) Ermitteln Sie den Schlussbestand des Eigenkapitalkontos.

5 Wie hoch sind die Eigenkapitalmehrungen bzw. die Eigenkapitalminderungen?

a) Gewinn = 500.000,00 €; Einlagenüberschuss[1] = 10.000,00 €
b) Gewinn = 200.000,00 €; Entnahmenüberschuss[2] = 250.000,00 €
c) Verlust = 100.000,00 €; Entnahmenüberschuss = 150.000,00 €
d) Verlust = 150.000,00 €; Einlagenüberschuss = 50.000,00 €
e) Gewinn = 180.000,00 €; Entnahmenüberschuss = 150.000,00 €
f) Verlust = 60.000,00 €; Einlagenüberschuss = 100.000,00 €

6 Geben Sie an, welche Fälle zu einer Eigenkapitalmehrung bzw. -minderung führen.

1. Fall: Gewinn. < Entnahmenüberschuss
2. Fall: Verlust + Entnahmenüberschuss
3. Fall: Verlust > Einlagenüberschuss
4. Fall: Gewinn + Einlagenüberschuss
5. Fall: Gewinn < Entnahmenüberschuss
6. Fall: Verlust < Einlagenüberschuss

7 Aus dem Eigenkapitalkonto und aus dem Privatkonto ergeben sich folgende Zahlen:

	I. €	II. €
Anfangsbestand des Eigenkapitalkontos	250.000,00	300.000,00
Schlussbestand des Eigenkapitalkontos	200.000,00	400.000,00
Privatentnahmen, insgesamt	10.000,00	60.000,00
Privateinlagen, insgesamt	30.000,00	20.000,00

Errechnen Sie den Gewinn bzw. Verlust.

8

Konten: Privatkonto; Kasse; Mieten, Pachten; Umsatzsteuer; Kraftfahrzeugsteuer; Sonstige betriebliche Steuern; Guthaben bei Kreditinstituten (Bank); Versicherungsbeiträge; Postbank; Entnahme von Gegenständen und sonstigen Leistungen; Eigenkapital.

Nennen Sie die Buchungssätze für die folgenden Geschäftsfälle.

	€
1. Hundesteuer für Wachhund des Betriebes	60,00
für Jagdhund	65,00
wird per Banküberweisung gezahlt.	
2. Private Arztrechnungen werden per Banküberweisung beglichen	300,00
3. Die private Krankenkasse überweist die privaten Arztkosten auf das betriebliche Postbankkonto	300,00
4. Ein Lottogewinn wird auf das betriebliche Bankkonto eingezahlt	12.000,00
5. Ein Geburtstagsgeschenk für die Tochter des Unternehmers wird mit Bargeld aus der betrieblichen Kasse bezahlt	150,00
6. Banküberweisung für die Miete der Geschäftsräume	3.000,00
der Privatwohnung	800,00
7. Barentnahme aus der Geschäftskasse für eine private Wochenendreise	1.000,00

1 Privateinlagen übersteigen die Privatentnahmen. 2 Privatentnahmen übersteigen die Privateinlagen.

8.	Private Ersparnisse werden auf das betriebliche Bankkonto überwiesen	9.000,00
9.	Spende für das Müttergenesungswerk wird per Banküberweisung bezahlt	300,00
10.	Einlage einer Erbschaft auf das Bankkonto	15.000,00
11.	Versicherungsbeiträge werden per Banküberweisung gezahlt,	
	Ausbildungsversicherung der Tochter	80,00
	Lagerversicherung	1.300,00
	Lebensversicherung	200,00
12.	Zahlung der Einkommensteuer	12.000,00
	Kraftfahrzeugsteuer (betrieblicher Fuhrpark)	1.000,00
	durch Banküberweisung.	
13.	Banküberweisung für Reparatur am Privathaus, netto	1.000,00
	+ 19 % Umsatzsteuer (nicht als Vorsteuer absetzen)	190,00
14.	Reparaturrechnung für Privatwagen, netto	500,00
	+ 19 % Umsatzsteuer (nicht als Vorsteuer absetzen)	95,00
	wird bar bezahlt.	
15.	Entnahme eines Kostüms für die Ehefrau des Unternehmers, netto	200,00
	+ 19 % Umsatzsteuer	38,00
16.	Der private Anteil an den telefonischen Grund- und Gesprächsgebühren (betriebseigene Telefonanlage) beträgt netto	150,00
	Darauf 19 % Umsatzsteuer	28,50
17.	Abschlussbuchungssatz des Privatkontos	
	– bei Einlagenüberschuss	7.000,00
	– bei Entnahmenüberschuss	60.000,00

9[1] **A**

Anfangsbestände	€
Technische Anlagen und Maschinen	800.000,00
Fuhrpark	105.000,00
Geschäftsausstattung	110.000,00
Rohstoffe	340.000,00
Betriebsstoffe	80.000,00
Unfertige Erzeugnisse	60.000,00
Fertige Erzeugnisse	90.000,00
Forderungen a. LL	45.000,00
Guthaben bei Kreditinstituten (Bank)	30.000,00
Kasse	10.000,00
Eigenkapital	900.000,00
Langfristige Bankverbindlichkeiten	700.000,00
Verbindlichkeiten a. LL	70.000,00

Konten: Technische Anlagen und Maschinen, Fuhrpark, Geschäftsausstattung, Rohstoffe, Betriebsstoffe, Unfertige Erzeugnisse, Fertige Erzeugnisse, Forderungen a. LL, Vorsteuer, Guthaben bei Kreditinstituten (Bank), Kasse, Eigenkapital, Privat, Langfristige Bankverbindlichkeiten, Verbindlichkeiten a. LL, Umsatzsteuer, Umsatzerlöse für eigene Erzeugnisse, BV an UE, BV an FE, Entnahme von Gegenständen und sonstigen Leistungen, Vertriebsprovisionen, Löhne, Büromaterial, Zeitungen und Fachliteratur, Zinsaufwendungen, Aufwendungen für Rohstoffe, Aufwendungen für Betriebsstoffe, EBK, SBK, GuV.

1 Der Geschäftsgang kann alternativ nach der „Fortschreibungsmethode" oder nach der „Inventurmethode" oder nach dem „Aufwandsrechnerischen Verfahren" gebucht werden.

Geschäftsfälle	€
1. Ausgangsrechnung an Kunden	
Nettobetrag (eigene Erzeugnisse)	70.000,00
+ 19 % Umsatzsteuer	13.300,00
Bruttobetrag	83.300,00
2. Lastschriftanzeige der Bank gemäß Kontoauszug	
1. für ungedeckten Kundenscheck	5.000,00
2. für Darlehenstilgung	1.000,00
3. für Darlehenszinsen	3.000,00
4. für Banküberweisung an Lieferer	7.000,00
5. für Lohnzahlung	8.000,00
3. Eingangsrechnung	
1. unseres Vertreters für den Verkauf unserer Erzeugnisse	
Nettoprovision	4.000,00
+ 19 % Umsatzsteuer	760,00
Bruttobetrag	4.760,00
2. unseres Rohstofflieferanten	
Nettobetrag (Rohstoffe)	60.000,00
+ 19 % Umsatzsteuer	11.400,00
Bruttobetrag	71.400,00
4.[1] **Verbrauch gemäß Materialentnahmescheine**	
1. Rohstoffe	20.000,00
2. Betriebsstoffe	5.000,00
5. Beleg über Spende eigener Erzeugnisse an das Rote Kreuz,	
Nettobetrag (eigene Erzeugnisse)	1.000,00
+ 19 % Umsatzsteuer	190,00
Bruttobetrag	1.190,00
6. Gutschriftanzeige der Bank gemäß Kontoauszug für	
1. Kundenzahlung	83.300,00
2. Erstattung der im vergangenen Jahr zu viel gezahlten Einkommensteuer	4.000,00
3. zu viel berechnete Darlehenszinsen	500,00
4. Bareinzahlung	2.000,00
7. Kassenausgänge für	
1. Privatentnahme	1.500,00
2. Bareinkauf von Büromaterial	
Nettobetrag	300,00
+ 19 % Umsatzsteuer	57,00
Bruttobetrag	357,00
3. Bareinkauf betrieblicher Fachliteratur	
Nettobetrag	200,00
+ 7 % Umsatzsteuer	14,00
Bruttobetrag	214,00
4. Kriminalromane	25,00
8. Beleg über Entnahme eigener Erzeugnisse für Privatzwecke	
Nettobetrag (eigene Erzeugnisse)	800,00
+ 19 % Umsatzsteuer	152,00
Bruttobetrag	952,00

1 Soll nach der „Inventurmethode" oder nach dem „Aufwandsrechnerischen Verfahren" gebucht werden, so entfällt dieser Geschäftsfall.

Abschlussangaben

1. Ermittlung und Passivierung der Zahllast .... ?
2. **Schlussbestände lt. Inventur:** 1. Unfertige Erzeugnisse 50.000,00
   2. Fertige Erzeugnisse 120.000,00
3. Eine Privatentnahme aus der Kasse wurde versehentlich nicht gebucht.
   Kassenfehlbetrag (= Inventurdifferenz) 200,00
4. Die Schlussbestände der anderen Bestandskonten entsprechen den Inventurbeständen.

Zusätzliche Abschlussangaben bei Buchung nach der „Inventurmethode" oder nach dem „Aufwandsrechnerischen Verfahren"

Schlussbestände lt. Inventur: 1. Rohstoffe 380.000,00
2. Betriebsstoffe 75.000,00

2.10 Grundsätze ordnungsmäßiger Buchführung (GoB)

Die Grundsätze ordnungsmäßiger Buchführung sind im HGB (Handelsgesetzbuch) und in der AO (Abgabenordnung) gesetzlich verankert.

HGB	AO	Vorschrift
§ 238 Abs. 1	§ 145 Abs. 1	Die Buchführung muss so beschaffen sein, dass sie einem sachverständigen Dritten innerhalb angemessener Zeit einen Überblick über die Geschäftsvorfälle und über die Lage des Unternehmens vermitteln kann. Die Geschäftsvorfälle müssen sich in ihrer Entstehung und Abwicklung verfolgen lassen.
§ 239 Abs. 1	§ 146 Abs. 3	Bei der Führung der Handelsbücher und bei den sonst erforderlichen Aufzeichnungen hat sich der Kaufmann einer lebenden Sprache zu bedienen. Werden Abkürzungen, Ziffern, Buchstaben oder Symbole verwendet, muss im Einzelfall deren Bedeutung eindeutig festliegen.
	§ 146 Abs. 3	Wird eine andere als die deutsche Sprache verwendet, so kann die Finanzbehörde Übersetzungen verlangen.
	§ 146 Abs. 2	Bücher und die sonst erforderlichen Aufzeichnungen sind im Geltungsbereich dieses Gesetzes (Bundesrepublik Deutschland) zu führen und aufzubewahren.
	§ 146 Abs. 2a	Abweichend von Absatz 2 ... kann die zuständige Finanzbehörde auf schriftlichen Antrag des Steuerpflichtigen bewilligen, dass elektronische Bücher ... in einem Mitgliedstaat der Europäischen Union geführt und aufbewahrt werden[1].
§ 239 Abs. 2	§ 146 Abs. 1	Die Eintragungen in Büchern und die sonst erforderlichen Aufzeichnungen müssen vollständig, richtig, zeitgerecht und geordnet vorgenommen werden.
	§ 146 Abs. 1	Kasseneinnahmen und Kassenausgaben sollen täglich festgehalten werden.
§ 239 Abs. 3	§ 146 Abs. 4	Eine Eintragung oder eine Aufzeichnung darf nicht in einer Weise verändert werden, dass der ursprüngliche Inhalt nicht mehr feststellbar ist. Auch solche Veränderungen dürfen nicht vorgenommen werden, deren Beschaffenheit es ungewiss lässt, ob sie ursprünglich oder erst später gemacht worden sind.
§ 239 Abs. 4	§ 146 Abs. 5	Bei der Führung der Handelsbücher und der sonst erforderlichen Aufzeichnungen auf Datenträgern muss insbesondere sichergestellt sein, dass die Daten während der Dauer der Aufbewahrungsfrist verfügbar sind und jederzeit innerhalb angemessener Frist lesbar gemacht werden können.
§ 246 Abs. 2		Posten der Aktivseite dürfen nicht mit Posten der Passivseite, Aufwendungen nicht mit Erträgen ... verrechnet werden.
§ 257 Abs. 3	§ 147 Abs. 2	Sinngemäß: Mit Ausnahme der Bilanzen können die Buchführungsunterlagen auch als Wiedergabe auf einem Bildträger (Mikrofilm) oder auf anderen Datenträgern aufbewahrt werden.
§ 257 Abs. 4	§ 147 Abs. 3	Sinngemäß: Handelsbücher, Inventare, Bilanzen und Buchungsbelege sind 10 Jahre aufzubewahren.
§ 257 Abs. 5	§ 147 Abs. 4	Verkürzt: Die Aufbewahrungsfrist beginnt mit dem Schluss des Kalenderjahres.

1 Für die Finanzverwaltung muss gewährleistet sein, dass für eine Betriebsprüfung die Buchführungsbücher rechtzeitig im Inland zur Verfügung stehen. Außerdem wird die Verlagerung nur bei solchen Steuerpflichtigen bewilligt, die sich in der Vergangenheit kooperativ gezeigt haben.

6691132

AUFGABE

In den unten vorliegenden Fällen a) bis q) wird gegen die Grundsätze ordnungsmäßiger Buchführung (GoB) verstoßen. Geben Sie an, welche Vorschrift des HGB bzw. der AO nicht beachtet wird.

a) Der Einfachheit halber werden „Forderungen a. LL" und „Verbindlichkeiten a. LL" gemeinsam auf einem (gemischten) Konto gebucht.
b) Es werden Buchungen vorgenommen, denen kein Beleg zugrunde liegt.
c) Der Inhaber eines gut gehenden Autohauses (Kfz-Verkauf und Kfz-Reparatur) hält sich nahezu ganzjährig in seinem Ferienhaus auf Hawaii auf. Dorthin werden ihm die Buchungsbelege übersandt. Er führt auf Hawaii die Buchführungsbücher und bewahrt sie dort auch auf.
d) Ein in dem Unternehmen selbst geschriebenes Finanzbuchführungsprogramm ermöglicht das Löschen bereits vorgenommener Buchungen. Auf diese Weise erspart man sich Stornobuchungen.
e) Aufgrund der Unklarheit und Unübersichtlichkeit der Buchführung ist der Außenprüfer des Finanzamtes nicht in der Lage, einzelne Buchungen nachzuvollziehen.
f) Bilanzen werden ausschließlich auf der Festplatte gespeichert.
g) Ein französischer Textilfabrikant hat für seinen neuen Betrieb in Rostock einen französischen Buchhalter eingestellt. Er weigert sich gegenüber dem Finanzamt die Buchführungsaufzeichnungen in die deutsche Sprache zu übersetzen.
h) 10 Jahre nach ihrer buchhalterischen Erfassung werden die Buchungsbelege vernichtet.
i) Es wird vergessen, den Bareingang für einen Verkauf zu buchen.
j) Aufgrund der Kündigung des Finanzbuchhalters ist ein Unternehmen nicht in der Lage, die auf der Festplatte gespeicherten Buchführungsaufzeichnungen für den Außenprüfer des Finanzamtes innerhalb einer angemessenen Frist lesbar zu machen.
k) Die Bücher, Inventare und Bilanzen werden nach der Aufbewahrungsfrist von 6 Jahren vernichtet.
l) Die Kasseneinnahmen und Kassenausgaben werden einmal wöchentlich festgehalten.
m) Eine unkorrekte Buchung wird überschrieben.
n) Eine Ausgangsrechnung wird versehentlich als Eingangsrechnung gebucht.
o) Als Kontenbezeichnungen werden Abkürzungen verwendet, die für den Außenprüfer des Finanzamtes unverständlich sind.
p) Zieleinkäufe werden im falschen Abrechnungszeitraum gebucht.
q) Zur Vereinfachung der Buchführung werden „Zinserträge" und „Zinsaufwendungen" gemeinsam auf dem Konto „Zinsen" gebucht.

2.11 Kontenrahmen, Kontenplan

2.11.1 Der Kontenrahmen

2.11.1.1 Definition und Aufgabe des Kontenrahmens

Ein Kontenrahmen ist ein Organisations- und Gliederungsplan der Buchführungskonten. In ihm werden die Konten grundlegend systematisch geordnet.

Der Kontenrahmen schreibt eine einheitliche Kontenbezeichnung vor und ordnet jedem Konto eine bestimmte **Kontonummer** zu.

Dadurch ist jedes Konto eindeutig definiert und von den anderen Konten abgegrenzt. Die Einheitlichkeit und Eindeutigkeit der Konten führt zu einer Angleichung der Buchungen in allen nach demselben Kontenrahmen sich richtenden Unternehmen.

Die eindeutige Definition der Konten im Kontenrahmen ermöglicht

- innerbetriebliche Vergleiche verschiedener Rechnungsperioden **(Zeitvergleiche)** und
- Vergleiche mit gleichartigen Betrieben **(Betriebsvergleiche).**

Darüber hinaus werden – bei Buchung nach dem Kontenrahmen – z. B. nicht geschäftsführende Gesellschafter, Gläubiger oder Betriebsprüfer des Finanzamtes in die Lage versetzt, die Buchführung in einer angemessenen Zeit zu überprüfen.

2.11.1.2 Das Nummernsystem des Kontenrahmens

Das Nummernsystem des Kontenrahmens ist nach dem **Zehnersystem** (dekadisches System) aufgebaut. Von links nach rechts gelesen gibt die vierstellige Kontennummer immer detailliertere Informationen über das jeweilige Konto.

- Die erste Ziffer gibt die gröbste Information über die **Kontenklasse (0–9).**

Beispiel

Kontenklassen des Industriekontenrahmens (IKR)

Kontenklasse 0:	Immaterielle Vermögensgegenstände und Sachanlagen
Kontenklasse 1:	Finanzanlagen
Kontenklasse 2:	Umlaufvermögen und aktive Rechnungsabgrenzung
Kontenklasse 3:	Eigenkapital und Rückstellungen
Kontenklasse 4:	Verbindlichkeiten und passive Rechnungsabgrenzung
Kontenklasse 5:	Erträge
Kontenklasse 6:	Betriebliche Aufwendungen
Kontenklasse 7:	Weitere Aufwendungen
Kontenklasse 8:	Ergebnisrechnungen
Kontenklasse 9:	Kosten- und Leistungsrechnung (KLR)

- Die ersten beiden Ziffern geben eine schon feinere Information über die **Kontengruppe (00–99).**

Beispiel

Kontengruppe 60:	Aufwendungen für Roh-, Hilfs- und Betriebsstoffe und für bezogene Waren
Kontengruppe 61:	Aufwendungen für bezogene Leistungen
Kontengruppe 62:	Löhne
Kontengruppe 63:	Gehälter
⋮	
Kontengruppe 68:	Aufwendungen für Kommunikation (Dokumentation, Information, Reisen, Werbung)
Kontengruppe 69:	Aufwendungen für Beiträge und Sonstiges sowie Wertkorrekturen und periodenfremde Aufwendungen

6691134

- Die ersten drei Ziffern differenzieren noch weiter in die **Kontenart (000–999).**

Beispiel

Kontenart 680:	Büromaterial
Kontenart 681:	Zeitungen und Fachliteratur
Kontenart 682:	Postgebühren, Telefon, Telefax
⋮	
Kontenart 685:	Reisekosten
⋮	

- Alle vier Ziffern schließlich geben die feinste Information über die **Kontenunterart (0000–9999).**

Beispiel[1]

Kontenunterart 6851:	Tagegeld und Übernachtung
Kontenunterart 6852:	Fahrt- und Flugkosten
Kontenunterart 6853:	Erstattung für private Pkw-Benutzung und Parkgebühren

Jede Kontenklasse ist also in 10 Kontengruppen unterteilt. Die Kontengruppen wiederum werden in je 10 Kontenarten aufgeteilt, welche schließlich in je 10 Kontenunterarten untergliedert sind.

Da es in verschiedenen Wirtschaftsbereichen unterschiedliche buchhalterische Besonderheiten gibt, sind von den einzelnen Wirtschaftsverbänden speziell zugeschnittene Kontenrahmen z. B. für

- Industriebetriebe,
- Großhandelsbetriebe und
- Einzelhandelsbetriebe

geschaffen worden.

2.11.1.3 Der Industriekontenrahmen (IKR)

Der **Industriekontenrahmen (IKR)** trennt die **Finanzbuchführung** (Geschäftsbuchführung) in den Klassen 0 bis 8 von der **Kosten- und Leistungsrechnung** (Betriebsbuchführung) in der Klasse 9.

Die **Finanzbuchführung** (Klassen 0 bis 8) erfasst die **Erfolgsrechnung** (Erfolgskonten), die in die Gewinn- und Verlustrechnung mündet, und die **Bestandsrechnung** (Bestandskonten), die in die Bilanz fließt.

In der **Kosten- und Leistungsrechnung** (Klasse 9) wird ein **kalkulatorisches Betriebsergebnis** ermittelt.

Beim IKR wird der Unternehmenserfolg zweigleisig sowohl in der Finanzbuchführung als Gewinn als auch in der Kosten- und Leistungsrechnung als kalkulatorisches Betriebsergebnis festgestellt. Deshalb spricht man hier vom **Zweikreissystem** des IKR.

Die Erfolgselemente der beiden Kreise werden auch terminologisch voneinander abgegrenzt: Während die positiven und negativen Erfolgselemente der Gewinn- und Verlustrechnung **Erträge** und **Aufwendungen** heißen, werden sie in der Kosten- und Leistungsrechnung als **Leistungen** und **Kosten** bezeichnet.

---

1 Das Beispiel ist dem vollständigen Industriekontenrahmen entnommen.

Die Konten der **Finanzbuchführung** sind im IKR nach den handelsrechtlichen Gliederungsvorschriften für die Bilanz (§ 266 HGB) und für die Gewinn- und Verlustrechnung (§ 275 HGB) gegliedert. Man spricht deshalb vom **Abschlussgliederungsprinzip.**

Einen Grobüberblick über die Konten der Finanzbuchführung des Industriekontenrahmens gibt die folgende Übersicht, die zusätzlich Schemakonten mit Buchungsregeln enthält:

Bestandskonten					Erfolgskonten			Eröffnungs- und Abschlusskonten
Aktive Bestandskonten			Passive Bestandskonten		Ertragskonten	Aufwandskonten		
Anlagevermögen		Umlaufvermögen						
Klasse 0	*Klasse 1*	*Klasse 2*	*Klasse 3*	*Klasse 4*	*Klasse 5*	*Klasse 6*	*Klasse 7*	*Klasse 8*
Immaterielle Vermögensgegenstände und Sachanlagen	Finanzanlagen	Umlaufvermögen und aktive Rechnungsabgrenzung	Eigenkapital und Rückstellungen	Verbindlichkeiten und passive Rechnungsabgrenzungsposten	Erträge	Betriebliche Aufwendungen	Weitere Aufwendungen	Ergebnisrechnungen

aktives Bestandskonto

S	H
AB	Bestandsminderung
Bestandsmehrung	SB

passives Bestandskonto

S	H
Bestandsminderung	AB
SB	Bestandsmehrung

Ertragskonto

S	H
Storno[1]	Ertrag
Saldo	

Aufwandskonto

S	H
Aufwand	Storno[1]
	Saldo

Schlussbilanzkonto

S	H
SB der aktiven Bestandskonten	SB der passiven Bestandskonten

Gewinn- und Verlustkonto

S	H
Salden der Aufwandskonten	Salden der Ertragskonten

AB = Anfangsbestand, SB = Schlussbestand, 1 = Rückbuchung/Korrekturbuchung

Die Erfolgsrechnung der **Finanzbuchführung** wird entscheidend von steuerrechtlichen und handelsrechtlichen Vorschriften (z. B. Abschreibungs- und Bewertungsvorschriften) bestimmt. Den Anforderungen einer betriebswirtschaftlichen Betrachtung wird die Erfolgsrechnung der Finanzbuchführung nicht gerecht.

Aus diesem Grund sieht der IKR in der Kontenklasse 9 eine **Kosten- und Leistungsrechnung** vor. In diesem zweiten eigenständigen Rechnungskreis baut sich jede Unternehmung ein individuelles Abrechnungssystem auf, das sich an betriebswirtschaftlichen Erfordernissen orientiert.

Dieses Abrechnungssystem wird auf die speziellen Bedürfnisse der Unternehmungen ausgerichtet. Es wird geprägt durch die Branchenzugehörigkeit und durch die Eigenart des Betriebsprozesses.

Wie die Finanzbuchführung (Geschäftsbuchführung) in den Kontenklassen 0 bis 8 kann die Kosten- und Leistungsrechnung in der Kontenklasse 9 kontenmäßig nach dem **Prinzip der Doppik** gestaltet werden. Man spricht dann von der Betriebsbuchführung.

In der betrieblichen Praxis werden Kosten und Leistungen allerdings i. d. R. nicht kontenmäßig, sondern **tabellarisch in Ergebnistabellen** (siehe Kap. 6.2) erfasst. Die tabellarische Kosten- und Leistungsrechnung ist übersichtlicher und weniger arbeitsaufwändig.

2.11.2 Der Kontenplan

Aus dem allgemeinen Kontenrahmen für die Wirtschaftszweige entwickelt letztlich jedes Unternehmen seinen eigenen **Kontenplan.**

Ein Kontenplan stellt die tatsächliche, konkrete, betriebsspezifische Kontenorganisation dar.

Der Kontenplan enthält nur die für das Unternehmen wirklich erforderlichen Konten. Nicht benötigte Konten des Kontenrahmens werden nicht in den Kontenplan aufgenommen. Andererseits können im Kontenplan auch zusätzliche Konten eingerichtet werden, die der Kontenrahmen nicht vorsieht.

2.11.3 Das Buchen mit den Kontennummern[1]

Beim Buchen im Grund- und Hauptbuch tritt an die Stelle der Kontenbezeichnung die das Konto eindeutig definierende Kontennummer.

Beispiel

Zieleinkauf von Rohstoffen, Nettowert .... 10.000,00 €
+ 19 % Umsatzsteuer .... 1.900,00 €

Buchungssatz

statt: ——→ nur:

	Soll	Haben
Aufw. für Rohst.[2]	10.000,00	
Vorsteuer	1.900,00	
an Verb. a. LL		11.900,00

	Soll	Haben
6000[3]	10.000,00	
2600	1.900,00	
an 4400		11.900,00

Buchung

statt: ——→ nur:

S	Aufwendungen für Rohstoffe[2]		H
...	...		
Verb. a. LL	10.000,00		

S	6000[3]		H
...	...		
4400	10.000,00		

S	Vorsteuer		H
...	...		
Verb. a. LL	1.900,00		

S	2600		H
...	...		
4400	1.900,00		

S	Verbindlichkeiten a. LL		H
		...	...
		AfR[2]/VSt	11.900,00

S	4400		H
		...	...
		6000[3]/2600	11.900,00

Damit im Unterricht nicht nur mit Zahlen gearbeitet wird, sind folgende Bezeichnungen für den schulischen Gebrauch zweckmäßig:

Buchungssatz

	Soll	Haben
6000 Aufwendungen für Rohstoffe[4]	10.000,00	
2600 Vorsteuer	1.900,00	
an 4400 Verbindlichkeiten a. LL		11.900,00

1 In diesem Lehrbuch werden die Kontennummern EDV-gerecht vierstellig dargestellt.
2 alternativ: Rohstoffe („Bestandsrechnerisches Verfahren")
3 alternativ: 2000 („Bestandsrechnerisches Verfahren")
4 alternativ: 2000 Rohstoffe („Bestandsrechnerisches Verfahren")

Buchung

S	6000 Aufw. für Rohstoffe[1]		H
...	...		
4400	10.000,00		

S	4400 Verbindlichkeiten a. LL		H
		...	
		6000[2]/2600	11.900,00

S	2600 Vorsteuer		H
...	...		
4400	1.900,00		

Zusammenfassung

Schaubild

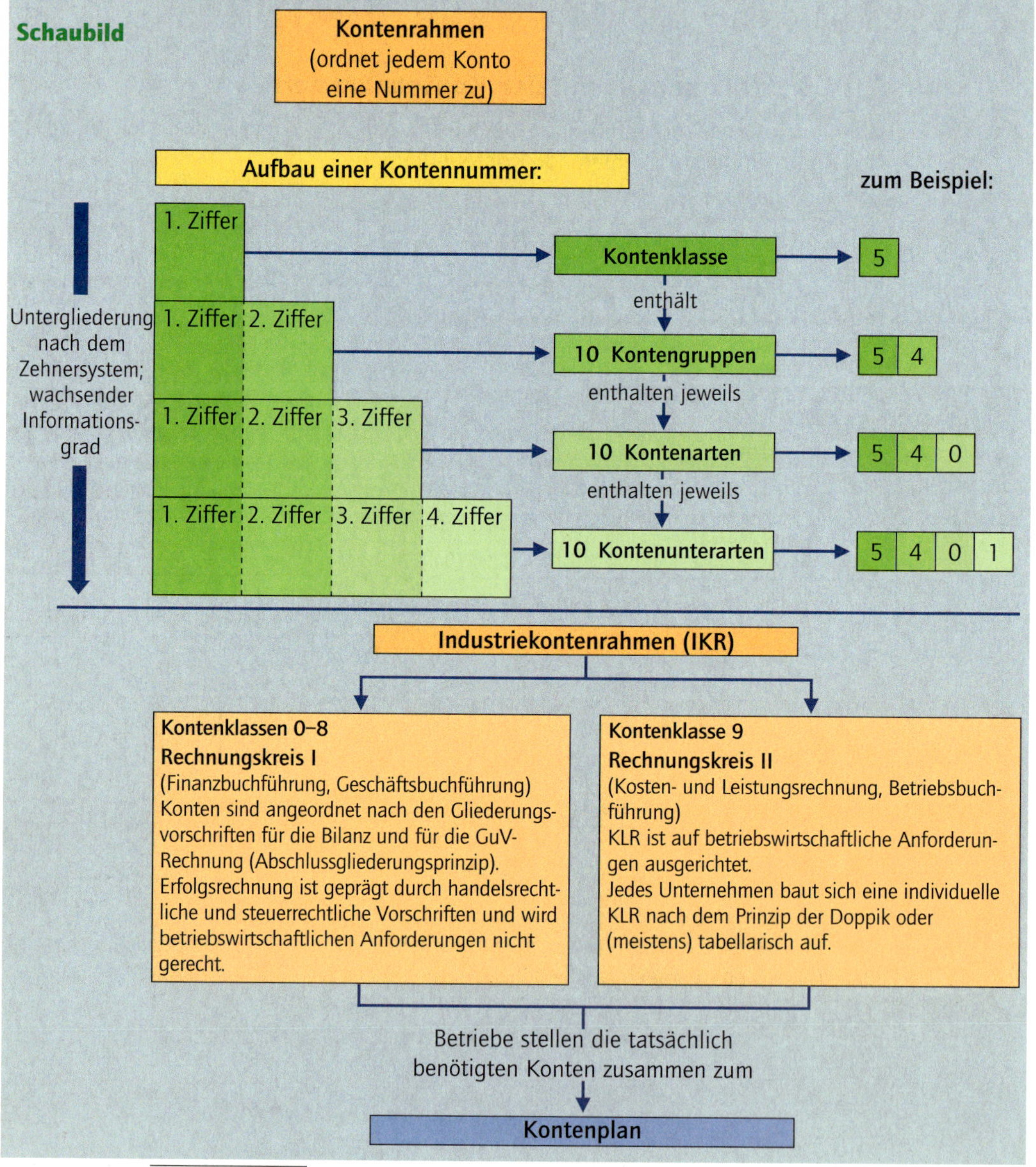

1 alternativ: 2000 Rohstoffe („Bestandsrechnerisches Verfahren")
2 alternativ: 2000 („Bestandsrechnerisches Verfahren")

6691138

Merksätze

1. **Ein Kontenrahmen ist ein Organisationsmittel, das mit einem Nummernsystem die Konten eines Wirtschaftszweiges gliedert und einheitlich und eindeutig bezeichnet.**
2. **Das Nummernsystem des Kontenrahmens ist nach dem Zehnersystem aufgebaut.**
3. **Der Industriekontenrahmen (IKR) sieht für die Finanzbuchführung die Klassen 0 bis 8 und für die Kosten- und Leistungsrechnung die Klasse 9 vor. Die Konten der Finanzbuchführung sind in den Klassen 0 bis 8 nach dem Abschlussgliederungsprinzip geordnet.**
4. **Ein Kontenplan ist eine betriebsindividuelle Kontenorganisation. In ihm werden die tatsächlich benötigten Konten geführt.**

AUFGABEN

Aufgabe 1: Unterschied zwischen Kontenrahmen und Kontenplan;
Aufgabe 2: Erstellen eines Kontenplans;
Aufgabe 3: Verständnisfragen zum IKR;
Aufgabe 4: Interpretation von Kontierungen;
Aufgabe 5: Geschäftsgang.

1 Erklären Sie den Unterschied zwischen dem Kontenrahmen und dem Kontenplan.

2 Eine Textilfabrik führt folgende Konten:
Rohstoffe; Umsatzerlöse für eigene Erzeugnisse; Bebaute Grundstücke; Fuhrpark; Vorsteuer; Kasse; Umsatzsteuer; Hilfsstoffe; Eigenkapital; Aufwendungen für Rohstoffe; Werbung; Fremdinstandhaltung; Forderungen a. LL; Unfertige Erzeugnisse; Aufwendungen für Hilfsstoffe; Guthaben bei Kreditinstituten (Bank); Postbank; Büromaterial; Fertige Erzeugnisse; Langfristige Bankverbindlichkeiten; Löhne; Verbindlichkeiten a. LL; Gehälter; Reisekosten; Anlagen und Maschinen der mechanischen Materialbearbeitung, -verarbeitung und -umwandlung; Büromaschinen, Organisationsmittel und Kommunikationsanlagen; Vertriebsprovisionen; Grundsteuer; BV an UE; BV an FE; Eröffnungsbilanzkonto; GuV-Konto; Mieten, Pachten; Schlussbilanzkonto; Zinserträge; Telefon; Zinsaufwendungen.
Erstellen Sie für diesen Betrieb einen Kontenplan, der nach Kontennummern geordnet ist.

3
a) Warum spricht man beim IKR vom Zweikreissystem?
b) Erklären Sie die Unterscheidung des IKR in die Finanzbuchführung (Geschäftsbuchführung) und in die Kosten- und Leistungsrechnung (Betriebsbuchführung).
c) Erklären Sie das Abschlussgliederungsprinzip der Klassen 0 bis 8 im IKR.

4 Welche Geschäftsfälle liegen den folgenden Buchungen nach dem Industriekontenrahmen zugrunde?

a) 6000[1] 2600 an 4400
b) 2400 an 5000 an 4800
c) 2800 an 2880
d) 4800 an 2850
e) 2850 an 3001
f) 6150 2600 an 2400 an 2800
g) 3000 an 3001
h) 2880 an 2400
i) 3001 an 5420 an 4800
j) 4250 an 2800
k) 6700 an 2850
l) 2200 an 5202
m) 6200 an 2850
n) 4400 an 5000 an 4800
o) 4800 an 2600
p) 5201 an 2100
q) 6800 2600 an 2880

1 alternativ: 2000 („Bestandsrechnerisches Verfahren")

FIBU möglich

5 A

Anfangsbestände[1]

0720 Anlagen und Maschinen der mechanischen Materialbearbeitung, -verarbeitung und -umwandlung: 900.000,00 €; 0860 Büromaschinen, Organisationsmittel und Kommunikationsanlagen: 150.000,00 €; 2000 Rohstoffe: 450.000,00 €; 2020 Hilfsstoffe: 80.000,00 €; 2100 Unfertige Erzeugnisse: 50.000,00 €; 2200 Fertige Erzeugnisse: 190.000,00 €; 2400 Forderungen a. LL: 90.000,00 €; 2800 Guthaben bei Kreditinstituten (Bank): 65.000,00 €; 2880 Kasse: 15.000,00 €; 3000 Eigenkapital: 950.000,00 €; 4250 Langfristige Bankverbindlichkeiten: 800.000,00 €; 4400 Verbindlichkeiten a. LL: 232.000,00 €; 4800 Umsatzsteuer: 8.000,00 €.

Kontenplan

0720, 0860, 2000, 2020, 2100, 2200, 2400, 2600, 2800, 2880, 3000, 3001, 4250, 4400, 4800, 5000, 5201, 5202, 5420, 6000, 6020, 6060, 6100, 6200, 6800, 8000, 8010, 8020

Geschäftsfälle

Beleg-Nr.		€
	1. Lastschriftanzeige der Bank gemäß Kontoauszug	
11	1. für Zahllast	8.000,00
12	2. für Fertigungslöhne	14.000,00
13	3. für Darlehenstilgung	2.000,00
20	**2.** Konrad Fied entnimmt dem Betrieb ein Kleid für seine Ehefrau	160,00
	+ 19 % USt	30,40
	3. Eingangsrechnung	
31	1. unserer Modedesignerin für die für unsere Textilfabrik entworfenen Modellkleider	
	Nettopreis (Honorar)	5.000,00
	+ 19 % USt	950,00
	Rechnungsbetrag	5.950,00
32	2. unseres Rohstofflieferanten	
	Nettopreis (Rohstoffe)	40.000,00
	+ 19 % USt	7.600,00
	Rechnungsbetrag	47.600,00
33	3. unseres Hilfsstofflieferanten	
	Nettopreis (Hilfsstoffe)	8.000,00
	+ 19 % USt	1.520,00
	Rechnungspreis	9.520,00
	4. Kassenausgänge für	
41	1. Barkauf von Reparaturmaterial	
	Nettopreis (Reparaturmaterial)	700,00
	+19 % USt	133,00
	Rechnungsbetrag	833,00
42	2. Barkauf von Büromaterial	
	Nettopreis (Büromaterial)	120,00
	+ 19 % USt	22,80
	Rechnungsbetrag	142,80

1 Der Geschäftsgang kann alternativ nach der „Fortschreibungsmethode" oder nach der „Inventurmethode" oder nach dem „Aufwandsrechnerischen Verfahren" gebucht werden.

5.[1] Verbrauch gemäß Materialentnahmescheine

51 1. Rohstoffe 80.000,00
52 2. Hilfsstoffe 5.000,00

6. Gutschriftanzeige der Bank gemäß Kontoauszug

61 1. für zu viel berechnete Darlehenstilgung 500,00
62 2. für im vergangenen Jahr zu viel bezahlte Einkommensteuer 3.000,00
63 3. für Überweisung von einem Kunden 8.000,00

70 **7.** Ausgangsrechnung an Kunden
Nettobetrag (eigene Erzeugnisse) 200.000,00
\+ 19 % USt 38.000,00
Rechnungsbetrag 238.000,00

Abschlussangaben

80 **8.[1]** Der Rohstoffbestand gemäß Inventur (= Istbestand) übersteigt den Rohstoffbestand gemäß Buchführung (= Sollbestand) um 4.000,00 € (= Inventurdifferenz). Ursache: Der Verbrauch von Rohstoffen gemäß Materialentnahmescheine wurde versehentlich doppelt gebucht 4.000,00

90 **9.** Ermittlung und Passivierung der Zahllast .... ?

101 **10. Schlussbestände lt. Inventur:** 1. Unfertige Erzeugnisse 70.000,00
102 2. Fertige Erzeugnisse 180.000,00

110 **11.** Die Schlussbestände der anderen Bestandskonten entsprechen den Inventurbeständen.

Zusätzliche Abschlussangaben bei Buchung nach der „Inventurmethode" oder nach dem „Aufwandsrechnerischen Verfahren"

121 **12. Schlussbestände lt. Inventur:** 1. Rohstoffe 414.000,00
122 2. Hilfsstoffe 83.000,00

2.12 Die Buchführungsbücher

Der Begriff „Buchführungsbücher" kommt aus einer Zeit, in der der Kaufmann seine Geschäfte handschriftlich in gebundenen Büchern aufzeichnete. Die Buchform verwendet man heute hierfür meistens nicht mehr. Die Bezeichnung „Buchführungsbücher" soll dennoch beibehalten werden, weil damit eine lange Tradition verknüpft ist.

Heute sind die Inhalte der traditionellen Buchführungsbücher i. d. R. auf elektronischen Datenträgern gespeichert.

Bei der Speicherung auf Datenträgern muss „sichergestellt sein, dass die Daten während der Dauer der Aufbewahrungsfrist verfügbar sind und jederzeit innerhalb angemessener Frist lesbar gemacht werden können" (§ 239 Abs. 4 HGB; § 146 Abs. 5 AO).

Man unterscheidet zwei Gruppen von Buchführungsbüchern,

- die **Systembücher** und
- die **Nebenbücher.**

1 Soll nach der „Inventurmethode" oder nach dem „Aufwandsrechnerischen Verfahren" gebucht werden, so entfällt dieser Geschäftsfall.

Die **Systembücher** sind unverzichtbarer Bestandteil des Systems der doppelten Buchführung. Zu ihnen gehören:

1. das Inventar- und Bilanzbuch,
2. das Grundbuch und
3. das Hauptbuch.

Die **Nebenbücher** sind für die Buchführungstechnik nicht erforderlich. Sie werden neben der eigentlichen Buchführung geführt und dienen der laufenden Kontrolle wichtiger Werte und der Erklärung einzelner Hauptbuchkonten. Zu den Nebenbüchern zählen:

1. das Kontokorrent- oder Geschäftsfreundebuch,
2. das Lagerbuch,
3. das Wechselbuch,
4. das Lohn- und Gehaltsbuch,
5. das Anlagenbuch und
6. das Kassenbuch.

Buchführungsbücher

- **Systembücher**
  - Inventar- und Bilanzbuch
  - Grundbuch
  - Hauptbuch
- **Nebenbücher**
  - Kontokorrentbuch
  - Lagerbuch
  - Wechselbuch
  - Lohn- und Gehaltsbuch
  - Anlagenbuch
  - Kassenbuch

2.12.1 Die Systembücher

2.12.1.1 Das Inventar- und Bilanzbuch

Aus den ermittelten Werten der Inventur wird das Inventarverzeichnis erstellt, das wiederum zur Bilanz zusammengefasst wird.

Im Inventar- und Bilanzbuch werden alle Inventare und Bilanzen eines Unternehmens aufbewahrt.

2.12.1.2 Das Grundbuch

Im Grundbuch werden die Buchungssätze aller Geschäftsfälle in zeitlicher Reihenfolge festgehalten.

Das Grundbuch wird auch **Journal, Memorial** und **Primanota** genannt. Es ist die **Grundlage** der gesamten Buchführung.

Muster eines Grundbuches

Alle Geschäftsfälle werden in zeitlicher Reihenfolge gebucht.

	Tag	Beleg	Buchungstext	Beträge S	Beträge H	Kontierung S	Kontierung H
	.	.	.	.	.	.	.
Beispiel	05. Dez.	AR[1] 13	Zielverkauf an	.	.	.	.
	.	.	T. Hempe e. Kffr., München,	.	.	.	.
	.	.	Rechnungsbetrag	5.950,00	.	2400	.
	.	.	Nettowert	.	5.000,00	.	5000
	.	.	Umsatzsteuer	.	950,00	.	4800

1 AR = Ausgangsrechnung

2.12.1.3 Das Hauptbuch

Die Veränderung der einzelnen Konten wird aus den in zeitlicher Reihenfolge vorgenommenen Buchungen im Grundbuch nicht ersichtlich. Hierzu dient das Hauptbuch.

Im Hauptbuch werden alle im Grundbuch vorgenommenen Buchungen nach ihrem sachlichen Zusammenhang auf den so genannten Sachkonten erfasst. Auf jedem einzelnen Sachkonto des Hauptbuches wird ein bestimmter Bestand oder ein bestimmter Erfolg verrechnet.

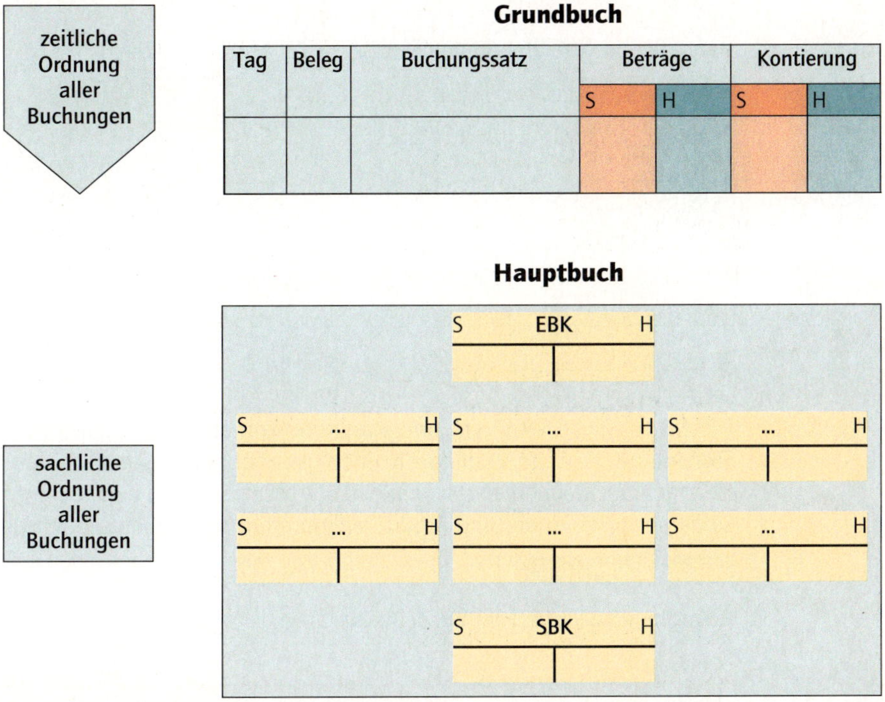

2.12.2 Die Nebenbücher

2.12.2.1 Das Kontokorrentbuch

Die beiden Sachkonten **2400 Forderungen a. LL** und **4400 Verbindlichkeiten a. LL** werden im Kontokorrentbuch in **Personenkonten** aufgeschlüsselt.

Für jeden Kunden und für jeden Lieferer wird im Kontokorrentbuch ein spezielles Personenkonto geführt.

Die Kundenkonten nennt man auch Debitorenkonten, die Liefererkonten werden auch Kreditorenkonten genannt.

Beispiele

Kundenkonto (Debitorenkonto)

Kunde: Söffgen OHG, Kd.-Nr. 24 001					
Datum	**Beleg**	**Buchungstext**	**S**	**H**	**Saldo**
1. Febr.		Saldovortrag	2.000,00		2.000,00
8. Febr.	AR 78	Zielverkauf	3.500,00		5.500,00
17. Febr.	AR 82	Zielverkauf	1.800,00		7.300,00
18. Febr.	BA 28	Banküberweisung		7.000,00	300,00
21. Febr.	AR 91	Zielverkauf	4.300,00		4.600,00
28. Febr.	BA 31	Verrechnungsscheck		4.500,00	100,00

Liefererkonto (Kreditorenkonto)

Lieferer: Bernhard Müller OHG, L.-Nr. 44 001					
Datum	**Beleg**	**Buchungstext**	**S**	**H**	**Saldo**
3. Febr.		Saldovortrag		7.300,00	7.300,00
5. Febr.	ER 48	Zieleinkauf		3.200,00	10.500,00
16. Febr.	ER 52	Zieleinkauf		5.000,00	15.500,00
18. Febr.	BA 28	Banküberweisung	15.000,00		500,00
19. Febr.	ER 55	Zieleinkauf		3.800,00	4.300,00
28. Febr.	BA 31	Banküberweisung	4.000,00		300,00

AR = Ausgangsrechnung; ER = Eingangsrechnung; BA = Bankauszug.

Die Salden der Debitoren- und Kreditorenkonten geben den jeweiligen Stand an Forderungen bzw. an Verbindlichkeiten gegenüber einzelnen Kunden bzw. einzelnen Lieferern an. Beim meist monatlichen Abschluss der Personenkonten werden die Salden der Debitoren- und Kreditorenkonten in **Saldenlisten** übertragen.

Beispiele

Debitorensaldenliste zum 28. Febr. 20..

Konto-Nr.[1]	**Kunden**	**Salden**
24 001	Söffgen OHG	100,00
24 002	Gertrud Schön e. Kffr.	22.000,00
24 003	Hampe KG	11.000,00
	Saldensumme	**33.100,00**

Kreditorensaldenliste zum 28. Febr. 20..

Konto-Nr.[2]	**Lieferer**	**Salden**
44 001	Bernhard Müller OHG	300,00
44 002	Emut GmbH	14.000,00
44 003	Winter GmbH	3.000,00
	Saldensumme	**17.300,00**

1 Wegen der Vielzahl der Kunden werden in der Praxis die Kundennummern meistens im Bereich der Zahlen 10 000 bis 69 999 vergeben.

2 Wegen der Vielzahl der Lieferanten werden in der Praxis die Lieferernummern meistens im Bereich der Zahlen 70 000 bis 79 999 vergeben.

Die Saldensumme aller Einzelforderungen bzw. aller Einzelverbindlichkeiten muss mit dem Schlussbestand des Hauptbuchkontos Forderungen a. LL bzw. Verbindlichkeiten a. LL übereinstimmen.

S	2400 Forderungen a. LL		H
.		.	.
		SB	**33.100,00**

S	4400 Verbindlichkeiten a. LL		H
.			.
SB	**17.300,00**		

2.12.2.2 Das Lagerbuch

Im Lagerbuch wird für jeden Artikel (Erzeugnis, Handelsware, Rohstoffe u. a.) ein eigenes Konto geführt, auf dem die Bestandsmehrungen und die Bestandsminderungen (meistens nur) mengenmäßig erfasst werden.

Auf diese Weise ist der Lagerbestand eines jeden Artikels jederzeit – ohne zeitraubende körperliche Bestandsaufnahme – feststellbar (permanente Inventur).

Mindestens einmal im Jahr werden die Salden der Konten (Sollbestände) anhand der Inventurergebnisse (Istbestände) kontrolliert. Durch falsche Buchung, Verderb, Schwund und Diebstahl können Abweichungen auftreten. Falls dies der Fall ist, so sind die Ursachen zu erforschen. Die Konten sind entsprechend den Istbeständen zu korrigieren.

Beispiel

Lagerkonto (Handelsware)

Artikel-Nr.:	237 (Jeanshemd PM)		**Bestellbestand:**	80 Stück
Lager-Nr.:	103		**Eiserne Reserve:**	20 Stück
Lieferer:	44 009			

Datum	Beleg	Bestandsmehrung (Stück)	Bestandsminderung (Stück)	Bestand (Stück)
.	.	.	.	.
3. Juni	ER 115	150		170
6. Juni	AR 351		30	140
8. Juni	AR 373		20	120
13. Juni	AR 396		40	80
15. Juni	AR 407		50	30
19. Juni	ER 158	150		180

2.12.2.3 Das Wechselbuch

Im Wechselbuch werden Aufzeichnungen über Besitz- und Schuldwechsel vorgenommen. Es dient hauptsächlich der Überwachung von Wechselfälligkeitsterminen.

2.12.2.4 Das Lohn- und Gehaltsbuch

Für jeden Arbeitnehmer wird ein Lohn- oder Gehaltskonto mit Angabe

- der Steuerklasse,
- des Bruttoverdienstes,
- der Steuerabzüge,
- der Sozialversicherungsabgaben und
- des Auszahlungsbetrages

geführt.

2.12.2.5 Das Anlagenbuch

Im Anlagenbuch werden die Bestände der einzelnen Anlagegüter fortgeschrieben.

2.12.2.6 Das Kassenbuch

Das Kassenbuch erfasst alle baren Zahlungsvorgänge und weist den Kassenbestand aus.

Zusammenfassung

Schaubild

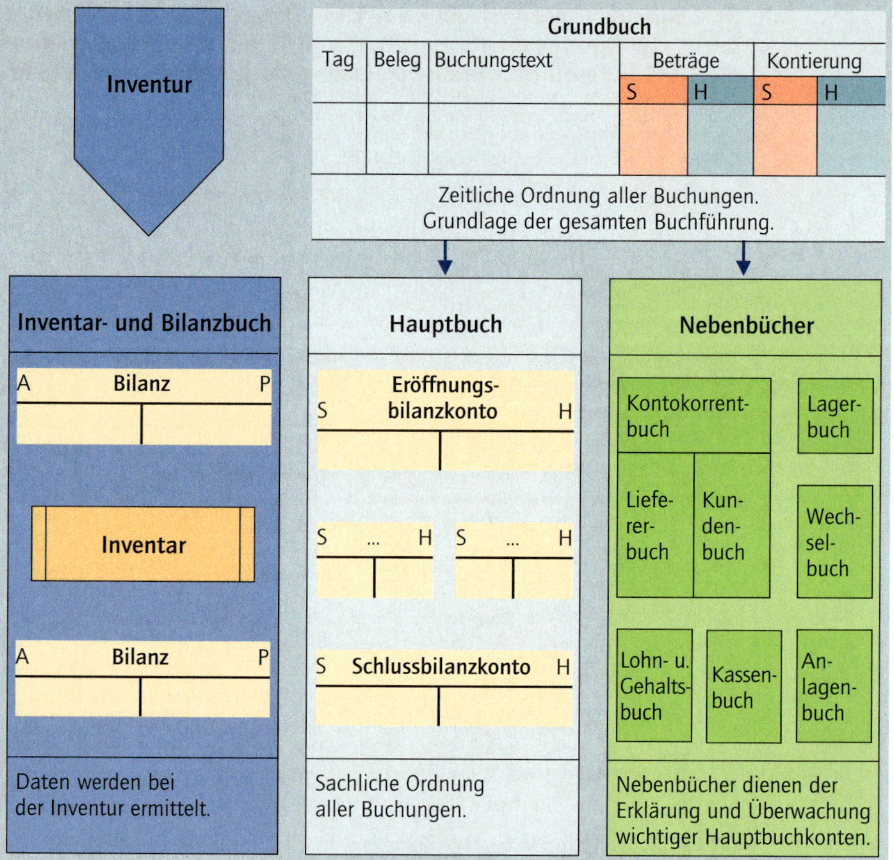

Merksätze

1. **Im Inventar- und Bilanzbuch werden die Inventare und Bilanzen – als Ergebnisse der Inventur – aufbewahrt.**
2. **Im Grundbuch werden in Form von Buchungssätzen alle Geschäftsfälle in zeitlicher Reihenfolge erfasst.**
3. **Auf den Sachkonten des Hauptbuches werden die Geschäftsfälle nach einer sachlichen Ordnung gebucht.**
4. **In den Nebenbüchern werden wichtige Hauptbuchkonten erklärt und überwacht.**

AUFGABEN

Aufgabe 1: Einführung in die Thematik;
Aufgaben 2 bis 5: Führen von Kunden- und Liefererkonten;
Aufgabe 6: Führen eines Lagerkontos;
Aufgabe 7: Geschäftsgang.

Die unten stehenden Abkürzungen bedeuten: AR = Ausgangsrechnung; ER = Eingangsrechnung; BA = Bankauszug.

1

Ordnen Sie die unter A stehenden Aussagen den unter B stehenden Buchführungsbüchern zu. Es ergeben sich jeweils zwei Zuordnungen zu den Buchführungsbüchern.

A Aussagen	B Buchführungsbücher
1. Überwachung wichtiger Sachkonten	1. Bilanz- und Inventarbuch
2. Verrechnung aller Bestände und Erfolge	2. Bilanz- und Inventarbuch
3. Dokumentation der Inventurergebnisse	3. Hauptbuch
4. Grundlage der doppelten Buchführung	4. Hauptbuch
5. Buchung erfolgt nach sachlicher Ordnung	5. Nebenbücher
6. Aufzeichnung der Geschäftsfälle in zeitlicher Reihenfolge	6. Nebenbücher
7. Erklärung wichtiger Sachkonten	7. Grundbuch
8. Aufbewahrung der Inventare und Bilanzen	8. Grundbuch

2 A

Führen Sie im Arbeitsheft die Kundenkarteikarte für die Söffgen OHG, Kd.-Nr. 24 001.

4. Aug.	Saldovortrag	4.600,00 €
6. Aug.	AR 812, Zielverkauf	3.450,00 €
11. Aug.	AR 828, Zielverkauf	1.495,00 €
14. Aug.	BA 208, Banküberweisung	9.000,00 €
15. Aug.	AR 839, Zielverkauf	5.175,00 €
19. Aug.	BA 213, Verrechnungsscheck	5.000,00 €
30. Aug.	AR 885, Zielverkauf	2.875,00 €

3 A

Führen Sie im Arbeitsheft die Liefererkarteikarte für die Bernhard Müller OHG, L.-Nr. 44 001

6. März	Saldovortrag	4.140,00 €
7. März	ER 313, Zieleinkauf	5.980,00 €
9. März	ER 339, Zieleinkauf	6.555,00 €
10. März	BA 69, Banküberweisung	15.000,00 €
21. März	ER 372, Zieleinkauf	7.015,00 €
30. März	BA 76, Scheck	6.800,00 €

4 A

a) Führen Sie das Konto Forderungen a. LL (ohne Gegenkonten).
b) Führen Sie die Kundenkarteikarten für die Söffgen OHG, Kd.-Nr. 24 001, und Gertrud Schön e. Kffr., Kd.-Nr. 24 002.
c) Schließen Sie das Konto Forderungen a. LL zum 31. Dezember ab.
d) Erstellen Sie für die Kundenkonten eine Saldenliste zum 31. Dezember.

Anfangsbestand, Forderungen a. LL			9.660,00 €
1. Dez.	Saldovortrag,	24 001	5.290,00 €
1. Dez.	Saldovortrag,	24 002	4.370,00 €
3. Dez.	AR 583,	24 001, Zielverkauf	3.565,00 €
6. Dez.	AR 584,	24 001, Zielverkauf	1.840,00 €
7. Dez.	AR 585,	24 002, Zielverkauf	5.060,00 €
8. Dez.	BA 301,	24 002, Banküberweisung	9.000,00 €
9. Dez.	BA 302,	24 001, Verrechnungsscheck	10.000,00 €
12. Dez.	AR 586,	24 002, Zielverkauf	2.070,00 €
22. Dez.	AR 587,	24 002, Zielverkauf	4.255,00 €
28. Dez.	AR 588,	24 001, Zielverkauf	5.635,00 €
29. Dez.	BA 317,	24 002, Banküberweisung	6.000,00 €
30. Dez.	BA 318,	24 001, Verrechnungsscheck	5.000,00 €

5 A

a) Führen Sie das Konto Verbindlichkeiten a. LL (ohne Gegenkonten).
b) Führen Sie die Liefererkarteikarten für die Bernhard Müller OHG, L.-Nr. 44 001, und die Emut GmbH, L.-Nr. 44 002.
c) Schließen Sie das Konto Verbindlichkeiten a. LL zum 31. Dezember ab.
d) Erstellen Sie für die Liefererkonten eine Saldenliste zum 31. Dezember.

Anfangsbestand, Verbindlichkeiten a. LL			12.075,00 €
1. Dez.	Saldovortrag,	44 001	8.050,00 €
1. Dez.	Saldovortrag,	44 002	4.025,00 €
4. Dez.	ER 412,	44 001, Zieleinkauf	5.520,00 €
8. Dez.	ER 413,	44 001, Zieleinkauf	3.795,00 €
9. Dez.	ER 414,	44 002, Zieleinkauf	6.785,00 €
10. Dez.	BA 298,	44 002, Banküberweisung	10.500,00 €
11. Dez.	BA 299,	44 001, Banküberweisung	17.000,00 €
20. Dez.	ER 415,	44 002, Zieleinkauf	2.990,00 €
22. Dez.	ER 416,	44 001, Zieleinkauf	4.945,00 €
23. Dez.	BA 305,	44 001, Verrechnungsscheck	4.500,00 €
28. Dez.	ER 417,	44 002, Zieleinkauf	5.175,00 €
30. Dez.	BA 309,	44 002, Banküberweisung	8.000,00 €

6 A

a) Führen Sie im Arbeitsheft die Lagerkarteikarte für die Handelsware „Jeansjacke RJ" (Bestellbestand: 60, eiserne Reserve: 20).
b) Bezugspreis/Einstandspreis für eine „Jeansjacke RJ" .... 20,00 €
Wie viel Euro beträgt der wertmäßige Inventurbestand am Bilanzstichtag (31. Dezember)? (*Hinweis:* Die Bewertung der Bestände für das Inventar und für die Bilanz erfolgt zum Bezugspreis/Einstandspreis [= Anschaffungskosten][1].)

		Jeansjacken RJ
	Saldovortrag	45
6. Dez.	AR 105	5
7. Dez.	AR 108	18
9. Dez.	ER 64	100
12. Dez.	AR 113	18
14. Dez.	AR 122	15
15. Dez.	AR 126	27
18. Dez.	AR 137	35
22. Dez.	ER 72	100
30. Dez.	AR 143	13

FIBU möglich **7 A**[2]

Führen Sie das Bilanzbuch, das Grundbuch, das Hauptbuch, das Kundenbuch und das Liefererbuch.

Anfangsbestände

I. Anfangsbestände der Sachkonten

0720	Anlagen und Maschinen der mechanischen Materialbearbeitung, -verarbeitung und -umwandlung	780.000,00 €
0860	Büromaschinen, Organisationsmittel und Kommunikationsanlagen	200.000,00 €
2000	Rohstoffe	300.000,00 €

1 Einzelheiten hierzu in Kapitel 3.1.1

2 Der Geschäftsgang kann alternativ nach der „Fortschreibungsmethode" oder nach der „Inventurmethode" oder nach dem „Aufwandsrechnerischen Verfahren" gebucht werden.

6691148

2030	Betriebsstoffe	60.000,00 €
2100	Unfertige Erzeugnisse	40.000,00 €
2200	Fertige Erzeugnisse	90.000,00 €
2400	Forderungen a. LL	59.000,00 €
2800	Guthaben bei Kreditinstituten (Bank)	80.000,00 €
2880	Kasse	30.000,00 €
3000	Eigenkapital	980.000,00 €
4250	Langfristige Bankverbindlichkeiten	602.000,00 €
4400	Verbindlichkeiten a. LL	57.000,00 €

II. Anfangsbestände der Kundenkonten (Offene-Posten-Liste der Debitoren)

Kd.-Nr.	Debitoren	Beleg-Nr.	Betrag (€)
24 001	Söffgen OHG	1	31.000,00
24 002	G. Schön e. Kffr.	2	28.000,00
			59.000,00

III. Anfangsbestände der Liefererkonten (Offene-Posten-Liste der Kreditoren)

L.-Nr.	Kreditoren	Beleg-Nr.	Betrag (€)
44 001	B. Müller OHG	3	34.000,00
44 003	Winter GmbH	4	23.000,00
			57.000,00

Kontenplan

Kontenklasse 0 (Immaterielle Vermögensgegenstände und Sachanlagen):
0720 Anlagen und Maschinen der mechanischen Materialbearbeitung, -verarbeitung und -umwandlung; 0860 Büromaschinen, Organisationsmittel und Kommunikationsanlagen.

Kontenklasse 2 (Umlaufvermögen und aktive Rechnungsabgrenzung):
2000 Rohstoffe; 2030 Betriebsstoffe; 2100 Unfertige Erzeugnisse; 2200 Fertige Erzeugnisse; 2400 Forderungen a. LL (24 001 Forderungen an die Söffgen OHG, 24 002 Forderungen an G. Schön e. Kffr.); 2600 Vorsteuer; 2800 Guthaben bei Kreditinstituten (Bank); 2880 Kasse.

Kontenklasse 3 (Eigenkapital und Rückstellungen):
3000 Eigenkapital; 3001 Privatkonto.

Kontenklasse 4 (Verbindlichkeiten und passive Rechnungsabgrenzung):
4250 Langfristige Bankverbindlichkeiten; 4400 Verbindlichkeiten a. LL (44 001 Verbindlichkeiten gegenüber der B. Müller OHG, 44 003 Verbindlichkeiten gegenüber der Winter GmbH); 4800 Umsatzsteuer.

Kontenklasse 5 (Erträge):
5000 Umsatzerlöse für eigene Erzeugnisse; 5201 Bestandsveränderungen an unfertigen Erzeugnissen; 5202 Bestandsveränderungen an fertigen Erzeugnissen.

Kontenklasse 6 (Betriebliche Aufwendungen):
6000 Aufwendungen für Rohstoffe; 6030 Aufwendungen für Betriebsstoffe; 6160 Fremdinstandhaltung; 6200 Löhne; 6700 Mieten, Pachten.

Kontenklasse 8 (Ergebnisrechnungen):
8000 Eröffnungsbilanzkonto; 8010 Schlussbilanzkonto; 8020 Gewinn- und Verlustkonto.

Geschäftsfälle

Beleg-Nr.		€
	1. Eingangsrechnung	
11	1. der Bernhard Müller OHG (L.-Nr. 44 001),	
	Nettopreis (Rohstoffe)	70.000,00
	+ 19 % USt	13.300,00
	Rechnungsbetrag	83.300,00

12	2. der Winter GmbH (L.-Nr. 44 003),	
	Nettopreis (Betriebsstoffe)	20.000,00
	+ 19 % USt	3.800,00
	Rechnungsbetrag	23.800,00
	2. Gutschriftanzeige der Bank gemäß Kontoauszug für	
21	1. Überweisung von der Söffgen OHG (Kd.-Nr. 24 001, betrifft: Beleg-Nr. 1)	31.000,00
22	2. Überweisung von Gertrud Schön e. Kffr. (Kd.-Nr. 24 002, betrifft: Beleg-Nr. 2)	28.000,00
	3. Ausgangsrechnung an	
31	1. Söffgen OHG (Kd.-Nr. 24 001),	
	Nettopreis (eigene Erzeugnisse)	90.000,00
	+ 19 % USt	17.100,00
	Rechnungsbetrag	107.100,00
32	2. Gertrud Schön e. Kffr. (Kd.-Nr. 24 002),	
	Nettopreis (eigene Erzeugnisse)	80.000,00
	+ 19 % USt	15.200,00
	Rechnungsbetrag	95.200,00
	4. Lastschriftanzeige der Bank gemäß Kontoauszug für	
41	1. Miete der Geschäftsräume	8.000,00
42	2. Fertigungslöhne	10.000,00
43	3. Überweisung an die Bernhard Müller OHG (L.-Nr. 44 001, betrifft: Beleg-Nr. 3)	34.000,00
44	4. Überweisung an die Winter GmbH (L.-Nr. 44 003, betrifft: Beleg-Nr. 4)	23.000,00
	5. Kassenausgänge für	
51	1. Privatentnahme	4.000,00
52	2. Maschinenreparatur, Nettopreis	600,00
	+ 19 % USt	114,00
	Rechnungsbetrag	714,00
	6.[1] Verbrauch gemäß Materialentnahmescheine	
61	1. Rohstoffe	80.000,00
62	2. Betriebsstoffe	6.000,00
	Abschlussangaben	
70	**7.** Ermittlung und Passivierung der Zahllast	?
	8. Schlussbestände lt. Inventur	
81	1. Unfertige Erzeugnisse	60.000,00
82	2. Fertige Erzeugnisse	84.000,00
90	**9.** Die Schlussbestände der anderen Bestandskonten entsprechen den Inventurbeständen.	
	Zusätzliche Abschlussangaben bei Buchung nach der „Inventurmethode" oder nach dem „Aufwandsrechnerischen Verfahren"	
	10. Schlussbestände lt. Inventur	
101	1. Rohstoffe	290.000,00
102	2. Betriebsstoffe	74.000,00

1 Soll nach der „Inventurmethode" oder nach dem „Aufwandsrechnerischen Verfahren" gebucht werden, so entfällt dieser Geschäftsfall.

6691150

2.13 Belegorganisation

Die Grundlage jeder ordnungsmäßigen Buchführung bildet der Beleg. Die Buchführungsrichtlinien verlangen, dass keine **Buchung ohne Beleg** erfasst werden darf.

Für den erfassten Geschäftsfall ist der Beleg einerseits **Buchungsvorlage** und andererseits **Beweismittel.**

2.13.1 Belegarten

Die Belege werden nach **ihrer Entstehung** in **natürliche** und in **künstliche Belege** und nach der **Anzahl der in ihnen erfassten Geschäftsfälle** in **Einzelbelege** und in **Sammelbelege** untergliedert.

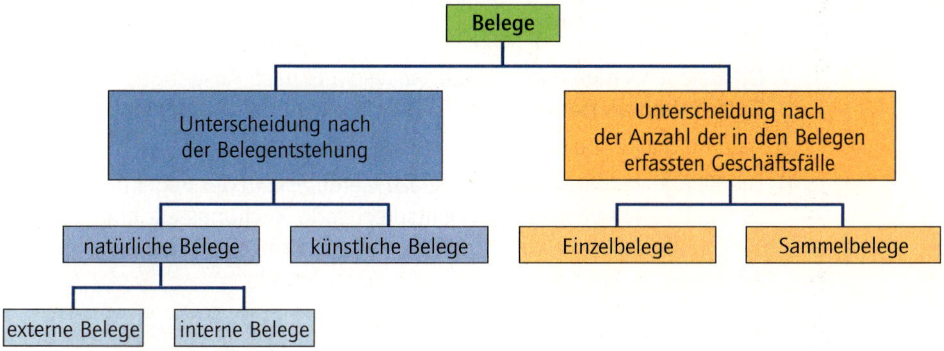

Natürliche Belege entstehen durch außer- und innerbetriebliche Geschäftsvorgänge. Sie werden unterteilt in **externe** und **interne** Belege.

Externe Belege fallen im Geschäftsverkehr mit Außenstehenden an, wie z. B. mit Kunden, Lieferern, Versicherungen, Banken, Post, Finanzamt usw.

Beispiele

Eingangsrechnungen von Lieferern; Ausgangsrechnungen an Kunden; Bank- und Postbankauszüge; Überweisungsträger; Quittungen; Briefe an Kunden über Preisnachlässe, Gutschriften, Rücksendungen; Briefe von Lieferern über Preisnachlässe, Gutschriften, Rücksendungen; Frachtbriefe usw.

Interne Belege resultieren aus innerbetrieblichen Vorgängen.

Beispiele

Gehalts- und Lohnlisten; Quittungen über Privatentnahmen; Reisekostenabrechnungen; Materialentnahmescheine usw.

Künstliche Belege werden speziell für die Buchführung erstellt.

Beispiele

Anweisungen für Umbuchungen und für Abschlussbuchungen; Anweisungen für Stornobuchungen; Notbehelfe, weil kein natürlicher Beleg erstellt wurde (z. B. bei auswärts geführtem Ferngespräch) oder weil der natürliche Beleg verloren ging usw.

Einzelbelege erfassen nur einen Geschäftsfall.

Sammelbelege werden für mehrere gleichartige Geschäftsfälle erstellt, um die Anzahl der Buchungen zu verringern.

2.13.2 Belegbearbeitung

Die Belege werden in drei Arbeitsschritten bearbeitet:

- **Belegvorbereitung,**
- **Belegbuchung,**
- **Belegablage.**

Bei der **Belegvorbereitung** werden die Belege buchungsfertig aufbereitet (s. Abb. S. 153). Hierzu gehören folgende Arbeiten:

1. Die Belege werden auf sachliche und auf wertmäßige Richtigkeit geprüft.
2. Die Belege werden nach Belegarten, wie z. B. nach Ausgangsrechnungen oder nach Gutschriften an Lieferer, sortiert. Hierdurch werden Sammelbuchungen möglich.
3. Innerhalb jeder Belegart werden die Belege nummeriert.
4. Die Belege werden vorkontiert. Dazu werden sie in der Regel mit einem Buchungsstempel versehen, in den der entsprechende Buchungssatz eingetragen wird. Die Vorkontierung kann auch auf einem extra dafür vorgesehenen Kontierungszettel erfolgen.

Nach der Belegvorbereitung erfolgt die eigentliche **Belegbuchung.**

Bei der herkömmlichen Buchführung werden die Belege nach der Vorkontierung zunächst nach ihrem zeitlichen Anfall chronologisch im Grundbuch[1] gebucht. Danach erfolgt die Buchung auf den Hauptbuchkonten[1].

Die EDV-mäßige Buchführung vollzieht sich folgendermaßen:
Die Belegdaten werden – entsprechend der Vorkontierung – in ein Datenerfassungsgerät eingegeben und auf einem Datenträger gespeichert.
Das EDV-Programm erstellt eine Niederschrift der eingegebenen Buchungssätze in chronologischer Reihenfolge, das Grundbuch oder die Primanota.
Gleichzeitig nimmt das Programm die Buchungen auf den Sachkonten des Hauptbuches vor.
Auf Wunsch können die Primanota (das Grundbuch) und die Hauptbuchkonten auf Bildschirmen sichtbar gemacht oder ausgedruckt werden.

Die gebuchten Belege werden abgelegt und aufbewahrt. Die **Belegaufbewahrung** geschieht in Ordnern oder auch durch Speicherung auf elektronischen Datenträgern (CD, Festplatte) oder auf Mikrofilmen[2].
Die Speicherung auf elektronischen Datenträgern (CD, Festplatte) oder auf Mikrofilmen bringt den Vorteil, dass Raum für die Schriftgutablage eingespart werden kann.
Die Belege[3] müssen 10 Jahre aufbewahrt werden (§ 257 Abs. 4 HGB und § 147 Abs. 3 AO), gerechnet vom Ende des Kalenderjahres, in dem sie entstanden sind.

---

1 vgl. Kapitel 2.12.1
2 Ein Mikrofilm ist eine stark verkleinerte Fotoaufnahme eines Schriftstückes.
3 Die Buchführungsbücher, Bilanzen und Inventare sind ebenfalls 10 Jahre aufzubewahren.

Beispiel (mit Kontierungsstempel)

Konrad Fied KG

Textilfabrik • Goseriede 41
30159 Hannover

Konrad Fied KG • Postfach 59 40 • 30159 Hannover

Kunden-Nr.	Beleg-Nr.
24 007	99

Bitte stets angeben!

Textileinzelhandel
Wolfgang Mehlert e. Kfm.
Böhmerstraße 5
60437 Frankfurt

Telefax
0511 32129

E-Mail
service@fied-wvd.de

Ihr Zeichen, Ihre Bestellung vom		Unser Zeichen	Lieferdatum	Telefon, Name	Datum
389	02.10.20..	ki/kl	18.10.20..	0511 4155-58 Kibat	20.10.20..

Rechnung

Lfd. Nr.	Stückzahl	Gegenstand		Preis je Einheit/€	Betrag/€
1	15	Kinder-Sweatshirts	3040 B	11,05	165,75
2	18	Kinder-Schlafanzüge	2894 C	12,45	224,10
3	12	Baby-Schlafsäcke	3127 F	9,80	117,60
4	10	Herren-Badehosen	2436 X	11,40	114,00
5	16	Damen-Bikinis	3129 Y	17,10	273,60
6	20	Damen-Hemden	2319 S	7,20	144,00
7	28	Herren-Hemden	1256 W	6,50	117,00
					1.156,05
		+ 19 % Umsatzsteuer			219,65
					1.375,70

Konto	Soll	Haben
2400	1.375,70	
5000		1.156,05
4800		219,65

Gebucht 22.10.20..
Br

Telefon: 0511 4155-0
und 32028

Autom. Auftragsdienst:
0511 32028

Internet:
www.fied-wvd.de

Bankverbindungen:
Lindener Volksbank eG
Kto. 12 345
BLZ 251 901 01
IBAN DE81 2519 0101 0000 0123 45
BIC GENODEF1HLI

Postbank Hannover
Kto. 15 82-300
BLZ 250 100 30
IBAN DE95 2501 0030 0001 5823 00
BIC PBNKDEFF

10 Tage 3 % Skonto, 30 Tage 2 % Skonto, 60 Tage netto Kasse.

Einheitsbedingungen der deutschen Textilindustrie.

Reklamationen werden nur innerhalb 8 Tagen nach Empfang der Ware berücksichtigt.

Gelieferte Ware bleibt bis zur vollständigen Bezahlung unser Eigentum.

Erfüllungsort und Gerichtsstand für beide Teile Hannover.

Handelsregister-Nr. A 6224 beim Amtsgericht Hannover

USt-IdNr. DE 089 621 392
Steuernr. 26/815/08151

Kontierungsstempel, in dem die Vorkontierung vorgenommen wird

Buchungsvermerk
22.10.20.. = Buchungsdatum
Br = Namenszeichen des Buchhalters Bremer

Zusammenfassung

Schaubild

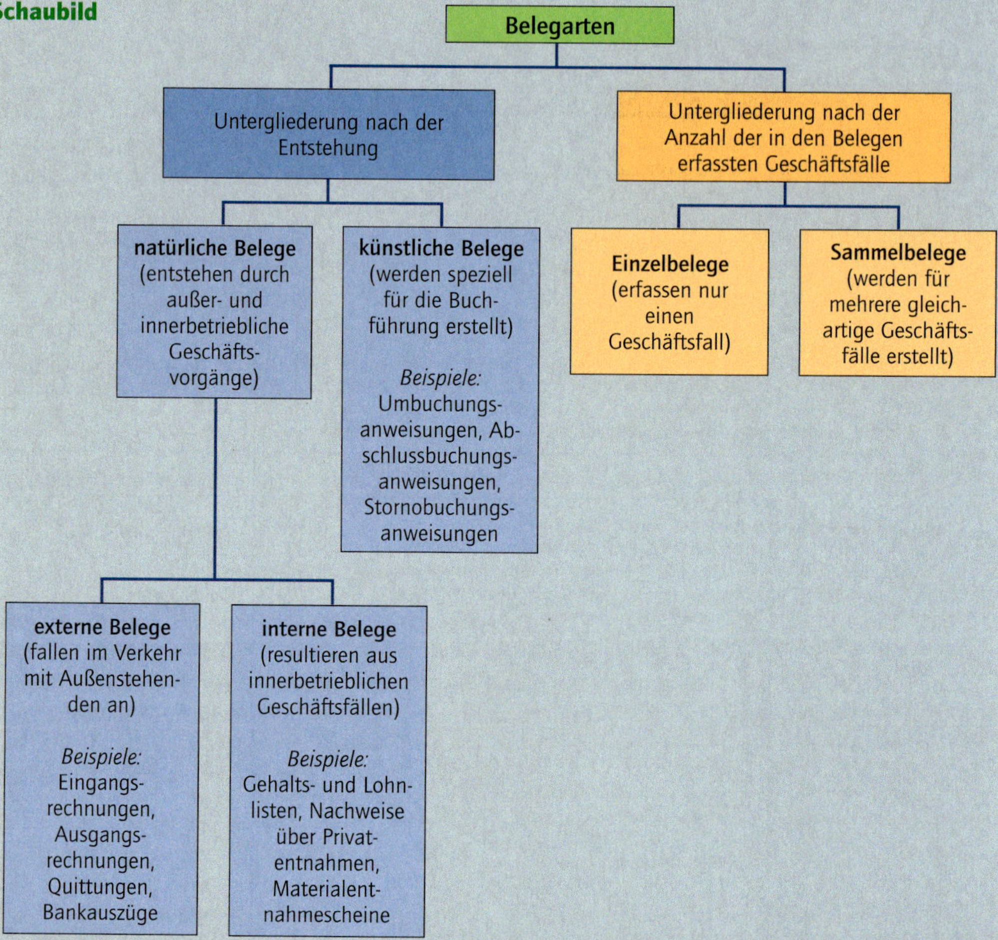

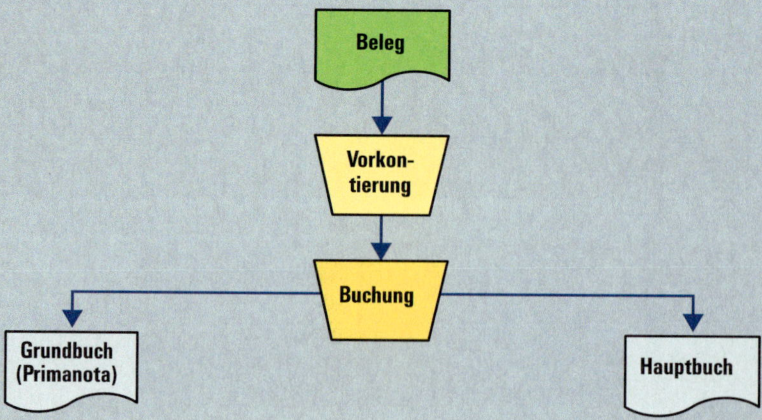

6691154

Merksätze

1. Für die Buchführung gilt der Grundsatz: Keine Buchung ohne Beleg.

2. Für den erfassten Geschäftsfall ist der Beleg einerseits Buchungsvorlage und andererseits Beweismittel.

3. Die Belegbearbeitung vollzieht sich in drei Schritten durch

- **die Belegvorbereitung (Belegprüfung, Belegsortierung, Belegnummerierung, Vorkontierung),**
- **die Belegbuchung (nach zeitlichem Anfall im Grundbuch, nach sachlicher Zuordnung im Hauptbuch) und**
- **die Belegablage (10 Jahre Belegaufbewahrung, gerechnet vom Ende des Kalenderjahres, in dem der Beleg entstanden ist).**

AUFGABEN

1 Ordnen Sie den folgenden Aussagen die passende Belegart zu.

A Aussagen	B Belegarten
1. Belege entstehen durch außer- und innerbetriebliche Geschäftsfälle.	1. Einzelbelege
2. Belege erfassen nur einen Geschäftsfall.	2. Natürliche Belege
3. Belege werden speziell für die Buchhaltung erstellt.	3. Sammelbelege
4. Belege werden für mehrere gleichartige Geschäftsfälle erstellt.	4. Künstliche Belege

2 a) Unterteilen Sie die unten aufgeführten Belege in natürliche Belege und künstliche Belege.
b) Unterteilen Sie die natürlichen Belege nochmals in externe Belege und interne Belege.

Eingangsrechnung, Gehalts- und Lohnliste, Notbeleg für auswärts geführtes Ferngespräch, Nachweis über Privatentnahme eines Kleides, Brief von einem Lieferer über eine Gutschrift, Bankauszug, Reisekostenabrechnung, Umbuchungsanweisung, Ausgangsrechnung, Frachtbrief, Anweisung für Stornobuchung, Materialentnahmeschein.

3 Welchen Vorteil bringen Sammelbelege gegenüber Einzelbelegen?

4 Was versteht man unter der „Vorkontierung" eines Beleges?

5 Welchen Vorteil bringt die Belegaufbewahrung auf elektronischen Datenträgern bzw. auf einem Mikrofilm?

6 Wie lange sind Belege nach dem HGB und der AO aufzubewahren?

FIBU möglich

7 Buchen Sie den folgenden Beleggeschäftsgang[1] für die Textilfabrik Konrad Fied KG, Goseriede 41, 30159 Hannover.

Anfangsbestände

I. Anfangsbestände der Sachkonten		€
0720	Anlagen und Maschinen	750.000,00
0840	Fuhrpark	140.000,00
0870	Sonstige Geschäftsausstattung	120.000,00
2000	Rohstoffe	230.000,00
2020	Hilfsstoffe	80.000,00

1 Die Vorkontierung erfolgte auf Kontierungszetteln (deshalb keine Buchungsstempel).
Der Geschäftsgang kann alternativ nach der „Fortschreibungsmethode" oder nach der „Inventurmethode" oder nach dem „Aufwandsrechnerischen Verfahren" gebucht werden.

		€
2030	Betriebsstoffe	60.000,00
2100	Unfertige Erzeugnisse	90.000,00
2200	Fertige Erzeugnisse	100.000,00
2400	Forderungen a. LL	70.000,00
2800	Guthaben bei Kreditinstituten (Bank)	80.000,00
2880	Kasse	18.000,00
3000	Eigenkapital	973.000,00
4250	Langfristige Bankverbindlichkeiten	680.000,00
4400	Verbindlichkeiten a. LL	85.000,00

II. Anfangsbestände der Kundenkonten (Offene-Posten-Liste der Debitoren)

Rechn.-datum	Kd.-Nr.	Debitoren	Beleg-Nr.	Betrag (€)
14. Okt.	24 001	Söffgen OHG	50	45.000,00
25. Okt.	24 002	Gertrud Schön e. Kffr.	51	25.000,00
				70.000,00

III. Anfangsbestände der Liefererkonten (Offene-Posten-Liste der Kreditoren)

Rechn.-datum	L.-Nr.	Kreditoren	Beleg-Nr.	Betrag (€)
20. Okt.	44 001	B. Müller OHG	80	50.000,00
24. Okt.	44 002	Emut GmbH	81	35.000,00
				85.000,00

Kontenplan

Kontenklasse 0 (Immaterielle Vermögensgegenstände und Sachanlagen): 0720 Anlagen und Maschinen; 0840 Fuhrpark; 0870 Sonstige Geschäftsausstattung.

Kontenklasse 2 (Umlaufvermögen und aktive Rechnungsabgrenzung): 2000 Rohstoffe; 2020 Hilfsstoffe; 2030 Betriebsstoffe; 2100 Unfertige Erzeugnisse; 2200 Fertige Erzeugnisse; 2400 Forderungen a. LL (24 001 Forderungen an die Söffgen OHG, 24 002 Forderungen an G. Schön e. Kffr.); 2600 Vorsteuer; 2800 Guthaben bei Kreditinstituten (Bank); 2880 Kasse.

Kontenklasse 3 (Eigenkapital und Rückstellungen): 3000 Eigenkapital; 3001 Privatkonto.

Kontenklasse 4 (Verbindlichkeiten und passive Rechnungsabgrenzung): 4250 Langfristige Bankverbindlichkeiten; 4400 Verbindlichkeiten a. LL (44 001 Verbindlichkeiten gegenüber der B. Müller OHG, 44 002 Verbindlichkeiten gegenüber der Emut GmbH, 44 003 Verbindlichkeiten gegenüber der Winter GmbH, 44 004 Verbindlichkeiten gegenüber K.-H. More e. Kfm., 44 005 Verbindlichkeiten gegenüber der Adsack GmbH); 4800 Umsatzsteuer.

Kontenklasse 5 (Erträge): 5000 Umsatzerlöse für eigene Erzeugnisse; 5201 Bestandsveränderungen an unfertigen Erzeugnissen; 5202 Bestandsveränderungen an fertigen Erzeugnissen; 5420 Entnahme von Gegenständen und sonstigen Leistungen.

Kontenklasse 6 (Betriebliche Aufwendungen): 6000 Aufwendungen für Rohstoffe; 6020 Aufwendungen für Hilfsstoffe; 6030 Aufwendungen für Betriebsstoffe[1]; 6160 Fremdinstandhaltung; 6700 Mieten, Pachten; 6750 Kosten des Geldverkehrs; 6800 Büromaterial; 6870 Werbung; 6920 Beiträge zu Wirtschaftsverbänden.

Kontenklasse 8 (Ergebnisrechnungen): 8000 Eröffnungsbilanzkonto; 8010 Schlussbilanzkonto; 8020 Gewinn- und Verlustkonto.

1 Dieses Konto wird nur dann benötigt, wenn nach dem „Aufwandsrechnerischen Verfahren" gebucht wird.

6691156

Geschäftsfälle: Die folgenden Belege sind zu buchen.

Beleg 1

Hinweis:
Es handelt sich um „eigene Erzeugnisse".

Konrad Fied KG Textilfabrik • Goseriede 41 30159 Hannover

Konrad Fied KG • Postfach 59 40 • 30159 Hannover

Textileinzelhandel
Gertrud Schön e. Kffr.
Sundernstraße 34
22159 Hamburg

Kunden-Nr.	Beleg-Nr.
24 002	1

Bitte stets angeben!

Telefax 0511 32129

E-Mail service@fied-wvd.de

Ihr Zeichen, Ihre Bestellung vom		Unser Zeichen	Lieferdatum	Telefon, Name 0511 4155-	Datum
384	10.11.20..	ki/ke	01.12.20..	58 Kibat	02.12.20..

Rechnung

Lfd. Nr.	Stück-zahl	Gegenstand		Preis je Einheit/€	Betrag/€
1	40	Herren-T-Shirts, Gr. 50	BV 398	5,00	200,00
2	60	Herren-Poloshirts, Gr. 48	EW 409	12,00	720,00
3	50	Herren-Hosen, Gr. 52	TZ 347	40,00	2.000,00
4	35	Damen-Röcke, Gr. 40	DS 908	25,00	875,00
5	45	Damen-Sweatshirts, Gr. 38	QS 304	15,00	675,00
6	30	Damen-Blusen, Gr. 44	FD 239	25,00	750,00
7	40	Damen-Hosen, Gr. 36	XY 238	32,00	1.280,00
					6.500,00
		+ 19 % Umsatzsteuer			1.235,00
					7.735,00

Telefon: 0511 4155-0 und 32028
Autom. Auftragsdienst: 0511 32028
Internet: www.fied-wvd.de

Beleg 2

Konrad Fied KG Textilfabrik • Goseriede 41 30159 Hannover

Konrad Fied KG • Postfach 59 40 • 30159 Hannover

Söffgen OHG
Bergstraße 11
51503 Rösrath

Kunden-Nr.	Beleg-Nr.
24 001	2

Bitte stets angeben!

Telefax 0511 32129

E-Mail service@fied-wvd.de

Ihr Zeichen, Ihre Bestellung vom		Unser Zeichen	Lieferdatum	Telefon, Name 0511 4155-	Datum
284	12.11.20..	ki/kl	01.12.20..	58 Kibat	02.12.20..

Rechnung

Lfd. Nr.	Stück-zahl	Gegenstand		Preis je Einheit/€	Betrag/€
1	200	Herren-Sweatshirts	AB 510	15,00	3.000,00
2	500	Damen-Sweatshirts	GA 321	17,00	8.500,00
3	360	Herrenhosen	AC 453	42,50	15.300,00
4	540	Damenhosen	GB 665	40,00	21.600,00
5	300	Herrenpullover	DC 433	20,00	6.000,00
6	360	Damenpullover	DV 333	25,00	9.000,00
7	480	Herren-Poloshirts	GH 443	10,00	4.800,00
8	640	Damen-Poloshirts	AG 765	7,50	4.800,00
9	240	Herren-Jeans	DS 987	25,00	6.000,00
					79.000,00
		+ 19 % Umsatzsteuer			15.010,00
					94.010,00

Hinweis:
Es handelt sich um „eigene Erzeugnisse".

Beleg 3

BERNHARD MÜLLER OHG • Stofflherstellung

Im Weiher 1 • Postfach 2 64 • 69121 Heidelberg • Telefon: 06221 8925-0

Bernhard Müller OHG • Postfach 2 64 • 69121 Heidelberg

Textilfabrik
Konrad Fied KG
Goseriede 41
30159 Hannover

Kunden-Nr.	Beleg-Nr.
24 009	569
Bitte stets angeben!	

Telefax 06221 8925-63 · E-Mail service@mueller-wvd.de

Ihr Zeichen, Ihre Bestellung vom	Unser Zeichen	Lieferdatum	Telefon, Name 06221 8925-	Datum
14.11.20.. 131	mü/kl	01.12.20..	38 Müller	03.12.20..

Rechnung

Lfd. Nr.	m	Gegenstand		Preis je m/€	Betrag/€
1	1 800	Jeansstoff	238 Je	4,00	7.200,00
2	2 000	Jeansstoff	240 Je	4,50	9.000,00
3	1 400	Seide	220 Se	12,00	16.800,00
4	3 600	Viskose	219 Vi	6,00	21.600,00
5	2 200	Viskose	221 Vi	7,00	15.400,00
					70.000,00
		+ 19 % USt			13.300,00
					83.300,00

EINGEGANGEN
4. Dez. 20..
Erl. ....
L.-Nr. 44001
Beleg-Nr. 3

Bankverbindungen:
Vereinsbank Heidel
Konto-Nr. 4 207, BL
IBAN DE59 6722 01
BIC HYVEDEMM479
Postbank Karlsruhe
Konto-Nr. 22 00-751
IBAN DE48 6601 007
BIC PBNKDEFF

Beleg 4

KARL-HEINZ MORE e. Kfm.

Großküchen- und Kantineneinrichtungen, Krankenhausapparate, Milchküchen, Geschirrspülmaschinen, Kaffeemaschinen, Kartoffelschälmaschinen

Karl-Heinz More e. Kfm. • Postfach 4 06 • 30175 Hannover

VERKAUFSBÜRO
PLANUNG
KUNDENDIENST

Textilfabrik
Konrad Fied KG
Goseriede 41
30159 Hannover

Telefax 0511 4066-18 · E-Mail service@more-wvd.de

Ihre Bestellung vom	Unser Zeichen	Lieferdatum	Telefon, Name 0511 4066-	Datum
15.11.20..	ho/ge	02.12.20..	53 Holtz	03.12.20..

Rechnung Nr. 4 321

Wir lieferten Ihnen auf eigene Rechnung und Gefahr:

Bezeichnung	Preis je Einheit/€	Betrag/€
2 Melisse-Kaffeeautomaten, Typ 34	750,00	1.500,00
2 Gloko-Geschirrspülautomaten, Typ 332	1.550,00	3.100,00
2 Gleiki-Kartoffelschälmaschinen Typ Biggi 12	950,00	1.900,00
		6.500,00
+ 19 % USt		1.235,00
		7.735,00

EINGEGANGEN
4. Dez. 20..
Erl. ....
L.-Nr. 44004
Beleg-Nr. 4

Geschäftsräume: Seelhorststraße 6
Telefon: 0511 4066-0
Internet: www.more-wvd.de

Banken:
Postbank Hannover, Kto.-Nr. 739 04-300, BLZ 250 100 30
IBAN DE97 2501 0030 0073 9043 00, BIC PBNKDEFF
Deutsche Bank Hannover, Kto.-Nr. 69 731, BLZ 250 700 70
IBAN DE25 2507 0070 0000 0697 31, BIC DEUTDEDBHAN

USt-IdNr. DE 114 246 158

Beleg 5

HANN ZTG/N *100 VERLAGSGESELLSCHAFT ADSACK GMBH

Rubrik / Kurztext	Seite	Manuskript-Nr.	Erscheinungsdatum	Höhe mm	Spalten Anzahl	Gesamt mm	mm-Preis	Brutto
Verkauf/Textilien 163 Strickjacken zu verkaufen		37 410	04.12.		32	ZEILE	5,00	160,00

Anzeigen-Rechnung

vom 04.12.20..

ADSACK GMBH • PF. 20 • 30449 HANNOVER

Herrn, Frau, Firma

Konrad Fied KG
Textilfabrik
Goseriede 41
30159 Hannover

NETTOBETRAG	160,00
19 % UST	30,40
RECHNUNGSBETRAG €:	190,40

Bei Zahlung bitte unbedingt angeben Rechnungs-Nr.
237 410

Bankverbindung
Nord LB Hannover, Kto.-Nr. 250 500 00, BLZ 1 234 567
IBAN DE78 2505 0000 0001 2345 67, BIC NOLADE2H451
Postbank Hannover, Kto.-Nr. 250 100 30, BLZ 9876 54-302
IBAN DE91 2501 0030 0987 6543 02, BIC PBNKDEFF

Fernruf 0511 15-1 · St.-Nr. 40 257 70602 · Zahlungsbedingungen: Zahlung bis 04.01.20..

Erfüllungsort und Gerichtsstand ist für das Mahnverfahren und im Verkehr zu Kaufleuten
HANNOVER

EINGEGANGEN 5. Dez. 20.. Erl. ......
L.-Nr. 44 005
Beleg-Nr. 5

Beleg 6

Winter GmbH
Brennstoffhandlung

Winter GmbH · Ottenstraße 12 · 30880 Laatzen

Textilfabrik
Konrad Fied KG
Goseriede 41
30159 Hannover

EINGEGANGEN 5. Dez. 20.. Erl. ......
L.-Nr. 44003
Beleg-Nr. 6

Rechnung

Bitte bei Überweisung angeben

Ihre Bestellung vom	Bestellzeichen	Unsere Lieferung vom	Rechnungs-Nr.	Datum
20.11.20 ..	be	03.12.20..	53/4	04.12.20..

Menge	Warenbezeichnung	Preis je Einheit/€	Betrag/€
16 000 l	Himmelwerk-Heizöl		
	Nr. 35 984 XY	0,40	6.400,00
	+ 19 % USt		1.216,00
			7.616,00

Beleg 7

Konto-Nummer: **12 345** BLZ **251 901 01**
IBAN: DE81 2519 0101 0000 0123 45 BIC: GENODEF1HLI

Lindener Volksbank eG

Beleg	Buch.-Datum	Text	Wert	Betrag
99 100	07.12.20..	GERTRUD SCHÖN, E. KFFR., KD.-NR. 24002, BELEG-NR. 51, RECHNUNG VOM 25. OKT.	05.12.20..	25.000,00 +
87 560	07.12.20..	SÖFFGEN OHG, KD.-NR. 24001, BELEG-NR. 50, RE. V. 14. OKT.	05.12.20..	45.000,00 +
66 823	07.12.20..	SB-ÜBERWEISUNG, ARMINIA VERS., ANNI FIED, VERS.-NR. LV 33 333, JAHRESBEITRAG LEBENSVERS.	07.12.20..	850,00 -

TEXTILFABRIK
KONRAD FIED KG
GOSERIEDE 41
30159 HANNOVER

Konto-Auszug		
08.12.20..	93	1
Datum	Nummer	Blatt

EUR 80.000,00 +	Alter Kontostand
EUR 149.150,00 +	Übertrag auf Blatt 2

Hinweis: Es sind drei Geschäftsfälle zu buchen.

Beleg 8

Konto-Nummer: **12 345** BLZ **251 901 01**
IBAN: DE81 2519 0101 0000 0123 45 BIC: GENODEF1HLI

Lindener Volksbank eG

Beleg	Buch.-Datum	Text	Wert	Betrag
98 750	07.12.20..	KREDITKARTENGEBÜHR	06.12.20..	20,00 -
99 178	07.12.20..	SB-ÜBERWEISUNG, BERNHARD MÜLLER OHG, RECHNUNGS-NR. 34, RECHNUNG VOM 20. OKT.	07.12.20..	50.000,00 -
99 401	07.12.20..	SB-ÜBERWEISUNG, EMUT GMBH, RECHNUNGS-NR. 589, RECHNUNG VOM 24. OKT.	07.12.20..	35.000,00 -

TEXTILFABRIK
KONRAD FIED KG
GOSERIEDE 41
30159 HANNOVER

Konto-Auszug		
08.12.20..	93	2
Datum	Nummer	Blatt

EUR 149.150,00 +
Übertrag von Blatt 1

EUR 64.130,00 +
Übertrag auf Blatt 3

Hinweis: Es sind drei Geschäftsfälle zu buchen.

Beleg 9[1]

Konto-Nummer: **12 345** BLZ **251 901 01**
IBAN: DE81 2519 0101 0000 0123 45 BIC: GENODEF1HLI

Lindener Volksbank eG

Beleg	Buch.-Datum	Text	Wert	Betrag
99 387	07.12.20..	DAUERAUFTRAG, H. GELTER, MIETE FÜR GESCHÄFTSRÄUME	01.12.20..	3.800,00 -
68 591	07.12.20..	EINZUGSERMÄCHTIGUNG, IHK HANNOVER-HILDESHEIM, IHK-BEITRAG	01.12.20..	670,00 -

TEXTILFABRIK
KONRAD FIED KG
GOSERIEDE 41
30159 HANNOVER

Konto-Auszug		
08.12.20..	93	3
Datum	Nummer	Blatt

EUR 64.130,00 +
Übertrag von Blatt 2

EUR 59.660,00 +
Neuer Kontostand

Hinweis: Es sind zwei Geschäftsfälle zu buchen.

1 Zum letzten Geschäftsfall dieses Kontoauszuges liegt zusätzlich der Beleg 9a vor.

Beleg 9a

Industrie- und Handelskammer Hannover-Hildesheim
Hauptgeschäftsstelle Hannover

Industrie- und Handelskammer • Postfach 30 29 • 30175 Hannover

Berliner Allee 25
Postanschrift: Postfach 30 29
Fernsprecher: 0511 3107-1
Durchwahl: 0511 3107-261 / 263 / 265 / 266

Konrad Fied KG
Goseriede 41
30159 Hannover

EINGEGANGEN
2. Dez. 20..
Erl. ....

Identnummer
1 234 567 890

Bitte geben Sie bei Schriftwechsel und Überweisung stets die Identnummer an.

Datum 01.12.20..

Beitragsbescheid **Rechtsgrundlagen, Rechtsbehelfsbelehrung und Erläuterungen umseitig**

1	2	3	4	5	6	7	8	9	10	11
Beitr. Jahr	Hebesatz %	Beitrags-anteil 1) %	ADM 2)	Gewerbesteuer-Messbetrag € ct	BM 3) Jahr	Umlage € ct	Grund-beitrag € ct	Bereits veranlagt Grundbeitr. u. Umlage € ct	Bereits gezahlt Grundbeitr. u. Umlage € ct	Schuld Guthaben € ct S G
	5,00	100,00	0	10.400,00	..	520,00	150,00	0,00	0,00	670,00 S

Hinweis:
1) Teilungsverhältnis zwischen IHK und HWK vereinbart bzw. Apothekenanteil
2) ADM 0 oder 1: vorläufiger Bescheid, Umlagevoraussetzung, ADM 2: Umlageveranlagung, ADM 3: Berichtigung der Umlageveranlagung
3) BM Jahr = Bemessungsjahr

12	Summe aus diesem Beitragsbescheid	670,00 S
13	Saldo aus früheren Beitragsbescheiden	0,00 S
14	zu zahlen = S Ihr Guthaben = G	670,00 S

Bankverbindungen:
Deutsche Bank AG Hildesheim 0204 313, BLZ 259 700 74
IBAN DE97 2597 0074 0000 2043 13, BIC DEUTDE2H259
Norddeutsche Landesbank Hannover 5 950, BLZ 250 500 00
IBAN DE95 2505 0000 0000 0059 50, BIC NOLADE2H
Postbank Hannover 35-307, BLZ 250 100 30
IBAN DE59 2501 0030 0000 0353 07, BIC PBNKDEFF250

Abbuchung des Beitrages erfolgt zum 01.12.20.. von Ihrem Konto 12 345, BLZ 251 901 01

Weist Ihr Beitragskonto ein Guthaben aus, teilen Sie uns umgehend mit, auf welches Konto wir die Erstattung vornehmen sollen. Sollten Sie das Guthaben nicht anfordern, wird es mit der nächsten Veranlagung verrechnet.

Beleg 10[1]

Konrad Fied KG
Hannover

Material-Entnahmeschein

Datum: 09.12.20.. Nr.: 10

ausgestellt: Müller
ausgegeben: Schulz

☐ Rohstoffe ☒ Hilfsstoffe ☐ Betriebsstoffe

Kostenstelle: Näherei V

Artikel-Nr.	Menge	Einheit	Bezeichnung	€/Einheit	Betrag (€)
2413	1 000	m	Stoßband f	0,90	900,00
1298	1 800	Rolle	Nähgarn b	1,50	2.700,00
				Summe	3.600,00

Beleg 11[1]

Konrad Fied KG
Hannover

Material-Entnahmeschein

Datum: 10.12.20.. Nr.: 11

ausgestellt: With
ausgegeben: Kibat

☒ Rohstoffe ☐ Hilfsstoffe ☐ Betriebsstoffe

Kostenstelle: Zuschneiderei III

Artikel-Nr.	Menge	Einheit	Bezeichnung	€/Einheit	Betrag (€)
220 Se	380	m	Seide A	12,00	4.560,00
238 Je	680	m	Jeansstoff X	4,00	2.720,00
				Summe	7.280,00

1 Soll nach der „Inventurmethode" oder nach dem „Aufwandsrechnerischen Verfahren" gebucht werden, so entfällt dieser Beleg.

Die Belege 12 bis 15 sind aufgrund des Kassenberichtes zu buchen.

Kassenbericht Nr. 27 / vom 12.12.20.. bis   Beleg-Stempel

0	Text (1)	Einnahme Beleg (2)	Einnahme Betrag (3)	Ausgabe Beleg (4)	Ausgabe Betrag (5)	6	7	Kontierung (8)	gebucht (9)
	Schreibwaren			12	71,40				
	Privatentnahme			13	912,00				
	Kfz-Reparatur			14	190,40				
	Barverkäufe	15	7.140,00						
	Tages-Ein- und Ausgang		7.140,00		1.173,80				
	Kassenbestand	alt	18.000,00	neu	23.966,20				
	Summenkontrolle		25.140,00		25.140,00				

aufgestellt: K   geprüft: Ke   gebucht:

Beleg 12

POGLITSCH
SCHREIBWAREN
LOTTO-TOTO
LINDENER MARKT 10
30449 HANNOVER
TELEFON: 0511 45369
ST.-NR. 05 325 26883

12.12.20.. 17:57 04-4
00000#2957

BÜROBEDARF	21,80
BÜROBEDARF	30,60
BÜROBEDARF	19,00
ZWS	71,40
TAX1 ST	71,40
UST 19 %	11,40
NET 1	60,00
***TOTAL €	71,40
BAR	100,00
RÜCKGELD	28,60

Beleg 13

Quittung Nr.

Netto € 912 ct 00
+ --- % USt € ct
Gesamt € 912 ct 00

Gesamtbetrag € in Worten: neunhundertzwölf----------- Cent wie oben
(Im Gesamtbetrag sind --- % Umsatzsteuer enthalten)

von Geschäftskasse

für mich privat

richtig erhalten zu haben, bestätigt

Ort Hannover   Datum 12. De

Buchungsvermerke   Stempel/Unterschrift: Fied

Beleg 14

Autohaus Sauer KG
Rehbergstraße 24
30173 Hannover

Autohaus Sauer KG · Rehbergstraße 24 · 30173 Hannover

Textilfabrik
Konrad Fied KG
Goseriede 41
30159 Hannover

Bitte bei Zahlung angeben:
Rechnungsnummer: 2 887
Rechnungsdatum: 12.12.20..
Ihre Bestellung vom:
Leistung wurde erbracht am: 12.12.20..
Telefax 0511 3213-33   E-Mail service@sauer-wvd.de
Telefon 0511 3213-26

Rechnung

Wir danken für Ihren Auftrag und berechnen Ihnen wie folgt:

Leistungsbezeichnung/Warenbezeichnung	Preise in €
Pkw H-PM 902	
15 000 km-Inspektion	100,00
8 Dichtungen	60,00
	160,00
+ 19 % USt	30,40
	190,40

EINGEGANGEN 12. Dez. 20.. Erl. ....
L.-Nr. 44 007
Beleg-Nr. 14

Betrag dankend
bar erhalten.
Hannover, 12.12.20..
Sauer

Zahlungsbedingungen: Barzahlung bei Abholung

Telefon 0511 3213-0 Internet www.sauer-wvd.de   St.-Nr. 22 235 86417   Stadtsparkasse Hannover Konto-Nr. 1 122, BLZ 250 501 80 IBAN DE78 2505 0180 0000 0011 22 BIC SPKHDE2H   Die gelieferte Ware bleibt bis zur vollständigen Bezahlung Eigentum des Lieferanten.

Beleg 15

Konrad Fied KG – Textilfabrik

– Zentralkasse –

Kasseneinnahmen aus Barverkäufen (brutto, einschl. 19 % USt). 7.140,00 €

Kasse 1 . . . . . . 4.760,00 €
Kasse 2 . . . . . . 2.380,00 €

Datum 12.12.20..

Beleg 16

Erzeugnisentnahme

Damen-Pullover, Artikel-Nr. 231 . .	30,00
Damen-Sweatshirt, Artikel-Nr. 354 .	20,00
Kleid, Artikel-Nr. 453	100,00
Rock, Artikel-Nr. 332	50,00
Damen-Hose, Artikel-Nr. 544	60,00
	260,00
+ 19 % Umsatzsteuer	49,40
	309,40

20.12.20.. Fied

Beleg 17

Konrad Fied KG Hannover

Abschluss zum 31. Dez. 20..
Buchungsanweisung
Buchungsdatum: 31.12.20..

Beleg-Nr.: 17

für: Ermittlung und Passivierung der Zahllast.

Beleg 18

Konrad Fied KG Hannover

Abschluss zum 31. Dez. 20..
Buchungsanweisung
Buchungsdatum: 31.12.20..

Beleg-Nr.: 18

für: Schlussbestand laut Inventur:
1. Unfertige Erzeugnisse: 100.000,00 €
2. Fertige Erzeugnisse : 70.000,00 €
Die Schlussbestände der anderen Bestandskonten entsprechen den Inventurbeständen.

Beleg 19[1]

Konrad Fied KG Hannover

Abschluss zum 31. Dez. 20..
Buchungsanweisung
Buchungsdatum: 31.12.20..

Beleg-Nr.: 19

für: Schlussbestand laut Inventur:
1. Rohstoffe: 292.720,00 €
2. Hilfsstoffe: 76.400,00 €
3. Betriebsstoffe: 66.400,00 €

1 Zusätzlicher Beleg bei Buchung nach der „Inventurmethode" oder nach dem „Aufwandsrechnerischen Verfahren".

3 Die Funktionen eines Betriebes in der Praxis der Buchführung

3.1 Beschaffungs- und Absatzwirtschaft

Jedes kaufmännische Unternehmen ist zweiseitig mit dem Markt verknüpft: Einerseits müssen **Werkstoffe/Waren** auf dem Markt **beschafft** werden. Andererseits müssen **Fertigerzeugnisse/Waren** auf dem Markt **abgesetzt** werden.

Zwischen Beschaffung und Absatz liegt im Industriebetrieb die **Produktion** und im Handelsbetrieb die **Lagerung** der Waren.

3.1.1 Die Bezugskalkulation

Bei der Beschaffung von Werkstoffen/Waren gilt es, den Lieferanten auszuwählen, der den günstigsten **Bezugspreis/Einstandspreis** bietet.

Der Bezugspreis/Einstandspreis eines Werkstoffes bzw. einer Ware ergibt sich aus folgender **Mengen- und Wertrechnung:**

Mengenrechnung

Bruttogewicht
– Tara
vorläufiges Nettogewicht
– Leckage
– Gutgewicht
Nettogewicht · Einzelpreis (ohne USt)

Wertrechnung

= Listeneinkaufspreis (ohne USt)
– Liefererrabatt
Zieleinkaufspreis
– Liefererskonto
Bareinkaufspreis
\+ Bezugskosten (ohne USt)
Bezugspreis/Einstandspreis

Hinweis: Die Größen, von denen Pfeile ausgehen, werden i. d. R. prozentual berechnet. Die Pfeilspitzen zeigen auf den jeweiligen Grundwert (≙ 100 %).

Zur Errechnung des Listeneinkaufspreises einer bestimmten Warenmenge/Werkstoffmenge **kann** eine **Mengenrechnung** erforderlich sein. Dabei werden **Gewichtsabzüge** vom Bruttogewicht der bezogenen Ware/Werkstoffe vorgenommen.

Man unterscheidet folgende **Gewichtsabzüge:**

- **Tara:** Gewichtsabzug für die Verpackung;
- **Leckage:** Gewichtsabzug für ausgelaufene Flüssigkeit (Schwund);
- **Gutgewicht:** Gewichtsabzug für Einwiege- und Umpackverluste beim Käufer.

Bei der **Wertrechnung** werden Rabatte und Skonti in Ansatz gebracht.
Die wichtigsten **Rabatte** sind:

- **Mengenrabatt:** bei Abnahme größerer Mengen;
- **Wiederverkäuferrabatt:** für den Handel;
- **Treuerabatt:** für langjährige gute Kunden.

Skonto (Mehrzahl: Skonti) ist ein Preisnachlass, der bei vorzeitiger Zahlung innerhalb einer vereinbarten Frist gewährt wird.

Schließlich ist aus dem obigen Kalkulationsschema die Position **Bezugskosten** zu erklären.

Zu den **Bezugskosten** zählen:

1. Transportkosten
   a) Fracht
   b) Rollgeld
   c) Umschlagskosten (z. B. für Be- und Entladen, Kranstunden)
   d) Zwischenlagerkosten (beim Transport)
   e) Entgelte der Post und der privaten Paketdienste
2. Verpackungskosten
3. Transportversicherungsprämien
4. Zoll
5. Einkaufsvermittlungsgebühren[1]
   a) Einkaufsprovision
   b) Maklergebühr

3.1.1.1 Die einfache Bezugskalkulation

Bei der einfachen Bezugskalkulation wird nur eine Ware/ein Werkstoff bezogen. Die Bezugskosten fallen allein für diese Ware/diesen Werkstoff an.

Beispiel

Ein Industriebetrieb bezieht einen Rohstoff mit einem Bruttogewicht von 7 850 kg. Die Tara macht 2 % aus. Ein Gutgewicht von 200 kg wird zugestanden. Der Preis pro kg Nettogewicht beträgt 6,10 € (ohne Umsatzsteuer). Der Rohstofflieferant gewährt 10 % Rabatt und 2 % Skonto. Die Transportkosten belaufen sich auf 9,60 € (ohne Umsatzsteuer) pro angefangene 100 kg. Wie viel € beträgt der Bezugspreis insgesamt und pro kg?

Lösung

	Mengenrechnung			**Wertrechnung**	
	Bruttogewicht......	7 850 kg 100 %			
–	Tara (2 %).........	157 kg			
	vorl. Nettogewicht ..	7 693 kg			
–	Gutgewicht	200 kg			
	Nettogewicht	7 493 kg · 6,10 €	=	Listeneinkaufspreis.........	45.707,30 €
			–	Rabatt (10 %).............	4.570,73 €
				Zieleinkaufspreis...........	41.136,57 €
			–	Skonto (2 %)..............	822,73 €
				Bareinkaufspreis...........	40.313,84 €
			+	Bezugskosten (79 · 9,60)....	758,40 €
				Bezugs-/Einstandspreis.....	41.072,24 €
				pro kg: $\frac{41.072,24}{7\,493}$ = ...	5,48 €

1 Die Einkaufsvermittlungsgebühren werden in Prozent vom Zieleinkaufspreis berechnet.

AUFGABEN

1 Ein Industriebetrieb bezieht Rohstoffe mit einem Bruttogewicht von 36 280 kg. Das Verpackungsgewicht beträgt 420 kg. 100 kg des Rohstoffes (Nettogewicht) kosten 295,00 € (ohne Umsatzsteuer). Der Lieferant gewährt 20 % Rabatt und 3 % Skonto. An Bahnfracht fallen 7,10 € (ohne Umsatzsteuer) pro 100 kg an. Das Rollgeld II beträgt 535,50 € (einschl. 19 % Umsatzsteuer). Für die Transportversicherung sind 600,00 € zu zahlen.

Berechnen Sie den Bezugspreis für 1 kg des Rohstoffes.

2 Ein Industriebetrieb bezieht für eine Jubiläumsfeier 1 780 Flaschen Frankenwein zu je 4,60 € (ohne Umsatzsteuer). Die Weingroßhandlung gewährt 15 % Rabatt und 1,5 % Skonto. Die Transportkosten belaufen sich auf 357,00 € einschließlich 19 % Umsatzsteuer.

Errechnen Sie den Bezugspreis für 1 Flasche Wein.

3 Wie viel € beträgt der Bezugspreis für die gesamte Sendung und für 1 Einheit?

Brutto-menge	**Gut-gewicht**	**Preis pro Netto-einheit** (ohne USt)	**Rabatt**	**Skonto**	**Fracht** (ohne USt)	**Rollgeld** (ohne USt)	**Trans-portvers.**
a) 6 892 kg	130 kg	82,00 €	15 %	1 %	325,00 €	180,00 €	970,00 €
b) 14 780 l	2 %	16,00 €	20 %	2 %	642,00 €	336,00 €	720,00 €
c) 648 Stück	–	349,00 €	10 %	2,5 %	595,00 €	226,00 €	390,00 €

4 Eine Kaffeerösterei bezieht 76 Säcke Brasilkaffee mit einem Bruttogewicht von insgesamt 2 280 kg. Der Angebotspreis ist 580,00 € (ohne Umsatzsteuer) für 100 kg Nettogewicht. Die Tara beträgt 0,250 kg pro Sack. Der Lieferant bewilligt ein Gutgewicht von 0,150 kg pro Sack. 12,5 % Mengenrabatt und 2 % Skonto werden gewährt. Die Einkaufsprovision beläuft sich auf 3,5 %. Errechnen Sie den Bezugspreis für 1 kg Kaffee.

5 Errechnen Sie den Bezugspreis für die gesamte Sendung und für 1 Einheit.

	a)	b)	c)
Bruttogewicht	20 500 kg	12 800 l	8 900 kg
Tara	400 kg	–	2 %
Gutgewicht	3 %	–	260 kg
Leckage	–	2 %	–
Preis pro Nettoeinheit (ohne USt)	4,90 €	7,20 €	8,30 €
Rabatt	12,5 %	10 %	15 %
Skonto	2 %	1,5 %	2,5 %
Fracht (ohne USt)	1.080,00 €	950,00 €	890,00 €
Rollgeld (ohne USt)	400,00 €	540,00 €	650,00 €
Einkaufsprovision	5 %	–	4,5 %
Maklergebühr	–	4 %	–

6 Ein Fruchtsafthersteller erhält zwei Angebote. Entscheiden Sie, welches Angebot (bei gleicher Qualität und Lieferzeit) angenommen werden soll.

Angebot 1: 4 000 Kisten Äpfel; Bruttogewicht: 88 000 kg; Tara: 0,5 kg pro Kiste; Preis (ohne USt) pro 100 kg Nettogewicht: 13,50 €; Mengenrabatt: 10 %; Skonto: 3 %; frachtfrei; Rollgeld (einschl. 19 % USt): 95,20 €.

Angebot 2: 4 000 Kisten Äpfel; Bruttogewicht: 88 000 kg; Tara: 0,5 kg pro Kiste; Preis (ohne USt) pro 100 kg Nettogewicht: 11,50 €; Skonto: 1 %; Fracht (ohne USt): 420,00 €; Rollgeld (ohne USt): 80,00 €.

7 Sie sind Angestellte(r) der Textilfabrik Konrad Fied KG, Goseriede 41, 30159 Hannover.

Die angegliederte Verkaufsfiliale soll mit elektronischen Kassen der Modellreihe „Perfekt 3000" (mit Scanner und Kassenbonausgabe) ausgestattet werden. Es liegen ein Angebot der Heinken KG, Hannover, und ein Angebot der Kassensysteme GmbH, München, vor:

Angebot der Heinken KG, Hannover (für die komplette Ausstattung):
Listenpreis: 11.000,00 € (ohne Umsatzsteuer);
Rabatt: 12,5 %;
Zahlungsziel: 60 Tage netto Kasse, bei Zahlung innerhalb von 20 Tagen 3 % Skonto;
Bezugskosten: Lieferung frei Haus;
Lieferzeit: sofort nach Auftragserteilung.

Angebot der Kassensysteme GmbH, München (für die komplette Ausstattung):
Listenpreis: 10.000,00 € (ohne Umsatzsteuer);
Rabatt: 4 %;
Zahlungsziel: 60 Tage netto Kasse, bei Zahlung innerhalb von 20 Tagen 1,5 % Skonto;
Bezugskosten: 238,00 € (einschl. 19 % Umsatzsteuer) für Rollgeld, Fracht und Spezialverpackung;
Lieferzeit: 4 Wochen nach Auftragserteilung.

a) Erstellen Sie in einem Aktenvermerk einen Angebotsvergleich. Entscheiden Sie, welchem Lieferer Sie den Auftrag erteilen. Begründen Sie in dem Aktenvermerk Ihre Entscheidung.

b) Sie haben bei dem Lieferer, den Sie in Aufgabe a) ermittelt haben, die Bestellung aufgegeben. Die elektronischen Kassen werden mangelfrei geliefert. Die Eingangsrechnung über die elektronischen Kassen liegt Ihnen vor. Bilden Sie den Buchungssatz für die Eingangsrechnung.[1]

3.1.1.2 Die zusammengesetzte Bezugskalkulation

Werden mehrere Warenposten/Werkstoffposten gemeinsam bezogen, so entstehen gemeinsame **Gewichtsspesen** und gemeinsame **Wertspesen.** Diese sind anteilmäßig auf die einzelnen Warenposten/Werkstoffposten zu verteilen.

Gewichtsspesen (hauptsächlich: Fracht und Rollgeld) werden mithilfe der Verteilungsrechnung nach dem **Bruttogewicht, Wertspesen** (hauptsächlich: Transportversicherungsprämien und Einkaufsvermittlungsgebühren) nach dem **Zieleinkaufspreis** auf die einzelnen Warenposten/Werkstoffposten umgelegt.

Beispiel

Ein Industriebetrieb bezieht mit gleicher Sendung den Rohstoff A und den Rohstoff B.

	Bruttogewicht	Tara	Gutgewicht	Preis für 100 kg (ohne USt)
Rohstoff A	30 000 kg	2 %	400 kg	60,00 €
Rohstoff B	50 000 kg	3 %	500 kg	70,00 €

Es fallen folgende Bezugskosten (ohne USt) an:

Fracht: 500,00 €; Rollgeld: 220,00 €; Transportversicherungsprämie: 510,00 €; Vertreterprovision: 2.550,00 €.

1 *Lösungshinweis*: Sofortrabatte, die in der Eingangsrechnung in Abzug gebracht werden, werden buchhalterisch nicht gesondert erfasst (siehe Kapitel 3.1.7).

a) Errechnen Sie den Gesamtrechnungspreis für Rohstoff A und Rohstoff B.
b) Verteilen Sie die Gewichtsspesen auf Rohstoff A und Rohstoff B.
c) Verteilen Sie die Wertspesen auf Rohstoff A und Rohstoff B.
d) Errechnen Sie den Bezugspreis für 1 kg von Rohstoff A und Rohstoff B.

Lösung

a) **Ermittlung der Gesamtrechnungspreise**

	Rohstoff A	Rohstoff B
Bruttogewicht – Tara	30 000 kg 600 kg	50 000 kg 1 500 kg
vorl. Nettogewicht – Gutgewicht	29 400 kg 400 kg	48 500 kg 500 kg
Nettogewicht	29 000 kg	48 000 kg
	29 000 kg · 0,60 €	48 000 kg · 0,70 €
Gesamtrechnungspreis	= 17.400,00 €	= 33.600,00 €

b) **Verteilung der Gewichtsspesen (nach Bruttogewicht)**[1]

Summe der Gewichtsspesen: 500,00 € + 220,00 € = 720,00 €

	Verteilungsbasis	Teile	
Rohstoff A	30 000 kg	3	270,00 €
Rohstoff B	50 000 kg	5	450,00 €
		8 ≙	720,00 €
	1 Teil: 720,00 €	: 8 =	90,00 €

c) **Verteilung der Wertspesen (nach Gesamtrechnungspreis)**[1]

Summe der Wertspesen: 510,00 € + 2.550,00 € = 3.060,00 €

	Verteilungsbasis	Teile	
Rohstoff A	17.400,00 €	87	1.044,00 €
Rohstoff B	33.600,00 €	168	2.016,00 €
		255 ≙	3.060,00 €
	1 Teil: 3.060,00 €	: 255 =	12,00 €

d) **Berechnung der Bezugspreise pro kg (netto)**

	Rohstoff A	Rohstoff B
Gesamtrechnungspreis + Gewichtsspesen + Wertspesen	17.400,00 € 270,00 € 1.044,00 €	33.600,00 € 450,00 € 2.016,00 €
Bezugspreis (insgesamt)	18.714,00 €	36.066,00 €
Bezugspreis pro kg	18.714,00 € : 29 000 kg = 0,65 €	36.066,00 € : 48 000 kg = 0,75 €

1 Vgl. Kapitel „1.1.3 Die Verteilungsrechnung", Aufgabentyp 1.

AUFGABEN

1 Wir beziehen eine Sendung mit 2 verschiedenen Rohstoffen.

	Bruttogewicht	Tara	Gutgewicht	Preis für 100 kg (ohne USt)
Rohstoff A	75 t	2 %	500 kg	120,00 €
Rohstoff B	125 t	3 %	250 kg	140,00 €

An Bezugskosten (ohne USt) fallen an:

Fracht: 1.100,00 €, Rollgeld: 340,00 €, Transportversicherungsprämie: 2.570,00 €, Vertreterprovision: 12.850,00 €

a) Errechnen Sie den Gesamtrechnungspreis für Rohstoff A und für Rohstoff B.
b) Verteilen Sie die Gewichtsspesen auf Rohstoff A und Rohstoff B.
c) Verteilen Sie die Wertspesen auf Rohstoff A und Rohstoff B.
d) Errechnen Sie den Bezugspreis für 1 kg von Rohstoff A und Rohstoff B.

2 Eine Spinnerei bezieht in einer Sendung 12 000 kg der Baumwollsorte I (Güteklasse I) und 16 000 kg der Baumwollsorte II (Güteklasse II). Für die Baumwollsendung fallen 1.120,00 € (ohne USt) Gewichtsspesen und 1.564,00 € (ohne USt) Wertspesen an. Der kg-Preis beträgt für die Baumwollsorte I 3,05 € (ohne USt) und für die Baumwollsorte II 2,60 € (ohne USt).

Errechnen Sie den Bezugspreis für 1 kg der Baumwollsorte I und der Baumwollsorte II.

3 Ein Jeanshersteller in Sachsen bezieht aus den USA 20 Ballen blauen hochwertigen Jeansstoff zu je 40 m und 25 Ballen schwarzen hochwertigen Jeansstoff zu je 45 m. Der Meterpreis des blauen Jeansstoffes beträgt 4,50 US-$ und der des hochwertigen schwarzen Jeansstoffes 6,75 US-$.

Kurs: 1 € = 1,1249 US-$.

Es fallen folgende Bezugskosten (ohne USt) an:

Bahnfracht: 673,75 €; Rollgeld: 89,55 €; Einkaufsprovision: 3 %.

Errechnen Sie jeweils den Bezugspreis pro m in €.

(*Hinweis:* Die Stoffe haben das gleiche spezifische Gewicht.)

4 Eine Kaffeerösterei erhält in einer Lieferung folgende Rohkaffeesendungen:

120 Säcke Brasilien-Kaffee (Sorte I); Bruttogewicht insgesamt: 8 472 kg; Tara: 0,6 kg pro Sack; Nettopreis für 100 kg: 360,00 €.

160 Säcke Brasilien-Kaffee (Sorte II); Bruttogewicht insgesamt: 9 664 kg; Tara: 0,4 kg pro Sack; Nettopreis für 100 kg: 340,00 €.

An Bezugskosten (ohne USt) fallen an:

Einkaufsprovision[1]: 2,5 %, Transportversicherungsprämie: 628,80 €, zu übernehmende Transportkosten: 1.600,00 €.

Errechnen Sie den Bezugspreis für jeweils 1 kg der Sorte I und Sorte II.

1 in Prozent vom Gesamtrechnungspreis

5 Errechnen Sie den Bezugspreis pro Einheit.

Bruttomenge	Tara	Gutgewicht	Leckage	Preis pro Nettoeinheit (einschl. 19 % USt)	Gewichtsspesen (einschl. 19 % USt)	Wertspesen[1]
a) 8 960 kg	2 %	150 kg	–	9,52 €	3.570,00 €	3 %
6 420 kg	1,5 %	130 kg	–	8,33 €		
b) 4 720 kg	1 %	80 kg	–	7,14 €	2.380,00 €	2,5 %
5 790 kg	2 %	110 kg	–	8,09 €		
c) 7 950 l	–	–	80 l	6,90 €	2.142,00 €	3,5 %
4 890 l	–	–	40 l	10,47 €		
d) 50 Säcke zu 80 kg	0,6 kg pro Sack	40 kg	–	4,52 €	1.428,00 €	4 %
40 Säcke zu 70 kg	0,5 kg pro Sack	28 kg	–	8,09 €		

6 Ein Malereibetrieb bezieht von einer Farben- und Lackfabrik:

- 90 l Speziallack, seidenmatt schwarz, 0,75-l-Dose zu 14,00 € (ohne USt) und
- 60 l Speziallack, seidenmatt moosgrün, 0,75-l-Dose zu 15,00 € (ohne USt).

Die Farben- und Lackfabrik gewährt einen Treuerabatt von 10 % und 2 % Skonto.
An Bezugskosten (ohne USt) fallen an:

Fracht: 80,00 €, Rollgeld: 25,00 €, Transportversicherung: 28,00 €.

Errechnen Sie den Bezugspreis pro Dose.

3.1.2 Die buchhalterische Erfassung der Bezugskosten

Nach steuerrechtlichen und handelsrechtlichen Vorschriften sind die eingekauften Werkstoffe zu Anschaffungskosten (= Bezugspreisen/Einstandspreisen) zu aktivieren[2].

Die Anschaffungskosten ergeben sich aus dem Anschaffungspreis (= Einkaufspreis) und den Anschaffungsnebenkosten. Die Bezugskosten zählen zu den Anschaffungsnebenkosten.

	Anschaffungspreis (= Einkaufspreis)
+	Anschaffungsnebenkosten (= Bezugskosten)
=	Anschaffungskosten (= Bezugspreis/Einstandspreis)

Die Anschaffungskosten bilden die Wertbasis für die Werkstoffeinkäufe. Die Bezugskosten müssen daher auf den Werkstoffeinkaufskonten erfasst werden.

Dies könnte durch eine direkte Buchung auf den Werkstoffeinkaufskonten geschehen.

Um aber die Bezugskosten verursachungsgerecht auszuweisen und um einen detaillierten Überblick über den Beschaffungsbereich zu erhalten, werden die Bezugskosten zunächst auf **Unterkonten** der Werkstoffeinkaufskonten gesammelt. Am Ende der Rechnungsperiode werden diese Unterkonten über ihre Hauptkonten, die Werkstoffeinkaufskonten, abgeschlossen.

1 in Prozent vom Gesamtrechnungspreis
2 auf der **Aktiv**seite der Bilanz auszuweisen

Bei dem **„Aufwandsrechnerischen Verfahren"** (vgl. Kapitel 2.7.1.3) werden die Werkstoffeinkäufe auf den **Werkstoffaufwandskonten** der **Kontenklasse 6** gebucht. In diesem Fall gilt folgende Zuordnung:

Hauptkonten	Unterkonten
6000 Aufw. für Rohstoffe	6001 Bezugskosten für Rohstoffe
6010 Aufw. für Vorprod./Fremdb.	6011 Bezugskosten für Vorprodukte/Fremdbauteile
6020 Aufw. für Hilfsstoffe	6021 Bezugskosten für Hilfsstoffe
6030 Aufw. für Betriebsstoffe	6031 Bezugskosten für Betriebsstoffe
6070 Aufw. für sonst. Material	6071 Bezugskosten für sonst. Material
6080 Aufw. für Waren	6081 Bezugskosten für Waren

Bei der **„Inventurmethode"**[1] und bei der **„Fortschreibungsmethode"**[1] (vgl. Kapitel 2.7.1.1) werden die Werkstoffeinkäufe auf den **Werkstoffbestandskonten** der **Kontenklasse 2** gebucht. Insofern ergibt sich bei diesen Methoden folgende Zuordnung:

Hauptkonten	Unterkonten
2000 Rohstoffe	2001 Bezugskosten für Rohstoffe
2010 Vorprodukte/Fremdbauteile	2011 Bezugskosten für Vorprodukte/Fremdbauteile
2020 Hilfsstoffe	2021 Bezugskosten für Hilfsstoffe
2030 Betriebsstoffe	2031 Bezugskosten für Betriebsstoffe
2070 Sonstiges Material	2071 Bezugskosten für sonst. Material
2280 Waren	2281 Bezugskosten für Waren

Beispiel Unser Lieferer stellt uns neben dem Einkaufspreis der bezogenen Rohstoffe Frachtkosten und Verpackungskosten in Rechnung:

Rohstoffe	10.000,00 €
+ Fracht	200,00 €
+ Verpackung (Kunststoffbehälter)	100,00 €
	10.300,00 €
+ 19 % Umsatzsteuer	1.957,00 €
Rechnungsbetrag	12.257,00 €

Buchung bei Rechnungseingang

	Soll	Haben
6000 Aufwendungen für Rohstoffe[2]	10.000,00	
6001 Bezugskosten[3]	300,00	
2600 Vorsteuer	1.957,00	
an 4400 Verbindlichkeiten a. LL		12.257,00

Abschluss des Bezugskostenkontos

	Soll	Haben
6000 Aufwendungen für Rohstoffe[2]	300,00	
an 6001 Bezugskosten[3]		300,00

Buchungen auf dem Werkstoffeinkaufskonto

S	6000 Aufw. für Rohstoffe[2]	H
4400	10.000,00	
6001[4]	300,00	

1 Es handelt sich um die „Bestandsrechnerischen Verfahren".
2 alternativ: 2000 Rohstoffe („Bestandsrechnerisches Verfahren")
3 alternativ: 2001 Bezugskosten („Bestandsrechnerisches Verfahren")
4 alternativ: 2001 („Bestandsrechnerisches Verfahren")

3.1.3 Gutschriften für Bezugskosten

Besteht die in Rechnung gestellte Verpackung z. B. aus Kunststoffbehältern, Fässern oder Holzkisten, so hat der Käufer häufig die Möglichkeit, seinem Lieferer diese gegen eine entsprechende Gutschrift zurückzugeben. Die Konten „Bezugskosten" und „Vorsteuer" sind dann durch Habenbuchungen zu korrigieren.

Beispiel

In Rechnung gestellte Kunststoffbehälter werden an den Lieferer zurückgesandt .... 100,00 €
darauf 19 % Umsatzsteuer .... 19,00 €

		Soll	Haben
Buchungssatz	4400 Verbindlichkeiten a. LL	119,00	
	an 6001 Bezugskosten[1]		100,00
	an 2600 Vorsteuer		19,00

Zusammenfassung

Schaubild

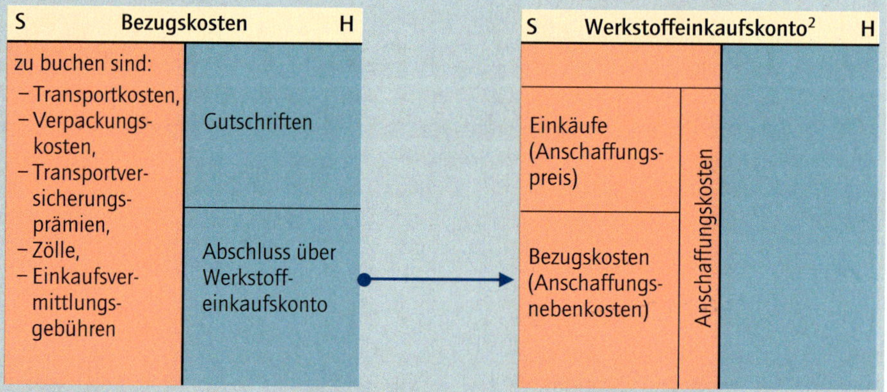

Merksätze

1. **Bezugskosten (= Anschaffungsnebenkosten) werden auf Unterkonten der Werkstoffeinkaufskonten gebucht.**
2. **Nach dem Abschluss der Bezugskostenkonten weisen die Werkstoffeinkaufskonten die Anschaffungskosten (= Anschaffungspreis + Anschaffungsnebenkosten) aus. Dies entspricht steuerrechtlichen und handelsrechtlichen Bestimmungen.**

AUFGABEN

Hinweis für die Lehrerin/den Lehrer: Bei allen Aufgaben können die Werkstoffeinkäufe und die Bezugskosten alternativ in der Kontenklasse 2 oder 6 gebucht werden.

Aufgabe 1: Verständnisaufgabe;
Aufgabe 2: Buchungen auf dem Rohstoffeinkaufskonto und auf dem Bezugskostenkonto;
Aufgabe 3: Abschluss der Bezugskostenkonten;
Aufgabe 4: Belegbuchungen.

1 alternativ: 2001 Bezugskosten („Bestandsrechnerisches Verfahren")
2 z. B. 6000 Aufwendungen für Rohstoffe (Aufwandsrechnerisches Verfahren) bzw. 2000 Rohstoffe (Bestandsrechnerisches Verfahren)

1 Welche Aussagen sind richtig bzw. falsch? Begründen Sie Ihre Meinung.

a) Nach der gesetzlichen Regelung hat der Verkäufer die Transportkosten bis zum Empfangsbahnhof zu tragen.

b) Die Anschaffungskosten enthalten die Bezugskosten.

c) Die Bezugskostenkonten werden über das Gewinn- und Verlustkonto abgeschlossen.

d) Die Bezugskostenkonten sind Unterkonten der Werkstoffeinkaufskonten.

e) Die Bezugskostenkonten weisen am Anfang der Rechnungsperiode einen Anfangsbestand auf.

2 A Bilden Sie die Buchungssätze und buchen Sie auf dem Rohstoffeinkaufskonto und auf dem Bezugskostenkonto (ohne Gegenkonten).

Schließen Sie das Bezugskostenkonto ab.

Geschäftsfälle

	I. €	II. €
1. Zieleinkauf von Rohstoffen		
Nettowert	30.000,00	20.000,00
+ 19 % Umsatzsteuer	5.700,00	3.800,00
	35.700,00	23.800,00
2. Barzahlung für Rollgeld (zu Geschäftsfall 1.)	120,00	100,00
+ 19 % Umsatzsteuer	22,80	19,00
	142,80	119,00
3. Rechnung des Lieferers für		
Fracht und Verpackung (zu Geschäftsfall 1.)	100,00	200,00
+ 19 % Umsatzsteuer	19,00	38,00
	119,00	238,00
4. Zieleinkauf von Rohstoffen, Nettowert	20.000,00	25.000,00
Fracht und Transportversicherung	300,00	200,00
Verpackungsmaterial	100,00	300,00
+ 19 % Umsatzsteuer	3.876,00	4.845,00
	24.276,00	30.345,00
5. Vereinbarungsgemäß erteilt uns unser Lieferant für zurückgeschicktes Verpackungsmaterial (Geschäftsfall 4.) eine Gutschrift über (netto)	100,00	300,00
+ 19 % Umsatzsteuer	19,00	57,00
	119,00	357,00

3 Nennen Sie die Abschlussbuchungssätze der unten stehenden Konten.

S	Bezugskosten für Rohstoffe		H
4400	200,00	4400	180,00
4400	380,00		
4400	160,00		
4400	270,00		
4400	300,00		

S	Bezugskosten für Vorprodukte		H
4400	350,00	4400	140,00
4400	200,00		
4400	230,00		
4400	110,00		
4400	280,00		

S	Bezugskosten für Hilfsstoffe		H
4400	180,00		
4400	140,00		
4400	220,00		
4400	60,00		
4400	120,00		

S	Bezugskosten für Betriebsstoffe		H
4400	140,00	4400	120,00
4400	260,00		
4400	300,00		
4400	90,00		
4400	100,00		

4 Sie sind Angestellte(r) der Textilfabrik Konrad Fied KG, Goseriede 41, 30159 Hannover. Die folgenden Belege liegen Ihnen zur Buchung vor.

a) Welche Geschäftsfälle liegen den Belegen zugrunde?

b) Wie lauten die Buchungssätze?

EMUT GmbH • Frottierweberei

EMUT GmbH • Postfach 3 46/3 47 • 34369 Hofgeismar

Textilfabrik
Konrad Fied KG
Goseriede 41
30159 Hannover

Kunden-Nr.	Beleg-Nr.
24 005	5 992
Bitte stets angeben!	

Telefax 05671 303- 2268 E-Mail helms@emut-wvd.de

Ihr Zeichen, Ihre Bestellung vom	Unser Zeichen	Lieferdatum	Telefon, Name 05671 303-	Datum
20.07.20..	he/kl	12.08.20..	65 Helms	13.08.20..

Rechnung

Pos.	m	Gegenstand	Preis je Einheit €	Betrag €
1	1 200	Frottee 313 Fr	4,50	5.400,00
2	1 600	Frottee 564 Fr	5,00	8.000,00
3	1 000	Walk-Frottee 610 WFr	6,50	6.500,00
4	800	Walk-Frottee 757 WFr	7,00	5.600,00
				25.500,00
		+ Transportkosten		80,00
		+ Verpackung		300,00
				25.880,00
		+ 19 % Umsatzsteuer		4.917,20
				30.797,20
		Bei Rückgabe der Verpackung erhalten Sie 2/3 gutgeschrieben.		

EINGEGANGEN 18. Aug. 20.. Erl. ....

Zahlungsbedingungen: Zahlungsziel 30 Tage

20 400 21
OBADEFF520
520 925 00
ENODE51HG1

Sitz der Gesellschaft: Hofgeismar, HRB Nr. 3
Geschäftsführer: Dipl.-Wirtsch.-Ing. Dirk Pietz

Beleg 1

EMUT GmbH • Frottierweberei

EMUT GmbH • Postfach 3 46/3 47 • 34369 Hofgeismar

Textilfabrik
Konrad Fied KG
Goseriede 41
30159 Hannover

Telefax 05671 303- 2268 E-Mail helms@emut-wvd.de

Ihr Zeichen, Ihre Nachricht vom	Unser Zeichen, unsere Nachricht vom	Telefon, Name 05671 303-	Datum
	he/kl	65 Helms	30.08.20..

Gutschrift Nr. 3 290

Sehr geehrte Damen und Herren,

für die Rückgabe der Verpackung schreiben wir Ihnen vereinbarungsgemäß gut:

Netto	200,00 €
+ 19 % USt	38,00 €
	238,00 €

Bitte buchen Sie entsprechend.

Mit freundlichem Gruß

EMUT GmbH

i. V.

Biedenstein

EINGEGANGEN 2. Sept. 20.. Erl. ....

Beleg 2

Hinweis: Es handelt sich um die Verpackung, die in Beleg 1 in Rechnung gestellt wurde.

Beleg 3

Hinweis: Der Betrag wurde bar bezahlt.

Nachnahmen müssen in der Bezettelung und in Feld 31 des Frachtbriefs eingetragen werden. Bei abweichender Darstellung ist allein das Feld 31 maßgebend.

Absender – Postanschrift – Fernsprecher
Bernhard Müller OHG
Im Weiher 1
69121 Heidelberg

Empfänger – Postanschrift – Fernsprecher | Kundennummer
Textilfabrik
Konrad Fied KG
Goseriede 41
30159 Hannover

Buchst. (Zeich.) u. Nr.

94 57 89 98 48

Nachnahme € Ct

Zahlungsvermerk (Zv) (9): [X] unfrei [ ] frei

Plz – Versandbahnhof/-ort: 69121 Heidelberg

Annahme-/Auflieferttag: 05.11.20..

[ ] Wagenladung [ ] Stückgut [X] Expressgut [ ] DB-Termindienst

Stückzahl der ges. Sendung: 3

Plz Bestimmungsbahnhof/-ort (13): 30159 Hannover HGBF | Stückgutleitzahl
Entladestelle

3 Kartons Webstoffe

Zulässige Erklärungen (4) | 13a Referenz-Nr. des Absenders (6)
EUR | EUR | 18a Palettenschein-Nr.
44 Lastgrenze t | Verkehr. Sonderbeh. | Bef.-Art | Kz für Tü | Betrieb. Sonderbeh.
45 Achsen | Kz für Lü | Kz
Liefertag: (10) | 23
(12) | 13b Referenz-Nr. des Empfängers (8)

33 GGVE [ ] ja | 26 Wirkliches Gewicht in kg: 80 | Ermittlungsdienstliche Vermerke | Annahmezeichen

55,48 ◀ Summe

41 Container | 42 Wagen Gattung | 38 U. Art | 56 Güterart-Nr. | 57 Tarif-Nr. | 58 S | 60 Frachtber.-gewicht | 59 Frachtsatz Ct | 59a Fracht € Ct | 61 Freibetrag € Ct KZ | 62 Überweisung € Ct KZ | € Ct | 29 Lieferwert (17)

Übertrag
30 Barvorschuss (Bv)
31 Nachnahme (Nn) (18)
30a Vorfracht (Vf)

Fracht | Fracht | Summe A | Summe C | U-Steuer | U-Steuer | 10,54 | Steuersatz 19 %
Summe | 39a | 77 Summe B | Summe | 66,02 | 78 Summe D

35 U-Steuer | 36 Land urspr. endgültig | 37 | 64 km | 39 | 40 | 11a Frachtzahler-Nr. Versand (19) | Rechnung für den Absender | 15 Frachtzahler-Nr. Empfang (19) | Rechnung für den Empfänger

Beleg 4

Spedition Küchler

Küchler Speditionsgesellschaft mbH
Export – Import – Spedition
Nussriede 4
30627 Hannover

Küchler Speditionsgesellschaft mbH, Postfach 11 15 52, 30627 Hannover

Textilfabrik
Konrad Fied KG
Goseriede 41
30159 Hannover

Kunden-Nr.	Rechnungs-Nr.
24 009	6 291
Bitte stets angeben!	

Telefax 0511 2641- 329 | E-Mail werner@kuechler-wvd.de

Ihr Zeichen, Ihre Nachricht vom	Unser Zeichen	Telefon, Name 0511 2641-	Datum
ki 13.04.20..	we	321 Herr Werner	15.04.20..

Rechnung

In Ihrem Auftrag stellten wir Ihnen im Monat März diverse Stoffballen von Ihrem Lieferanten, der Emut GmbH, zu (siehe beigefügte Auflistung).

Transportkosten, netto	3.000,00 €
19 % Umsatzsteuer	570,00 €
	3.570,00 €

EINGEGANGEN 16. Apr. 20.. Erl. ....

Zahlbar binnen 14 Tagen ohne Abzug.

Telefon 0511 2641-0 | Hannover HRB 123 | Bankverbindung: Stadtsparkasse Hannover Konto-Nr. 222 484, BLZ 250 501 80
USt-IdNr. DE 111 247 336 | Geschäftsführerin: Kornelia Küchler | IBAN DE56 2505 0180 0000 2224 84 BIC SPKHDE2H

Beleg 5

Friedrich-Wilhelm Heine e. Kfm.
Mölmer Ring 10 • 30173 Hannover
Telefon: 0511 458 • Telefax: 0511 457

Handelsvertretung
Stoffe
Textilien

Friedrich-Wilhelm Heine e. Kfm. • Mölmer Ring 10 • 30173 Hannover

Textilfabrik
Konrad Fied KG
Goseriede 41
30159 Hannover

EINGEGANGEN
13. Okt. 20..
Erl.................

Bitte stets angeben
Rechnungsnummer: 493
Rechnungsdatum: 12.10.20..
Kundennummer: 24 009

Kreissparkasse Hannover
Konto-Nr. 753 012
BLZ 250 502 99
IBAN DE75 2505 0299 0000 7530 12
BIC KRHADE2H239

Provisionsabrechnung

Für den Einkauf von Stoffen im Monat September (siehe beigefügte Auflistung) erlaube ich mir zu berechnen:

	500,00 €
+ 19 % Umsatzsteuer	95,00 €
	595,00 €

Bitte zahlen Sie innerhalb von 30 Tagen.

3.1.4 Die buchhalterische Erfassung der Vertriebskosten

Auf der Beschaffungsseite entstehen Bezugskosten, auf der Absatzseite **Vertriebskosten.** Es handelt sich um dieselben Positionen (siehe Seite 165).

Der IKR sieht für diese **Aufwendungen** die folgenden Konten vor:

6040 Aufwendungen für Verpackungsmaterial
6140 Frachten und Fremdlager (inkl. Versicherungen und anderer Nebenkosten)
6150 Vertriebsprovisionen

Beispiele

1. Wir verkaufen an einen Kunden Erzeugnisse „frei Haus".
   Für Rollgeld und Bahnfracht zahlen wir bar, netto .... 200,00 €
   + 19 % Umsatzsteuer .... 38,00 €
   238,00 €
2. Zur Verpackung werden eigens für diesen Verkauf Kunststoffbehälter bar gekauft, netto .... 400,00 €
   + 19 % Umsatzsteuer .... 76,00 €
   476,00 €

Buchungssätze

	Soll	Haben
6140 Frachten und Fremdlager	200,00	
2600 Vorsteuer	38,00	
an 2880 Kasse		238,00
6040 Aufwendungen für Verpackungsmaterial	400,00	
2600 Vorsteuer	76,00	
an 2880 Kasse		476,00

Die Konten „6040 Aufwendungen für Verpackungsmaterial", „6140 Frachten und Fremdlager" und „6150 Vertriebsprovisionen" werden als Aufwandskonten über das Gewinn- und Verlustkonto abgeschlossen.

6691176

3.1.5 Die Belastung des Kunden mit den Vertriebskosten

Hat gemäß Kaufvertrag der Käufer sämtliche oder einen Teil der zunächst beim Verkäufer angefallenen Vertriebskosten zu tragen, so stellt der Lieferer diese verauslagten Kosten seinem Kunden in Rechnung.

Das **Verrechnungsverbot** von Aufwendungen und Erträgen (§ 246 Abs. 2 HGB) erlaubt für diesen Fall keine Korrekturbuchung auf der Habenseite der Vertriebskostenkonten. Die umsatzsteuerliche Verprobung und die EDV-Buchführung verlangen darüber hinaus, dass das **umsatzsteuerliche Entgelt**[1] einem **Ertragskonto**[2] zugeordnet wird. Aus diesen Gründen wird die Buchung der den Kunden in Rechnung gestellten Vertriebskosten über das Umsatzerlöskonto[3] vorgenommen.

Beispiel Die im obigen Beispiel verauslagten Verpackungskosten werden dem Kunden zusammen mit den Fertigerzeugnissen in Rechnung gestellt.

Zielverkauf von Erzeugnissen, netto	20.000,00 €
+ Verpackung (Kunststoffbehälter)	400,00 €
	20.400,00 €
+ 19 % Umsatzsteuer	3.876,00 €
	24.276,00 €

Buchungssatz

		Soll	Haben
2400	Forderungen a. LL	24.276,00	
an	5000 Umsatzerlöse f. e. E.		20.400,00
an	4800 Umsatzsteuer		3.876,00

Häufig gibt der Lieferer seinem Kunden die Möglichkeit, Verpackungsmaterial gegen eine entsprechende Gutschrift zurückzuschicken.

In diesem Fall muss eine Teilstornierung der obigen Buchung vorgenommen werden.

Beispiel Unser Kunde schickt an uns die ihm in Rechnung gestellten Kunststoffbehälter zurück. Vereinbarungsgemäß erteilen wir ihm eine Gutschrift über 75 % des Wertes

der Kunststoffbehälter	300,00 €
darauf 19 % Umsatzsteuer	57,00 €
	357,00 €

Buchungssatz

		Soll	Haben
5000	Umsatzerlöse f. e. E.	300,00	
4800	Umsatzsteuer	57,00	
an	2400 Forderungen a. LL		357,00

Zusammenfassung

Merksätze

1. **Die beim Verkauf von Erzeugnissen anfallenden Vertriebskosten werden auf den Konten „6040 Aufwendungen für Verpackungsmaterial", „6140 Frachten und Fremdlager" und „6150 Vertriebsprovisionen" erfasst.**
2. **Die Kunden in Rechnung gestellten Vertriebskosten werden auf den Umsatzerlöskonten gebucht.**

1 Zur umsatzsteuerlichen Verprobung werden die umsatzsteuerlichen Entgelte ermittelt. Für die steuerliche Außenprüfung müssen die Konten gekennzeichnet sein, bei denen das umsatzsteuerliche Entgelt berührt wird.

2 Die EDV-Programme ermöglichen den problemlosen Einsatz von Umsatzsteuerschlüsseln nur bei Ertragskonten. (Umsatzsteuerschlüssel rechnen den Umsatzsteueranteil automatisch aus einem erfassten Betrag heraus bzw. zu einem erfassten Betrag hinzu und buchen ihn entsprechend.)

3 Es könnte auch ein spezielles Erlöskonto eingerichtet werden. Der Einfachheit halber wird hierauf aber meistens verzichtet.

AUFGABEN

Aufgabe 1: Belegbuchungen;
Aufgabe 2: Buchung von Geschäftsfällen;
Aufgabe 3: Geschäftsgang.

1 Sie sind Angestellte(r) der Textilfabrik Konrad Fied KG, Goseriede 41, 30159 Hannover.

Die folgenden Belege liegen Ihnen zur Buchung vor.

a) Welche Geschäftsfälle liegen den Belegen zugrunde?

b) Wie lauten die Buchungssätze?

Beleg 1

Spedition Küchler

Küchler
Speditionsgesellschaft mbH
Export – Import – Spedition
Nussriede 4
30627 Hannover

Küchler Speditionsgesellschaft mbH, Postfach 11 15 52, 30627 Hannover

Textilfabrik
Konrad Fied KG
Goseriede 41
30159 Hannover

Kunden-Nr.	Rechnungs-Nr.
24 009	6 292
Bitte stets angeben!	

Telefax 0511 2641- 329
E-Mail werner@kuechler-wvd.de

Ihr Zeichen, Ihre Nachricht vom: ki 13.04.20..
Unser Zeichen: we
Telefon, Name 0511 2641- 321 Herr Werner
Datum: 15.04.20..

Rechnung

In Ihrem Auftrag lieferten wir im 1. Quartal d. J. diverse Textilien an Ihren Kunden, die Söffgen OHG (siehe beigefügte Auflistung).

Transportkosten, netto	4.000,00 €
19 % Umsatzsteuer	760,00 €
	4.760,00 €

EINGEGANGEN
16. Apr. 20..
Erl. ....

Zahlbar binnen 14 Tagen ohne Abzug.

Beleg 2

Kartonagenfabrik Andrea Lange GmbH & Co. KG

Packende Ideen aus Kunststoff und Karton

Alte Bemeroder Straße 2
30539 Hannover
Telefon: 0511 850170
Telefax: 0511 850171
E-Mail: kartonagenlange@wvd.de
Internet: www.kartonagenlange-wvd.de

A. Lange GmbH & Co. KG • Postfach 67 05 21 • 30999 Hannover

Textilfabrik
Konrad Fied KG
Goseriede 41
30159 Hannover

EINGEGANGEN
23. Okt. 20..
Erl. ....

Bei Zahlung bitte angeben:

Rechnung-Nr.:	123 456
Datum:	21.10.20..
Kunden-Nr.:	24 011
Auftrags-Nr.:	404 341
Auftrags-Datum:	01.10.20..
Ihre Bestell-Nr.:	V 222
Bestell-Datum:	30.09.20..
Lieferschein-Nr.:	87 503
Lieferdatum:	20.10.20..

Rechnung

Pos.	Bezeichnung	Menge	Preis EUR/PE	Betrag EUR
01	Kunststofffaltschachtel für 10 Anzüge, Innenmaß: 550 x 400 x 450 mm	800	680,00/100	5.440,00
02	Kunststofffaltschachtel für 5 Mäntel, Innenmaß: 600 x 400 x 300 mm	1 000	550,00/100	5.500,00
	Summe netto			10.940,00
	Umsatzsteuer 19 %			2.078,60
	Rechnungswert			13.018,60
	Zahlungsbedingungen: 8 Tage 2 % Skonto, 30 Tage netto			

Hannover HRA 4422 • USt-IdNr.: DE 654 321 987
Erfüllungsort und Gerichtsstand ist Hannover.
Gelieferte Ware bleibt bis zur vollständigen Bezahlung unser Eigentum und unterliegt nicht der Pfändbarkeit Dritter.

Geschäftsführung: Andrea Lange, Marlene Sitko
Komplementär: Marlene Sitko Beteiligungs GmbH

Bankverbindungen:
Sparkasse Hannover • Konto 888 777 • BLZ 250 501 80
IBAN DE56 2505 0180 0000 8887 77 • BIC SPKHDE2H
Commerzbank Hannover • Konto 444 333 • BLZ 250 400 66
IBAN DE40 2504 0066 0000 4443 33 • BIC COBADEFF250

Beleg 3

Nachnahmen müssen in der Bezettelung und in Feld 31 des Frachtbriefs eingetragen werden. Bei abweichender Darstellung ist allein das Feld 31 maßgebend.

Absender – Postanschrift – Fernsprecher
Konrad Fied KG
Goseriede 41
30159 Hannover

Empfänger – Postanschrift – Fernsprecher
Textilgroßhandel
Söffgen OHG
Bergstraße 11
51503 Rösrath

Kundennummer

Buchst. (Zeich.) u. Nr.

94 57 89 98 48

Nachnahme € Ct

Zahlungsvermerk (Zv) (9): unfrei / [X] frei

Plz – Versandbahnhof/-ort
30159 Hannover

Annahme-/Auflieferatag
06.11.20..

Wagenladung / Stückgut / Expressgut / DB-Termindienst

Stückzahl der ges. Sendung

Plz Bestimmungsbahnhof/-ort (13)
51503 Rösrath
Entladestelle
Stückgutleitzahl

65 Kunststofffaltschachteln
mit Textilien

Zulässige Erklärungen (4) – 13a Referenz-Nr. des Absenders (6)
EUR EUR 18a Palettenschein-Nr.
44 Lastgrenze t – Verkehr. Sonderbeh. – Bef.-Art – Kz für Tü – Betrieb. Sonderbeh.
45 Achsen – Kz für Lü – Kz
Liefertag: (10) – 23
(12) – 13b Referenz-Nr. des Empfängers (8)
33 GGVE ja
26 Wirkliches Gewicht in kg: 550
Ermittlungsdienstliche Vermerke
Annahmezeichen
325,00 ◀ Summe

41 Container Z G – 42 Wagen E Gattung – 38 U-Art E V – 56 Güterart-Nr. – 57 Tarif-Nr. – 58 S – 60 Frachtber.-gewicht – 59 Frachtsatz Ct – 59a Fracht € Ct – 61 Freibetrag € Ct KZ – 62 Überweisung € Ct KZ – € Ct – 29 Lieferwert (17)

Übertrag
30 Barvorschuss (Bv)
31 Nachnahme (Nn) (18)
30a Vorfracht (Vf)
Steuersatz 19 %
78 Summe D

Fracht – Summe A: 61,75 – U-Steuer
77 Summe B: 386,75
Fracht – Summe C – U-Steuer – Summe

Summe – 39a

35 U-Steuer – 36 Land urspr. endgültig – 37 – 64 km – 39 – 40 – 11a Frachtzahler-Nr. Versand (19) – Rechnung für den Absender – 15 Frachtzahler-Nr. Empfang (19) – Rechnung für den Empfänger

Hinweis: Der Betrag wurde bar bezahlt.

Beleg 4

Konrad Fied KG

Textilfabrik • Goseriede 41
30159 Hannover

Konrad Fied KG • Postfach 59 40 • 30159 Hannover

Textilgroßhandel
Söffgen OHG
Bergstraße 11
51503 Rösrath

Kunden-Nr.	Beleg-Nr.
24 001	99

Bitte stets angeben!

Telefax 0511 32129

E-Mail service@fied-wvd.de

Ihr Zeichen, Ihre Bestellung vom	Unser Zeichen	Lieferdatum	Telefon, Name 0511 4155-	Datum
02.10.20.. 389	ki/kl	05.11.20..	58 Kibat	07.11.20..

Rechnung

Lfd. Nr.	Stückzahl	Gegenstand		Preis je Einheit/€	Betrag/€
1	250	Herrenanzüge	3040 B	115,00	28.750,00
2	150	Herrenanzüge	2894 C	130,00	19.500,00
3	75	Damenmäntel	3127 F	60,00	4.500,00
4	50	Herrenmäntel	2436 X	70,00	3.500,00
					56.250,00
		+ Transportkosten			325,00
		+ 65 Kunststofffaltschachteln			440,00
					57.015,00
		+ 19 % Umsatzsteuer			10.832,85
					67.847,85
		Bei Rückgabe der 65 Kunststofffaltschachteln erhalten Sie 3/4 gutgeschrieben.			

Beleg 5

Konrad Fied KG
Textilfabrik • Goseriede 41
30159 Hannover

Konrad Fied KG • Postfach 59 40 • 30159 Hannover

Textilgroßhandel
Söffgen OHG
Bergstraße 11
51503 Rösrath

Telefax 0511 32129
E-Mail service@fied-wvd.de

Ihr Zeichen, Ihre Nachricht vom	Unser Zeichen, unsere Nachricht vom	Telefon, Name 0511 4155-	Datum
24.11.20.. 389	ki/kl	58 Kibat	30.11.20..

Gutschrift Nr. 52

Sehr geehrter Herr Söffgen,

für die Rückgabe der 65 Kunststofffaltschachteln schreiben wir Ihnen vereinbarungsgemäß gut:

netto	330,00 €
+ 19 % USt	62,70 €
	392,70 €

Bitte buchen Sie entsprechend.

Mit freundlichem Gruß

Konrad Fied KG

i. A. Kibat

Beleg 6

TRANSPORT taxi 0511 222233 | St.-Nr. 35 967 32871 | Transporte aller Art – für Handel und Privat

Auftraggeber: Konrad Fied KG

von: Konrad Fied KG
Goseriede 41
30159 Hannover

an: Textileinzelhandel
Gertrud Schön e. Kffr.
Sundernstraße 34
2159 Hamburg

Hannover, 30. Nov. 20..

Buchungsvermerk: Anlieferung diverser Damenoberbekleidungsstücke an Textileinzelhandel Gertrud Schön e. Kffr. (Hamburg). Betrag bar bezahlt. Kl

Start:	€
km:	€
Be- u. Entladezeit:	€
Kettengeb.:	€
gesamt inkl. 19 % USt	€ 208,25
USt	€ 33,25

Beleg 7

Friedrich-Wilhelm Heine e. Kfm.
Mölmer Ring 10 • 30173 Hannover
Telefon: 0511 458 • Telefax: 0511 457

Handelsvertretung
Stoffe
Textilien

Friedrich-Wilhelm Heine e. Kfm. • Mölmer Ring 10 • 30173 Hannover

Textilfabrik
Konrad Fied KG
Goseriede 41
30159 Hannover

Bitte stets angeben

Rechnungsnummer: 499
Rechnungsdatum: 03.10.20..
Kundennummer: 24 009

Kreissparkasse Hannover
Konto-Nr. 753 012
BLZ 250 502 99
IBAN DE75 2505 0299 0000 7530 12
BIC KRHADE2H239

EINGEGANGEN
5. Okt 20..
Erl. ....

Provisionsabrechnung

Für den Verkauf von Textilien im Monat September (siehe beigefügte Auflistung) erlaube ich mir, Ihnen

	900,00 €
+ 19 % Umsatzsteuer	171,00 €
	1.071,00 €

in Rechnung zu stellen.

Bitte zahlen Sie innerhalb von 30 Tagen.

2 Nennen Sie die Buchungssätze.

1. Barkauf von Verpackungsmaterial, netto .... 300,00 €
   + 19 % USt .... 57,00 €
   357,00 €
2. Für Ausgangsfracht entrichten wir bar, netto .... 200,00 €
   + 19 % USt .... 38,00 €
   238,00 €
3. Zielverkauf eigener Erzeugnisse gemäß AR 862,
   eigene Erzeugnisse, netto .... 30.000,00 €
   Verpackungsmaterial, netto.. 300,00 €
   Transportkosten, netto .... 200,00 €
   + 19 % USt .... 5.795,00 €
   36.295,00 €
4. Vereinbarungsgemäß erteilen wir unserem Kunden für an uns
   zurückgeschicktes Verpackungsmaterial eine Gutschrift über netto ..... 300,00 €
   darauf 19 % USt.. 57,00 €
   357,00 €

FIBU möglich

3[1] **Anfangsbestände**

I. Anfangsbestände der Sachkonten

0720 Anlagen und Maschinen: 800.000,00 €; 0840 Fuhrpark: 400.000,00 €; 2000 Rohstoffe: 350.000,00 €; 2020 Hilfsstoffe: 80.000,00 €; 2100 Unfertige Erzeugnisse: 90.000,00 €; 2200 Fertige Erzeugnisse: 85.000,00 €; 2400 Forderungen a. LL: 90.000,00 €; 2800 Guthaben bei Kreditinstituten (Bank): 100.000,00 €; 2880 Kasse: 40.000,00 €; 3000 Eigenkapital: 990.000,00 €; 4250 Langfristige Bankverbindlichkeiten: 975.000,00 €; 4400 Verbindlichkeiten a. LL: 70.000,00 €.

II. Anfangsbestände der Kundenkonten (Offene-Posten-Liste der Debitoren)

Kd.-Nr.	Debitoren	Beleg-Nr.	Betrag (€)
24 001	Söffgen OHG	1	50.000,00
24 002	G. Schön e. Kffr.	2	40.000,00
			90.000,00

III. Anfangsbestände der Liefererkonten (Offene-Posten-Liste der Kreditoren)

L.-Nr.	Kreditoren	Beleg-Nr.	Betrag (€)
44 001	B. Müller OHG	3	40.000,00
44 002	Emut GmbH	4	30.000,00
			70.000,00

Kontenplan

Kontenklasse 0 (Immaterielle Vermögensgegenstände und Sachanlagen): 0720 Anlagen und Maschinen; 0840 Fuhrpark.
Kontenklasse 2 (Umlaufvermögen und aktive Rechnungsabgrenzung): 2000 Rohstoffe; 2020 Hilfsstoffe; 2100 Unfertige Erzeugnisse; 2200 Fertige Erzeugnisse; 2400 Forderungen a. LL (24 001 Forderungen an die Söffgen OHG, 24 002 Forderungen an G. Schön e. Kffr.); 2600 Vorsteuer; 2800 Guthaben bei Kreditinstituten (Bank); 2880 Kasse.
Kontenklasse 3 (Eigenkapital und Rückstellungen): 3000 Eigenkapital.
Kontenklasse 4 (Verbindlichkeiten und passive Rechnungsabgrenzung): 4250 Langfristige Bankverbindlichkeiten; 4400 Verbindlichkeiten a. LL (44 001 Verbindlichkeiten gegenüber der B. Müller OHG, 44 002 Verbindlichkeiten gegenüber der Emut GmbH); 4800 Umsatzsteuer.

1 Der Geschäftsgang kann alternativ nach der „Fortschreibungsmethode“ oder nach der „Inventurmethode“ oder nach dem „Aufwandsrechnerischen Verfahren“ gebucht werden.

Kontenklasse 5 (Erträge): 5000 Umsatzerlöse für eigene Erzeugnisse; 5201 Bestandsveränderungen an unfertigen Erzeugnissen; 5202 Bestandsveränderungen an fertigen Erzeugnissen; 5710 Zinserträge.
Kontenklasse 6 (Betriebliche Aufwendungen): 6000 Aufwendungen für Rohstoffe; 6001[1] Bezugskosten für Rohstoffe; 6020 Aufwendungen für Hilfsstoffe; 6040 Aufwendungen für Verpackungsmaterial; 6200 Löhne; 6690 Übrige sonstige Personalaufwendungen; 6700 Mieten, Pachten; 6710 Leasing; 6821 Postgebühren; 6900 Versicherungsbeiträge.
Kontenklasse 7 (Weitere Aufwendungen): 7030 Kraftfahrzeugsteuer.
Kontenklasse 8 (Ergebnisrechnungen): 8000 Eröffnungsbilanzkonto; 8010 Schlussbilanzkonto; 8020 Gewinn- und Verlustkonto.

Geschäftsfälle

Beleg-Nr.		€
	1. Lastschriftanzeige der Bank gemäß Kontoauszug für	
11	1. Fertigungslöhne	12.000,00
12	2. Kfz-Steuer (Einzugsermächtigung)	1.000,00
13	3. Kfz-Versicherung (Einzugsermächtigung)	2.000,00
14	4. Miete der Fertigungshalle (Dauerauftrag)	8.000,00
15	5. Überweisung an die Bernhard Müller OHG (L.-Nr. 44 001; betrifft: Beleg 3)	40.000,00
16	6. Leasinggebühr für Lkw (Dauerauftrag), Nettopreis	800,00
	+ 19 % Umsatzsteuer	152,00
	Bruttopreis	952,00
17	7. Aufladen der Frankiermaschine (Einzugsermächtigung)	500,00
18	8. Überweisung der Prüfungsgebühr für die Zwischenprüfung unseres Auszubildenden Jürgen Engel an die IHK Hannover-Hildesheim (Einzugsermächtigung)	30,00
20	**2.** Eingangsrechnung der Emut GmbH (L.-Nr. 44 002), Nettopreis (Rohstoffe)	70.000,00
	+ Fracht	800,00
	+ Verpackung	600,00
	+ 19 % Umsatzsteuer	13.566,00
	Rechnungsbetrag[2]	84.966,00
	3. Kassenausgang für	
31	1. Rollgeld (Rohstofflieferung der Emut GmbH), Nettopreis	700,00
	+ 19 % Umsatzsteuer	133,00
	Bruttopreis	833,00
32	2. Kunststofffaltschachteln (für den Versand von eigenen Erzeugnissen), Nettopreis	1.000,00
	+ 19 % Umsatzsteuer	190,00
	Bruttopreis	1.190,00
33	3. Zuschuss für die Betriebssportgruppe	200,00

1 alternativ: 2001 („Bestandsrechnerisches Verfahren")
2 Für Bruttosteuerschlüssel (EDV-Buchführung):
Bruttowert der Rohstoffe: 83.300,00 €
Bruttowert der Bezugskosten: 1.666,00 €

6691182

4. Gutschriftanzeige der Emut GmbH (L.-Nr. 44 002)

41 1. für die an sie zurückgesandte Verpackung
(betrifft: Beleg 20), netto 600,00
darauf 19 % Umsatzsteuer 114,00
714,00

42 2. für uns irrtümlich zu viel in Rechnung gestellte Frachtkosten
(betrifft: Beleg 20), netto 100,00
darauf 19 % Umsatzsteuer 19,00
119,00

50 **5.** Ausgangsrechnung an die Söffgen OHG (Kd.-Nr. 24 001),
Nettopreis (eigene Erzeugnisse) 200.000,00
\+ Verpackung 800,00
\+ 19 % Umsatzsteuer 38.152,00
Rechnungspreis 238.952,00

60 **6.** Gutschriftanzeige an die Söffgen OHG (Kd.-Nr. 24 001)
für die an uns zurückgesandte Verpackung
(betrifft: Beleg 50), netto 800,00
darauf 19 % Umsatzsteuer 152,00
952,00

70 **7.** Gutschriftanzeige der Bank gemäß Kontoauszug für Überweisung von Gertrud Schön e. Kffr.
(Kd.-Nr. 24 002, betrifft: Beleg 2) 40.000,00

8.[1] Verbrauch gemäß Materialentnahmescheine

81 1. Rohstoffe 90.000,00
82 2. Hilfsstoffe 10.000,00

90 **9.** Unsere Kundin, die Söffgen OHG (Kd.-Nr. 24 001), hat unsere Ausgangsrechnung (Beleg 50) nicht rechtzeitig beglichen.
Wir belasten die Söffgen OHG mit Verzugszinsen 500,00

Abschlussangaben

100 **10.** Auf dem Konto „2880 Kasse" befinden sich 29,75 € zu viel (Inventurdifferenz). Ursache: Ein Bareinkauf von Verpackungsmaterial (25,00 € netto + 4,75 € USt) wurde versehentlich nicht gebucht.

110 **11.** Ermittlung und Passivierung der Zahllast .... ?

121 **12. Schlussbestände lt. Inventur:** 1. Unfertige Erzeugnisse 80.000,00
122 2. Fertige Erzeugnisse 120.000,00

130 **13.** Die Schlussbestände der anderen Bestandskonten entsprechen den Inventurbeständen.

Zusätzliche Abschlussangaben bei Buchung nach der „Inventurmethode" oder nach dem „Aufwandsrechnerischen Verfahren"

141 **14. Schlussbestände lt. Inventur:** 1. Rohstoffe 331.400,00
142 2. Hilfsstoffe 70.000,00

1 Soll nach der „Inventurmethode" oder nach dem „Aufwandsrechnerischen Verfahren" gebucht werden, so entfällt dieser Geschäftsfall.

3.1.6 Rücksendungen und Preisnachlässe

Werden mangelhafte Werkstoffe/Erzeugnisse geliefert, so stehen dem Käufer nach dem BGB folgende Rechte (Gewährleistungsansprüche) zu:

1. **Nacherfüllung**
   a) **Ersatzlieferung** (beim Gattungskauf[1]) oder
   b) **Nachbesserung** (beim Gattungs- oder Stückkauf[2]).

Wird dem Verkäufer eine angemessene Frist zur Nacherfüllung gesetzt und verstreicht diese erfolglos, so hat der Käufer die Rechte auf:

2. **Minderung (Preisnachlass)** oder
3. **Wandelung (Rücktritt bzw. Teilrücktritt vom Kaufvertrag)** und
4. **Schadenersatz statt der Leistung /Ersatz vergeblicher Aufwendungen.**

Bei den häufig in Anspruch genommenen Rechten auf Wandelung oder auf Minderung werden Werkstoffe/Erzeugnisse **zurückgesandt** bzw. **in ihrem Preis ermäßigt.**

In einem solchen Fall werden Korrekturbuchungen vorgenommen. Diese können sich sowohl auf der Beschaffungsseite als auch auf der Absatzseite ergeben.

3.1.6.1 Buchhalterische Behandlung von Rücksendungen (Wandelungen)

3.1.6.1.1 Rücksendungen auf der Beschaffungsseite

Rücksendungen von Werkstoffen an Lieferanten mindern die aufgrund der Eingangsrechnungen gebuchten Beträge. Es sind zu korrigieren:

- das Verbindlichkeitenkonto durch eine Sollbuchung (Minderung der Verbindlichkeiten),
- das Werkstoffeinkaufskonto durch eine Habenbuchung und
- das Vorsteuerkonto durch eine Habenbuchung (Minderung der Vorsteuer; Bemessungsgrundlage hat sich geändert).

Beispiel

1. Zieleinkauf von Rohstoffen, Nettowert .... 20.000,00 €
   + 19 % Umsatzsteuer .... 3.800,00 €
   23.800,00 €

Buchungssatz

	Soll	Haben
6000 Aufwendungen für Rohstoffe[3]	20.000,00	
2600 Vorsteuer	3.800,00	
an 4400 Verbindlichkeiten a. LL		23.800,00

2. Es ist zum Teil eine falsche Rohstoffart geliefert worden. Wir nehmen das Recht auf Wandelung in Anspruch und senden Rohstoffe an den Lieferer zurück im Wert von .... 3.000,00 €
   + 19 % Umsatzsteuer .... 570,00 €

Buchungssatz

	Soll	Haben
4400 Verbindlichkeiten a. LL	3.570,00	
an 6000 Aufwendungen für Rohstoffe[3]		3.000,00
an 2600 Vorsteuer		570,00

1 Kaufgegenstand ist eine vertretbare Sache (Kaufgegenstand gibt es mehrfach), z. B. Drucker.
2 Kaufgegenstand ist eine nicht vertretbare Sache (Kaufgegenstand gibt es nur einmal), z. B. Gemälde.
3 alternativ: 2000 Rohstoffe („Bestandsrechnerisches Verfahren")

3.1.6.1.2 Rücksendungen auf der Absatzseite

Bei Inanspruchnahme des Rechts auf Wandelung senden Kunden beanstandete Fertigerzeugnisse an uns zurück.

Zu korrigieren sind:
- das Forderungskonto durch eine Habenbuchung (Minderung der Forderungen),
- das Umsatzerlöskonto durch eine Sollbuchung (Erlösschmälerung) und
- das Umsatzsteuerkonto durch eine Sollbuchung (Minderung der Umsatzsteuerschuld; Bemessungsgrundlage hat sich geändert).

Beispiel

1. Zielverkauf eigener Erzeugnisse, Nettowert .... 15.000,00 €
   + 19 % Umsatzsteuer .... 2.850,00 €
   17.850,00 €

Buchungssatz

		Soll	Haben
2400	Forderungen a. LL	17.850,00	
an	5000 Umsatzerlöse f. e. E.		15.000,00
an	4800 Umsatzsteuer		2.850,00

2. Unser Kunde sendet fehlerhafte Erzeugnisse an uns zurück (Wandelung).
   Nettowert .... 2.000,00 €
   + 19 % Umsatzsteuer .... 380,00 €

Buchungssatz

		Soll	Haben
5000	Umsatzerlöse f. e. E.	2.000,00	
4800	Umsatzsteuer	380,00	
an	2400 Forderungen a. LL		2.380,00

Zusammenfassung

Merksatz

Rücksendungen aufgrund von Mängelrügen (Wandelungen) werden sowohl auf der Beschaffungsseite als auch auf der Absatzseite als Stornobuchungen (Rückbuchungen) erfasst.

Aufgaben folgen auf Seite 189.

3.1.6.2 Buchhalterische Behandlung von Preisnachlässen (Minderungen)

3.1.6.2.1 Preisnachlässe auf der Beschaffungsseite

Gutschriften von Lieferanten aufgrund von Preisnachlässen (Minderungen) könnten – ebenso wie Rücksendungen an Lieferanten (Wandelungen) – direkt über die entsprechenden Einkaufskonten gebucht werden.

Zur besseren Information sieht hier der Industriekontenrahmen **Nachlasskonten** vor. Diese werden als Unterkonten über ihre Hauptkonten, die Einkaufskonten, abgeschlossen.

Bei dem **„Aufwandsrechnerischen Verfahren"** (vgl. Kapitel 2.7.1.3) werden die Werkstoffeinkäufe auf den **Werkstoffaufwandskonten** der **Kontenklasse 6** gebucht. In diesem Fall gilt folgende Zuordnung:

Hauptkonten	Unterkonten
6000 Aufw. für Rohstoffe	6002 Nachlässe für Rohstoffe
6010 Aufw. für Vorprodukte/Fremdb.	6012 Nachlässe für Vorprodukte/Fremdbauteile
6020 Aufw. für Hilfsstoffe	6022 Nachlässe für Hilfsstoffe
6030 Aufw. für Betriebsstoffe	6032 Nachlässe für Betriebsstoffe
6070 Aufw. für sonstiges Material	6072 Nachlässe für sonstiges Material
6080 Aufw. für Waren	6082 Nachlässe für Waren

Bei der **Inventurmethode**[1] und bei der **Fortschreibungsmethode**[1] (vgl. Kapitel 2.7.1.1) werden die Werkstoffeinkäufe auf den **Werkstoffbestandskonten** der **Kontenklasse 2** gebucht. Insofern ergibt sich bei diesen Methoden folgende Zuordnung:

Hauptkonten	Unterkonten
2000 Rohstoffe	2002 Nachlässe für Rohstoffe
2010 Vorprodukte/Fremdbauteile	2012 Nachlässe für Vorprodukte/Fremdbauteile
2020 Hilfsstoffe	2022 Nachlässe für Hilfsstoffe
2030 Betriebsstoffe	2032 Nachlässe für Betriebsstoffe
2070 Sonstiges Material	2072 Nachlässe für sonstiges Material
2280 Waren	2282 Nachlässe für Waren

Beispiel

1. Zieleinkauf von Rohstoffen, Nettopreis . . . 30.000,00 €
   + 19 % Umsatzsteuer . . . 5.700,00 €
   35.700,00 €

Buchungssatz

	Soll	Haben
6000 Aufwendungen für Rohstoffe[2]	30.000,00	
2600 Vorsteuer	5.700,00	
an 4400 Verbindlichkeiten a. LL		35.700,00

2. Es sind fehlerhafte Rohstoffe geliefert worden. Wir nehmen unser Recht auf einen Preisnachlass (Minderung) in Anspruch.
   Nettopreisnachlass . . . 5.000,00 €
   + 19 % Umsatzsteuer . . . 950,00 €
   5.950,00 €

Nettoverfahren

Wird bei der Buchung der Gutschrift die Vorsteuer sofort korrigiert, so spricht man vom **Nettoverfahren.**

Buchungssatz

	Soll	Haben
4400 Verbindlichkeiten a. LL	5.950,00	
an 6002 Nachlässe für Rohstoffe[3]		5.000,00
an 2600 Vorsteuer		950,00

1 Es handelt sich um die „Bestandsrechnerischen Verfahren".
2 alternativ: 2000 Rohstoffe („Bestandsrechnerisches Verfahren")
3 alternativ: 2002 Nachlässe für Rohstoffe

Bruttoverfahren[1]

Beim **Bruttoverfahren** wird die volle Gutschrift zunächst (ohne Vornahme der Vorsteuerkorrektur) **brutto** auf dem Nachlasskonto erfasst.

Der Preisnachlass wird beim Bruttoverfahren wie folgt gebucht:

Buchungssatz

	Soll	Haben
4400 Verbindlichkeiten a. LL	5.950,00	
an 6002 Nachlässe für Rohstoffe[2]		5.950,00

Die Vorsteuerkorrekturbuchung wird meistens – zur Ersparnis von Buchungsarbeit – als Sammelbuchung am Ende des Umsatzsteuervoranmeldezeitraumes vorgenommen. (Hier bezieht sie sich auf das obige Beispiel.)

Buchungssatz

	Soll	Haben
6002 Nachlässe für Rohstoffe[2]	950,00	
an 2600 Vorsteuer		950,00

Bei der EDV-Buchführung werden Preisnachlässe von Lieferanten i. d. R. brutto kontiert. Das Buchführungsprogramm rechnet den Vorsteueranteil automatisch heraus und nimmt die Vorsteuerkorrekturbuchung sofort vor.

3. Das Unterkonto „6002 Nachlässe für Rohstoffe"[2] wird über sein Hauptkonto, das Rohstoffeinkaufskonto, abgeschlossen.

Buchungssatz

	Soll	Haben
6002 Nachlässe für Rohstoffe[2]	5.000,00	
an 6000 Aufwendungen für Rohstoffe[3]		5.000,00

3.1.6.2.2 Preisnachlässe auf der Absatzseite

Gutschriften an Kunden aufgrund von Preisnachlässen (Minderungen) könnten – ebenso wie Rücksendungen von Kunden (Wandelungen) – direkt über die entsprechenden Umsatzerlöskonten gebucht werden.

Zur besseren Information sieht hier der Industriekontenrahmen **Erlösberichtigungskonten** vor. Diese werden als **Unterkonten** über ihre Hauptkonten, die Umsatzerlöskonten, abgeschlossen.

Hauptkonten	Unterkonten
5000 Umsatzerlöse für eigene Erzeugnisse	5001 Erlösberichtigungen für eigene Erzeugnisse
5050 Umsatzerlöse für andere eigene Leistungen	5051 Erlösberichtigungen für andere eigene Leistungen
5100 Umsatzerlöse für Waren	5101 Erlösberichtigungen für Waren
5190 Sonstige Umsatzerlöse	5191 Erlösberichtigungen für sonstige Umsatzerlöse

1 Das Bruttoverfahren muss angewandt werden, wenn Skonti- und Bonibuchungen (vgl. Kapitel 3.2.2 und 3.2.3) über die Nachlasskonten brutto gebucht werden. Die Bruttobuchung ist in diesem Fall erforderlich, damit alle Beträge auf den Nachlasskonten einheitlich brutto erfasst sind.

2 alternativ: 2002 Nachlässe für Rohstoffe („Bestandsrechnerisches Verfahren")

3 alternativ: 2000 Rohstoffe („Bestandsrechnerisches Verfahren")

Beispiel

1. Zielverkauf eigener Erzeugnisse, Nettowert .... 40.000,00 €
   \+ 19 % Umsatzsteuer .... 7.600,00 €
   47.600,00 €

Buchungssatz

		Soll	Haben
2400	Forderungen a. LL	47.600,00	
an	5000 Umsatzerlöse f. e. E.		40.000,00
an	4800 Umsatzsteuer		7.600,00

2. Wir haben fehlerhafte Erzeugnisse geliefert. Unser Kunde nimmt sein Recht auf Minderung (Preisnachlass) in Anspruch.
   Nettopreisnachlass .... 7.000,00 €
   \+ 19 % Umsatzsteuer .... 1.330,00 €
   8.330,00 €

Nettoverfahren

Beim **Nettoverfahren** wird die anteilige Umsatzsteuerberichtigung sofort gebucht.

Buchungssatz

		Soll	Haben
5001	Erlösberichtigungen f. e. E.	7.000,00	
4800	Umsatzsteuer	1.330,00	
an	2400 Forderungen a. LL		8.330,00

Bruttoverfahren[1]

Beim **Bruttoverfahren** wird die volle Gutschrift zunächst (ohne Vornahme der Umsatzsteuerkorrektur) **brutto** auf dem Erlösberichtigungskonto erfasst.

Der Preisnachlass wird beim Bruttoverfahren wie folgt gebucht:

Buchungssatz

		Soll	Haben
5001	Erlösberichtigungen f. e. E.	8.330,00	
an	2400 Forderungen a. LL		8.330,00

Die Umsatzsteuerkorrekturbuchung wird meistens – zur Ersparnis von Buchungsarbeit – als Sammelbuchung am Ende des Umsatzsteuervoranmeldezeitraumes vorgenommen. (Hier bezieht sie sich auf das obige Beispiel.)

Buchungssatz

		Soll	Haben
4800	Umsatzsteuer	1.330,00	
an	5001 Erlösberichtigungen f. e. E.		1.330,00

Bei der EDV-Buchführung werden Preisnachlässe an Kunden i. d. R. brutto kontiert. Das Buchführungsprogramm rechnet den Umsatzsteueranteil automatisch heraus und nimmt die Umsatzsteuerkorrekturbuchung sofort vor.

3. Das Unterkonto „5001 Erlösberichtigungen f. e. E." wird über sein Hauptkonto, das Umsatzerlöskonto, abgeschlossen.

Buchungssatz

		Soll	Haben
5000	Umsatzerlöse f. e. E.	7.000,00	
an	5001 Erlösberichtigungen f. e. E.		7.000,00

1 Das Bruttoverfahren muss angewandt werden, wenn Skonti- und Bonibuchungen (vgl. Kapitel 3.2.2 und 3.2.3) über die Erlösberichtigungskonten brutto gebucht werden. Die Bruttobuchung ist in diesem Fall erforderlich, damit alle Beträge auf den Erlösberichtigungskonten einheitlich brutto erfasst sind.

Zusammenfassung

Merksätze

1. **Preisnachlässe aufgrund von Mängelrügen (Minderungen) werden sowohl auf der Beschaffungsseite als auch auf der Absatzseite über Unterkonten der Einkaufskonten bzw. der Umsatzerlöskonten gebucht.**
2. **Beim Nettoverfahren wird bei der Buchung der Gutschrift die Steuer (Beschaffungsseite → Vorsteuer; Absatzseite → Umsatzsteuer) sofort anteilmäßig korrigiert.**
3. **Beim Bruttoverfahren wird bei der Buchung der Gutschrift die Steuer (Beschaffungsseite → Vorsteuer; Absatzseite → Umsatzsteuer) noch nicht anteilmäßig korrigiert. Die Steuerkorrekturbuchung wird meistens – zur Ersparnis von Buchungsarbeit – als Sammelbuchung am Ende des Umsatzsteuervoranmeldezeitraumes vorgenommen.**
4. **Bei der EDV-Buchführung werden Preisnachlässe i. d. R. brutto kontiert. Das Buchführungsprogramm rechnet den Steueranteil automatisch heraus und nimmt die Steuerkorrekturbuchung sofort vor.**

AUFGABEN

Aufgabe 1: Rücksendungen auf der Beschaffungsseite;
Aufgabe 2: Rücksendungen auf der Absatzseite;
Aufgaben 3 und 4: Preisnachlässe auf der Beschaffungsseite;
Aufgaben 5 und 6: Preisnachlässe auf der Absatzseite;
Aufgaben 7 und 8: Belegbuchungen;
Aufgaben 9 und 10: Buchungen mit Umsatzsteuerberechnung;
Aufgabe 11: Geschäftsgang.

1 **A**

Bilden Sie die Buchungssätze und buchen Sie auf den entsprechenden Konten.

Anfangsbestände	€
4400 Verbindlichkeiten a. LL	40.000,00

Konten: 2600 Vorsteuer, 4400 Verbindlichkeiten a. LL, 6000 Aufw. für Rohstoffe[1]

Geschäftsfälle	I. €	II. €
1. Rohstoffeinkauf auf Ziel, Nettowert	20.000,00	25.000,00
+ 19 % Umsatzsteuer	3.800,00	4.750,00
2. Rücksendung mangelhafter Rohstoffe an unseren Lieferanten (Wandelung), netto	1.500,00	2.000,00
darauf 19 % Umsatzsteuer	285,00	380,00

2 **A**

Bilden Sie die Buchungssätze und buchen Sie auf den entsprechenden Konten.

Anfangsbestand	€
2400 Forderungen a. LL	20.000,00

Konten: 2400 Forderungen a. LL, 4800 Umsatzsteuer, 5000 Umsatzerlöse für eigene Erzeugnisse

Geschäftsfälle	I. €	II. €
1. Zielverkauf eigener Erzeugnisse, Nettowert	15.000,00	12.000,00
+ 19 % Umsatzsteuer	2.850,00	2.280,00
2. Kunde schickt mangelhafte Erzeugnisse zurück (Wandelung), netto	2.500,00	3.000,00
darauf 19 % Umsatzsteuer	475,00	570,00

1 alternativ: 2000 Rohstoffe („Bestandsrechnerisches Verfahren")

3 A Bilden Sie die Buchungssätze und buchen Sie auf den entsprechenden Konten. Schließen Sie das Konto 6022 Nachlässe für Hilfsstoffe[1] ab.

Anfangsbestände	€
4400 Verbindlichkeiten a. LL	50.000,00

Konten: 2600 Vorsteuer, 4400 Verbindlichkeiten a. LL, 6020 Aufwendungen für Hilfsstoffe[2], 6022 Nachlässe für Hilfsstoffe[1]

Geschäftsfälle	I. €	II. €
1. Zieleinkauf von Hilfsstoffen, Nettowert	15.000,00	18.000,00
+ 19 % Umsatzsteuer	2.850,00	3.420,00
2. Preisnachlass des Hilfsstofflieferanten aufgrund unserer Mängelrüge (Minderung), netto	2.000,00	3.000,00
darauf 19 % Umsatzsteuer	380,00	570,00

a) Nettobuchung

b) Bruttobuchung (mit anschließender Steuerkorrekturbuchung)

4 a) Wie lautet der Abschlussbuchungssatz des unten stehenden Kontos? Alle Beträge wurden netto gebucht.

S	Nachlässe für Rohstoffe	H
	4400	1.800,00
	4400	2.600,00
	4400	4.100,00
	4400	3.900,00

b) Wie lauten die erforderlichen Abschlussbuchungssätze des unten stehenden Kontos? Alle Beträge wurden brutto gebucht.

S	Nachlässe für Rohstoffe	H
	4400	1.785,00
	4400	1.190,00
	4400	2.975,00
	4400	5.355,00
	4400	7.378,00

5 A Bilden Sie die Buchungssätze und buchen Sie auf den entsprechenden Konten. Schließen Sie das Konto 5001 Erlösberichtigungen für eigene Erzeugnisse ab.

Anfangsbestand	€
2400 Forderungen a. LL	30.000,00

Konten: 2400 Forderungen a. LL, 4800 Umsatzsteuer, 5000 Umsatzerlöse für eigene Erzeugnisse, 5001 Erlösberichtigungen für eigene Erzeugnisse

Geschäftsfälle	I. €	II. €
1. Zielverkauf eigener Erzeugnisse, Nettowert	25.000,00	30.000,00
+ 19 % Umsatzsteuer	4.750,00	5.700,00
2. Preisnachlass an unseren Kunden aufgrund seiner Mängelrüge (Minderung), netto	2.000,00	2.200,00
darauf 19 % Umsatzsteuer	380,00	418,00

a) Nettobuchung

b) Bruttobuchung (mit anschließender Steuerkorrekturbuchung)

1 alternativ: 2022 Nachlässe für Hilfsstoffe („Bestandsrechnerisches Verfahren")
2 alternativ: 2020 Hilfsstoffe („Bestandsrechnerisches Verfahren")

6 a) Wie lautet der Abschlussbuchungssatz des unten stehenden Kontos? Alle Beträge wurden netto gebucht.

S	5001 Erlösberichtigungen f. e. E.	H
2400	2.400,00	
2400	1.800,00	
2400	5.500,00	
2400	7.200,00	

b) Wie lauten die erforderlichen Abschlussbuchungssätze des unten stehenden Kontos? Alle Beträge wurden brutto gebucht.

S	5001 Erlösberichtigungen f. e. E.	H
2400	3.332,00	
2400	4.046,00	
2400	5.831,00	
2400	7.497,00	
2400	7.259,00	

7 Sie sind Angestellte(r) der Textilfabrik Konrad Fied KG, Goseriede 41, 30159 Hannover. Die Belege 1 und 2 liegen Ihnen zur Buchung vor.

a) Welche Geschäftsfälle liegen den Belegen zugrunde?

b) Wie lauten die Buchungssätze?

EMUT GmbH • Frottierweberei

EMUT GmbH • Postfach 3 46/3 47 • 34369 Hofgeismar

EINGEGANGEN
22. Nov. 20..
Erl. ....

Textilfabrik
Konrad Fied KG
Goseriede 41
30159 Hannover

Telefax 05671 303-2268 | E-Mail biedenstein@emut-wvd.de

Ihr Zeichen, Ihre Nachricht vom: ki/kl 10.11.20.. | Unser Zeichen, unsee Nachricht vom: he/gs | Telefon, Name 05671 303-65 Helms | Datum 20.11.20..

Gutschrift, Rechnung Nr. 947

Sehr geehrte Damen und Herren,

wir erkennen Ihre Mängelrüge an und erteilen Ihnen die nachstehende Gutschrift für die zurückgesandten Frotteestoffe (330 Fr) und die Ihnen dazu in Rechnung gestellten Verpackungskosten:

Nettowert (Frotteestoffe)	10.000,00 €
Verpackungskosten	100,00 €
	10.100,00 €
+ 19 % USt	1.919,00 €
	12.019,00 €

Bitte buchen Sie entsprechend.

Mit freundlichem Gruß

EMUT GmbH

i. V. Biedenstein

Beleg 1

Konrad Fied KG

Textilfabrik • Goseriede 41
30159 Hannover

Konrad Fied KG • Postfach 59 40 • 30159 Hannover

Textileinzelhandel
Wolfgang Mehlert e. Kfm.
Böhmerstraße 5
60437 Frankfurt

Telefax 0511 32129 | E-Mail service@fied-wvd.de

Ihr Zeichen, Ihre Nachricht vom | Unser Zeichen, unsere Nachricht vom: ki/he | Telefon, Name 0511 4155-58 Kibat | Datum 28.11.20..

Gutschrift wegen Mängelrüge

Sehr geehrte Damen und Herren,

wir beziehen uns auf das mit Ihrem Herrn Genz am 27. November 20.. geführte Telefonat und bestätigen, dass wir Ihnen einen Preisnachlass von 30 % auf Rechnung Nr. 498 gewähren.

30 % aus 20.000,00	6.000,00 €
+ 19 % USt	1.140,00 €
	7.140,00 €

Wir bitten um gleichlautende Buchung.

Mit freundlichem Gruß

Konrad Fied KG

i. A. Kibat

Beleg 2

Hinweis:
Der Gutschrift liegt ein Verkauf „eigener Erzeugnisse“ zugrunde.

8 a) Wie bucht die Frottierweberei Emut GmbH, Hoher Weg 3, 34369 Hofgeismar, den auf S. 191 stehenden Beleg 1? (Bei den Frotteestoffen handelt es sich um „eigene Erzeugnisse".)

b) Wie bucht der Textileinzelhandel Wolfgang Mehlert e. Kfm., Böhmerstraße 5, 60437 Frankfurt, den auf S. 191 stehenden Beleg 2? (Dem Beleg liegt ein Zieleinkauf von „Waren" zugrunde.)

9 Ein Kunde sendet beschädigte Produkte an seinen Lieferanten zurück (Wandelung) über brutto

a) 19.040,00 € (einschließlich 19 % Umsatzsteuer),

b) 15.470,00 € (einschließlich 19 % Umsatzsteuer).

Wie bucht der Lieferant (es handelt sich um eigene Erzeugnisse)?

Wie bucht der Kunde (es handelt sich um Vorprodukte/Fremdbauteile)?

10 Ein Lieferant gewährt seinem Kunden einen Preisnachlass auf fehlerhafte Produkte (Minderung) über brutto

a) 14.280,00 € (einschließlich 19 % Umsatzsteuer),

b) 16.660,00 € (einschließlich 19 % Umsatzsteuer).

Wie bucht der Lieferant (es handelt sich um Handelsware)?

Wie bucht der Kunde (es handelt sich um Rohstoffe)?

FIBU möglich

11[1] **Anfangsbestände**

I. Anfangsbestände der Sachkonten

0720 Anlagen und Maschinen: 700.000,00 €; 0840 Fuhrpark: 350.000,00 €; 2000 Rohstoffe: 300.000,00 €; 2020 Hilfsstoffe: 60.000,00 €; 2100 Unfertige Erzeugnisse: 80.000,00 €; 2200 Fertige Erzeugnisse: 100.000,00 €; 2400 Forderungen a. LL: 60.000,00 €; 2800 Guthaben bei Kreditinstituten (Bank): 125.000,00 €; 3000 Eigenkapital: 900.000,00 €; 4250 Langfristige Bankverbindlichkeiten: 775.500,00 €; 4400 Verbindlichkeiten a. LL: 90.000,00 €; 4800 Umsatzsteuer: 9.500,00 €.

II. Anfangsbestände der Kundenkonten (Offene-Posten-Liste der Debitoren)

Kd.-Nr.	Debitoren	Beleg-Nr.	Betrag (€)
24 001	Söffgen OHG	1	40.000,00
24 002	G. Schön e. Kffr.	2	20.000,00
			60.000,00

III. Anfangsbestände der Liefererkonten (Offene-Posten-Liste der Kreditoren)

L.-Nr.	Kreditoren	Beleg-Nr.	Betrag (€)
44 001	B. Müller OHG	3	48.000,00
44 006	Vödisch AG	4	42.000,00
			90.000,00

Kontenplan

Kontenklasse 0 (Immaterielle Vermögensgegenstände und Sachanlagen): 0720 Anlagen und Maschinen; 0840 Fuhrpark.

Kontenklasse 2 (Umlaufvermögen und aktive Rechnungsabgrenzung): 2000 Rohstoffe; 2020 Hilfsstoffe; 2100 Unfertige Erzeugnisse; 2200 Fertige Erzeugnisse; 2400 Forderungen a. LL (24 001 Forderungen an die Söffgen OHG, 24 002 Forderungen an G. Schön e. Kffr.); 2600 Vorsteuer; 2800 Guthaben bei Kreditinstituten (Bank).

Kontenklasse 3 (Eigenkapital und Rückstellungen): 3000 Eigenkapital.

Kontenklasse 4 (Verbindlichkeiten und passive Rechnungsabgrenzung): 4250 Langfristige Bankverbindlichkeiten; 4400 Verbindlichkeiten a. LL (44 001 Verbindlichkeiten gegenüber der B. Müller OHG, 44 002 Verbindlichkeiten gegenüber der Emut GmbH, 44 006 Verbindlichkeiten gegenüber der Vödisch AG, 44 008 Verbindlichkeiten gegenüber Bettina Meyer e. Kffr.); 4800 Umsatzsteuer.

Kontenklasse 5 (Erträge): 5000 Umsatzerlöse für eigene Erzeugnisse; 5001 Erlösberichtigungen für eigene Erzeugnisse; 5201 Bestandsveränderungen an unfertigen Erzeugnissen, 5202 Bestandsveränderungen an fertigen Erzeugnissen.

1 Der Geschäftsgang kann alternativ nach der „Fortschreibungsmethode" oder nach der „Inventurmethode" oder nach dem „Aufwandsrechnerischen Verfahren" gebucht werden.

Kontenklasse 6 (Betriebliche Aufwendungen): 6000 Aufwendungen für Rohstoffe; 6001[1] Bezugskosten für Rohstoffe; 6020 Aufwendungen für Hilfsstoffe; 6021[2] Bezugskosten für Hilfsstoffe; 6022[3] Nachlässe für Hilfsstoffe; 6100 Fremdleistungen für Erzeugnisse; 6200 Löhne.
Kontenklasse 8 (Ergebnisrechnungen): 8000 Eröffnungsbilanzkonto; 8010 Schlussbilanzkonto; 8020 Gewinn- und Verlustkonto.

Geschäftsfälle

Beleg-Nr.		€
	1. Lastschriftanzeige der Bank gemäß Kontoauszug für	
11	1. Zahllast	9.500,00
12	2. Fertigungslöhne	14.000,00
13	3. Überweisung an die Bernhard Müller OHG (L.-Nr. 44 001; betrifft: Beleg 3)	48.000,00
	2. Eingangsrechnung der	
21	1. Emut GmbH (L.-Nr. 44 002), Nettopreis (Rohstoffe)	70.000,00
	+ Verpackung	500,00
	+ 19 % Umsatzsteuer	13.395,00
	Rechnungsbetrag[4]	83.895,00
22	2. Vödisch AG (L.-Nr. 44 006), Nettopreis (Hilfsstoffe)	9.000,00
	+ Fracht	200,00
	+ 19 % Umsatzsteuer	1.748,00
	Rechnungsbetrag[5]	10.948,00
	3. Gutschriftanzeige der	
31	1. Emut GmbH (L.-Nr. 44 002; betrifft: Beleg 21) für zurückgesandte mangelhafte Rohstoffe (Wandelung), Nettobetrag	3.000,00
	+ 19 % Umsatzsteuer	570,00
	Bruttobetrag	3.570,00
32	2. Vödisch AG (L.-Nr. 44 006; betrifft: Beleg 22) für mangelhafte Hilfsstoffe (Minderung), Nettobetrag	1.000,00
	+ 19 % Umsatzsteuer	190,00
	Bruttobetrag (Nettobuchung)	1.190,00
40	**4.** Unsere Honorarabrechnung für Bettina Meyer e. Kffr. (L.-Nr. 44 008) für den Entwurf von Modellkleidern, Nettohonorargutschrift für Bettina Meyer e. Kffr.	15.000,00
	+ 19 % Umsatzsteuer	2.850,00
	Bruttohonorargutschrift für Bettina Meyer e. Kffr.	17.850,00
50	**5.** Korrektur der Honorarabrechnung für Bettina Meyer e. Kffr. (L.-Nr. 44 008; betrifft: Beleg 40), fehlerhafte Honorargutschrift	15.000,00
	korrekte Honorargutschrift	13.000,00
	Differenzbetrag	2.000,00
	+ 19 % Umsatzsteuer	380,00
	Lastschrift für Bettina Meyer e. Kffr.	2.380,00

1 alternativ: 2001 („Bestandsrechnerisches Verfahren")
2 alternativ: 2021 („Bestandsrechnerisches Verfahren")
3 alternativ: 2022 („Bestandsrechnerisches Verfahren")
4 Für Bruttosteuerschlüssel (EDV-Buchführung): Bruttowert der Rohstoffe: 83.300,00 €; Bruttowert der Bezugskosten: 595,00 €
5 Für Bruttosteuerschlüssel (EDV-Buchführung): Bruttowert der Hilfsstoffe: 10.710,00 €; Bruttowert der Bezugskosten: 238,00 €

	6. Ausgangsrechnung an	
61	1. Söffgen OHG (Kd.-Nr. 24 001),	
	Nettopreis (eigene Erzeugnisse)	200.000,00
	+ Fracht	1.000,00
	+ 19 % Umsatzsteuer	38.190,00
	Rechnungspreis	239.190,00
62	2. Gertrud Schön e. Kffr. (Kd.-Nr. 24 002),	
	Nettopreis (eigene Erzeugnisse)	40.000,00
	+ Verpackung	300,00
	+ 19 % Umsatzsteuer	7.657,00
	Rechnungspreis	47.957,00
	7. Unsere Gutschriftanzeige an	
71	1. Söffgen OHG (Kd.-Nr. 24 001; betrifft: Beleg 61) für zurückerhaltene mangelhafte eigene Erzeugnisse (Wandelung),	
	Nettobetrag	20.000,00
	+ 19 % Umsatzsteuer	3.800,00
	Bruttobetrag	23.800,00
72	2. Gertrud Schön e. Kffr. (Kd.-Nr. 24 002; betrifft: Beleg 62) für mangelhafte eigene Erzeugnisse (Minderung),	
	Nettobetrag	3.000,00
	+ 19 % Umsatzsteuer	570,00
	Bruttobetrag (Nettobuchung)	3.570,00
	8.[1] Verbrauch gemäß Materialentnahmescheine	
81	1. Rohstoffe	100.000,00
82	2. Hilfsstoffe	8.000,00
	Abschlussangaben	
90	**9.** Ermittlung und Passivierung der Zahllast	?
	10. Schlussbestände lt. Inventur	
101	1. Unfertige Erzeugnisse	70.000,00
102	2. Fertige Erzeugnisse	120.000,00
110	**11.** Die Schlussbestände der anderen Bestandskonten entsprechen den Inventurbeständen.	
	Zusätzliche Abschlussangaben bei Buchung nach der „Inventurmethode" oder nach dem „Aufwandsrechnerischen Verfahren"	
	12. Schlussbestände lt. Inventur	
121	1. Rohstoffe	267.500,00
122	2. Hilfsstoffe	60.200,00

1 Soll nach der „Inventurmethode" oder nach dem „Aufwandsrechnerischen Verfahren" gebucht werden, so entfällt dieser Geschäftsfall.

6691194

3.1.7 Rabatte

Rabatte sind Preisnachlässe, die

- an Stammkunden (Treuerabatt),
- bei Abnahme größerer Mengen (Mengenrabatt),
- an den Handel (Wiederverkäuferrabatt),
- an Betriebsangehörige (Personalrabatt) und
- bei besonderen Anlässen (Sonderrabatt), z. B. bei Räumungsverkäufen,

gewährt werden.

Auf den Rechnungen werden Rabatte direkt ausgewiesen und sofort vom Rechnungspreis abgezogen. Daher kommt der Name „Sofortrabatt".

3.1.7.1 Rabatte auf der Beschaffungsseite

Sofortrabatte, die schon in der Eingangsrechnung berücksichtigt sind, werden in der Regel **buchhalterisch nicht erfasst.**

Beispiel

Wir erhalten von einem Lieferer die folgende Eingangsrechnung:

Listenpreis (für Rohstoffe)	40.000,00 €
– 25 % Mengenrabatt	10.000,00 €
Nettorechnungsbetrag	30.000,00 €
+19 % Umsatzsteuer	5.700,00 €
Bruttorechnungsbetrag	35.700,00 €

		Soll	Haben
Buchungssatz	6000 Aufwendungen für Rohstoffe[1]	30.000,00	
	2600 Vorsteuer	5.700,00	
	an 4400 Verbindlichkeiten a. LL		35.700,00

3.1.7.2 Rabatte auf der Absatzseite

Ebenso wie auf der Beschaffungsseite werden auf der Absatzseite **Sofortrabatte** in der Regel **buchhalterisch nicht erfasst.**

Beispiel

Wir schicken an einen Kunden die folgende Ausgangsrechnung:

Listenpreis (für eigene Erzeugnisse)	20.000,00 €
– 20 % Mengenrabatt	4.000,00 €
Nettorechnungsbetrag	16.000,00 €
+19 % Umsatzsteuer	3.040,00 €
Bruttorechnungsbetrag	19.040,00 €

		Soll	Haben
Buchungssatz	2400 Forderungen a. LL	19.040,00	
	an 5000 Umsatzerlöse f. e. E.		16.000,00
	an 4800 Umsatzsteuer		3.040,00

1 alternativ: 2000 Rohstoffe („Bestandsrechnerisches Verfahren")

Zusammenfassung

Schaubild

Rechnung
Listenpreis
– Sofortrabatt → Wird buchhalterisch in der Regel nicht erfasst.
Nettorechnungsbetrag
+ 19 % Umsatzsteuer
Bruttorechnungsbetrag

Merksatz **Sofortrabatte werden in der Regel buchhalterisch weder auf der Beschaffungsseite noch auf der Absatzseite erfasst.**

AUFGABEN

Aufgabe 1: Arten von Rabatten;
Aufgabe 2: buchhalterische Behandlung von Rabatten;
Aufgabe 3: irrtümlich nicht in Abzug gebrachter Rabatt;
Aufgaben 4 und 5: Belegbuchungen.

1 Welche Rabatte kennen Sie?

2

Listenpreis	50.000,00 €
– 20 % Sonderrabatt	10.000,00 €
Nettorechnungsbetrag	40.000,00 €
+ 19 % Umsatzsteuer	7.600,00 €
Bruttorechnungsbetrag	47.600,00 €

a) Wie bucht der Lieferer die obige Rechnung als Ausgangsrechnung (Verkauf von eigenen Erzeugnissen)?

b) Wie bucht der Kunde die obige Rechnung als Eingangsrechnung (Einkauf von Fremdbauteilen)?

3 In einer Rechnung wurde irrtümlicherweise ein im Kaufvertrag vereinbarter Rabatt nicht in Abzug gebracht. Nach Reklamation gewährt der Lieferer seinem Kunden nachträglich eine entsprechende Gutschrift über 3.570,00 € (einschließlich 19 % Umsatzsteuer).

a) Wie bucht der Lieferer die nachträglich erteilte Gutschrift (Verkauf von eigenen Erzeugnissen)?

b) Wie bucht der Kunde die nachträglich erhaltene Gutschrift (Einkauf von Fremdbauteilen)?

4 Sie sind Angestellte(r) der Textilfabrik Konrad Fied KG, Goseriede 41, 30159 Hannover. Die folgenden Belege liegen Ihnen zur Buchung vor.

a) Welche Geschäftsfälle liegen den Belegen zugrunde?

b) Wie lauten die Buchungssätze?

WINKLER KG
DARMSTADT
Webwaren

Winkler KG • Bismarckstraße 7 • 64293 Darmstadt

Textilfabrik
Konrad Fied KG
Goseriede 41
30159 Hannover

Kunden-Nr.	Beleg-Nr.
24 007	2 843
Bitte stets angeben!	

Telefax 0 6151 862- 325
E-Mail kalenbach@winkler-wvd.de

Ihr Zeichen, Ihre Bestellung vom	Unser Zeichen	Lieferdatum	Telefon, Name 0 6151 862-	Datum
10.03.20..	wi/ka	16.03.20..	324 Winkler	17.03.20..

Rechnung

Ihre Order vom 10.03.20..

Bestell-Nr. 42

Warenbezeichnung		m	€/m	Betrag €
Lamahaaar	448 La	800	22,50	18.000,00
Seide	531 Se	1 400	15,00	21.000,00
Baumwolle	242 Ba	1 000	3,00	3.000,00
Satin	169 Sa	1 200	4,00	4.800,00
				46.800,00
– 10 % Rabatt				4.680,00
				42.120,00
+ 19 % Umsatzsteuer				8.002,80
				50.122,80

EINGEGANGEN
19. März 20..
Erl. ....

Geschäftsräume: Bismarckstraße 7, Elisabethenstraße 3 (Auslieferung)
Telefon: 06151 862-0
Internet: www.winklerw

Beleg 1

Beleg 2

Konrad Fied KG

Textilfabrik • Goseriede 41
30159 Hannover

Konrad Fied KG • Postfach 59 40 • 30159 Hannover

Hampe KG
Südstraße 6
06132 Halle

Kunden-Nr.	Beleg-Nr.
24 003	99
Bitte stets angeben!	

Telefax 0511 32129
E-Mail service@fied-wvd.de

Ihr Zeichen, Ihre Bestellung vom		Unser Zeichen	Lieferdatum	Telefon, Name 0511 4155-	Datum
13.03.20..	215	ki/kl	20.03.20..	58 Kibat	22.03.20..

Rechnung

Lfd. Nr.	Stückzahl	Gegenstand		Preis je Einheit/€	Betrag/€
1	20	Damenpullover, Gr. 40	AB 8046	18,50	370,00
2	30	Damenpullover, Gr. 46	CB 3046	15,00	450,00
3	10	Herrenpullover, Gr. 52	XV 2846	25,00	250,00
4	20	Herrenpullover, Gr. 50	CY 2132	30,00	600,00
5	20	Kinderpullover, Gr. 98	MB 3579	19,00	380,00
6	10	Kinderpullover, Gr. 116	LJ 2598	21,00	210,00
7	60	Herrenhosen, Gr. 50	ÖÄ 4983	47,50	2.850,00
8	50	Herrenhosen, Gr. 54	DS 9648	42,50	2.125,00
9	60	Damenhosen, Gr. 38	AS 7436	32,50	1.950,00
10	30	Damenhosen, Gr. 42	FK 9645	45,00	1.350,00
					10.535,00
		– 10 % Rabatt			1.053,50
					9.481,50
		+ 19 % Umsatzsteuer			1.801,49
					11.282,99

Beleg 3

BERNHARD MÜLLER OHG · Stoffherstellung

Im Weiher 1 · Postfach 2 64 · 69121 Heidelberg · Telefon: 06221 8925-0

Bernhard Müller OHG • Postfach 2 64 • 69121 Heidelberg

Textilfabrik
Konrad Fied KG
Goseriede 41
30159 Hannover

Telefax 06221 8925-63
E-Mail service@mueller-wvd.de

Ihr Zeichen, Ihre Nachricht vom	Unser Zeichen, unsere Nachricht vom	Telefon, Name 06221 8925-	Datum
15.03.20..	mü/kö	65 Herr Henze	23.03.20..

Gutschrift, Re.-Nr.: 359, Re.-Datum: 08.03.20..

Sehr geehrter Herr Fied,

in der oben genannten Rechnung haben wir Ihnen irrtümlich keinen Mengenrabatt gewährt.

Wir erteilen Ihnen nachträglich folgende Gutschrift:

	4.100,00
+ 19 % USt	779,00
	4.879,00

Entschuldigen Sie bitte unser Versehen.

Mit freundlichem Gruß

BERNHARD MÜLLER OHG

Müller

EINGEGANGEN
25. März 20..
Erl. ....

Hinweis: Die Bernhard Müller OHG ist unser Rohstofflieferant (L.-Nr. 44 001).

5 a) Wie bucht die Winkler KG den auf der vorhergehenden Seite stehenden Beleg 1? (*Hinweis:* Es handelt sich um einen Verkauf „eigener Erzeugnisse".)

b) Wie bucht die Hampe KG den auf der vorhergehenden Seite stehenden Beleg 2? (*Hinweis:* Es handelt sich um einen Einkauf von „Waren".)

c) Wie bucht die Bernhard Müller OHG den oben stehenden Beleg 3? (*Hinweis:* Dem Beleg liegt ein Verkauf „eigener Erzeugnisse" zugrunde.)

3.1.8 Die Kalkulation des Verkaufspreises

Mit unterschiedlichen Kalkulationsverfahren, die abhängig sind vom Wirtschaftszweig und in Industriebetrieben vom Fertigungsverfahren, werden die **Selbstkosten** eines Produktes errechnet.

Die Kalkulation von den **Selbstkosten** bis zum **Listenverkaufspreis** erfolgt aufgrund des nebenstehenden Kalkulationsschemas.

100 % →	Selbstkosten
	+ Gewinn
	Barverkaufspreis
	+ Kundenskonto
	+ Vertreterprovision
100 % →	Zielverkaufspreis
	+ Kundenrabatt
100 % →	Listenverkaufspreis
	+ Umsatzsteuer
	Rechnungspreis

(Die Pfeilspitzen zeigen auf den Grundwert [≙100 %].)

Anmerkungen:

1. Der **Gewinnzuschlag** deckt
   – die Verzinsung des eingesetzten Eigenkapitals,
   – das unternehmerische Risiko und
   – den Unternehmerlohn (in Einzelunternehmungen und Personengesellschaften)[1]
   ab.
2. Die **Vertreterprovision** wird gemäß § 87 b HGB vom Zielverkaufspreis berechnet, wenn nichts anderes vertraglich vereinbart wurde.

Beispiel

Selbstkosten: 80,00 €, Gewinnzuschlag: 25 %
Kundenskonto: 3 %, Vertriebsprovision: 10 %
Kundenrabatt: 12,5 %, Umsatzsteuer: 19 %

	%	€	%	€	%	€	%	€
Selbstkosten . . .	100 %	80,00 €						
+ 25 % Gewinn	25 %	20,00 €						
Barverkaufspreis	125 %	100,00 €	87 %	100,00 €				
+ 3 % Kundenskonto.			3 %	3,45 €				
+ 10 % Vertreterprovision.			10 %	11,49 €				
Zielverkaufspreis			100 %	114,94 €	87,5 %	114,94 €		
+ 12,5 % Kundenrabatt					12,5 %	16,42 €		
Listenverkaufspreis					100 %	131,36 €	100 %	131,36 €
+ 19 % Umsatzsteuer							19 %	24,96 €
Rechnungspreis.							119 %	156,32 €

(Die Pfeilspitzen zeigen auf den Grundwert [≙100 %].)

AUFGABE

Kalkulieren Sie die Rechnungspreise.

	Selbst-kosten (€)	Gewinn-zuschlag (%)	Kunden-skonto (%)	Vertreter-provision (%)	Kunden-rabatt (%)	Umsatz-steuer (%)
a)	120,00	10	3	–	20	19
b)	248,00	20	2	10	12,5	19
c)	19,00	15	1,5	–	10	19
d)	85,00	25	2,5	15	16 ⅔	19
e)	67,00	12,5	3	–	15	19
f)	498,00	16 ⅔	1	8	10	19
g)	4.960,00	20	3	10	12,5	19
h)	980,00	10	1	12,5	20	19
i)	9.832,00	25	3	15	10	19
j)	465,00	12,5	1	12,5	15	19
k)	546,00	16 ⅔	2,5	–	16	19

1 Unternehmer, die in Einzelunternehmungen (e. K.) und in Personengesellschaften (OHG, KG) leitend tätig sind, dürfen aus steuerrechtlichen Gründen keine Gehälter beziehen. Ihre Lebensführungskosten decken sie durch Privatentnahmen.

3.2 Zahlungsverkehr/Finanzwirtschaft

3.2.1 Zinsrechnung

Zinsen stellen den Preis für die zeitweilige Überlassung von Kapital (Geld) dar. Sie fallen an bei Darlehen, Zielgeschäften, Überziehung von Zahlungszielen usw.

Zusätzlich zu den aus der Prozentrechnung bekannten Größen spielt in der Zinsrechnung die **Zeit** eine Rolle.

Beispiel

10 %	von	2.000,00 € erbringen in	180 Tagen	100,00 €
Zinssatz		Kapital	Zeit	Zinsen
p		k	t (Tage) m (Monate) j (Jahre)	z

Die Höhe der Zinsen hängt also ab

- vom Zinssatz,
- vom Kapital und
- von der Zeit.

3.2.1.1 Die Berechnung der Zinsen

3.2.1.1.1 Die Berechnung der Jahreszinsen

Beispiel

Ein Industriebetrieb nimmt einen Kredit über 400.000,00 € auf. Zinssatz: 8 %, Laufzeit: 4 Jahre. Wie viel Zinsen sind zu zahlen?

Lösung

Das Kapital beträgt: 400.000

1 % von 400.000,00 € sind: $\frac{400.000}{100}$

8 % Zinsen von 400.000,00 € sind: (= Zinsen pro Jahr) $\frac{400.000 \cdot 8}{100}$

8 % Zinsen von 400.000,00 € für 4 Jahre sind: $\frac{400.000 \cdot 8 \cdot 4}{100} = \underline{\underline{128.000{,}00\ €}}$

Der Industriebetrieb hat 128.000,00 € an Zinsen zu zahlen.

Es ergibt sich die Formel:

$$\textbf{Jahreszinsen} = \frac{\text{Kapital} \cdot \text{Zinssatz} \cdot \text{Jahre}}{100} = \frac{k \cdot p \cdot j}{100}$$

AUFGABEN

1 Errechnen Sie die Zinsen für 1 Jahr.

Kapital	Zinssatz	Kapital	Zinssatz
a) 38.560,00 €	4 %	d) 54.930,00 €	$9\frac{1}{11}$ %
b) 25.490,00 €	5,5 %	e) 68.440,00 €	$6\frac{2}{3}$ %
c) 12.380,00 €	8,2 %	f) 4.280,00 €	$8\frac{3}{7}$ %

2 Errechnen Sie die Zinsen.

Kapital	Zinssatz	Jahre	Kapital	Zinssatz	Jahre
a) 12.430,00 €	6 %	3	f) 13.420,00 €	3 ⅓ %	5,5
b) 98.520,00 €	4,5 %	6	g) 28.490,00 €	9 1/11 %	4
c) 22.810,00 €	3,8 %	5	h) 52.360,00 €	8 ⅓ %	6
d) 34.990,00 €	5,3 %	4,5	i) 33.320,00 €	4 1/16 %	7
e) 47.590,00 €	4,6 %	3	j) 20.410,00 €	5 ⅜ %	8

3.2.1.1.2 Die Berechnung der Monatszinsen

Beispiel

Ein Industriebetrieb nimmt bei seiner Bank einen kurzfristigen Kredit über 80.000,00 € auf. Zinssatz: 8 %, Laufzeit: 9 Monate. Errechnen Sie die zu zahlenden Zinsen.

Lösung

Das Kapital beträgt: 80.000

1 % von 80.000,00 € sind: $\frac{80.000}{100}$

8 % Zinsen von 80.000,00 € sind: (= Zinsen pro Jahr) $\frac{80.000 \cdot 8}{100}$

8 % Zinsen von 80.000,00 € für 1 Monat sind: $\frac{80.000 \cdot 8}{100 \cdot 12}$

8 % Zinsen von 80.000,00 € für 9 Monate sind: $\frac{80.000 \cdot 8 \cdot 9}{100 \cdot 12} = \underline{\underline{4.800,00\ €}}$

Der Industriebetrieb hat 4.800,00 € an Zinsen zu zahlen.

$$\textbf{Monatszinsen} = \frac{\text{Kapital} \cdot \text{Zinssatz} \cdot \text{Monate}}{100 \cdot 12} = \frac{k \cdot p \cdot m}{100 \cdot 12}$$

AUFGABEN

1 Wie hoch sind die Zinsen?

Kapital	Zinssatz	Monate	Kapital	Zinssatz	Monate
a) 13.580,00 €	6 %	8	e) 12.990,00 €	6 ¾ %	4
b) 24.930,00 €	5 %	6	f) 28.430,00 €	6 ⅔ %	11
c) 80.240,00 €	7 %	9	g) 49.270,00 €	9 1/11 %	9
d) 38.790,00 €	4,5 %	10	h) 30.410,00 €	8 ⅓ %	8

2 Unser Kunde, die Gebert GmbH, ist in Zahlungsverzug geraten. Folgende Forderungen sind noch nicht ausgeglichen:

1. 25.482,00 €, fällig seit 4 Monaten.
2. 38.543,00 €, fällig seit 6 Monaten.
3. 40.138,00 €, fällig seit 5 Monaten.

Im Kaufvertrag haben wir 8 % Verzugszinsen vereinbart.
Wie hoch sind unsere Forderungen einschließlich Verzugszinsen an die Gebert GmbH?

3 Wir haben einem Kunden für einen Forderungsbetrag von 80.500,00 € ein Zahlungsziel von 5 Monaten gewährt. Hierfür verlangen wir 8 % Zinsen.

Kurz vor Ablauf des Zahlungsziels bittet uns unser Kunde um einen Zahlungsaufschub von weiteren 3 Monaten. Er ist bereit für diesen Zeitraum 12 % Zinsen zu zahlen.

Da nur eine vorübergehende Liquiditätsschwäche unseres Kunden vorliegt, akzeptieren wir. Wie viel € hat unser Kunde einschließlich Zinsen an uns zu zahlen?

3.2.1.1.3 Die Berechnung der Tageszinsen

Beispiel

Eine Bank gewährt einem Kunden einen Kredit über 40.000,00 € für 220 Tage. Zinssatz: 9 %. Errechnen Sie die Zinsen.

Lösung

Das Kapital beträgt:	40.000
1 % von 40.000,00 € sind:	$\frac{40.000}{100}$
9 % Zinsen von 40.000,00 € sind: (= Zinsen pro Jahr)	$\frac{40.000 \cdot 9}{100}$
9 % Zinsen von 40.000,00 € für 1 Tag sind:	$\frac{40.000 \cdot 9}{100 \cdot 360}$
9 % von 40.000,00 € für 220 Tage sind:	$\frac{40.000 \cdot 9 \cdot 220}{100 \cdot 360} = \underline{\underline{2.200,00\ €}}$

Der Kunde hat 2.200,00 € an Zinsen zu zahlen.

Es ergibt sich die Formel:

$$\text{Tageszinsen} = \frac{\text{Kapital} \cdot \text{Zinssatz} \cdot \text{Tage}}{100 \cdot 360} = \frac{k \cdot p \cdot t}{100 \cdot 360}$$

Für die Berechnung der Zinstage gilt in Deutschland (kaufmännische Zinsrechnung):

- 1 Jahr = 360 Tage
- 1 Monat = 30 Tage
- Monate mit 31 Tagen gelten als Monate mit 30 Tagen.
- Endet der Zinszeitraum „Ende Februar", so werden die Tage des Monats Februar genau berechnet, d. h., es werden 28 bzw. 29 Tage angesetzt.
- Bei der Berechnung der Zinstage wird der 1. Tag nicht mitgezählt. Der letzte Tag hingegen, der Rückzahlungszeitpunkt, zählt mit.

Beispiel zur Errechnung der Zinstage

Es sind die Zinstage vom 27. Mai bis 6. Okt. zu errechnen.

1. Lösungsmöglichkeit:

27. Mai	bis 30. Mai	→	3 Tage
30. Mai	bis 30. Sept.	→	120 Tage
30. Sept.	bis 6. Okt.	→	6 Tage
			129 Tage

2. Lösungsmöglichkeit:

27. Mai	bis 27. Sept.	→	120 Tage
27. Sept.	bis 30. Sept.	→	3 Tage
30. Sept.	bis 6. Okt.	→	6 Tage
			129 Tage

Es liegen 129 Zinstage zwischen dem 27. Mai und dem 6. Okt.

Exkurs

Die Berechnung der Zinstage erfolgt in einigen Ländern anders als in der Bundesrepublik Deutschland. Die folgende Tabelle gibt eine Übersicht.

	gilt für	Monatstage	Jahr	Formel
deutsche Berechnungsart	Bundesrepublik Deutschland (kaufmännische Zinsrechnung), Norwegen, Schweiz, Schweden, Dänemark, GUS	30 Tage	360 Tage	$z = \frac{k \cdot p \cdot t}{100 \cdot 360}$
französische Berechnungsart[1]	Frankreich, Belgien, Holland, Italien, Spanien, Österreich	genau	360 Tage	$z = \frac{k \cdot p \cdot t}{100 \cdot 360}$
englische Berechnungsart	Großbritannien, USA, Portugal, deutsche bürgerliche Zinsrechnung	genau	365 Tage	$z = \frac{k \cdot p \cdot t}{100 \cdot 365}$

AUFGABEN

1

a) 3. April – 12. Dez.
b) 27. März – 19. Sept.
c) 1. Febr. – 4. Juni
d) 13. April – 2. Juli
e) 2. Mai – 31. Juli
f) 6. Jan. – 2. Aug.

Errechnen Sie die Zinstage
1. nach deutscher Art (kaufmännische Zinsrechnung),
2. nach französischer Art (Exkurs),
3. nach englischer Art (Exkurs).

2

Kapital	Zinssatz	Zeitraum
a) 98.430,00 €	8 %	2. März – 19. Sept.
b) 14.390,00 €	9 %	24. April – 20. Okt.
c) 33.360,00 €	6 %	17. März – 1. Okt.

Berechnen Sie die Zinsen
1. nach der deutschen kaufmännischen Zinsrechnung,
2. nach der französischen Art,
3. nach der englischen Art.

3

Die Kibat GmbH ist bei 3 Lieferanten in Zahlungsverzug geraten.

Lieferanten	Fälligkeitsdatum	Rechnungsbeträge	Zinssatz
Thren KG	27. März	34.830,00 €	8 %
Muche GmbH	9. April	45.780,00 €	9 %
Bothe OHG	2. Mai	57.420,00 €	6 %

Am 8. Aug. ist die Kibat GmbH aufgrund eines Zahlungseinganges von 230.560,00 € in der Lage, ihre Lieferantenverbindlichkeiten zu begleichen.

a) Wie viel € sind an die 3 Lieferanten jeweils zu zahlen?
b) Wie viel € verbleiben der Kibat GmbH an flüssigen Mitteln?

4

Errechnen Sie die Rückzahlungsbeträge einschließlich Zinsen.

Darlehen	Zinssatz	Laufzeit
a) 4.560,00 €	8 %	1. Febr. – 29. Okt.
b) 6.790,00 €	9 %	3. März – 13. Dez.
c) 2.430,00 €	5 %	25. Jan. – 2. Dez.

1 Die französische Berechnungsart wird auch als „Euro-Zinsmethode" bezeichnet.

5 Wir nehmen am 4. Jan. ein Darlehen mit einem variablen Zinssatz über 80.560,00 € auf. Der Zinssatz beträgt:

vom	4. Jan.	bis	8. März	6 %
vom	9. März	bis	12. Juni	7 ½ %
vom	13. Juni	bis	28. Aug.	8 %
vom	29. Aug.	bis	4. Nov.	8 ⅔ %
vom	5. Nov.	bis	13. Dez.	9 %

Wie hoch ist am 13. Dez. der Rückzahlungsbetrag einschließlich Zinsen?

6 Am 1. März nehmen wir eine Hypothek über 230.500,00 € auf.

Wie viel Zinsen haben wir am 31. Dez. bei den folgenden Zinssätzen zu zahlen?

a) 6,5 % b) 8 % c) 9 $\frac{1}{11}$ % d) 7 ¾ %

7 Bei einem Warenhandelsgeschäft über 120.630,00 € wurde folgende Zahlungsbedingung vereinbart: „Zahlungsziel 50 Tage, bei Zahlung innerhalb von 10 Tagen 1 % Skonto." Bei Inanspruchnahme von Skonto müsste der Käufer sein Bankkonto um den Zahlungsbetrag überziehen. Errechnen Sie, ob es bei den folgenden Überziehungszinssätzen vorteilhaft ist, Skonto auszunutzen.

a) 6 % b) 10 % c) 9 ¾ % d) 7 %

8 Wir haben ein Mietwohnhaus zu 900.000,00 € erworben. 40 % des Kaufpreises haben wir mit Eigenkapital finanziert, 60 % mit einer Hypothek. Die Hypothekenzinsen betragen 6 %. An Kosten fallen jährlich 15.000,00 € an.

Wie hoch müssen unsere monatlichen Mieteinnahmen sein, wenn wir eine 8%ige Verzinsung unseres Eigenkapitals anstreben?

3.2.1.2 Die Berechnung des Kapitals

Beispiel

Für ein Darlehen, das wir vom 1. April bis zum 1. Juli (= 90 Tage) aufgenommen haben, müssen wir bei einem Zinssatz von 9 % 1.620,00 € Zinsen zahlen. Wie hoch ist das Darlehen?

Wir wandeln die Zinsformel in eine Formel für das Kapital um:

$$z = \frac{k \cdot p \cdot t}{100 \cdot 360} \quad \Big| \cdot 100 \cdot 360$$

$$z \cdot 100 \cdot 360 = k \cdot p \cdot t \quad |: p : t$$

$$\frac{z \cdot 100 \cdot 360}{p \cdot t} = k$$

$$\textbf{Kapital} = \frac{\text{Zinsen} \cdot 100 \cdot 360}{\text{Zinssatz} \cdot \text{Tage}} = \frac{z \cdot 100 \cdot 360}{p \cdot t}$$

In die Formel setzen wir entsprechend ein:

$$k = \frac{z \cdot 100 \cdot 360}{p \cdot t} = \frac{1.620 \cdot 100 \cdot 360}{9 \cdot 90} = \underline{\underline{72.000,00\ €}}$$

Das Darlehen beträgt 72.000,00 €.

AUFGABEN

1 Errechnen Sie das Kapital.

	Zinsen	Zinssatz	Laufzeit
a)	120,00 €	8 %	1. März – 19. Dez.
b)	270,00 €	9 %	26. Febr. – 11. Okt.
c)	84,00 €	7 %	10. Jan. – 9. Aug.

2 Wir beabsichtigen zur Kapitalanlage eine Eigentumswohnung zu kaufen. Eine infrage kommende Eigentumswohnung erbringt einen monatlichen Mietertrag von 720,00 €. Wie viel darf diese Wohnung kosten, wenn wir eine Rendite von 6 % anstreben?

3 Ein Handwerksmeister gibt aus Altersgründen sein Gewerbe auf. Er möchte in Zukunft nur noch von Zinsen leben, wobei er an einen monatlichen Betrag von 2.500,00 € denkt. Wie viel € müssen ihm aus der Veräußerung seiner Werkstatt verbleiben, damit er seinen Plan realisieren kann? Zinssatz: 8 %.

4 30.000,00 € werden vom 3. Febr. bis zum 19. Aug. zu einem Zinssatz von 6 % angelegt. Ein weiterer Geldbetrag soll vom 20. Juni bis zum 4. Dez. zu 8 % angelegt werden. Wie hoch muss dieser Betrag sein, damit er denselben Zinsertrag erbringt wie die erste Kapitalanlage?

5 Für die 8%ige Hypothek auf unser Grundstück zahlen wir vierteljährlich 3.200,00 € Hypothekenzinsen. Auf welchen Betrag beläuft sich die Hypothek?

6 Unserer Unternehmung wird ein Wohnhaus zum Kauf angeboten. Eine Hypothek über 600.000,00 € können wir günstig zu 5 % Zinsen übernehmen. Die monatlichen Mieteinnahmen belaufen sich auf 7.000,00 €. Die laufenden Kosten betragen jährlich 14.400,00 €.

a) Wie viel Eigenkapital können wir höchstens einsetzen, wenn wir eine Eigenkapitalverzinsung von 6 % anstreben?
b) Welchen Kaufpreis können wir höchstens akzeptieren?

3.2.1.3 Die Berechnung des Zinssatzes

Beispiel

14.400,00 € erbrachten vom 2. April bis zum 8. Nov. einen Zinsertrag von 432,00 €. Errechnen Sie den Zinssatz.

Wir wandeln die Zinsformel in eine Formel für den Zinssatz um:

$$z = \frac{k \cdot p \cdot t}{100 \cdot 360} \quad \Big| \cdot 100 \cdot 360$$

$$z \cdot 100 \cdot 360 = k \cdot p \cdot t \quad |: k : t$$

$$\frac{z \cdot 100 \cdot 360}{k \cdot t} = p$$

$$\textbf{Zinssatz} = \frac{\text{Zinsen} \cdot 100 \cdot 360}{\text{Kapital} \cdot \text{Tage}} = \frac{z \cdot 100 \cdot 360}{k \cdot t}$$

In die Formel setzen wir entsprechend ein:

$$p = \frac{z \cdot 100 \cdot 360}{k \cdot t} = \frac{432 \cdot 100 \cdot 360}{14.400 \cdot 216} = \underline{\underline{5\ \%}}$$

Der Zinssatz beträgt 5 %.

AUFGABEN

1 Errechnen Sie den Zinssatz.

	Kapital	Zinsen	Tage
a)	52.800,00 €	721,60 €	82
b)	36.400,00 €	379,17 €	75
c)	84.900,00 €	905,60 €	96

2 Am 27. März nehmen wir ein Darlehen auf. Einschließlich der Zinsen von 1.740,00 € zahlen wir am 18. Dez. 31.740,00 € zurück. Zu welchem Zinssatz haben wir das Darlehen aufgenommen?

3 Ein Lieferant berechnet seinem Kunden für einen Rechnungsbetrag über 22.000,00 € 198,00 € Verzugszinsen. Der Kunde hat den Zahlungstermin um 36 Tage überschritten. Welchen Verzugszinssatz verlangt der Lieferant?

4 Zu welchem Zinssatz muss ein Kapital angelegt werden, damit es sich in 15 Jahren verdoppelt?

5 Unsere Unternehmung beabsichtigt Kapital in Immobilien anzulegen. Von einem Makler erhalten wir ein Angebot über ein Mietwohnhaus. Der Kaufpreis soll 950.000,00 € betragen. Die monatlichen Mieteinnahmen belaufen sich auf 5.000,00 €. Unsere jährlichen Aufwendungen für Abgaben, Reparaturen und Verwaltungskosten betragen 12.000,00 €. Zur Finanzierung des Hauses müssten wir eine Hypothek über 500.000,00 € zu 6 % aufnehmen.

a) Mit wie viel Prozent würde sich das angelegte Eigenkapital verzinsen?
b) Mit wie viel Prozent würde sich das eingesetzte Gesamtkapital verzinsen?

6 40.000,00 € wachsen auf unserem Bankkonto vom 1. März bis zum 19. Dez. auf 41.920,00 € an. Ein weiterer Geldbetrag soll zum gleichen Zinssatz angelegt werden. Wie hoch muss dieser Betrag sein, damit er in 216 Tagen 1.800,00 € Zinsen erbringt?

3.2.1.4 Die Berechnung der Zeit

Beispiel

Wir berechnen einem Kunden, an den wir eine Forderung von 12.000,00 € haben, 5 % Verzugszinsen. Dies macht 80,00 € aus. Um wie viel Tage hat der Kunde das Zahlungsziel überzogen?

Wir wandeln die Zinsformel in eine Formel für die Zeit um:

$$z = \frac{k \cdot p \cdot t}{100 \cdot 360} \quad \Big| \cdot 100 \cdot 360$$

$$z \cdot 100 \cdot 360 = k \cdot p \cdot t \quad | : k : p$$

$$\frac{z \cdot 100 \cdot 360}{k \cdot p} = t$$

$$\textbf{Tage} = \frac{\text{Zinsen} \cdot 100 \cdot 360}{\text{Kapital} \cdot \text{Zinssatz}} = \frac{z \cdot 100 \cdot 360}{k \cdot p}$$

In die Formel setzen wir entsprechend ein:

$$t = \frac{z \cdot 100 \cdot 360}{k \cdot p} = \frac{80 \cdot 100 \cdot 360}{12.000 \cdot 5} = \underline{\underline{48 \text{ Tage}}}$$

Der Kunde hat das Zahlungsziel um 48 Tage überzogen.

AUFGABEN

1 Errechnen Sie die Tage.

	Kapital	Zinsen	Zinssatz
a)	32.600,00 €	391,20 €	8 %
b)	43.800,00 €	788,40 €	9 %
c)	54.200,00 €	745,25 €	5 %

2 Am 1. April nehmen wir einen Kredit über 45.000,00 € auf. Der Zinssatz beträgt 8 %. Es sind 960,00 € Zinsen zu zahlen. Bis zu welchem Tag (Datum) läuft der Kredit?

3 Wir haben einem Kunden ein Darlehen über 8.500,00 € gewährt. Am 17. Dez. zahlt er uns einschließlich Zinsen (6 %) 8.806,00 € zurück. An welchem Tag (Datum) haben wir dem Kunden den Kredit eingeräumt?

4 Ein kaufmännischer Angestellter legt am 1. Febr. 9.000,00 € bei seiner Bank zu 8 % an. Wie lange muss er warten (Datum), bis sein Kapital auf 10.000,00 € angewachsen ist?

5 Am 18. Dez. zahlt ein Kunde an uns 14.105,00 € einschließlich 105,00 € Verzugszinsen (Zinssatz: 6 %). Wir hatten diesem Kunden ein Zahlungsziel von 30 Tagen eingeräumt. Ermitteln Sie das Ausstellungsdatum der Rechnung.

6 8.514,78 € sollen ab 2. März zu 8 % so lange angelegt werden, bis sie so viele Zinsen erbringen wie 9.600,00 €, die vom 5. Jan. bis zum 7. Okt. zu 6 % verzinst werden. Bis zu welchem Tag (Datum) muss der Betrag von 8.514,78 € angelegt werden?

7 Wie lange muss ein Kapital zu 5 % Zinsen angelegt werden, damit es sich verdoppelt?

3.2.1.5 Die summarische Zinsrechnung

Sollen mehrere Beträge bis zu einem Stichtag zum gleichen Zinssatz verzinst werden, so kann die Rechenarbeit durch die so genannte **„summarische Zinsrechnung"** vereinfacht werden.

Dazu wird zunächst die Zinsformel umgestellt:

$$z = \frac{k \cdot p \cdot t}{100 \cdot 360} = \frac{k \cdot t}{100} \cdot \frac{p}{360} = \frac{k \cdot t}{100} : \frac{360}{p}$$

$$z = \underbrace{\frac{k \cdot t}{100}}_{} : \underbrace{\frac{360}{p}}_{}$$

$$z = \underbrace{\text{Zinszahl}}_{} : \underbrace{\text{Zinsteiler}}_{}$$

$$z = \# : Zt$$

Beispiel

Bei unserer Hausbank zahlen wir folgende Beträge ein:

1. am	4. März	12.800,00 €	3. am	11. Aug.	10.500,00 €
2. am	8. Juni	13.200,00 €	4. am	20. Okt.	15.600,00 €

Wir erhalten 6 % Zinsen. Wie hoch ist unser Guthaben am 31. Dez.?

Abrechnungstag: 31. Dez.

	Kapital	Wertstellung	Zinstage	# $\left(= \frac{k \cdot t}{100}\right)$
❶ ❷	12.800,00 €	4. März	296	37 888
	13.200,00 €	8. Juni	202	26 664
	10.500,00 €	11. Aug.	139	14 595
	15.600,00 €	20. Okt.	70	10 920
❸	52.100,00 €			90 067 ❹
	+ 1.501,12 €	Zinsen	❺ 90 067 : 60 = 1.501,12 €	
❻	53.601,12 €	Guthaben am 31. Dez.		

Das Guthaben beträgt am 31. Dez. 53.601,12 €.

Lösungsweg

❶ Aufstellung des Rechenschemas.

❷ Eintragen der Beträge einschließlich der Zinstage und der errechneten Zinszahlen (#).

❸ Errechnung der Summe der Kapitalien.

❹ Errechnung der Summe der Zinszahlen (#).

❺ Errechnung der Zinsen. Dazu wird die Summe der Zinszahlen (#) durch den Zinsteiler dividiert. (Im obigen Beispiel ergibt sich der Zinsteiler wie folgt: 360 : 6 = 60.)

❻ Ermittlung des Guthabens.

Beachten Sie: Zinszahlen haben keine Dezimalstellen. Es wird immer auf ganze Zahlen auf- oder abgerundet (kaufmännische Rundungsregel).

Bequeme Zinssätze

Zinssätze, die in 360 ohne Rest enthalten sind, bezeichnet man als **bequeme Zinssätze.** Sie führen zu ganzen Zinsteilern.

Die folgende Übersicht enthält die bequemen Zinssätze.

Zinssatz (p)	Zinsteiler $\left(\frac{360}{p}\right)$	Zinssatz (p)	Zinsteiler $\left(\frac{360}{p}\right)$
3/8	960	4 2/7	84
1/2	720	4 1/2	80
1	360	4 4/5	75
1 1/4	288	5	72
1 1/3	270	6	60
1 1/2	240	6 2/3	54
2	180	7 1/5	50
2 1/4	160	7 1/2	48
2 2/5	150	8	45
2 1/2	144	9	40
2 2/3	135	10	36
3	120	12	30
3 1/3	108	15	24
3 3/5	100	18	20
3 3/4	96	20	18
4	90	24	15

Unbequeme Zinssätze

Zinssätze, die in 360 nicht glatt enthalten sind, werden als **unbequeme Zinssätze** bezeichnet.

Beispiel

Aus der Zinszahl (#) 7 200 sollen Zinsen berechnet werden. Der Zinssatz beträgt 6,5 %.

Es bietet sich in diesem Fall an, die Zinszahl mit dem Kehrwert des Zinsteilers zu multiplizieren.

$$z = \# : \frac{360}{p}$$

$$\boxed{z = \# \cdot \frac{p}{360}}$$

$$z = 7\,200 \cdot \frac{6{,}5}{360} = \underline{\underline{130{,}00\ €}}$$

AUFGABEN

1 Errechnen Sie aus der Zinszahl (#) 9 000 die Zinsen bei folgenden Zinssätzen:

a) $3\frac{1}{3}$ %	d) 4 %	g) 7 %	j) 5,23 %	m) 7,71 %
b) $7\frac{1}{2}$ %	e) $3\frac{3}{4}$ %	h) 4,5 %	k) 4,97 %	n) 9,13 %
c) $2\frac{2}{3}$ %	f) $7\frac{1}{5}$ %	i) 8,3 %	l) 9,32 %	o) 3,42 %

2 Wir eröffnen bei unserer Hausbank ein neues Konto und zahlen die folgenden Beträge ein:

a) 8.960,00 € am 22. März
7.280,00 € am 8. April
5.430,00 € am 18. Sept.
9.870,00 € am 2. Nov.
Zinssatz: 6 %

b) 1.280,00 € am 10. Febr.
2.730,00 € am 1. März
4.920,00 € am 12. Juni
9.310,00 € am 2. Nov.
Zinssatz: 5 %

Wie hoch ist unser Bankguthaben am 31. Dez.?

3 Ein Kunde schuldet uns die folgenden Beträge:

4.921,00 €, fällig am 20. Jan.
5.622,00 €, fällig am 19. Febr.
6.431,00 €, fällig am 1. März
8.938,00 €, fällig am 5. April

Der Kunde möchte die offenen Rechnungen mit einer Gesamtzahlung am 30. Juni ausgleichen.

Wie hoch ist unser Zahlungsanspruch am 30. Juni bei folgenden Verzugszinssätzen:

a) 9 %, b) $4\frac{4}{5}$ %, c) 6,57 %, d) $7\frac{4}{7}$ %?

4 An einen unserer Kunden, die Söffgen OHG, haben wir die folgenden Rechnungen geschickt:

AR 512 am 2. März über 4.983,00 €; Zahlungsziel: 2 Monate
AR 783 am 8. April über 6.714,00 €; zahlbar sofort
AR 851 am 7. Mai über 9.491,00 €; Zahlungsziel: 70 Tage
AR 942 am 29. Juni über 7.320,00 €; Zahlungsziel: 40 Tage

Welchen Betrag muss uns die Söffgen OHG am 30. Sept. insgesamt einschließlich Verzugszinsen zahlen, wenn wir folgende Verzugszinssätze berechnen:

a) 4 %, b) 6 %, c) $7\frac{1}{5}$ %, d) $8\frac{1}{7}$ %, e) 7,27 %?

5 Eine Autovertretung beabsichtigt ihre Reparaturwerkstatt weiter auszubauen. Zur Finanzierung wird eine Hypothek über 200.000,00 € aufgenommen.

Die Bank zahlt die Hypothek nach Baufortschritt in folgenden Teilbeträgen aus:

30.000,00 € am 8. Febr.	35.000,00 € am 2. Juni
40.000,00 € am 22. März	50.000,00 € am 8. Sept.
20.000,00 € am 19. April	Restbetrag am 10. Okt.

Errechnen Sie die bis zum 31. Dez. angefallenen Hypothekenzinsen bei folgenden Zinssätzen:
a) 5 %   b) 6 %   c) 6 ⅔ %   d) 7,34 %   e) 8 ⅓ %

6 Ein Sparer eröffnet ein Konto und nimmt während des Jahres folgende Einzahlungen vor:

am 23. Febr. 1.500,00 €	am 10. Sept. 900,00 €
am 27. April 800,00 €	am 25. Nov. 2.000,00 €
am 5. Aug. 1.200,00 €	

Wie hoch ist sein Sparguthaben am 31. Dez., wenn die Bank ihm folgende Zinssätze gewährt:
a) 2 ½ %,   b) 3 ⅓ %,   c) 4 2/7 %,   d) 5,41 %,   e) 5 1/7 %?

3.2.1.6 Die Zinsrechnung vom vermehrten und verminderten Wert

3.2.1.6.1 Die Zinsrechnung vom vermehrten Wert

Beispiel

Für einen Kredit, den uns unsere Hausbank vom 1. März bis zum 1. Juli (= 120 Tage) zu einem Zinssatz von 6 % gewährt hat, zahlen wir einschließlich Zinsen 40.800,00 € zurück. Wie hoch ist der Kredit und wie viel Zinsen haben wir gezahlt?

Lösung

1. *Umrechnung des Jahreszinssatzes (Bezug: 360 Tage) auf einen Zinssatz, der sich auf den Kreditzeitraum (hier: 120 Tage) bezieht:*

   360 Tage ≙ 6 %
   120 Tage ≙ x %

   $$x = \frac{6 \cdot 120}{360} = 2\,\%$$

2. *Berechnung des Kapitals mit vermehrtem Grundwert:*

   102 % ≙ 40.800,00 €
   100 % ≙ x €

   $$x = \frac{40.800 \cdot 100}{102} = 40.000,00\ €$$

   Der Kredit beträgt 40.000,00 €.

3. *Berechnung der Zinsen:*

   40.800,00 € − 40.000,00 € = 800,00 €

   Wir haben 800,00 € Zinsen gezahlt.

AUFGABEN

1 Wie hoch ist der Kredit und wie viel Zinsen sind gezahlt worden?

	Rückzahlung einschließlich Zinsen	Laufzeit	Zinssatz
a)	31.350,00 €	270 Tage	6 %
b)	37.152,00 €	288 Tage	4 %
c)	20.680,00 €	200 Tage	8 %
d)	25.185,60 €	240 Tage	9 %

2 In der Zeit vom 13. Febr. bis 18. Sept. wuchs ein Bankguthaben bei einem Zinssatz von $3\frac{3}{5}$ % auf 15.077,34 € an.

Errechnen Sie das Guthaben am 13. Febr. und die Zinsen.

3 Ein Kredit zu 8 % Zinsen wird vom 27. März bis zum 18. Sept. gewährt. Einschließlich Zinsen zahlt der Kreditnehmer 49.720,20 € zurück.

Errechnen Sie die Höhe des Kredites und die Höhe der Zinsen.

3.2.1.6.2 Die Zinsrechnung vom verminderten Wert

Beispiel

Wir nehmen einen Kredit zu 6 % Zinsen vom 1. Febr. bis 1. Nov. (= 270 Tage) auf. Unsere Bank zahlt uns abzüglich Zinsen 23.875,00 € aus. Berechnen Sie die Höhe des Kredites und die Höhe der Zinsen.

Lösung

1. *Umrechnung des Jahreszinssatzes (Bezug: 360 Tage) auf einen Zinssatz, der sich auf den Kreditzeitraum (hier: 270 Tage) bezieht:*

   360 Tage ≙ 6 %

   270 Tage ≙ x %

   $$x = \frac{6 \cdot 270}{360} = \underline{\underline{4{,}5\ \%}}$$

2. *Berechnung des Kapitals mit vermindertem Grundwert:*

   95,5 % ≙ 23.875,00 €

   100 % ≙ x €

   $$x = \frac{23.875 \cdot 100}{95{,}5} = \underline{\underline{25.000{,}00\ €}}$$

   Der Kredit beträgt 25.000,00 €.

3. *Berechnung der Zinsen:*

   25.000,00 € − 23.875,00 € = <u>1.125,00 €</u>

   Die Zinsen betragen 1.125,00 €.

AUFGABEN

1 Errechnen Sie die Höhe des Kredites und die Höhe der Zinsen.

Auszahlung (= Kredit abzüglich Zinsen)	Laufzeit	Zinssatz
a) 29.992,50 €	195 Tage	6 %
b) 39.040,00 €	108 Tage	8 %
c) 27.020,00 €	315 Tage	4 %
d) 23.451,84 €	168 Tage	9 %

2 Wir nehmen bei unserer Bank vom 25. Febr. bis zum 25. Nov. einen Kredit auf. Der Zinssatz beträgt 8 %. Unsere Bank zahlt uns abzüglich Zinsen 6.392,00 € aus.

Auf wie viel € beläuft sich der Kredit? Wie viel € Zinsen haben wir zu zahlen?

3 Für eine Kapazitätserweiterungsinvestition nimmt ein Industriebetrieb für die Zeit vom 5. Febr. bis zum 13. Sept. einen Zwischenfinanzierungskredit auf. Abzüglich 9 % Zinsen zahlt die Bank 567.300,00 € aus.

Errechnen Sie die Höhe des Kredites und die Höhe der Zinsen.

3.2.1.7 Die Umrechnung eines Skontoprozentsatzes auf einen Zinssatz

Beispiel

a) In einer Rechnung heißt es: „Zahlungsziel 30 Tage, bei Zahlung innerhalb von 10 Tagen 3 % Skonto." Welchem Zinssatz entsprechen die 3 % Skonto?

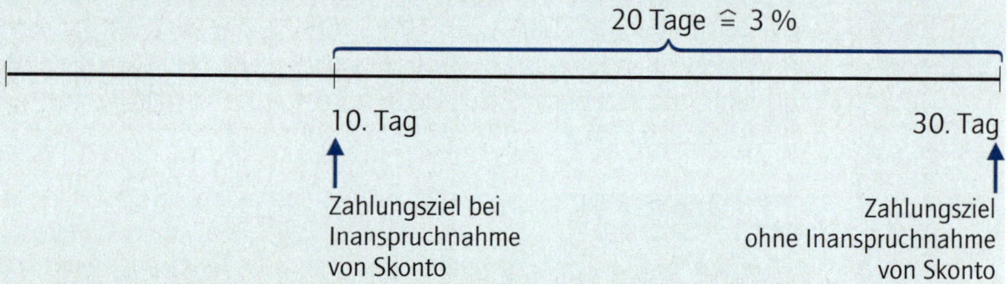

Für die **20-tägige** vorzeitige Zahlung werden **3 %** Skonto eingeräumt.

Damit besteht für den Skontoprozentsatz ein Zeitbezug (⟶ **20 Tage ≙ 3 %**).

Ein Zinssatz bezieht sich auf 360 Tage.

Mit der Dreisatzrechnung erfolgt nun die Umrechnung des Skontoprozentsatzes auf einen Zinssatz:

20 Tage ≙ 3 %
360 Tage ≙ x %

$$x = \frac{3 \cdot 360}{20} = \underline{\underline{54\ \%}}$$

In unserem Beispiel entspricht der Skontoprozentsatz einem Zinssatz von 54 %.

b) Lohnt die Ausnutzung des Skontozahlungsziels, wenn für den Rechnungsausgleich ein Überziehungskredit zu 15 % Zinsen in Anspruch genommen werden müsste?

Zinsvorteil (54 %) > Zinsnachteil (15 %). Daraus folgt: Skontoinanspruchnahme lohnt.

Hinweis: Die obige Umrechnung eines Skontoprozentsatzes auf einen Zinssatz erfolgt mit einer **kaufmännischen Überschlagsrechnung,** die in der betrieblichen Praxis herangezogen wird und meistens ausreichend ist.

In den unten folgenden Ausführungen wird der Skontoprozentsatz mathematisch korrekt in einen **effektiven Zinssatz (p_{eff})** umgerechnet.

Beispiel

Wir haben eine Rechnung über 13.000,00 € zu begleichen. Die Zahlungsbedingung lautet (wie oben): „Zahlungsziel 30 Tage, bei Zahlung innerhalb von 10 Tagen 3 % Skonto." Welchem **effektiven** Zinssatz (p_{eff}) entsprechen die 3 % Skonto?

Wenn Skonto ausgenutzt wird, sind **12.610,00 €** (= **97** % von 13.000,00 €) zu zahlen. Wir ziehen **390,00 €** Skonto (= **3** % von 13.000,00 €) vom Rechnungsbetrag ab.

Entsprechend setzen wir in die Formel für den Zinssatz (p) ein:

$$p_{eff} = \frac{z \cdot 100 \cdot 360}{k \cdot t} = \frac{\mathbf{390} \cdot 100 \cdot 360}{\mathbf{12.610} \cdot 20} = \underline{\underline{55{,}67\ \%}}$$

oder $\left(\text{da } \begin{matrix} \mathbf{390{,}00\ €} \mathrel{\hat{=}} \mathbf{3}\ \% \\ \mathbf{12.610{,}00\ €} \mathrel{\hat{=}} \mathbf{97}\ \% \end{matrix}\right)$: $p_{eff} = \dfrac{\mathbf{3} \cdot 100 \cdot 360}{\mathbf{97} \cdot 20} = \underline{\underline{55{,}67\ \%}}$

Der Vergleich mit der kaufmännischen Überschlagsrechnung $\left(\frac{3 \cdot 360}{20} = 54\ \%\right)$ zeigt, dass die kaufmännische Überschlagsrechnung die lediglich **97 % ige** Überweisung vernachlässigt.

AUFGABEN

1 Mit einem Lieferanten wird ein Zahlungsziel von 40 Tagen vereinbart. Bei Zahlung innerhalb von 10 Tagen gewährt uns unser Lieferant 2 % Skonto. Rechnungsbetrag: 15.000,00 €. Welchem Zinssatz entspricht der Skontoprozentsatz (nach der Überschlagsrechnung und nach der mathematisch korrekten Rechnung)?

2 Rechnen Sie bei den folgenden Zahlungsbedingungen die Skontoprozentsätze in Zinssätze um (nach der Überschlagsrechnung und nach der mathematisch korrekten Rechnung).

Skontoprozentsatz	Zahlungsziel ohne Inanspruchnahme von Skonto	Zahlungsziel bei Inanspruchnahme von Skonto
a) 1 %	60 Tage	10 Tage
b) 3 %	30 Tage	5 Tage
c) 2,5 %	30 Tage	10 Tage
d) 1,5 %	40 Tage	10 Tage

3 Wird von einem Lieferanten die Möglichkeit der vorzeitigen Skontozahlung angeboten, so stellt sich häufig die Frage, ob zur Ausnutzung von Skonto ein Überziehungskredit in Anspruch genommen werden soll.

1. Entscheiden Sie durch den Vergleich des umgerechneten Skontozinssatzes (nach der Überschlagsrechnung und nach der mathematisch korrekten Rechnung) mit dem Kreditzinssatz, ob es günstig ist, die vorzeitige Skontozahlung zu wählen.
2. Errechnen Sie den Skontoabzug und den Zahlungsbetrag bei Skontoinanspruchnahme.
3. Errechnen Sie den Finanzierungsgewinn bzw. -verlust bei Inanspruchnahme von Skonto.

Rechnungsbetrag (€)	Skontoprozentsatz (%)	Zahlungsziel ohne Inanspruchnahme von Skonto (Tage)	Zahlungsziel bei Inanspruchnahme von Skonto (Tage)	Kreditzinssatz (%)
a) 120.000,00	3	60	20	8
b) 50.000,00	1	45	5	10
c) 60.000,00	2,5	50	20	6
d) 40.000,00	1,5	60	10	12
e) 80.000,00	3	40	5	9

3.2.1.8 Der Effektivzinssatz bei Darlehen

Verschiedene Banken bieten bei der Darlehensgewährung i. d. R. unterschiedliche Konditionen an. So können sich die Kreditbedingungen hinsichtlich der Zinsen, des Disagios (Abgeld), der Bearbeitungsgebühren und der Spesen unterscheiden. Um Darlehensangebote vergleichbar zu machen, wird der so genannte **Effektivzinssatz** herangezogen.

Beispiel

Wir beabsichtigen ein Darlehen über 120.000,00 € aufzunehmen.

Unsere Hausbank macht uns folgendes Angebot: Zinssatz: 9 %, Disagio: 4 %, 1 % Bearbeitungsgebühren, 100,00 € Spesen, Laufzeit: 5 Jahre.

Um dieses Darlehensangebot mit anderen Darlehensangeboten zu vergleichen, gilt es, den Effektivzinssatz zu errechnen.

Lösung[1]

1. Ermittlung des Auszahlungsbetrages

	Darlehensbetrag	120.000,00 €
–	4 % Disagio	4.800,00 €
–	1 % Bearbeitungsgebühren	1.200,00 €
–	Spesen	100,00 €
	Auszahlungsbetrag	113.900,00 €

2. Ermittlung der effektiven Kreditkosten

4 % Disagio	4.800,00 €
1 % Bearbeitungsgebühren	1.200,00 €
Spesen	100,00 €
$\text{Zinsen} = \frac{120.000 \cdot 9 \cdot 1\,800}{100 \cdot 360} =$	54.000,00 €
effektive Kreditkosten	60.100,00 €

3. Ermittlung des Effektivzinssatzes

Zur Ermittlung des Effektivzinssatzes wird die Zinssatzformel herangezogen. Für das Kapital wird der Auszahlungsbetrag (113.900,00 €), für die Zinsen werden die effektiven Kreditkosten (60.100,00 €) eingesetzt.

$$p = \frac{z \cdot 100 \cdot 360}{k \cdot t} = \frac{60.100 \cdot 100 \cdot 360}{113.900 \cdot 1\,800} = \underline{\underline{10{,}55\,\%}}$$

(Im obigen Beispiel hätte man auch mit der Jahresformel rechnen können.)

Der Effektivzinssatz beträgt 10,55 %.

---

1 Die hier dargebotene Lösung beinhaltet eine kaufmännische Überschlagsrechnung.
Annahme: Das Darlehen wird am Ende seiner Laufzeit in einem Betrag zurückgezahlt (Fälligkeitsdarlehen).

6691214

AUFGABEN

1 Zur Restfinanzierung einer Erweiterungsinvestition beabsichtigen wir, ein Darlehen über 320.000,00 € aufzunehmen. Laufzeit: 6 Jahre.

Drei Banken haben uns Darlehensangebote unterbreitet.

	Bank I	**Bank II**	**Bank III**
Zinssatz	6 %	6,5 %	5,5 %
Disagio	4 %	3 %	5 %
Bearbeitungsgebühren	1 %	0,5 %	1,5 %
Spesen	120,00 €	100,00 €	140,00 €

Entscheiden Sie auf der Grundlage des Effektivzinssatzes, welches Darlehensangebot das günstigste ist.

2 Berechnen Sie den Effektivzinssatz.

	a)	b)	c)
Darlehen	90.000,00 €	70.000,00 €	120.000,00 €
Zinssatz	6,2 %	7,4 %	8,1 %
Disagio	2 %	4 %	5 %
Bearbeitungsgebühren	0,5 %	1 %	1,5 %
Spesen	50,00 €	100,00 €	–
Laufzeit	1. Febr.–30. Nov.	62 Monate	1 980 Tage

3 Zur Finanzierung eines vom Staat geförderten Investitionsvorhabens erhalten wir ein Darlehen über 200.000,00 € zu folgenden Konditionen:
Laufzeit: $6\frac{1}{2}$ Jahre; Zinssatz: 5 % (die ersten 1 000 Tage sind zinsfrei); Disagio: 2 %.
Errechnen Sie den Effektivzinssatz.

VERMISCHTE AUFGABEN zur Zinsrechnung

1 Wie viel € Zinsen erbringt ein Kapital von 8.600,00 €, wenn es vom 3. März bis zum 8. Dez. zu 6 % Zinsen angelegt ist?

2 Ein Kredit, der am 5. Febr. aufgenommen wurde, wird am 28. Aug. einschließlich Zinsen mit 9.029,76 € zurückgezahlt. Zinssatz: 8 %.
a) Auf wie viel € beläuft sich der Kredit? b) Wie viel € betragen die Zinsen?

3 Welches Kapital erbringt bei einem Zinssatz von 5 % in 212 Tagen 402,80 € Zinsen?

4 Die folgenden Kapitalien werden bis zum 31. Dez. zu 7,5 % angelegt.
1. 9.600,00 € am 20. Febr.
2. 8.900,00 € am 3. März
3. 7.480,00 € am 21. April
4. 6.590,00 € am 12. Mai
5. 5.930,00 € am 8. Aug.

Wie hoch ist das Guthaben am 31. Dez.?

5 In einer Rechnung steht folgende Klausel: „Zahlungsziel 40 Tage, bei Zahlung innerhalb von 10 Tagen 3 % Skonto." Welchem Zinssatz entsprechen die 3 % Skonto (nach der Überschlagsrechnung und nach der mathematisch korrekten Rechnung)?

6 Ein Darlehen über 7.920,00 € wird einschließlich Zinsen mit 8.085,00 € zurückgezahlt. Laufzeit: 125 Tage. Wie hoch ist der Zinssatz?

7 Zur Finanzierung eines Investitionsvorhabens benötigen wir einen Bankkredit über 380.000,00 €. Von zwei Banken holen wir Angebote ein.

	Angebot Bank 1	Angebot Bank 2
Zinssatz	5,5 %	5,9 %
Disagio	6 %	4 %
Bearbeitungsgebühren	0,5 %	0,6 %
Spesen	100,00 €	150,00 €
Laufzeit	2 010 Tage	2 010 Tage

a) Errechnen Sie für beide Angebote den Effektivzinssatz.
b) Welches Angebot ist das günstigere?

8 An die Brandes GmbH haben wir eine Forderung über 24.840,00 €. Am 3. Sept. berechnen wir 828,00 € Verzugszinsen (vereinbarter Verzugszinssatz: 8 %).
Wann geriet die Brandes GmbH in Zahlungsverzug?

9 Unser Geschäftshaus ist mit folgenden Hypotheken belastet:

1. 120.000,00 € zu $4\frac{4}{5}$ %
2. 100.000,00 € zu 5,1 %
3. 80.000,00 € zu 5,9 %
4. 50.000,00 € zu $6\frac{2}{3}$ %

Wie viel € sind an Hypothekenzinsen vierteljährlich zu zahlen?

10 In welcher Zeit wächst eine Spareinlage von 10.000,00 € auf 10.500,00 € (Zinssatz: 6 %)?

11 Auf ein Sparkonto wurden im Laufe des Jahres insgesamt 48.600,00 € eingezahlt. Zur Berechnung der Zinsen bis zum 31. Dez. wird die summarische Zinsrechnung herangezogen. Es ergibt sich eine Summe der Zinszahlen von 87 480. Errechnen Sie das Sparguthaben einschließlich Zinsen am 31. Dez. bei folgenden Zinssätzen: a) 5 %, b) 6 %, c) 7,5 %, d) 8 %, e) 4,73 %.

12 Die Breitfeld OHG nimmt einen Kredit über 150.000,00 € auf. Laufzeit: 15 Monate; Zinssatz: 7,5 %. Zusätzlich muss die Breitfeld OHG eine Kreditbereitstellungsprovision von 1.800,00 € bezahlen. Errechnen Sie den Effektivzinssatz.

13 Am 30. Juni schuldet die Kibat KG der Thren GmbH noch folgende Beträge:

4.380,00 €, fällig am 10. Jan.
5.920,00 €, fällig am 2. März
6.730,00 €, fällig am 12. April
8.960,00 €, fällig am 28. April

Es wurde ein Verzugszinssatz von 8 % vereinbart. Wie viel € Verzugszinsen hat die Kibat KG zu zahlen?

14 Ein Darlehen über 15.120,00 € wurde am 12. März aufgenommen. Am 6. Aug. wurde es einschließlich Zinsen mit 15.482,88 € zurückgezahlt. Errechnen Sie den Zinssatz.

15 Die Berufsgenossenschaft zahlt an einen Rentner eine monatliche Unfallrente von 720,00 €. Der Rentner möchte denselben Ertrag durch eine Anlage in festverzinslichen Wertpapieren (Zinssatz: 8 %) erzielen. Wie viel Kapital muss er anlegen?

16 Ein Kaufmann nimmt einen Kredit zu einem Zinssatz von 7,5 % vom 6. März bis zum 30. Juli auf. Seine Bank zahlt ihm abzüglich Zinsen 5.432,00 € aus. Errechnen Sie die Höhe des Kredites und die Höhe der Zinsen.

17 Die Söffgen OHG begleicht unsere Rechnung über 19.800,00 € erst 30 Tage nach dem vereinbarten Zahlungsziel. Die Söffgen OHG hat an uns 148,50 € Verzugszinsen und 11,50 € Mahngebühren zu zahlen. Welchem Effektivzinssatz entspricht die Gesamtbelastung?

6691216

18 Am 22. Aug. wird ein Kredit zu 10 % aufgenommen. Am 7. Juli des nächsten Jahres wird der Kredit einschließlich Zinsen mit 24.468,75 € zurückgezahlt. Wie hoch war der Kredit?

19 Die Emut GmbH gewährt uns auf einen Rechnungsbetrag von 23.760,00 € ein Zahlungsziel von 50 Tagen. Bei Zahlung innerhalb von 10 Tagen erhalten wir 3 % Skonto. Um Skonto ausnutzen zu können, müssten wir einen Kontokorrentkredit (Zinssatz: 10 %) in Anspruch nehmen.

a) Rechnen Sie den Skontoprozentsatz auf einen Jahreszinssatz um (nach der Überschlagsrechnung und nach der mathematisch korrekten Rechnung). Entscheiden Sie, ob die vorzeitige Skontozahlung günstig ist.

b) Errechnen Sie die Zinsen, die für den Kontokorrentkredit zu zahlen sind.

c) Errechnen Sie den Finanzierungsgewinn bzw. -verlust bei Inanspruchnahme von Skonto.

20 Einem Unternehmen wurde für die Zeit vom 10. April bis 28. Okt. ein Überbrückungskredit zu 8 % gewährt. Abzüglich Zinsen wurden am 10. April 33.268,80 € ausgezahlt.

Errechnen Sie die Höhe des Überbrückungskredites und die Höhe der Zinsen.

21 Unserem Unternehmen wird ein 20-Familien-Haus zum Kauf angeboten. Der Kaufpreis beträgt 1,2 Mio. €. Die Finanzierung könnte über eine 1. Hypothek über 400.000,00 € zu 6 % und eine 2. Hypothek über 300.000,00 € zu 7 % erfolgen. Die geschätzten jährlichen Kosten (Reparaturkosten, Abschreibungen, Steuern, Abgaben) belaufen sich auf 44.000,00 €. Die monatlichen Mieteinnahmen betragen 9.500,00 €.

Errechnen Sie die Eigenkapitalverzinsung.

22 Wir sind Eigentümer einer vermieteten Lagerhalle im Wert von 900.000,00 €. Die Lagerhalle ist belastet mit einer 8%igen Hypothek über 500.000,00 €. Neben den Hypothekenzinsen fallen jährlich Aufwendungen von durchschnittlich 14.000,00 € an.

Wie hoch müssen die monatlichen Mieteinnahmen sein, wenn unser eingesetztes Eigenkapital eine Rendite von 6 % erbringen soll?

3.2.2 Skontibuchungen

Skonto (Mehrzahl: Skonti) ist ein Preisnachlass, der zur schnelleren Zahlung veranlassen soll. Er wird gewährt bei Begleichung einer Rechnung innerhalb einer vereinbarten vorzeitigen Frist.

Ein Industriebetrieb kann einerseits auf der Beschaffungsseite den von seinen Lieferern angebotenen Skonto in Anspruch nehmen und andererseits auf der Absatzseite seinen Kunden Skonto gewähren.

3.2.2.1 Skontibuchungen auf der Beschaffungsseite

Auf der Beschaffungsseite kürzt ein Industriebetrieb bei der Inanspruchnahme von Skonto den zu entrichtenden Rechnungsbetrag. Es ergibt sich dadurch nachträglich eine **Anschaffungspreisminderung.** Ferner mindert sich nachträglich die Bemessungsgrundlage der Umsatzsteuer, sodass die auf die Entgeltminderung entfallende **Vorsteuer** zu **korrigieren** ist.

Der IKR sieht zur Erfassung der Skontibeträge auf der Beschaffungsseite die **Nachlasskonten** vor.

Grundsätzlich sind die Vorräte zu **Anschaffungskosten** zu bewerten. **Anschaffungspreisminderungen,** wozu die Skontiabzüge gehören, sind nach § 255 Abs. 1

HGB abzusetzen. Dies geschieht durch den Abschluss der Nachlasskonten (= Unterkonten) über die entsprechenden Einkaufskonten (= Hauptkonten).

Bei dem **„Aufwandsrechnerischen Verfahren"** (vgl. Kapitel 2.7.1.3) werden die Werkstoffeinkäufe auf den **Werkstoffaufwandskonten** der **Kontenklasse 6** gebucht. In diesem Fall gilt folgende Zuordnung:

Hauptkonten	Unterkonten
6000 Aufw. für Rohstoffe	6002 Nachlässe für Rohstoffe
6010 Aufw. für Vorprodukte/Fremdb.	6012 Nachlässe für Vorprodukte/Fremdbauteile
6020 Aufw. für Hilfsstoffe	6022 Nachlässe für Hilfsstoffe
6030 Aufw. für Betriebsstoffe	6032 Nachlässe für Betriebsstoffe
6070 Aufw. für sonstiges Material	6072 Nachlässe für sonstiges Material
6080 Aufw. für Waren	6082 Nachlässe für Waren

Bei der **Inventurmethode**[1] und bei der **Fortschreibungsmethode**[1] (vgl. Kapitel 2.7.1.1) werden die Werkstoffeinkäufe auf den **Werkstoffbestandskonten** der **Kontenklasse 2** gebucht. Insofern ergibt sich bei diesen Methoden folgende Zuordnung:

Hauptkonten	Unterkonten
2000 Rohstoffe	2002 Nachlässe für Rohstoffe
2010 Vorprodukte/Fremdbauteile	2012 Nachlässe für Vorprodukte/Fremdbauteile
2020 Hilfsstoffe	2022 Nachlässe für Hilfsstoffe
2030 Betriebsstoffe	2032 Nachlässe für Betriebsstoffe
2070 Sonstiges Material	2072 Nachlässe für sonstiges Material
2280 Waren	2282 Nachlässe für Waren

Beispiel

Zieleinkauf von Rohstoffen, Nettowert .... 20.000,00 €
+ 19 % Umsatzsteuer .... 3.800,00 €

Buchungssatz

		Soll	Haben
6000	Aufwendungen für Rohstoffe[2]	20.000,00	
2600	Vorsteuer	3.800,00	
an	4400 Verbindlichkeiten a. LL		23.800,00

Der Lieferer gewährt uns bei vorzeitiger Zahlung auf den Rechnungsbetrag von 23.800,00 € 2 % Skonto. Wir nehmen Skonto in Anspruch und zahlen den verminderten Rechnungsbetrag durch Banküberweisung.

Berechnung

Bruttorechnungsbetrag	Bruttoskontonachlass (2 %)	Nettoskontonachlass	im Bruttoskontonachlass enthaltene Vorsteuer
23.800,00 €	476,00 €	400,00 €	76,00 €
	(≙ 119 %)	(≙ 100 %)	(≙ 19 %)

Überweisungsbetrag: 23.800,00 € – 476,00 € = <u>23.324,00 €</u>

1 Es handelt sich um die „Bestandsrechnerischen Verfahren".
2 alternativ: 2000 Rohstoffe („Bestandsrechnerisches Verfahren")

6691218

Nettoverfahren

Wird bei der Buchung des Zahlungsausgleichs die Vorsteuer sofort korrigiert, so spricht man vom **Nettoverfahren.**

		Soll	Haben
Buchungssatz	4400 Verbindlichkeiten a. LL	23.800,00	
	an 2800 Guthaben bei Kreditinstituten (Bank)		23.324,00
	an 6002 Nachlässe für Rohstoffe[1]		400,00
	an 2600 Vorsteuer		76,00

Durch das Begleichen der Rechnung nehmen die Verbindlichkeiten um den vollen Rechnungsbetrag von 23.800,00 € ab.

Das Bankkonto mindert sich nur um den tatsächlich überwiesenen – um Skonto geminderten – Betrag von 23.324,00 €.

Der abgezogene Bruttoskontonachlass ist aufzuteilen in den Nettoskontonachlass, der sich auf den Rohstoffwert bezieht, und in den Umsatzsteueranteil.

Der Nettoskontonachlass in Höhe von 400,00 € stellt eine Anschaffungspreisminderung dar, die im Haben auf dem Konto **„6002 Nachlässe für Rohstoffe"**[1] gebucht wird.

Bedingt durch den Skontoabzug wird die Vorsteuer nicht in ihrer ursprünglich gebuchten vollen Höhe an den Lieferer entrichtet. Daher ist das Vorsteuerkonto um den im Bruttoskontonachlass enthaltenen Umsatzsteueranteil im Haben zu korrigieren.

Bruttoverfahren

Beim **Bruttoverfahren** wird der volle Skontonachlass zunächst (ohne Vornahme der Vorsteuerkorrektur) **brutto** auf dem Konto **„6002 Nachlässe für Rohstoffe"**[1] erfasst. Der Rechnungsausgleich wird beim Bruttoverfahren wie folgt gebucht:

		Soll	Haben
Buchungssatz	4400 Verbindlichkeiten a. LL	23.800,00	
	an 2800 Guthaben bei Kreditinstituten (Bank)		23.324,00
	an 6002 Nachlässe für Rohstoffe[1]		476,00

Die Vorsteuerkorrekturbuchung wird in der Regel als Sammelkorrekturbuchung am Ende des Umsatzsteuervoranmeldezeitraumes vorgenommen. (Hier bezieht sie sich auf das obige Beispiel.)

		Soll	Haben
Buchungssatz	6002 Nachlässe für Rohstoffe[1]	76,00	
	an 2600 Vorsteuer		76,00

Am Ende der Rechnungsperiode wird das Nachlasskonto über das Einkaufskonto abgeschlossen.

		Soll	Haben
Buchungssatz	6002 Nachlässe für Rohstoffe[1]	400,00	
	an 6000 Aufwendungen für Rohstoffe[2]		400,00

1 alternativ: 2002 Nachlässe für Rohstoffe („Bestandsrechnerisches Verfahren")
2 alternativ: 2000 Rohstoffe („Bestandsrechnerisches Verfahren")

Vorteile des Bruttoverfahrens gegenüber dem Nettoverfahren	Nachteil des Bruttoverfahrens gegenüber dem Nettoverfahren
– Aus dem Skontonachlass braucht nicht bei jeder Skontoinanspruchnahme der Vorsteueranteil herausgerechnet zu werden. – Buchungsarbeit wird gespart, da die Vorsteuerkorrekturbuchung als Sammelbuchung nur einmal im Umsatzsteuervoranmeldezeitraum vorgenommen wird.	– Die tatsächlichen Kontostände der Konten „Nachlässe" und „Vorsteuer" liegen nicht ständig vor.

Bei der EDV-Buchführung werden Skontibuchungen meistens brutto kontiert. Das Buchführungsprogramm rechnet den Vorsteueranteil automatisch heraus und nimmt die Vorsteuerkorrekturbuchung sofort vor.

Skontibuchungen ohne Nachlasskonten

Wird ein Skontonachlass auf der Beschaffungsseite in Anspruch genommen für **bezogene Vermögensgegenstände des Anlagevermögens** (z. B. 0840 Fuhrpark) oder für **bezogene Aufwandsposten** (z. B. 6800 Büromaterial), für die der Industriekontenrahmen **keine Nachlasskonten** vorsieht, so wird der Nettoskontonachlass **direkt im Haben des betroffenen Kontos** (z. B. 0840 Fuhrpark oder 6800 Büromaterial) gebucht. Der „Umweg" über die Nachlasskonten entfällt (siehe auch Kapitel 3.4.10.1).

3.2.2.2 Skontibuchungen auf der Absatzseite

Bei Inanspruchnahme von Skonto entrichtet ein Kunde nicht den beim Verkauf ursprünglich gebuchten vollen Rechnungsbetrag. Dadurch entsteht nachträglich eine **Erlösschmälerung.** Außerdem mindert sich nachträglich die Bemessungsgrundlage der Umsatzsteuer. Die **Umsatzsteuer** ist daher anteilig zu **korrigieren.**

Der IKR sieht zur Erfassung der Skontibeträge auf der Absatzseite die **Erlösberichtigungskonten** vor. Diese werden als **Unterkonten** über ihre **Hauptkonten,** die **Umsatzerlöskonten,** abgeschlossen.

Hauptkonten	Unterkonten
5000 Umsatzerlöse für eigene Erzeugnisse	5001 Erlösberichtigungen für eigene Erzeugnisse
5050 Umsatzerlöse für andere eigene Leistungen	5051 Erlösberichtigungen für andere eigene Leistungen
5100 Umsatzerlöse für Waren	5101 Erlösberichtigungen für Waren
5190 Sonstige Umsatzerlöse	5191 Erlösberichtigungen für sonstige Umsatzerlöse

Beispiel

Zielverkauf eigener Erzeugnisse, Nettowert .... 30.000,00 €
+ 19 % Umsatzsteuer .... 5.700,00 €

Buchungssatz

		Soll	Haben
2400	Forderungen a. LL	35.700,00	
an	5000 Umsatzerlöse f. e. E.		30.000,00
an	4800 Umsatzsteuer		5.700,00

6691220

Der Kunde nimmt Skonto in Anspruch und zahlt per Banküberweisung den um 2 % Skonto verminderten Rechnungsbetrag.

Berechnung

Bruttorechnungsbetrag	Bruttoskontonachlass (2 %)	Nettoskontonachlass	im Bruttoskontonachlass enthaltene Umsatzsteuer
35.700,00 €	714,00 €	600,00 €	114,00 €
	(≙ 119 %)	(≙ 100 %)	(≙ 19 %)

Überweisungsbetrag: 35.700,00 € − 714,00 € = 34.986,00 €

Nettoverfahren

Beim **Nettoverfahren** wird die anteilige Umsatzsteuerberichtigung sofort gebucht.

Buchungssatz

	Soll	Haben
2800 Guthaben bei Kreditinstituten (Bank)	34.986,00	
5001 Erlösberichtigungen f. e. E.	600,00	
4800 Umsatzsteuer	114,00	
an 2400 Forderungen a. LL		35.700,00

Durch den Rechnungsausgleich nimmt der Forderungsbestand um den ganzen Rechnungsbetrag von 35.700,00 € ab. Da der Kunde Skonto in Anspruch nimmt, werden dem Bankkonto aber nur 34.986,00 € gutgeschrieben.

Der abgezogene Bruttoskontonachlass ist zu zerlegen in den Nettoskontonachlass und in den Umsatzsteueranteil. Der Nettoskontonachlass in Höhe von 600,00 € stellt eine Erlösschmälerung dar, die auf dem Konto **„5001 Erlösberichtigungen f. e. E."** im Soll gebucht wird. Da der Kunde Skonto in Anspruch genommen hat, entrichtet er nicht die ganze – beim Zielverkauf ursprünglich gebuchte – Umsatzsteuer. Die Umsatzsteuerschuld ist daher um den im Bruttoskontonachlass enthaltenen Umsatzsteueranteil zu berichtigen.

Bruttoverfahren

Beim **Bruttoverfahren** wird der volle Skontonachlass zunächst (ohne Vornahme der anteiligen Umsatzsteuerberichtigung) **brutto** auf dem Konto **„5001 Erlösberichtigungen f. e. E."** erfasst. Buchung des Rechnungsausgleichs beim Bruttoverfahren:

Buchungssatz

	Soll	Haben
2800 Guthaben bei Kreditinstituten (Bank)	34.986,00	
5001 Erlösberichtigungen f. e. E.	714,00	
an 2400 Forderungen a. LL		35.700,00

Die Umsatzsteuerkorrekturbuchung wird meistens als Sammelbuchung am Ende des Umsatzsteuervoranmeldezeitraumes vorgenommen. (Bei der unten stehenden Buchung bezieht sie sich lediglich auf die Zahlen des obigen Beispiels.)

Buchungssatz

	Soll	Haben
4800 Umsatzsteuer	114,00	
an 5001 Erlösberichtigungen f. e. E.		114,00

Am Ende der Rechnungsperiode wird das Erlösberichtigungskonto über das Umsatzerlöskonto abgeschlossen.

Buchungssatz

	Soll	Haben
5000 Umsatzerlöse f. e. E.	600,00	
an 5001 Erlösberichtigungen f. e. E.		600,00

Zusammenfassung

Schaubild

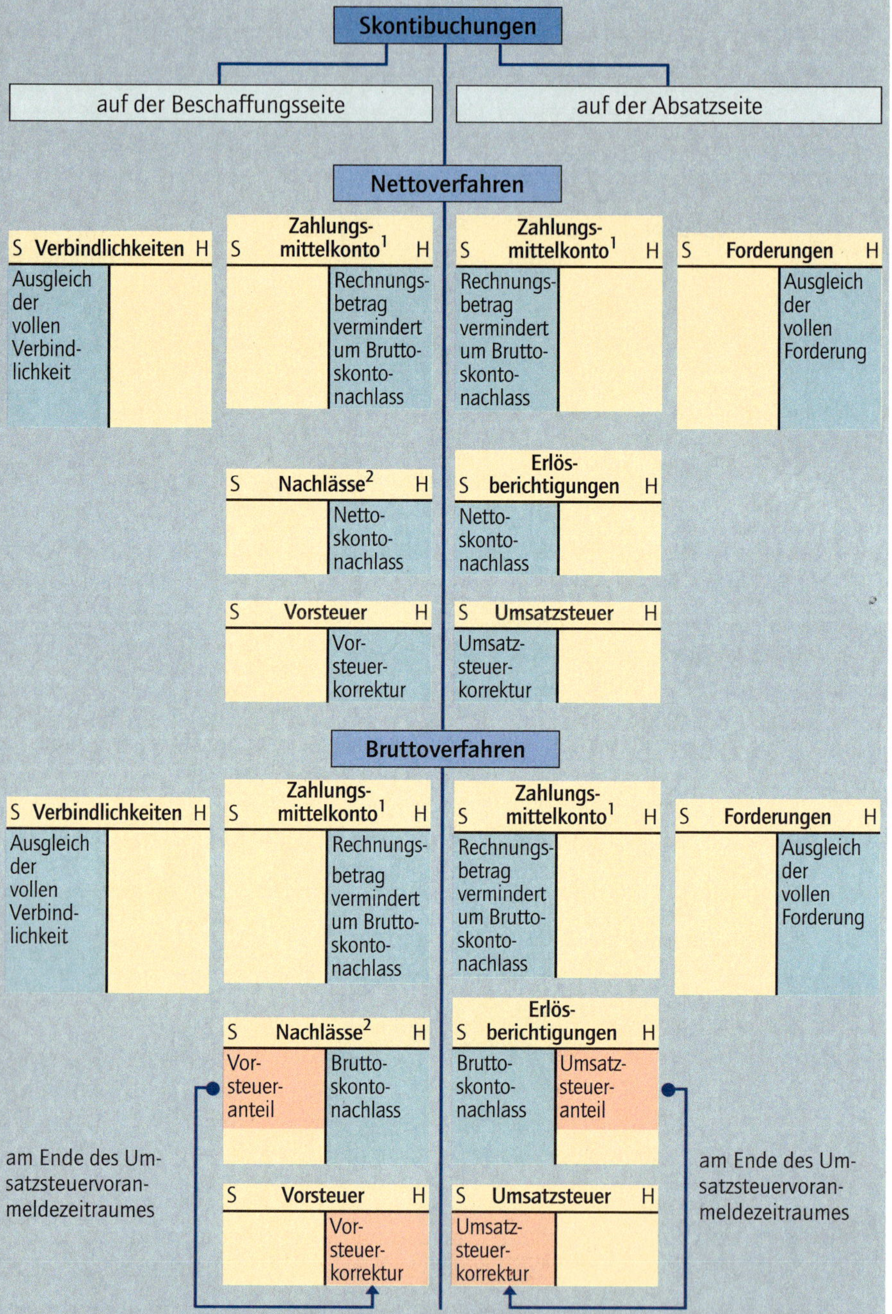

1 z. B. „Guthaben bei Kreditinstituten (Bank)"

2 Für Konten des Anlagevermögens (z. B. 0840 Fuhrpark) und für einige für Skontibuchungen relevante Aufwandskonten (z. B. 6160 Fremdinstandhaltung, 6800 Büromaterial) sieht der IKR keine Nachlasskonten vor. Hier wird der Nettoskontonachlass direkt im Haben des betroffenen Kontos (z. B. 0840 Fuhrpark, 6160 Fremdinstandhaltung, 6800 Büromaterial) gebucht. Der „Umweg" über die Nachlasskonten entfällt.

AUFGABEN

Aufgaben 1 und 2: Belegbuchungen (Nettoverfahren);
Aufgabe 3: Nettoverfahren;
Aufgabe 4: Unterschied zwischen dem Nettoverfahren und dem Bruttoverfahren;
Aufgabe 5: Bruttoverfahren;
Aufgaben 6 bis 8: Steuerkorrekturbuchung des Bruttoverfahrens;
Aufgabe 9: Belegbuchungen (Steuerkorrekturbuchung des Bruttoverfahrens);
Aufgabe 10: Abschluss der Nachlass- und Erlösberichtigungskonten (Nettoverfahren);
Aufgaben 11 bis 13: ungerechtfertigter Skontoabzug;
Aufgabe 14: Geschäftsgang.

1 Sie sind Angestellte(r) der Textilfabrik Konrad Fied KG, Goseriede 41, 30159 Hannover. Die unten stehenden Belege liegen Ihnen zur Buchung vor.

a) Welche Geschäftsfälle liegen den Belegen zugrunde?

b) Wie lauten die Buchungssätze (Nettobuchungen)?

c) (Zu Beleg 1 und 4) Rechnen Sie den in den Zahlungsbedingungen angegebenen Skontoprozentsatz in einen Jahreszinssatz um (Genauigkeit: 2 Stellen nach dem Komma)
1. mit der Überschlagsrechnung;
2. mit der mathematisch korrekten Rechnung.

d) (Zu Beleg 2 und 5) Überprüfen Sie die rechnerische Richtigkeit des Bruttoskontoabzuges und des Nettoskontoabzuges.

Beleg 1

BERNHARD MÜLLER OHG • Stoffherstellung
Im Weiher 1 • Postfach 2 64 • 69121 Heidelberg • Telefon: 06221 8925-0

Bernhard Müller OHG • Postfach 2 64 • 69121 Heidelberg

Textilfabrik
Konrad Fied KG
Goseriede 41
30159 Hannover

EINGEGANGEN
4. Juni 20..
Erl. ....

Kunden-Nr.	Beleg-Nr.
24 009	5 691

Bitte stets angeben!

Telefax 06221 8925-63
E-Mail service@mueller-wvd.de

Ihr Zeichen, Ihre Bestellung vom	Unser Zeichen	Lieferdatum	Telefon, Name 06221 8925-	Datum
20.05.20.. 131	mü/kl	02.06.02..	38 Müller	03.06.20..

Rechnung

Lfd. Nr.	m	Gegenstand	Preis je m/€	Betrag/€
1	4 800	Jeansstoff 238 Je	4,00	19.200,00
2	4 000	Jeansstoff 240 Je	4,50	18.000,00
				37.200,00
		- 10 % Rabatt		3.720,00
				33.480,00
		+ Verpackung		400,00
		+ Transportkosten		300,00
				34.180,00
		+ 19 % USt		6.494,20
				40.674,20

Zahlungsziel: 30 Tage.
Bei Zahlung innerhalb von 10 Tagen nach Rechnungsdatum 3 % Skonto vom Warenwert.

Beleg 2

Konto-Nummer: **12 345** BLZ **251 901 01** **Lindener Volksbank eG**
IBAN: DE81 2519 0101 0000 0123 45 BIC: GENODEF1HLI

Beleg	Buch.-Datum	Text	Wert	Betrag
99 734	13.06.20..	SB-ÜBERWEISUNG, BERNHARD MÜLLER OHG, KD.-NR. 24009, BELEG-NR. 5691, RECHNUNG VOM 3. JUNI ÜBER 40.674,20 EUR, ABZÜGLICH 3 % SKONTO 1.195,24 EUR	13.06.20..	39.478,96 -

TEXTILFABRIK
KONRAD FIED KG
GOSERIEDE 41
30159 HANNOVER

Konto-Auszug		
14.06.20..	47	1
Datum	Nummer	Blatt

EUR 80.000,00 + Alter Kontostand
EUR 40.521,04 + Neuer Kontostand

Beleg 3

Konrad Fied KG Hannover

Abschluss zum 31. Dez. 20..
Buchungsanweisung
Buchungsdatum: 31.12.20..

Beleg-Nr.: 10 212

für: Abschluss des Kontos „Nachlässe für Rohstoffe“.
Kontensaldo . . . . 1.004,40 €

Beleg 4

Konrad Fied KG

Textilfabrik • Goseriede 41
30159 Hannover

Konrad Fied KG • Postfach 59 40 • 30159 Hannover

Söffgen OHG
Bergstraße 11
51503 Rösrath

Kunden-Nr.	Beleg-Nr.
24 001	9 324

Bitte stets angeben!

Telefax 0511 32129

E-Mail service@fied-wvd.de

Ihr Zeichen, Ihre Bestellung vom	Unser Zeichen	Lieferdatum	Telefon, Name 0511 4155-	Datum
30.08.20.. 284	ki-kl	18.09.20..	58 Kibat	19.09.20..

Rechnung

Lfd. Nr.	Stück-zahl	Gegenstand	Preis je Einheit/€	Betrag/€
1	500	Trikots „Bayern München" Gr. 52	20,00	10.000,00
2	400	Trikots „Borussia Dortmund" Gr. 52	25,00	10.000,00
3	300	Trikots „Hertha BSC" Gr. 52	22,00	6.600,00
4	400	Trikots „Hannover 96" Gr. 52	24,00	9.600,00
				36.200,00
		- 5 % Rabatt		1.810,00
				34.390,00
		+ Verpackung		300,00
		+ Transportkosten		200,00
				34.890,00
		+ 19 % Umsatzsteuer		6.629,10
				41.519,10
		Zahlungsziel: 40 Tage. Bei Zahlung innerhalb von 7 Tagen nach Rechnungsdatum 3 % Skonto vom Warenwert.		

Beleg 5

Konto-Nummer: **12 345** BLZ **251 901 01**
IBAN: DE81 2519 0101 0000 0123 45 BIC: GENODEF1HLI

Lindener Volksbank eG

Beleg	Buch.-Datum	Text	Wert	Betrag
99 877	27.09.20..	SÖFFGEN OHG, KD.-NR. 24001, BELEG-NR. 9 324, 41.519,10 EUR - 3 % SKONTO 1.227,72 EUR	26.09.20..	40.291,38 +

TEXTILFABRIK
KONRAD FIED KG
GOSERIEDE 41
30159 HANNOVER

Konto-Auszug		
29.09.20..	157	1
Datum	Nummer	Blatt

EUR 90.000,00 +
Alter Kontostand

EUR 130.291,38 +
Neuer Kontostand

Beleg 6

Konrad Fied KG
Hannover

Abschluss zum 31. Dez. 20..
Buchungsanweisung
Buchungsdatum: 31.12.20..

Beleg-Nr.: 10 213

für: Abschluss des Kontos „Erlösberichtigungen".

Kontensaldo . . . . 1.031,70 €

2 [1] Sie sind Angestellte(r) der Textilfabrik Konrad Fied KG, Goseriede 41, 30159 Hannover. Die unten stehenden Belege liegen Ihnen zur Buchung vor.

a) Welche Geschäftsfälle liegen den Belegen zugrunde?

b) Wie lauten die Buchungssätze (Nettobuchungen)?

c) (Zu Beleg 1) Rechnen Sie den in den Zahlungsbedingungen angegebenen Skontoprozentsatz in einen Jahreszinssatz um (Genauigkeit: 2 Stellen nach dem Komma) 1. mit der Überschlagsrechnung, 2. mit der mathematisch korrekten Rechnung.

d) (Zu Beleg 2) Überprüfen Sie die rechnerische Richtigkeit des Bruttoskontoabzuges und des Nettoskontoabzuges.

Beleg 1

Alles für Ihr Büro

Brink

... wenn's um Ihr Geld geht.

Hamburg · Hannover · Bremen · Dortmund · Osnabrück · Kiel · Neumünster · Flensburg
Kassel · Wismar · Stralsund · Oldenburg · Magdeburg · Greifswald · Rostock · Plauen · Erfurt

Ernst Brink KG · Georgstraße 18 · 30159 Hannover

Textilfabrik
Konrad Fied KG
Goseriede 41
30159 Hannover

EINGEGANGEN
18. Jan. 20..
Erl. ....

Bitte stets angeben:

Rechnungs-Nr.:	B 470 961
Kunden-Nr.:	24 005
Datum:	17.01.20..

Rechnung Lieferdatum: 15.01.20..

B 470 961

Menge	Artikel/Bestellnummer	Einzelpreis €	Gesamtpreis €
3	Xanon-Laserkopierer AF-67800	1.250,00	3.750,00
100	Kopierpapier A4 G-91011	2,99	299,00
20	Kopierpapier A3 G-92022	7,99	159,80
	Warenwert		4.208,80
	Umsatzsteuer 19 %		799,67
	Rechnungsbetrag		5.008,47
	Zahlungsziel: 20 Tage ab Rechnungsdatum. Bei Zahlung innerhalb von 7 Tagen ab Rechnungsdatum 2 % Skonto.		

ERNST BRINK KG · GEORGSTRASSE 18 · 30159 HANNOVER · St.-Nr. 21 914 5462 0 · USt-IdNr. DE 843 342 638
Telefon 0511 3020 · Telefax 0511 3022 · E-Mail: service@brinkkg-wvd.de
Commerzbank Hannover · Konto 4384719, BLZ 250 400 66 · IBAN DE40 2504 0066 0004 3847 19 · BIC DRESDEFF250
Postbank Hannover · Konto 622 26-308, BLZ 250 100 30 · IBAN DE09 2501 0030 0062 2263 08 · BIC PBNKDEFF250

Beleg 2

Konto-Nummer: **12 345** BLZ **251 901 01**
IBAN: DE81 2519 0101 0000 0123 45 BIC: GENODEF1HLI

Lindener Volksbank eG

Beleg	Buch.-Datum	Text	Wert	Betrag
88 974	24.01.20..	SB-ÜBERWEISUNG, ERNST BRINK KG, R.-NR. B470961, KD.-NR. 24005, R.-DATUM 17.01.20.., 5.008,47 EUR ABZÜGLICH 2 % SKONTO 100,17 EUR	24.01.20..	4.908,30 -

TEXTILFABRIK
KONRAD FIED KG
GOSERIEDE 41
30159 HANNOVER

Konto-Auszug		
25.01.20..	9	1
Datum	Nummer	Blatt

EUR 20.000,00 +	Alter Kontostand
EUR 15.091,70 +	Neuer Kontostand

1 *Hinweis für die Lehrerin/den Lehrer:*
Diese Aufgabe sollten Sie nur mit leistungsstarken Klassen bearbeiten.

3 Die Konrad Fied KG begleicht bei der Emut GmbH eine Rechnung über 35.700,00 € (einschließlich 19 % Umsatzsteuer) abzüglich 2 % Skonto durch Banküberweisung.

a) Errechnen Sie ausgehend vom Bruttoskontoabzug den Nettoskontoabzug und die anteilige Umsatzsteuer.

b) Wie bucht die Konrad Fied KG diesen Zahlungsvorgang nach dem Nettoverfahren? (Dem Zahlungsausgang liegt eine Rohstoffrechnung zugrunde.)

c) Wie bucht die Emut GmbH diesen Zahlungsvorgang nach dem Nettoverfahren? (Dem Zahlungseingang liegen „Umsatzerlöse für eigene Erzeugnisse" zugrunde.)

4 Erklären Sie den Unterschied zwischen dem Bruttoverfahren und dem Nettoverfahren der Skontibuchung.

5 Ausgleich einer Rechnung durch Banküberweisung, Rechnungsbetrag .... 23.800,00 €
– 2 % Skonto (brutto, einschließlich 19 % Umsatzsteuer) .... 476,00 €
Wie bucht der Kunde/Lieferer diesen Geschäftsfall nach dem Bruttoverfahren (mit anschließender Steuerkorrekturbuchung)? (Der Kunde begleicht eine Hilfsstoffrechnung. Der Lieferer verzeichnet einen Zahlungseingang für „Umsatzerlöse für Waren".)

6 Bis zum Ende des Umsatzsteuervoranmeldezeitraumes sind auf den Konten „Nachlässe für Rohstoffe" und „Erlösberichtigungen für eigene Erzeugnisse" folgende Bruttobuchungen (Steuersatz: 19 %) vorgenommen worden:

S	Nachlässe für Rohstoffe		H
		4400	1.785,00
		4400	1.428,00
		4400	1.071,00
		4400	833,00
		4400	2.142,00
		4400	476,00

S	Erlösberichtigungen f. e. E.		H
2400	2.023,00		
2400	357,00		
2400	595,00		
2400	952,00		
2400	2.380,00		
2400	1.904,00		

a) Berechnen Sie den Steueranteil im Konto „Nachlässe für Rohstoffe" und nennen Sie den entsprechenden Steuerkorrekturbuchungssatz.

b) Berechnen Sie den Steueranteil im Konto „Erlösberichtigungen für eigene Erzeugnisse" und nennen Sie den entsprechenden Steuerkorrekturbuchungssatz.

7 „Nachlässe für Rohstoffe" im Betrag von 15.470,00 € wurden im Monat Mai brutto (Steuersatz: 19 %) gebucht. Wie lautet der Buchungssatz für die Steuerberichtigung?

8 Nehmen Sie für den Monat August die Steuerkorrekturbuchung für gebuchte „Erlösberichtigungen für eigene Erzeugnisse" von 17.255,00 € (brutto) vor (Steuersatz: 19 %).

9 Der Textilfabrik Konrad Fied KG liegen die folgenden Buchungsbelege vor.

a) Welche Geschäftsfälle liegen den Belegen zugrunde?

b) Wie lauten die Buchungssätze?

Beleg 1

Konrad Fied KG Hannover	**Buchungsanweisung** Buchungsdatum 31.03.20..	**Beleg-Nr.:** 131

für: Steuerkorrektur, Konto „Nachlässe für Rohstoffe".
Monat März 20..
19 % aus 6.188,00 € = 988,00 €

Beleg 2

Konrad Fied KG Hannover	**Buchungsanweisung** Buchungsdatum 31.03.20..	**Beleg-Nr.:** 132

für: Steuerkorrektur, Konto „Erlösberichtigungen f. e. E."
Monat März 20..
19 % aus 5.355,00 € = 855,00 €

10

S	Erlösberichtigungen f. e. E.	H
2400	1.000,00	
2400	500,00	
2400	2.340,00	
2400	3.400,00	

S	Nachlässe für Rohstoffe		H
		4400	1.200,00
		4400	2.300,00
		4400	3.500,00
		4400	1.600,00

Es handelt sich bei den vorgenommenen Buchungen um Nettobuchungen.

a) Nennen Sie den Abschlussbuchungssatz des Kontos „Erlösberichtigungen für eigene Erzeugnisse".
b) Nennen Sie den Abschlussbuchungssatz des Kontos „Nachlässe für Rohstoffe".

11

1. Ausgleich einer Rechnung durch Banküberweisung,
   Bruttorechnungsbetrag .... 29.750,00 €
   – 2 % Skonto, netto .... 500,00 €
   – anteilige Steuerberichtigung .... 95,00 €
2. Der Kunde hat den Skontoabzug zu Unrecht in Anspruch genommen, da er das Skontozahlungsziel überschritten hat. Der Lieferer belastet ihn mit dem
   Skontoabzug, netto .... 500,00 €
   anteilige Steuerberichtigung .... 95,00 €

Nennen Sie die Buchungssätze (Nettobuchung) der Geschäftsfälle 1. und 2.

a) aus der Sicht des Kunden (Einkauf von „Fremdbauteilen") und
b) aus der Sicht des Lieferers (Verkauf von „eigenen Erzeugnissen").

12

Die Marten GmbH gewährt ihrem Kunden, der Gust KG, bei Zahlung innerhalb von 10 Tagen 2 % Skonto, bei Zahlung innerhalb von 20 Tagen 1,5 % Skonto und bei Zahlung innerhalb von 30 Tagen 1 % Skonto.

Die Gust KG begleicht eine Rechnung über 59.500,00 € (brutto, einschl. 19 % Umsatzsteuer) per Banküberweisung nach 22 Tagen unter Inanspruchnahme von 2 % Skonto. Die Marten GmbH besteht auf Einhaltung des richtigen Skontoabzuges und belastet die Gust KG entsprechend.

Buchen Sie 1. den Zahlungsvorgang (Nettobuchung) und 2. die Belastung

a) aus Sicht der Marten GmbH (Verkauf von „eigenen Erzeugnissen") und
b) aus Sicht der Gust KG (Einkauf von „Hilfsstoffen").

13

Der Kunde, die Müller OHG, zieht sich ungerechtfertigt Skonto ab in Höhe von
netto .... 700,00 €
+ 19 % Steuerkorrektur .... 133,00 €

Der Lieferer, die Mobilia GmbH, beanstandet die Minderzahlung telefonisch. Daraufhin überweist die Müller OHG an die Mobilia GmbH den ungerechtfertigten Skontoabzug von 833,00 € (Banküberweisung).

a) Wie bucht die Mobilia GmbH (Verkauf von „Waren") den Zahlungseingang von 833,00 € bei folgenden Sachverhalten:
   1. Beim Rechnungsausgleich hat die Mobilia GmbH den ungerechtfertigten Skontoabzug nicht gebucht.
   2. Beim Rechnungsausgleich hat die Mobilia GmbH den Skontonachlass nach dem Bruttoverfahren gebucht.
   3. Beim Rechnungsausgleich hat die Mobilia GmbH den Skontonachlass nach dem Nettoverfahren gebucht.

b) Wie bucht die Müller OHG (Einkauf von „Waren") den Zahlungsausgang von 833,00 € bei folgenden Sachverhalten:
   1. Beim Rechnungsausgleich hat die Müller OHG den Skontonachlass nach dem Bruttoverfahren gebucht.
   2. Beim Rechnungsausgleich hat die Müller OHG den Skontonachlass nach dem Nettoverfahren gebucht.

FIBU möglich

14 **Anfangsbestände**[1]

I. Anfangsbestände der Sachkonten

0720 Anlagen und Maschinen: 800.000,00 €; 0840 Fuhrpark: 300.000,00 €; 2000 Rohstoffe: 280.000,00 €; 2030 Betriebsstoffe: 90.000,00 €; 2100 Unfertige Erzeugnisse: 100.000,00 €; 2200 Fertige Erzeugnisse: 40.000,00 €; 2400 Forderungen a. LL: 88.500,00 €; 2800 Guthaben bei Kreditinstituten (Bank): 120.000,00 €; 2880 Kasse: 20.000,00 €; 3000 Eigenkapital: 906.400,00 €; 4250 Langfristige Bankverbindlichkeiten: 848.800,00 €; 4400 Verbindlichkeiten a. LL: 83.300,00 €.

II. Anfangsbestände der Kundenkonten (Offene-Posten-Liste der Debitoren)

Kd.-Nr.	Debitoren	Beleg-Nr.	Betrag (€)
24 001	Söffgen OHG	1	59.500,00
24 002	G. Schön e. Kffr.	2	29.000,00
			88.500,00

III. Anfangsbestände der Liefererkonten (Offene-Posten-Liste der Kreditoren)

L.-Nr.	Kreditoren	Beleg-Nr.	Betrag (€)
44 001	B. Müller OHG	3	47.600,00
44 002	Emut GmbH	4	35.700,00
			83.300,00

Kontenplan

Kontenklasse 0 (Immaterielle Vermögensgegenstände und Sachanlagen): 0720 Anlagen und Maschinen; 0840 Fuhrpark.
Kontenklasse 2 (Umlaufvermögen und aktive Rechnungsabgrenzung): 2000 Rohstoffe; 2030 Betriebsstoffe; 2100 Unfertige Erzeugnisse; 2200 Fertige Erzeugnisse; 2400 Forderungen a. LL (24 001 Forderungen an die Söffgen OHG, 24 002 Forderungen an G. Schön e. Kffr.); 2600 Vorsteuer; 2800 Guthaben bei Kreditinstituten (Bank); 2880 Kasse.
Kontenklasse 3 (Eigenkapital und Rückstellungen): 3000 Eigenkapital.
Kontenklasse 4 (Verbindlichkeiten und passive Rechnungsabgrenzung): 4250 Langfristige Bankverbindlichkeiten; 4400 Verbindlichkeiten a. LL (44 001 Verbindlichkeiten gegenüber der B. Müller OHG, 44 002 Verbindlichkeiten gegenüber der Emut GmbH, 44 003 Verbindlichkeiten gegenüber der Winter GmbH, 44 011 Verbindlichkeiten gegenüber Dr. Kuhlmann); 4800 Umsatzsteuer.
Kontenklasse 5 (Erträge): 5000 Umsatzerlöse für eigene Erzeugnisse; 5001 Erlösberichtigungen für eigene Erzeugnisse; 5201 Bestandsveränderungen an unfertigen Erzeugnissen; 5202 Bestandsveränderungen an fertigen Erzeugnissen; 5401 Nebenerlöse aus Vermietung und Verpachtung; 5403 Nebenerlöse aus Werksküche und Kantine.

1 Der Geschäftsgang kann alternativ nach der „Fortschreibungsmethode" oder nach der „Inventurmethode" oder nach dem „Aufwandsrechnerischen Verfahren" gebucht werden.

Kontenklasse 6 (Betriebliche Aufwendungen): 6000 Aufwendungen für Rohstoffe; 6001[1] Bezugskosten für Rohstoffe; 6002[2] Nachlässe für Rohstoffe; 6030 Aufwendungen für Betriebsstoffe; 6031[3] Bezugskosten für Betriebsstoffe; 6170 Sonstige Aufwendungen für bezogene Leistungen; 6200 Löhne; 6770 Rechts- und Beratungskosten.
Kontenklasse 8 (Ergebnisrechnungen): 8000 Eröffnungsbilanzkonto; 8010 Schlussbilanzkonto; 8020 Gewinn- und Verlustkonto.

Geschäftsfälle

Beleg-Nr.		€
	1. Ausgangsrechnung an	
11	1. Gertrud Schön e. Kffr. (Kd.-Nr. 24 002),	
	Nettopreis (eigene Erzeugnisse)	60.000,00
	+ Verpackungskosten	800,00
	+ 19 % Umsatzsteuer	11.552,00
	Rechnungsbetrag	72.352,00
12	2. Söffgen OHG (Kd.-Nr. 24 001),	
	Nettopreis (eigene Erzeugnisse)	220.000,00
	+ Fracht	1.000,00
	+ 19 % Umsatzsteuer	41.990,00
	Rechnungsbetrag	262.990,00
	2. Gutschriftanzeige auf dem Bankkonto gemäß Kontoauszug für	
21	1. Kundenzahlung (Söffgen OHG, Kd.-Nr. 24 001, betrifft: Beleg 1),	
	Bruttorechnungsbetrag (eigene Erzeugnisse)	59.500,00
	– 3 % Nettoskontonachlass	1.500,00
	– 19 % Umsatzsteuer (auf Nettoskontonachlass)	285,00
	Gutschrift (Nettobuchung)	57.715,00
22	2. Mieteinnahmen	8.000,00
	3. Kasseneingänge für	
31	1. Barverkäufe der Verkaufsfiliale (eigene Erzeugnisse)	
	– Kasse 1 (10.000,00 + 1.900,00 [= 19 % USt])	11.900,00
	– Kasse 2 (12.000,00 + 2.280,00 [= 19 % USt])	14.280,00
32	2. 300 verkaufte Einheiten aus dem Getränkeautomaten in der Kantine, netto	300,00
	+ 19 % Umsatzsteuer	57,00
		357,00
	4. Eingangsrechnung der/des	
41	1. Bernhard Müller OHG (L.-Nr. 44 001),	
	Nettopreis (Rohstoffe)	60.000,00
	+ Verpackung	400,00
	+ 19 % Umsatzsteuer	11.476,00
	Rechnungsbetrag[4]	71.876,00

1 alternativ: 2001 („Bestandsrechnerisches Verfahren")
2 alternativ: 2002 („Bestandsrechnerisches Verfahren")
3 alternativ: 2031 („Bestandsrechnerisches Verfahren")
4 Für Bruttosteuerschlüssel (EDV-Buchführung):
Bruttowert der Rohstoffe .... 71.400,00 € Bruttowert der Bezugskosten .... 476,00 €

42	2. Winter GmbH (L.-Nr. 44 003), Nettopreis (Betriebsstoffe)	10.000,00
	+ Rollgeld	400,00
	+ 19 % Umsatzsteuer	1.976,00
	Rechnungsbetrag[1]	12.376,00
43	3. Rechtsanwalts Dr. Kuhlmann (L.-Nr. 44 011) für Vertretung in einem Prozess beim Arbeitsgericht, Nettohonorar	1.000,00
	+ 19 % Umsatzsteuer	190,00
	Rechnungsbetrag	1.190,00
50	**5.** Beim Zahlungsausgleich (Beleg 21) hat unser Kunde, die Söffgen OHG (Kd.-Nr. 24 001), 1 % Skonto zu viel abgezogen. Wir belasten die Söffgen OHG mit diesem Betrag	?
61	**6. Lastschriftanzeige auf dem Bankkonto gemäß Kontoauszug für**	
	1. Überweisung an B. Müller OHG (L.-Nr. 44 001, betrifft: Beleg 3), Bruttorechnungsbetrag (Rohstoffe)	47.600,00
	– 2 % Nettoskontonachlass	800,00
	– 19 % Umsatzsteuer (auf Nettoskontonachlass)	152,00
	Lastschrift (Nettobuchung)	46.648,00
62	2. Überweisung an Emut GmbH (L.-Nr. 44 002, betrifft: Beleg 4), Bruttorechnungsbetrag (Rohstoffe)	35.700,00
	– 3 % Nettoskontonachlass	900,00
	– 19 % Umsatzsteuer (auf Nettoskontonachlass)	171,00
	Lastschrift (Nettobuchung)	34.629,00
63	3. Fertigungslöhne	72.000,00
64	4. Überweisung (Dauerauftrag) an die Gebäudereinigungsfirma Sauberfrau GmbH (einschließlich 19 % Umsatzsteuer)	2.380,00
70	**7.** Beim Zahlungsausgleich (Beleg 62) haben wir 1 % Skonto zu viel abgezogen. Unser Lieferer, die Emut GmbH (L.-Nr. 44 002), belastet uns mit diesem Betrag	?
	8. Unsere Gutschriftanzeige an	
81	1. Gertrud Schön e. Kffr. (Kd.-Nr. 24 002; betrifft: Beleg 11) für zurückerhaltene mangelhafte eigene Erzeugnisse (Wandelung), Nettobetrag	5.000,00
	+ 19 % Umsatzsteuer	950,00
	Bruttobetrag	5.950,00
82	2. Söffgen OHG (Kd.-Nr. 24 001; betrifft: Beleg 12) für mangelhafte eigene Erzeugnisse (Minderung), Nettobetrag	8.000,00
	+ 19 % Umsatzsteuer	1.520,00
	Bruttobetrag (Nettobuchung)	9.520,00

1 Für Bruttosteuerschlüssel (EDV-Buchführung):
Bruttowert der Betriebsstoffe .... 11.900,00 € Bruttowert der Bezugskosten .... 476,00 €

91 **9.[1] Verbrauch gemäß Materialentnahmescheine:** 1. Rohstoffe 90.000,00
92 2. Betriebsstoffe . 7.000,00

Abschlussangaben

100 **10.** Der Kassenbestand gemäß Inventur (= Istbestand) übersteigt den Kassenbestand gemäß Buchführung (= Sollbestand) um 11,90 € (= Kassenüberschuss). Ursache: 10 bar verkaufte Einheiten aus dem Getränkeautomaten wurden versehentlich nicht gebucht.

110 **11.** Ermittlung und Passivierung der Zahllast .... ?

121 **12. Schlussbestände laut Inventur:** 1. Unfertige Erzeugnisse...... 90.000,00
122 2. Fertige Erzeugnisse........ 70.000,00

130 **13.** Die Schlussbestände der anderen Bestandskonten entsprechen den Inventurbeständen.

Zusätzliche Abschlussangaben bei Buchung nach der „Inventurmethode" oder nach dem „Aufwandsrechnerischen Verfahren"

141 **14. Schlussbestände laut Inventur:** 1. Rohstoffe................ 249.000,00
142 2. Betriebsstoffe 93.400,00

3.2.3 Bonibuchungen

Ein Bonus (Mehrzahl: Boni) ist eine Vergütung, die viele Lieferer ihren Kunden bei Überschreiten einer festgelegten Umsatzhöhe in einem bestimmten Zeitraum (Monat, Vierteljahr, Halbjahr, Jahr) **nachträglich** gewähren. Die Vergütung kann geleistet werden in Form einer Geldzahlung oder einer Gutschrift.

Ein Industriebetrieb kann einerseits auf der Beschaffungsseite Boni von seinen Lieferern erhalten und andererseits auf der Absatzseite seinen Kunden Boni gewähren.

3.2.3.1 Bonibuchungen auf der Beschaffungsseite

Ein Industriebetrieb, dem auf der Beschaffungsseite ein Bonus gewährt wurde, erhält im Nachhinein eine Vergütung, die sich bei ihm buchhalterisch als **Anschaffungspreisminderung** niederschlägt.

Die Bonivergütung mindert nachträglich die Bemessungsgrundlage der Umsatzsteuer. Die auf die Entgeltsminderung entfallende **Vorsteuer** ist folglich zu **berichtigen.**

Beispiel

Ein Rohstofflieferant gewährt uns bei Überschreiten einer Umsatzhöhe von 300.000,00 € jährlich einen Bonus von 3 % auf den Gesamtumsatz. Im betrachteten Jahr tätigen wir einen Umsatz von 476.000,00 € (Nettowert 400.000,00 € + Umsatzsteuer 76.000,00 €). Wir erhalten den Bonus in Form einer Banküberweisung.

1 Soll nach der „Inventurmethode" oder nach dem „Aufwandsrechnerischen Verfahren" gebucht werden, so entfällt dieser Geschäftsfall.

Berechnung

Gesamteinkäufe, brutto (Rohstoffe)	Bruttobonus-vergütung (3 %)	Nettobonus-vergütung	in der Bruttobonusvergütung enthaltene Vorsteuer
476.000,00 €	14.280,00 €	12.000,00 €	2.280,00 €
	(≙ 119 %)	(≙ 100 %)	(≙ 19 %)

Wie bei der Skontibuchung ist auch hier eine **Nettobuchung** und eine **Bruttobuchung** möglich.

			Soll	Haben
Netto-buchung	2800	Guthaben bei Kreditinstituten (Bank)	14.280,00	
	an	6002 Nachlässe für Rohstoffe[1]		12.000,00
	an	2600 Vorsteuer		2.280,00
Brutto-buchung	2800	Guthaben bei Kreditinstituten (Bank)	14.280,00	
	an	6002 Nachlässe für Rohstoffe[1]		14.280,00
Steuerkorrekturbuchung[2] der Bruttobuchung				
	6002	Nachlässe für Rohstoffe[1]	2.280,00	
	an	2600 Vorsteuer		2.280,00

Bei der EDV-Buchführung werden Bonibuchungen meistens brutto kontiert. Das Buchführungsprogramm rechnet den Vorsteueranteil automatisch heraus und nimmt die Vorsteuerkorrekturbuchung sofort vor.

3.2.3.2 Bonibuchungen auf der Absatzseite

Gewährt ein Industriebetrieb auf der Absatzseite einem Kunden einen Bonus, so ergibt sich nachträglich eine **Erlösschmälerung.**

Außerdem mindert sich nachträglich die Bemessungsgrundlage der Umsatzsteuer. Die **Umsatzsteuerschuld** ist daher anteilig zu **berichtigen.**

Beispiel

Wir gewähren einem Kunden 3 % Bonus, wenn er die Umsatzhöhe von 200.000,00 € pro Jahr überschreitet. Im betrachteten Jahr tätigt der Kunde einen Umsatz von 297.500,00 € (netto 250.000,00 € + Umsatzsteuer 47.500,00 €). Unser Kunde erhält eine entsprechende Vergütung in Form einer Banküberweisung.

Berechnung

Gesamtumsatz, brutto	Bruttobonus-vergütung (3 %)	Nettobonus-vergütung	in der Bruttobonusvergütung enthaltene Umsatzsteuer
297.500,00 €	8.925,00 €	7.500,00 €	1.425,00 €
	(≙ 119 %)	(≙ 100 %)	(≙ 19 %)

1 alternativ: 2002 Nachlässe für Rohstoffe („Bestandsrechnerisches Verfahren")
2 Die Steuerkorrekturbuchung wird i. d. R. – zur Ersparnis von Buchungsarbeit – als Sammelkorrekturbuchung am Ende des Umsatzsteuervoranmeldezeitraumes vorgenommen.

6691232

		Soll	Haben
Netto-buchung	5001 Erlösberichtigungen f. e. E.	7.500,00	
	4800 Umsatzsteuer	1.425,00	
	an 2800 Guthaben bei Kreditinstituten (Bank)		8.925,00
Brutto-buchung	5001 Erlösberichtigungen f. e. E.	8.925,00	
	an 2800 Guthaben bei Kreditinstituten (Bank)		8.925,00
Steuerkorrekturbuchung[1] der Bruttobuchung			
	4800 Umsatzsteuer	1.425,00	
	an 5001 Erlösberichtigungen f. e. E.		1.425,00

Zusammenfassung

Schaubild

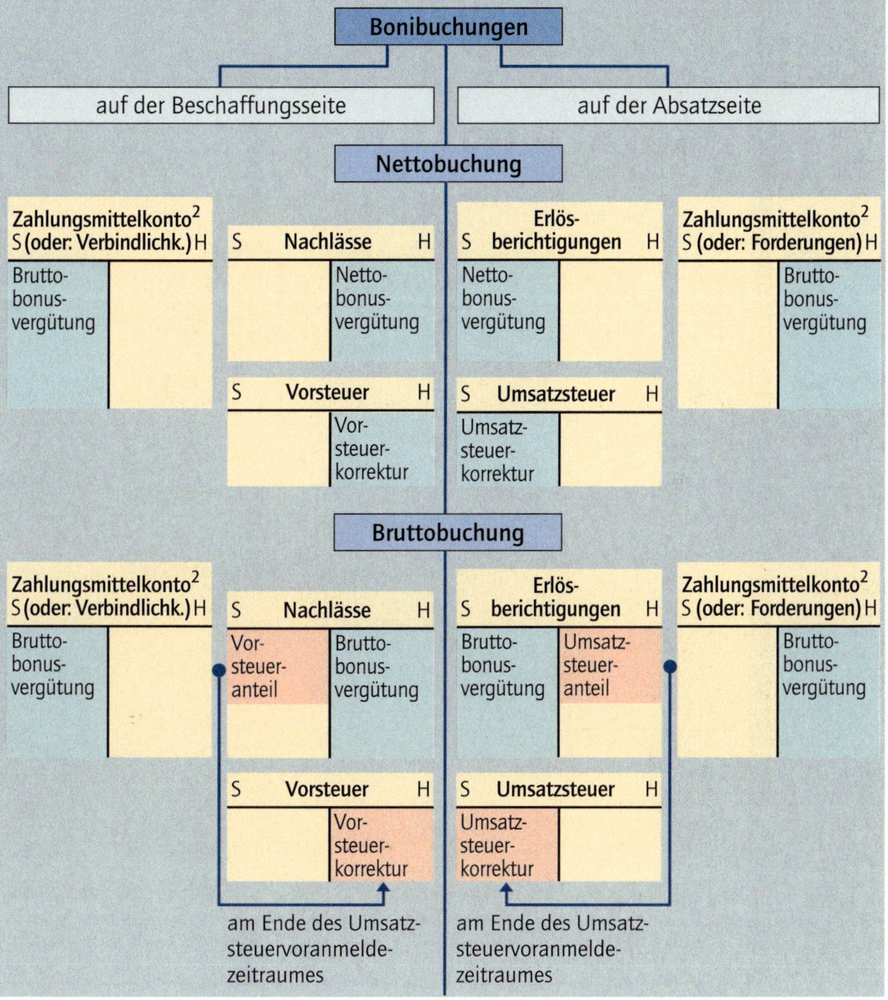

1 Die Steuerkorrekturbuchung wird i. d. R. – zur Ersparnis von Buchungsarbeit – als Sammelkorrekturbuchung am Ende des Umsatzsteuervoranmeldezeitraumes vorgenommen.

2 z. B. „Guthaben bei Kreditinstituten (Bank)"

AUFGABEN

Aufgabe 1: Erklärung Bonus;
Aufgaben 2 und 3: Belegbuchungen;
Aufgabe 4: Boniberechnung und -buchung;
Aufgabe 5: Geschäftsgang.

Zu **2** und **3**

Beleg 1[1]

Konto-Nummer: **12 345** BLZ **251 901 01**
IBAN: DE81 2519 0101 0000 0123 45 BIC: GENODEF1HLI

Lindener Volksbank eG

Beleg	Buch.-Datum	Text	Wert	Betrag
91 438	05.07.20..	SB-ÜBERWEISUNG, GERTRUD SCHÖN E. KFFR., KD.-NR. 24002, BONUS 1. HALBJAHR 20..	05.07.20..	5.950,00 -

TEXTILFABRIK
KONRAD FIED KG
GOSERIEDE 41
30159 HANNOVER

Konto-Auszug		
10.07.20..	54	1
Datum	Nummer	Blatt

EUR 50.000,00 +	Alter Kontostand
EUR 44.050,00 +	Neuer Kontostand

Beleg 2[2]

Konrad Fied KG

Textilfabrik • Goseriede 41
30159 Hannover

Konrad Fied KG • Postfach 59 40 • 30159 Hannover

Textileinzelhandel
Tina Hempe e. Kffr.
Weststraße 55
81541 München

Telefax 0511 32129
E-Mail service@fied-wvd.de

Ihr Zeichen, Ihre Nachricht vom	Unser Zeichen, unsere Nachricht vom	Telefon, Name 0511 4155-	Datum
	ki/he	58 Kibat	28.12.20..

Umsatzbonus für das Jahr 20.., Kd.-Nr. 24 006

Sehr geehrte Frau Hempe,

Ihr Umsatz betrug bei uns im laufenden Jahr 20.. 130.900,00 €. Vereinbarungsgemäß erteilen wir Ihnen einen Bonus von 5 %.

	5.500,00 €
+ 19 % USt	1.045,00 €
	6.545,00 €

Mit freundlichem Gruß

Konrad Fied KG

i. A. Kibat

1 Wenn der Bonusschuldner **keine offenen Forderungen a. LL** an den Bonusgläubiger hat, **überweist** er den Bonus i. d. R.
2 Wenn der Bonusschuldner **offene Forderungen a. LL** an den Bonusgläubiger hat, wird i. d. R. eine **Bonusgutschrift** erteilt.

1 a) Wann wird ein Bonus gewährt?
b) Warum gewähren Lieferer ihren Kunden einen Bonus?

2 Sie sind Angestellte(r) der Textilfabrik Konrad Fied KG, Goseriede 41, 30159 Hannover. Die auf Seite 234 stehenden Belege liegen Ihnen zur Buchung vor.
a) Welche Geschäftsfälle liegen den Belegen zugrunde?
b) Wie lauten die Buchungssätze? (Netto- und Bruttobuchung)

3 a) Wie bucht der Textileinzelhandel Gertrud Schön e. Kffr., Hamburg, als Zahlungsempfänger den auf Seite 234 stehenden Beleg 1? (Netto- und Bruttobuchung)
b) Wie bucht der Textileinzelhandel Tina Hempe e. Kffr., München, den auf Seite 234 stehenden Beleg 2? (Netto- und Bruttobuchung)

4 Wir gewähren der Söffgen OHG auf den halbjährlichen Umsatz von 618.800,00 € (520.000,00 € netto + 98.800,00 € Umsatzsteuer) eine Bonusgutschrift von 3 %.
a) Errechnen Sie die Nettobonusvergütung und die Steuerberichtigung.
b) Wie buchen wir die Bonusgutschrift? (Netto- und Bruttobuchung)
c) Wie bucht die Söffgen OHG die Bonusgutschrift? (Netto- und Bruttobuchung)

FIBU möglich

5[1] **Anfangsbestände**

I. Anfangsbestände der Sachkonten

0720 Anlagen und Maschinen: 800.000,00 €; 0840 Fuhrpark: 300.000,00 €; 2000 Rohstoffe: 250.000,00 €; 2020 Hilfsstoffe: 70.000,00 €; 2100 Unfertige Erzeugnisse: 120.000,00 €; 2200 Fertige Erzeugnisse: 90.000,00 €; 2400 Forderungen a. LL: 107.200,00 €; 2800 Guthaben bei Kreditinstituten (Bank): 226.400,00 €; 3000 Eigenkapital: 950.800,00 €; 4250 Langfristige Bankverbindlichkeiten: 918.000,00 €; 4400 Verbindlichkeiten a. LL: 94.800,00 €.

II. Anfangsbestände der Kundenkonten (Offene-Posten-Liste der Debitoren)

Kd.-Nr.	Debitoren	Beleg-Nr.	Betrag (€)
24 001	Söffgen OHG	1	83.300,00
24 002	G. Schön e. Kffr.	2	23.900,00
			107.200,00

III. Anfangsbestände der Liefererkonten (Offene-Posten-Liste der Kreditoren)

L.-Nr.	Kreditoren	Beleg-Nr.	Betrag (€)
44 002	Emut GmbH	3	59.500,00
44 006	Vödisch AG	4	35.300,00
			94.800,00

Kontenplan

Kontenklasse 0 (Immaterielle Vermögensgegenstände und Sachanlagen): 0720 Anlagen und Maschinen; 0840 Fuhrpark.

Kontenklasse 2 (Umlaufvermögen und aktive Rechnungsabgrenzung): 2000 Rohstoffe; 2020 Hilfsstoffe; 2100 Unfertige Erzeugnisse; 2200 Fertige Erzeugnisse; 2400 Forderungen a. LL (24 001 Forderungen an die Söffgen OHG, 24 002 Forderungen an G. Schön e. Kffr.); 2600 Vorsteuer; 2800 Guthaben bei Kreditinstituten (Bank).

Kontenklasse 3 (Eigenkapital und Rückstellungen): 3000 Eigenkapital.

Kontenklasse 4 (Verbindlichkeiten und passive Rechnungsabgrenzung): 4250 Langfristige Bankverbindlichkeiten; 4400 Verbindlichkeiten a. LL (44 002 Verbindlichkeiten gegenüber der Emut GmbH, 44 006 Verbindlichkeiten gegenüber der Vödisch OHG); 4800 Umsatzsteuer.

1 Der Geschäftsgang kann alternativ nach der „Fortschreibungsmethode" oder nach der „Inventurmethode" oder nach dem „Aufwandsrechnerischen Verfahren" gebucht werden.

Kontenklasse 5 (Erträge): 5000 Umsatzerlöse für eigene Erzeugnisse; 5001 Erlösberichtigungen für eigene Erzeugnisse; 5201 Bestandsveränderungen an unfertigen Erzeugnissen; 5202 Bestandsveränderungen an fertigen Erzeugnissen; 5710 Zinserträge.

Kontenklasse 6 (Betriebliche Aufwendungen): 6000 Aufwendungen für Rohstoffe; 6001[1] Bezugskosten für Rohstoffe; 6002[2] Nachlässe für Rohstoffe; 6020 Aufwendungen für Hilfsstoffe; 6021[3] Bezugskosten für Hilfsstoffe; 6022[4] Nachlässe für Hilfsstoffe; 6200 Löhne; 6900 Versicherungsbeiträge.

Kontenklasse 8 (Ergebnisrechnungen): 8000 Eröffnungsbilanzkonto; 8010 Schlussbilanzkonto; 8020 Gewinn- und Verlustkonto.

Geschäftsfälle

Beleg-Nr.		€
	1. Eingangsrechnung der	
11	1. Emut GmbH (L.-Nr. 44 002),	
	Nettopreis (Rohstoffe)	60.000,00
	– Rabatt (20 %)	12.000,00
	+ Fracht	500,00
	+ 19 % Umsatzsteuer	9.215,00
	Rechnungsbetrag[5]	57.715,00
12	2. Vödisch AG (L.-Nr. 44 006),	
	Nettopreis (Hilfsstoffe)	10.000,00
	– Rabatt (10 %)	1.000,00
	+ Fracht	100,00
	+ Verpackung	200,00
	+ 19 % Umsatzsteuer	1.767,00
	Rechnungsbetrag[6]	11.067,00
	2. Ausgangsrechnung an	
21	1. Söffgen OHG (Kd.-Nr. 24 001),	
	Nettopreis (eigene Erzeugnisse)	200.000,00
	– Rabatt (10 %)	20.000,00
	+ Rollgeld	1.000,00
	+ 19 % Umsatzsteuer	34.390,00
	Rechnungsbetrag	215.390,00
22	2. Gertrud Schön e. Kffr. (Kd.-Nr. 24 002),	
	Nettopreis (eigene Erzeugnisse)	60.000,00
	+ 19 % Umsatzsteuer	11.400,00
	Rechnungsbetrag	71.400,00
	3. Banklastschrift gemäß Kontoauszug für	
31	1. Gebäudeversicherung	900,00
32	2. Bonusüberweisung an die Söffgen OHG, brutto (Nettobuchung)	952,00

1 alternativ: 2001 („Bestandsrechnerisches Verfahren")
2 alternativ: 2002 („Bestandsrechnerisches Verfahren")
3 alternativ: 2021 („Bestandsrechnerisches Verfahren")
4 alternativ: 2022 („Bestandsrechnerisches Verfahren")
5 Für Bruttosteuerschlüssel (EDV-Buchführung):
Bruttowert der Rohstoffe .... 57.120,00 € Bruttowert der Bezugskosten .... 595,00 €
6 Für Bruttosteuerschlüssel (EDV-Buchführung):
Bruttowert der Hilfsstoffe .... 10.710,00 € Bruttowert der Bezugskosten .... 357,00 €

33 3. Überweisung an die Emut GmbH
(L.-Nr. 44 002, betrifft: Beleg 3)[1],
Bruttorechnungsbetrag (Rohstoffe) ... 59.500,00
– 2 % Nettoskontonachlass ... 1.000,00
– 19 % Umsatzsteuer (auf Nettoskontonachlass) ... 190,00
Lastschrift ... 58.310,00
(Nettobuchung)

34 4. Fertigungslöhne ... 36.000,00

40 **4.** Gertrud Schön e. Kffr. (Kd.-Nr. 24 002) erhält von uns eine Bonusgutschrift, brutto ... 1.071,00
(Nettobuchung)

5. Die Vödisch AG (L.-Nr. 44 006) erteilt uns eine Gutschrift (betrifft: Beleg 12) für

51 1. zurückgeschickte Verpackung (Hilfsstoffe),
Nettobetrag ... 200,00
+ 19 % Umsatzsteuer ... 38,00
Gutschrift ... 238,00

52 2. mangelhafte Hilfsstoffe (Minderung),
Nettobetrag ... 3.000,00
+ 19 % Umsatzsteuer ... 570,00
Gutschrift ... 3.570,00
(Nettobuchung)

60 **6.** Unser Rohstofflieferant, die Emut GmbH (L.-Nr. 44 002), erteilt uns eine Bonusgutschrift, brutto ... 1.249,50
(Nettobuchung)

70 **7.** Wir belasten die Söffgen OHG (Kd.-Nr. 24 001) mit Verzugszinsen ... 80,00

8. Bankgutschrift gemäß Kontoauszug für

81 1. Bonusüberweisung von unserem Hilfsstofflieferanten, der Vödisch AG, brutto ... 833,00
(Nettobuchung)

82 2. Kundenzahlung (Söffgen OHG, Kd.-Nr. 24 001, betrifft: Beleg 1)[2],
Bruttorechnungsbetrag (eigene Erzeugnisse) ... 83.300,00
– 3 % Nettoskontonachlass ... 2.100,00
– 19 % Umsatzsteuer (auf Nettoskontonachlass) ... 399,00
Gutschrift ... 80.801,00
(Nettobuchung)

91 **9.[3] Verbrauch gemäß Materialentnahmescheine:** 1. Rohstoffe ... 80.000,00
92 2. Hilfsstoffe ... 7.000,00

Abschlussangaben

100 **10.** Ermittlung und Passivierung der Zahllast ... ?

1 Zahlungsausgang innerhalb des Skontozahlungsziels.
2 Zahlungseingang innerhalb des Skontozahlungsziels.
3 Wird nach der „Inventurmethode“ oder nach dem „Aufwandsrechnerischen Verfahren“ gebucht, so entfällt dieser Geschäftsfall.

111 **11. Schlussbestände laut Inventur:** 1. Unfertige Erzeugnisse 110.000,00
112 2. Fertige Erzeugnisse 120.000,00

120 **12.** Die Schlussbestände der anderen Bestandskonten entsprechen den Inventurbeständen.

Zusätzliche Abschlussangaben bei Buchung nach der „Inventurmethode" oder nach dem „Aufwandsrechnerischen Verfahren"

131 **13. Schlussbestände laut Inventur:** 1. Rohstoffe................ 216.450,00
132 2. Hilfsstoffe 68.400,00

3.2.4 Die Buchungen bei der Aufnahme und Rückzahlung von Krediten

Durch Eigen- und Fremdfinanzierung beschaffen sich die Betriebe die Mittel für Investitionen.

Bei der Fremdfinanzierung erfolgt die Mittelbeschaffung durch die Aufnahme von Krediten.

Bei Darlehens- bzw. Hypothekenschulden ist der Auszahlungsbetrag i. d. R. um das **Disagio** kleiner als der Rückzahlungsbetrag (= Darlehensbetrag).

Auszahlungsbetrag = Rückzahlungsbetrag (= Darlehensbetrag) – Disagio

Nach dem **Höchstwertprinzip** sind Darlehens- und Hypothekenschulden mit dem **höheren Rückzahlungsbetrag** (= Darlehensbetrag) zu **passivieren.**

Handelsrechtlich (Handelsbilanz) kann das Disagio im Jahr der Anschaffung **vollständig aufwandswirksam** gebucht **oder** auf der **Aktivseite** der Bilanz als **Korrekturposten** zur Kreditverbindlichkeit ausgewiesen werden. Im letzteren Fall ist das Disagio durch **planmäßige jährliche Abschreibungen** zu tilgen, die auf die gesamte Laufzeit der Verbindlichkeit verteilt werden können (§ 250 Abs. 3 HGB).

Steuerrechtlich (Steuerbilanz) ist nur die **Aktivierung des Disagios** mit entsprechenden jährlichen Abschreibungen[1] zulässig. **Bearbeitungs- oder Verwaltungsgebühren** sind ebenfalls zu aktivieren und aufwandsmäßig auf die Laufzeit des Darlehens zu verteilen.

---

1 Bei Darlehen, die in einem Betrag bei Fälligkeit zurückzuzahlen sind **(= Fälligkeitsdarlehen),** ist das Disagio gleichmäßig (linear) während der Darlehenslaufzeit abzuschreiben. Bei **Tilgungsdarlehen,** die in wiederkehrenden Raten zurückgezahlt werden, ist das Disagio mit fallenden Beträgen abzuschreiben.

Aufwendungen hingegen, die dem Darlehensnehmer im Zusammenhang mit der Darlehensaufnahme durch Zahlungen an Dritte entstehen, z. B. **Vermittlungsprovisionen**, sind **Betriebsausgaben** des Jahres, in dem sie anfallen.

Beispiel (für eine Kreditaufnahme)

	Bankkredit (k)	100.000,00 €
–	Disagio	10.000,00 €
–	Bearbeitungsgebühren	800,00 €
	Auszahlung am 1. Jan.	89.200,00 €

Kreditlaufzeit: 10 Jahre
Rückzahlung des Darlehens in einem Betrag nach 10 Jahren (Fälligkeitsdarlehen).

1. Buchungsmöglichkeit (handelsrechtliche Kannvorschrift)

a) Kreditaufnahme

Buchungssatz

		Soll	Haben
2800	Guthaben bei Kreditinstituten (Bank)	89.200,00	
2910	Disagio	10.000,00	
6750	Kosten des Geldverkehrs	800,00	
an	4250 Langfristige Bankverbindlichkeiten		100.000,00

b) Vollständige Abschreibung des Disagios im Jahr der Kreditaufnahme

Buchungssatz

		Soll	Haben
7590	Sonstige zinsähnliche Aufwendungen[1]	10.000,00	
an	2910 Disagio		10.000,00

2. Buchungsmöglichkeit (handelsrechtliche Kannvorschrift, steuerrechtliche Mussvorschrift → maßgebliche Buchungsmöglichkeit)

a) Kreditaufnahme

Buchungssatz

		Soll	Haben
2800	Guthaben bei Kreditinstituten (Bank)	89.200,00	
2910	Disagio	10.800,00[2]	
an	4250 Langfristige Bankverbindlichkeiten		100.000,00

b) Jährliche Abschreibung des Disagios und der Bearbeitungsgebühren (hier: linear 1.080,00 € p. a. → 10.800,00 € : 10 = 1.080,00 €)

Buchungssatz

		Soll	Haben
7590	Sonstige zinsähnliche Aufwendungen[1]	1.080,00	
an	2910 Disagio		1.080,00

1 Der komplette IKR sieht hier das Konto „7540 Abschreibungen auf Disagio" vor.
2 Der Einfachheit halber wird die Bearbeitungsgebühr hier in das Disagio einbezogen. Man könnte auch ein spezielles Konto einrichten.

Während der Laufzeit eines Kredites sind Zinszahlungen fällig.

Beispiel

Für unseren Bankkredit (k) über 100.000,00 € wurde folgende Zinsvereinbarung getroffen:

Verzinsung: 6 % p. a. (p), zahlbar vierteljährlich (t = 90) nachträglich

$$z = \frac{k \cdot p \cdot t}{100 \cdot 360} = \frac{100.000 \cdot 6 \cdot 90}{100 \cdot 360} = 1.500{,}00\ €$$

Buchungssatz

		Soll	Haben
7510	Zinsaufwendungen	1.500,00	
an	2800 Guthaben bei Kreditinstituten (Bank)		1.500,00

Zusammenfassung

Merksätze

1. **Ist bei Darlehens- und Hypothekenschulden der Rückzahlungsbetrag größer als der Auszahlungsbetrag, so ist der höhere Rückzahlungsbetrag zu passivieren.**
2. **Steuerrechtlich müssen, handelsrechtlich können das Disagio und die Bearbeitungs- und Verwaltungsgebühren aktiviert und durch Abschreibungen auf die Kreditlaufzeit aufwandswirksam verteilt werden.**

AUFGABEN

1 Unsere Hausbank gewährt uns einen Kredit über 480.000,00 € zu folgenden Bedingungen:

Auszahlung: 96 % (Wertstellung: 1. Jan.)
Bearbeitungsgebühr: 2.000,00 €
Zinssatz: 6 % p. a. (Zinsen sind vierteljährlich nachträglich zahlbar)
Laufzeit: 8 Jahre

a) Nennen Sie den Buchungssatz für die Kreditauszahlung (Bankgutschrift) bei Aktivierung[1] des Disagios und der Bearbeitungsgebühren.
b) Nennen Sie den Buchungssatz für die jährliche lineare Abschreibung[1] des Disagios und der Bearbeitungsgebühren.
c) Nennen Sie den Buchungssatz für die Abbuchung der Kreditzinsen am Ende des 1. Quartals (Banklastschrift).

2

	Höhe des Bankkredites	Auszahlung (1. Jan.)	Bearbeitungsgebühr	Zinssatz p. a.	Laufzeit (Jahre)	Fälligkeit für Zinsen (nachträglich)
I	120.000,00 €	94 %	1 %	5 %	10	Quartalsende
II	300.000,00 €	95 %	1.500,00 €	6 %	8	Monatsende
III	450.000,00 €	96 %	2.000,00 €	7 %	10	Monatsende

a) Wie lautet der Buchungssatz für die Kreditauszahlung (Bankgutschrift) bei Aktivierung[1] des Disagios und der Bearbeitungsgebühren?
b) Wie lautet der Buchungssatz für die lineare Abschreibung[1] des Disagios und der Bearbeitungsgebühren?
c) Wie lautet der Buchungssatz für die Abbuchung der Kreditzinsen am Ende des 1. Fälligkeitstermins?

1 gemäß steuerrechtlicher Vorschrift (Die Bearbeitungsgebühren sind der Einfachheit halber auch auf dem Konto „2910 Disagio" zu erfassen.)

3 Sie sind Angestellte(r) der Textilfabrik Konrad Fied KG, Goseriede 41, 30159 Hannover. Der unten stehende Beleg liegt Ihnen zur Buchung vor.

a) Welcher Geschäftsfall liegt dem Beleg zugrunde? b) Wie lautet der Buchungssatz[1]?

Konto-Nummer: **12 345** BLZ **251 901 01**
IBAN: DE81 2519 0101 0000 0123 45 BIC: GENODEF1HLI

Lindener Volksbank eG

Beleg	Buch.-Datum	Text	Wert	Betrag
99 927	10.10.20..	DARLEHEN 500498852 DARLEHENSBETRAG 320.000,00 - DISAGIO[1] 9.600,00 - BEARBEITUNGSGEB.[1] 1.600,00 - SPESEN[1] 100,00	08.10.20..	308.700,00 +

TEXTILFABRIK
KONRAD FIED KG
GOSERIEDE 41
30159 HANNOVER

Konto-Auszug		
11.10.20..	218	1
Datum	Nummer	Blatt

EUR 100.000,00 +
Alter Kontostand

EUR 408.700,00 +
Neuer Kontostand

möglich

4 [2] **Anfangsbestände**

I. Anfangsbestände der Sachkonten

0720 Anlagen und Maschinen: 900.000,00 €; 0840 Fuhrpark: 350.000,00 €; 2000 Rohstoffe: 300.000,00 €; 2020 Hilfsstoffe: 80.000,00 €; 2100 Unfertige Erzeugnisse: 50.000,00 €; 2200 Fertige Erzeugnisse: 110.000,00 €; 2400 Forderungen a. LL: 91.200,00 €; 2800 Guthaben bei Kreditinstituten (Bank): 160.000,00 €; 3000 Eigenkapital: 988.800,00 €; 4250 Langfristige Bankverbindlichkeiten: 894.400,00 €; 4400 Verbindlichkeiten a. LL: 152.000,00 €; 4800 Umsatzsteuer: 6.000,00 €.

II. Anfangsbestände der Kundenkonten (Offene-Posten-Liste der Debitoren)

Kd.-Nr.	Debitoren	Beleg-Nr.	Betrag (€)
24 001	Söffgen OHG	1	55.500,00
24 002	G. Schön e. Kffr.	2	35.700,00
			91.200,00

III. Anfangsbestände der Liefererkonten (Offene-Posten-Liste der Kreditoren)

L.-Nr.	Kreditoren	Beleg-Nr.	Betrag (€)
44 001	B. Müller OHG	3	50.000,00
44 002	Emut GmbH	4	71.400,00
44 006	Vödisch AG	5	30.600,00
			152.000,00

Kontenplan

Kontenklasse 0 (Immaterielle Vermögensgegenstände und Sachanlagen): 0720 Anlagen und Maschinen; 0840 Fuhrpark.
Kontenklasse 2 (Umlaufvermögen und aktive Rechnungsabgrenzung): 2000 Rohstoffe; 2020 Hilfsstoffe; 2100 Unfertige Erzeugnisse; 2200 Fertige Erzeugnisse; 2400 Forderungen a. LL (24 001 Forderungen an die Söffgen OHG; 24 002 Forderungen an G. Schön e. Kffr.); 2600 Vorsteuer; 2800 Guthaben bei Kreditinstituten (Bank); 2910 Disagio.
Kontenklasse 3 (Eigenkapital und Rückstellungen): 3000 Eigenkapital.
Kontenklasse 4 (Verbindlichkeiten und passive Rechnungsabgrenzung): 4250 Langfristige Bankverbindlichkeiten; 4400 Verbindlichkeiten a. LL (44 001 Verb. gegenüber der B. Müller OHG, 44 002 Verb. gegenüber der Emut GmbH, 44 006 Verb. gegenüber der Vödisch AG, 44 007 Verb. gegenüber der Sauer KG); 4800 Umsatzsteuer.
Kontenklasse 5 (Erträge): 5000 Umsatzerlöse für eigene Erzeugnisse; 5001 Erlösberichtigungen für eigene Erzeugnisse; 5201 Bestandsveränderungen an unfertigen Erzeugnissen; 5202 Bestandsveränderungen an fertigen Erzeugnissen; 5710 Zinserträge.

1 gemäß steuerrechtlicher Vorschrift (Die Bearbeitungsgebühren sind der Einfachheit halber auch auf dem Konto „2910 Disagio" zu erfassen.)

2 Der Geschäftsgang kann alternativ nach der „Fortschreibungsmethode" oder nach der „Inventurmethode" oder nach dem „Aufwandsrechnerischen Verfahren" gebucht werden.

Kontenklasse 6 (Betriebliche Aufwendungen): 6000 Aufwendungen für Rohstoffe; 6001[1] Bezugskosten für Rohstoffe; 6002[2] Nachlässe für Rohstoffe; 6020 Aufwendungen für Hilfsstoffe; 6160 Fremdinstandhaltung; 6200 Löhne.
Kontenklasse 7 (Weitere Aufwendungen): 7510 Zinsaufw.; 7590 Sonst. zinsähnliche Aufw.
Kontenklasse 8 (Ergebnisrechnungen): 8000 Eröffnungsbilanzkonto; 8010 Schlussbilanzkonto; 8020 Gewinn- und Verlustkonto

Geschäftsfälle

Beleg-Nr.		€
	1. Eingangsrechnung der	
11	1. B. Müller OHG (L.-Nr. 44 001), Nettopreis (Rohstoffe)	40.000,00
	− 10 % Rabatt	4.000,00
	+ Rollgeld	500,00
	+ 19 % Umsatzsteuer	6.935,00
	Rechnungsbetrag[3]	43.435,00
12	2. Sauer KG für Kfz-Reparatur (L.-Nr. 44 007), Nettopreis	700,00
	+ 19 % Umsatzsteuer	133,00
	Rechnungsbetrag	833,00
	2. Lastschrift der Bank gemäß Kontoauszug	
21	1. für Zahllast	6.000,00
22	2. für Fertigungslöhne	50.000,00
23	3. für Zinszahlung	800,00
24	4. für Darlehenstilgung	1.500,00
25	5. für Überweisung an die Emut GmbH (L.-Nr. 44 002, betr.: Beleg 4)[4], Bruttorechnungsbetrag (Rohstoffe)	71.400,00
	− 2 % Nettoskontonachlass	1.200,00
	− 19 % Umsatzsteuer (auf Nettoskontonachlass)	228,00
	Lastschrift (Nettobuchung)	69.972,00
	3. Ausgangsrechnung an	
31	1. Söffgen OHG (Kd.-Nr. 24 001), Nettopreis (eig. Erzeugnisse)	200.000,00
	+ Verpackung	1.000,00
	+ 19 % Umsatzsteuer	38.190,00
	Rechnungsbetrag	239.190,00
32	2. G. Schön e. Kffr. (Kd.-Nr. 24 002), Nettopreis (eig. Erzeugnisse)	50.000,00
	− 20 % Rabatt	10.000,00
	+ Rollgeld	800,00
	+ 19 % Umsatzsteuer	7.752,00
	Rechnungsbetrag	48.552,00
	4. Gutschrift der Bank gemäß Kontoauszug für	
41	1. Zinsen	500,00
42	2. Lieferantenbonus für bezogene Rohstoffe der Bernhard Müller OHG, netto	4.000,00
	+ 19 % Umsatzsteuer (Nettobuchung)	760,00

1 alternativ: 2001 („Bestandsrechnerisches Verfahren")
2 alternativ: 2002 („Bestandsrechnerisches Verfahren")
3 Für Bruttosteuerschlüssel (EDV-Buchführung): Bruttowert der Rohstoffe: 42.840,00 €; Bruttowert der Bezugskosten: 595,00 €
4 Zahlungsausgang innerhalb des Skontozahlungsziels.

43 3. Kreditaufnahme, Bankkredit ... 150.000,00
- Disagio ... 15.000,00
- Bearbeitungsgebühren ... 500,00

Auszahlung (Gutschrift) ... 134.500,00

44 4. Kundenzahlung (G. Schön e. Kffr., Kd.-Nr. 24 002, betr.: Beleg 2)[1],
Bruttorechnungsbetrag (eigene Erzeugnisse) ... 35.700,00
- 3 % Nettoskontonachlass ... 900,00
- 19 % Umsatzsteuer (auf Nettoskontonachlass) ... 171,00

Gutschrift ... 34.629,00
(Nettobuchung)

50 **5.** Für irrtümlich nicht gewährten Mengenrabatt erteilen wir der Söffgen OHG (Kd.-Nr. 24 001) eine Gutschrift (betr.: Beleg 31),
netto ... 10.000,00
+ 19 % Umsatzsteuer ... 1.900,00

11.900,00

60 **6.** Die bereits gebuchte, aber noch nicht bezahlte Eingangsrechnung für eine Kfz-Reparatur der Sauer KG (L.-Nr. 44 007) ist zu stornieren (betrifft: Beleg 12),
netto ... 700,00
+ 19 % Umsatzsteuer ... 133,00

833,00

7. Gutschriftanzeige

71 1. der B. Müller OHG (L.-Nr. 44 001, betrifft: Beleg 3)
für fehlerhafte Rohstoffe (Minderung), Nettobetrag ... 4.000,00
+ 19 % Umsatzsteuer ... 760,00

Bruttobetrag ... 4.760,00
(Nettobuchung)

72 2. der Vödisch AG (L.-Nr. 44 006, betrifft: Beleg 5)
für zurückgesandte schadhafte Hilfsstoffe (Wandelung),
Nettobetrag ... 5.000,00
+ 19 % Umsatzsteuer ... 950,00

Bruttobetrag ... 5.950,00

8.[2] Verbrauch gemäß Materialentnahmescheine

81 1. Rohstoffe ... 95.000,00

82 2. Hilfsstoffe ... 6.000,00

Abschlussangaben

90 **9.** Tilgung (Abschreibung) des aktivierten Disagios ... 1.550,00

100 **10.** Ermittlung und Passivierung der Zahllast ... ?

111 **11. Schlussbestände laut Inventur:** 1. Unfertige Erzeugnisse ... 90.000,00

112 2. Fertige Erzeugnisse ... 100.000,00

120 **12.** Die Schlussbestände der anderen Bestandskonten entsprechen den Inventurbeständen.

Zusätzliche Abschlussangaben bei Buchung nach der „Inventurmethode" oder nach dem „Aufwandsrechnerischen Verfahren"

131 **13. Schlussbestände laut Inventur:** 1. Rohstoffe ... 232.300,00

132 2. Hilfsstoffe ... 69.000,00

---

1 Zahlungseingang innerhalb des Skontozahlungsziels.

2 Soll nach der „Inventurmethode" oder nach dem „Aufwandsrechnerischen Verfahren" gebucht werden, so entfällt dieser Geschäftsfall.

3.2.5 Wechselbuchungen[1]

Der Wechsel ist eine Urkunde, in der der Aussteller eine Person auffordert, einen bestimmten Betrag zu einem bestimmten Zeitpunkt an ihn oder an einen Dritten zu zahlen.

Ein Handelswechsel überbrückt den Interessengegensatz zwischen dem Lieferer und dem Kunden hinsichtlich der Zahlung. Der Lieferer möchte die sofortige Bezahlung nach der Lieferung bzw. mindestens eine besondere Absicherung seiner Forderung. Der Kunde wiederum wünscht ein Zahlungsziel.

Durch eine Wechselziehung werden die gegensätzlichen Interessen des Verkäufers und des Käufers in Einklang gebracht: Der Käufer erhält sein angestrebtes Zahlungsziel. Der Verkäufer erhält ein Wechselakzept, das ihm als Kreditmittel, Zahlungsmittel und als Forderungssicherungsmittel dienen kann.

3.2.5.1 Wechselziehung und -akzeptierung

Beispiel

Ein Lieferer verkauft an seinen Kunden eigene Erzeugnisse (aus der Sicht des Kunden: Vorprodukte) auf Ziel für .... 20.000,00 €
\+ 19 % Umsatzsteuer .... 3.800,00 €

Buchung beim Lieferer

	Soll	Haben
2400 Forderungen a. LL	23.800,00	
an 5000 Umsatzerlöse f. e. E.		20.000,00
an 4800 Umsatzsteuer		3.800,00

Buchung beim Kunden

	Soll	Haben
6010 Aufwendungen für Vorprodukte[2]	20.000,00	
2600 Vorsteuer	3.800,00	
an 4400 Verbindlichkeiten a. LL		23.800,00

Der Kunde glaubt das Zahlungsziel nicht einhalten zu können und bittet um Wechselzahlung. Der Lieferer ist einverstanden und zieht einen Wechsel. Der Kunde akzeptiert den Wechsel und schickt das Akzept an den Lieferer zurück.

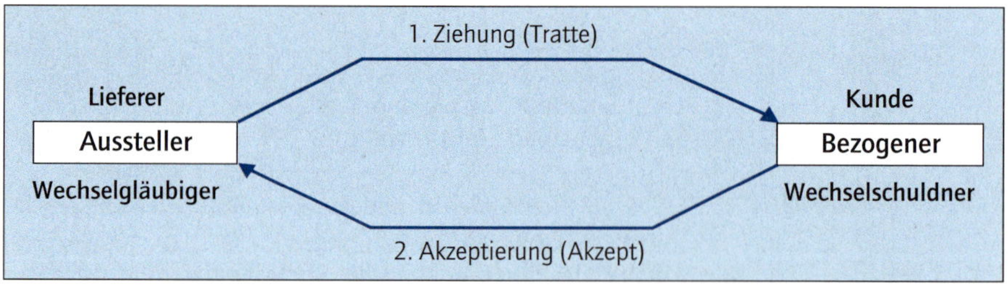

1 *Hinweis für die Lehrerin/den Lehrer:* Seit dem 1. Jan. 1999 können die Geschäftsbanken angekaufte Wechsel nicht mehr rediskontieren. Dies hat dazu geführt, dass sich die Konditionen der Geschäftsbanken für die Wechseldiskontierung verschlechtert haben. Aus diesem Grund werden bei den Geschäftsbanken seit dem 1. Jan. 1999 **weniger Wechsel diskontiert.** Die Anzahl der bei den Geschäftsbanken eingereichten **Inkassowechsel ist hingegen nicht rückläufig.** Einige Geschäftsbanken verzeichnen hier sogar einen Zuwachs. Der klassische Handelswechsel hat folglich nach wie vor eine **große Bedeutung** in der kaufmännischen Praxis. Der Grund hierfür liegt vor allen Dingen in seiner großen Sicherheit (Wechselprotest, Besonderheiten der Wechselklage).

2 alternativ: 2010 Vorprodukte („Bestandsrechnerisches Verfahren")

Buchung beim Lieferer (Aussteller, Wechselgläubiger)	Soll	Haben
2450 Besitzwechsel	23.800,00	
an 2400 Forderungen a. LL		23.800,00

Buchung beim Kunden (Bezogenen, Wechselschuldner)	Soll	Haben
4400 Verbindlichkeiten a. LL	23.800,00	
an 4500 Schuldwechsel		23.800,00

Die Buchung **beim Lieferer** wandelt die **Forderungen a. LL** in eine **Wechselforderung** um.

Das Konto „2450 Besitzwechsel" ist ein aktives Bestandskonto.

Die Buchung beim Lieferer ist folglich ein Aktivtausch.

Die Buchung **beim Kunden** bewirkt eine Umwandlung der **Verbindlichkeiten a. LL** in **Wechselverbindlichkeiten**.

Das Konto „4500 Schuldwechsel" ist ein passives Bestandskonto.

Die Buchung beim Kunden ist demnach ein Passivtausch.

Liegt der Fälligkeitstag des Wechsels zeitlich nach dem Fälligkeitstag der Forderung a. LL, so entsteht dem Aussteller (Lieferer) ein **Zinsnachteil**.

Falls die Wechselsumme nicht ohnehin schon um einen entsprechenden Betrag erhöht ist, stellt der Aussteller – um eine Schlechterstellung zu vermeiden – dem Bezogenen so genannte **Diskontzinsen** in Rechnung.

Beispiel

Der Aussteller belastet den Bezogenen mit 8 % Diskont für 90 Tage.
Es ergeben sich (nach der Zinsformel) folgende Diskontzinsen:

$$\text{Zinsen} = \frac{\text{Kapital} \cdot \text{Zinssatz} \cdot \text{Tage}}{100 \cdot 360} = \frac{23.800 \cdot 8 \cdot 90}{100 \cdot 360} = 476{,}00\ €$$

Buchung[1] beim Aussteller (Lieferer)	Soll	Haben
2400 Forderungen a. LL	476,00	
an 5730 Diskonterträge		476,00

Buchung[1] beim Bezogenen (Kunden)	Soll	Haben
7530 Diskontaufwendungen	476,00	
an 4400 Verbindlichkeiten a. LL		476,00

1 Für **Kreditinstitute** ist die Wechseldiskontierung **umsatzsteuerfrei.** Es wird keine Umsatzsteuer auf den Diskont und die Spesen erhoben.
Bei Wechselzahlung **unter Kaufleuten** sind der Diskont und die Spesen **umsatzsteuerpflichtig,** wenn die Kreditgewährung durch Wechselzahlung als Nebenleistung zur Warenlieferung (= Hauptleistung) anzusehen ist. (Nach den Umsatzsteuerrichtlinien teilen die Nebenleistungen das Schicksal der Hauptleistung.)
Wird bei Wechselzahlung **unter Kaufleuten** eine Trennung zwischen dem Waren- und dem Kreditgeschäft vorgenommen, erfolgt also die Wechselzahlung als selbstständige Leistung mit gesondert vereinbarten Kreditbedingungen, so sind der Diskont und die Spesen **umsatzsteuerfrei.** Hiervon wird im Lehrbuch in allen Fällen ausgegangen.

3.2.5.2 Die Verwendungsmöglichkeiten des Wechsels

Der Wechselinhaber kann

1. den Wechsel als Zahlungsmittel weitergeben (Wechselindossierung),
2. den Wechsel bis zum Verfalltag aufbewahren und ihn dann selbst einlösen bzw. durch eine Bank einziehen lassen (Wechselinkasso) und
3. den Wechsel diskontieren, d. h. ihn an eine Bank verkaufen (Wechseldiskontierung).

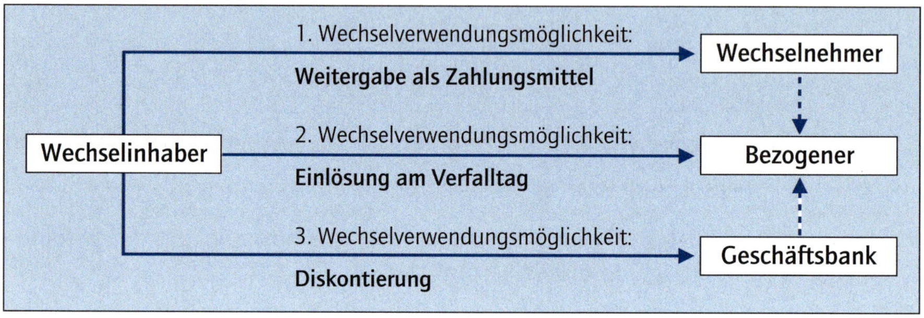

3.2.5.2.1 Weitergabe des Wechsels als Zahlungsmittel (Wechselindossierung)

Der Wechsel ist ein Geldersatzmittel und kann dem Wechselinhaber als Zahlungsmittel dienen.

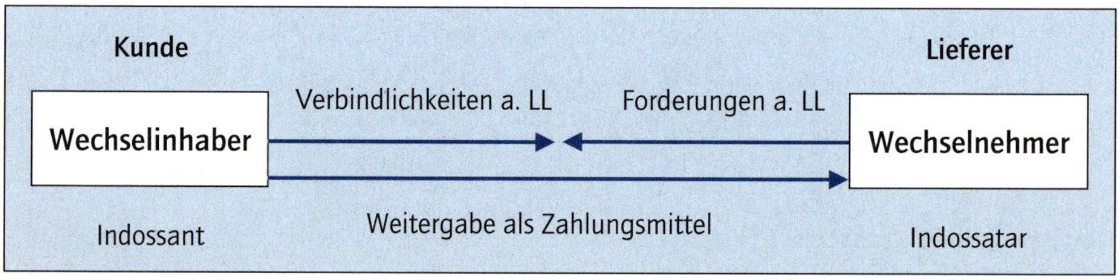

Beispiel

Der Wechselinhaber begleicht mit dem Akzept über .... 23.800,00 €
Liefererschulden.

Buchung beim Kunden (Wechselinhaber, Indossanten)

	Soll	Haben
4400 Verbindlichkeiten a. LL	23.800,00	
an 2450 Besitzwechsel		23.800,00

Buchung beim Lieferer (Wechselnehmer, Indossatar)

	Soll	Haben
2450 Besitzwechsel	23.800,00	
an 2400 Forderungen a. LL		23.800,00

6691246

Beim Kunden mindern sich mit dieser Buchung die Verbindlichkeiten a. LL und die Wechselforderungen (Aktiv-Passiv-Minderung).

Der Lieferer wandelt mit obiger Buchung eine Forderung a. LL in eine Wechselforderung um (Aktivtausch).

Liegt der Fälligkeitstag des Wechsels zeitlich nach dem Fälligkeitstag der Forderung a. LL, so entsteht dem Wechselnehmer (Lieferer) ein **Zinsnachteil**. Er kann wegen der späteren Zahlung den Indossanten (Kunden) mit Diskont belasten oder ihm nur den Wechselbarwert gutschreiben.

Beispiel

Der Wechselnehmer belastet den Indossanten mit 8 % Diskont für 60 Tage.

Es ergeben sich (nach der Zinsformel) folgende Diskontzinsen:

$$\text{Zinsen} = \frac{\text{Kapital} \cdot \text{Zinssatz} \cdot \text{Tage}}{100 \cdot 360} = \frac{23.800 \cdot 8 \cdot 60}{100 \cdot 360} = 317{,}33\ €$$

		Soll	Haben
2400	Forderungen a. LL	317,33	
an	5730 Diskonterträge		317,33

		Soll	Haben
7530	Diskontaufwendungen	317,33	
an	4400 Verbindlichkeiten a. LL		317,33

3.2.5.2.2 Einlösung des Wechsels am Verfalltag (Wechselinkasso)

Der Wechselinhaber kann den Wechsel bis zum Verfalltag aufbewahren und die Wechselsumme dann beim Bezogenen selbst einlösen bzw. einziehen lassen.

Meistens gibt der Bezogene – zur Vereinfachung des Einzugsverfahrens – seine Bank als Zahlstelle an. Der letzte Wechselinhaber beauftragt dann in der Regel wiederum seine Bank mit dem Inkasso (Einzug) des Wechsels.

Die mit dem Wechseleinzug beauftragte Bank berechnet eine **Inkassoprovision** und schreibt dem Wechseleinreicher die Wechselsumme **abzüglich** Inkassospesen gut. Für die Bank ist die Inkassoprovision **umsatzsteuerfrei** (§ 4 Nr. 8 UStG).

Die als Zahlstelle angegebene Bank löst den Wechsel ein und belastet das Konto des Bezogenen mit der Wechselsumme **zuzüglich Domizilgebühren.** Auch die Domizilgebühren sind für die Bank **umsatzsteuerfrei** (§ 4 Nr. 8 UStG).

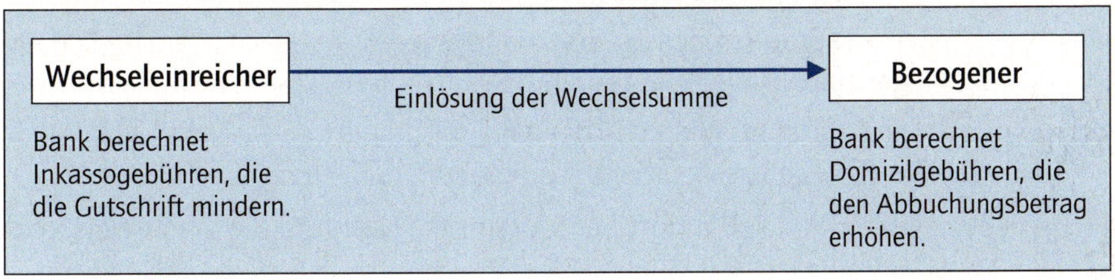

Beispiel

Der letzte Wechselinhaber beauftragt sein Kreditinstitut, eine Wechselforderung über 23.800,00 € bei der Bank des Bezogenen einzuziehen.

Die beauftragte Bank schreibt dem Wechseleinreicher die Wechselsumme abzüglich 23,80 € Inkassospesen gut.

	Wechselsumme	23.800,00 €
–	Inkassospesen	23,80 €
=	Gutschrift (beim Wechseleinreicher)	23.776,20 €

Die Bank des Bezogenen löst den Wechsel ein und belastet sein Konto mit der Wechselsumme zuzüglich 30,00 € Domizilgebühren.

	Wechselsumme	23.800,00 €
+	Domizilgebühren	30,00 €
=	Abbuchungsbetrag (beim Bezogenen)	23.830,00 €

Buchung beim Wechseleinreicher

		Soll	Haben
2800	Guthaben bei Kreditinstituten (Bank)	23.776,20	
6750	Kosten des Geldverkehrs	23,80	
an	2450 Besitzwechsel		23.800,00

Buchung beim Bezogenen

		Soll	Haben
4500	Schuldwechsel	23.800,00	
6750	Kosten des Geldverkehrs	30,00	
an	2800 Guthaben bei Kreditinstituten (Bank)		23.830,00

3.2.5.2.3 Wechseldiskontierung

Ein Wechselinhaber kann einen Wechsel vor seinem Fälligkeitstag an eine Geschäftsbank verkaufen, d. h. diskontieren lassen.

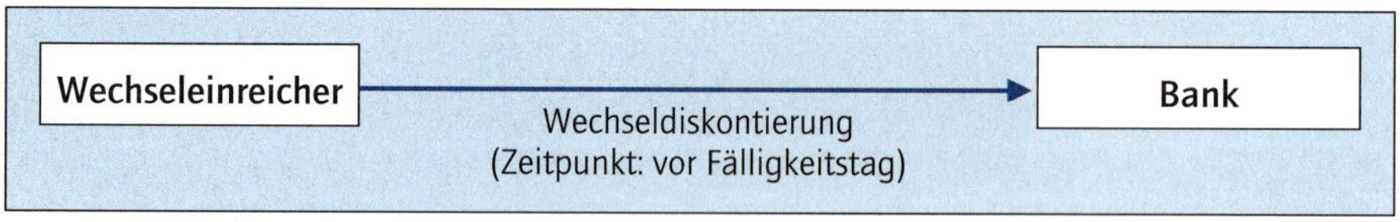

Vom Diskontierungstag bis zum Fälligkeitstag gewährt die Bank dem Wechseleinreicher einen Kredit, für den sie Diskont (Vorauszinsen) berechnet.

Die Bank subtrahiert von der Wechselsumme den Diskont und außerdem Bankspesen für Provisionen, Bearbeitungsgebühren und Auslagen.

Gemäß § 4 Nr. 8 UStG ist für die Kreditinstitute die Wechseldiskontierung **umsatzsteuerfrei.**

6691248

Dem Wechseleinreicher wird der Wechselbarwert gutgeschrieben.

	Wechselsumme
–	Diskont
–	Bankspesen
=	Wechselbarwert

Beispiel

Der Wechselinhaber diskontiert den Wechsel über 23.800,00 € bei seiner Bank. Die Bank schreibt ihm den Wechselbarwert, der sich aus der unten stehenden Abrechnung ergibt, gut.

	Wechselsumme	23.800,00 €
–	Diskont (8 %, 50 Tage)	264,44 €
–	Bankspesen	20,00 €
=	Wechselbarwert	23.515,56 €

Buchung beim Wechseleinreicher

		Soll	Haben
2800	Guthaben bei Kreditinstituten (Bank)	23.515,56	
7530	Diskontaufwendungen	264,44	
6750	Kosten des Geldverkehrs	20,00	
an	2450 Besitzwechsel		23.800,00

Gewöhnlich hat der Wechseleinreicher seinen Kunden bereits bei Empfang des Wechsels mit Diskont belastet, sodass er nun bei der tatsächlichen Diskontierung keine Diskontforderungen mehr geltend machen kann.

Zusammenfassung

Merksätze

1. **Der Wechsel verbrieft eine Schuld des Bezogenen, die dieser auf dem passiven Bestandskonto „4500 Schuldwechsel" buchhalterisch erfasst.**
2. **Für den Aussteller und für alle Wechselnehmer verbrieft der Wechsel eine Wechselforderung, die sie auf dem aktiven Bestandskonto „2450 Besitzwechsel" buchhalterisch erfassen.**
3. **Dem Wechselinhaber kann der Wechsel als Zahlungsmittel dienen. Liegt dabei der Fälligkeitstag des Wechsels zeitlich nach dem Fälligkeitstag der Schuld, so wird der Wechselzahler vom Wechselempfänger mit Diskont belastet (oder dem Wechselzahler wird lediglich der Wechselbarwert gutgeschrieben).**
4. **Beim Wechselinkasso berechnet die beauftragte Bank eine Inkassoprovision und schreibt dem Wechseleinreicher die Wechselsumme abzüglich Inkassospesen gut. Die als Zahlstelle angegebene Bank löst den Wechsel ein und belastet das Konto des Bezogenen mit der Wechselsumme zuzüglich Domizilgebühren.**
5. **Bei der Wechseldiskontierung schreibt die Bank dem Wechseleinreicher nur den Wechselbarwert gut, d. h., sie mindert die Wechselsumme um den Diskont und die Bankspesen.**

Schaubild

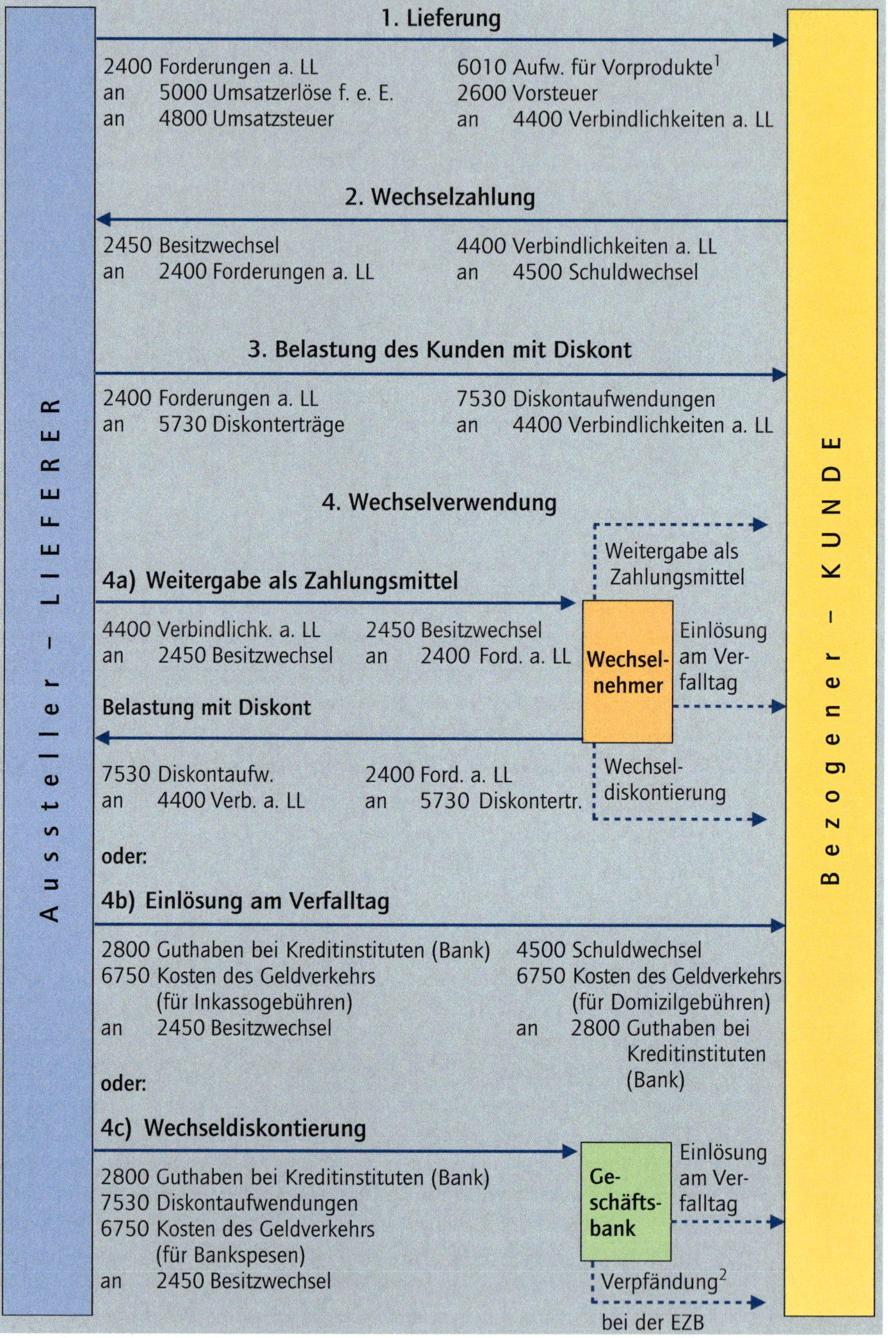

1 alternativ: 2010 Vorprodukte („Bestandsrechnerisches Verfahren")

2 Eine Rediskontierung ist seit dem 1. Januar 1999 nicht mehr möglich. Stattdessen können die Geschäftsbanken die aufgekauften Wechsel bei der Europäischen Zentralbank (EZB) zur Refinanzierung verpfänden. Die Europäische Zentralbank stellt gewisse Anforderungen an notenbankfähige Wechsel. Diese werden von den Geschäftsbanken zu günstigeren Bedingungen diskontiert.

AUFGABEN

Aufgaben 1 bis 5: Wechselziehung/Wechselakzeptierung;
Aufgaben 6 bis 11: Wechselindossierung;
Aufgaben 12 bis 14: Wechselinkasso;
Aufgaben 15 u. 16: Wechseldiskontierung;
Aufgaben17 bis 19: gemischte Aufgaben.

1 Wie lauten die Buchungssätze?

1. Wir verkaufen eigene Erzeugnisse auf Ziel, Nettowert .... 10.000,00 €
   \+ 19 % Umsatzsteuer .... 1.900,00 €
2. Wir ziehen in Höhe des Rechnungsbetrages von .... 11.900,00 € einen Wechsel auf unseren Kunden, den dieser uns akzeptiert zurückreicht.
3. Wir belasten unseren Kunden mit Diskont (90 Tage, 8 %) .... ? €

2 Wie bucht der Kunde (Bezogene) die Geschäftsfälle der Aufgabe 1? (Beim 1. Geschäftsfall handelt es sich um einen Wareneinkauf auf Ziel.)

3 Wie lauten die Buchungssätze?

1. Wir kaufen Vorprodukte gegen Akzept, Nettowert .... 25.000,00 €
   \+ 19 % Umsatzsteuer .... 4.750,00 €
2. Unser Lieferer belastet uns mit Diskont (90 Tage, 4 %) .... ? €

4 Wie bucht der Lieferer (Aussteller) die Geschäftsfälle der Aufgabe 3? (Beim 1. Geschäftsfall handelt es sich um einen Zielverkauf eigener Erzeugnisse.)

5 Sie sind Angestellte(r) der Textilfabrik Konrad Fied KG, Goseriede 41, 30159 Hannover. Die unten stehenden Belege liegen Ihnen zur Buchung vor.

a) Welche Geschäftsfälle liegen den Belegen zugrunde?
b) Wie lauten die Buchungssätze?

Beleg 1

Angenommen
Hannover, 11. Februar 20..
Konrad Fied KG
Textilfabrik
Fied

Hofgeismar, den 9. Februar 20.. | 250 | Hannover | 09.05.20..
Ort und Tag der Ausstellung (Monat in Buchstaben) | Nr. d. Zahl.-Orte | Zahlungsort | Verfalltag

Gegen diesen **Wechsel** - erste Ausfertigung - zahlen Sie am 9. Mai 20..
Monat in Buchstaben

an eigene Order € --- 9.000,00----
Betrag in Ziffern

Euro neuntausend Cent wie oben
Betrag in Buchstaben

Bezogener Textilfabrik
Konrad Fied KG
in 30159 Hannover, Goseriede 41
Ort und Straße (genaue Anschrift)

Zahlbar in Hannover
Zahlungsort
bei Kreissparkasse 88 230
Name des Kreditinstituts z. L. Konto Nr.

EMUT GmbH
Hohler Weg 3
34369 Hofgeismar
Emut
Unterschrift und genaue Anschrift des Ausstellers

sigel-formular Einheitswechsel DIN 5004

Hinweis: Ein Rohstoffeinkauf auf Ziel ist der Wechselakzeptierung vorausgegangen.

Beleg 2

EMUT GmbH • Frottierweberei

EMUT GmbH • Postfach 3 46/3 47 • 34369 Hofgeismar

Textilfabrik
Konrad Fied KG
Goseriede 41
30159 Hannover

EINGEGANGEN
17. Febr. 20..
Erl. ....

Telefax 05671 303-2268
E-Mail henze@emut-wvd.de

Ihr Zeichen, Ihre Nachricht vom	Unser Zeichen, unsere Nachricht vom	Telefon, Name 05671 303-	Datum
	he/gs	65 Helms	15.02.20..

Diskontbelastung

Sehr geehrte Damen und Herren,

für das Wechselakzept über 9.000,00 € belasten wir Sie mit:

8 % Diskont für 90 Tage = 180,00 €

Bitte zahlen Sie den Betrag unverzüglich.

Mit freundlichem Gruß

EMUT GmbH

i. V.

Henze

Beleg 3

Hannover, den 14. März 20.. (Ort und Tag der Ausstellung (Monat in Buchstaben))
200 (Nr. d. Zahl.-Orte) – Hannover (Zahlungsort) – 14.06.20.. (Verfalltag)

Gegen diesen **Wechsel** - erste Ausfertigung - zahlen Sie am 14. Juni 20.. (Monat in Buchstaben)

an eigene Order € ---12.000,00---- (Betrag in Ziffern)

Euro zwölftausend (Betrag in Buchstaben) Cent wie oben

Bezogener Textileinzelhandel
Gertrud Schön e. Kffr.
in 22159 Hamburg, Sundernstr. 34 (Ort und Straße (genaue Anschrift))

Zahlbar in Hamburg (Zahlungsort)
bei Hamburger Sparkasse 6 666 (Name des Kreditinstituts / z. L. Konto Nr.)

Textilfabrik
Konrad Fied KG
Goseriede 41
30159 Hannover

Fied
(Unterschrift und genaue Anschrift des Ausstellers)

Angenommen
Hamburg, 16. März 20..
Gertrud Schön e. Kffr.
Textileinzelhandel
Schön

sigel-formular Einheitswechsel DIN 5004

Hinweis: Ein Zielverkauf eigener Erzeugnisse ist der Wechselziehung vorausgegangen.

Beleg 4

Konrad Fied KG
Textilfabrik • Goseriede 41
30159 Hannover

Konrad Fied KG • Postfach 59 40 • 30159 Hannover

Textileinzelhandel
Gertrud Schön e. Kffr.
Sundernstraße 34
22159 Hamburg

Telefax 0511 32129
E-Mail service@fied-wvd.de

Ihr Zeichen, Ihre Nachricht vom	Unser Zeichen, unsere Nachricht vom	Telefon, Name 0511 4155-	Datum
	ki/kl	58 Kibat	20.03.20..

Diskontbelastung

Sehr geehrte Damen und Herren,

vielen Dank für das Wechselakzept über 12.000,00 €, fällig am 14. Juni 20... Wir belasten Ihr Konto mit:

8 % Diskont für 90 Tage = 240,00 €

Bitte buchen Sie entsprechend.

Mit freundlichem Gruß

Konrad Fied KG

i. A.

Kibat

6691252

6 Wie lauten die Buchungssätze?

1. Zum Ausgleich einer Liefererrechnung indossieren wir einen Wechsel .... 8.000,00 €
2. Unser Lieferer belastet uns mit Diskont (90 Tage, 8 %) .... ? €

7 Wie bucht der Lieferer (Indossatar) die Geschäftsfälle der Aufgabe 6?

8 Sie sind Angestellte(r) der Textilfabrik Konrad Fied KG, Goseriede 41, 30159 Hannover.

Der nebenstehende Beleg liegt Ihnen zur Buchung vor.

a1) Welcher Geschäftsfall liegt dem 1. Indossament zugrunde?

a2) Wie lautet der Buchungssatz?

b1) Welcher Geschäftsfall liegt dem 2. Indossament zugrunde?

b2) Wie lautet der Buchungssatz?

Für uns an die Order der Textilfabrik Konrad Fied KG, Hannover.

München, 2. März 20..

Textileinzelhandel
Tina Hempe e. Kffr.
81541 München
Hempe

Für uns an die Order der Emut GmbH, Hofgeismar.

Hannover, 10. März 20..

Textilfabrik Konrad Fied KG
30159 Hannover
Fied

9 Wie bucht der Textileinzelhandel Tina Hempe e. Kffr., München, den oben stehenden Beleg (Aufgabe 8)?

10 Wie bucht die Emut GmbH, Hofgeismar, den oben stehenden Beleg (Aufgabe 8)?

11 Zum teilweisen Ausgleich einer Liefererrechnung über .... 28.000,00 €
indossiert der Kunde einen Wechsel über .... 24.000,00 €

Die Restschuld von ....
4.000,00 € sowie Diskont (80 Tage, 6 %) .... 320,00 €
4.320,00 €

begleicht der Kunde mit einem Verrechnungsscheck.

a) Wie bucht der Kunde den Rechnungsausgleich?

b) Wie bucht der Lieferer den Rechnungsausgleich?

12 Wie lautet der Buchungssatz?

Wir beauftragen unsere Bank, einen Wechsel über 18.000,00 € beim Kreditinstitut des Bezogenen einzuziehen.

Unsere Bank schreibt uns die Wechselsumme abzüglich 18,00 € Inkassospesen gut.

13 Wie lautet der Buchungssatz?

Unsere Bank löst unser Akzept über 28.000,00 € ein und belastet unser Konto mit der Wechselsumme zuzüglich 28,00 € Domizilgebühren.

14 Sie sind Angestellte(r) der Textilfabrik Konrad Fied KG, Goseriede 41, 30159 Hannover. Die folgenden Belege liegen Ihnen zur Buchung vor.

a) Welche Geschäftsfälle liegen den Belegen zugrunde?

b) Wie lauten die Buchungssätze?

Konto-Nummer: **12 345** BLZ **251 901 01**
IBAN: DE81 2519 0101 0000 0123 45 BIC: GENODEF1HLI

Lindener Volksbank eG

Beleg	Buch.-Datum	Text	Wert	Betrag
99 793	29.07.20..	GEGENWERT FÜR INKASSOWECHSEL PER 29.07.20.. ÜBER 15.000,00 EUR - 15,00 EUR INKASSOSPESEN BEZOGENER: BOLD KG KÖLN ZAHLBAR: DEUTSCHE BANK KÖLN	29.07.20..	14.985,00 +

TEXTILFABRIK
KONRAD FIED KG
GOSERIEDE 41
30159 HANNOVER

Konto-Auszug		
30.07.20..	143	1
Datum	Nummer	Blatt

EUR 30.000,00 +
Alter Kontostand

EUR 44.985,00 +
Neuer Kontostand

Beleg 1

Beleg 2 Wechselrückseite

Für uns an die Dresdner Bank AG,
Heidelberg, zum Inkasso.
Heidelberg, 5. Nov. 20..
Bernhard Müller OHG
Im Weiher 1
69121 Heidelberg
Müller
Wert erhalten.
Heidelberg, 8. Nov. 20..
Dresdner Bank AG,
Heidelberg
i. V. Just

Dom.-Prov. € 5,00

Wechselvorderseite

Angenommen
Hannover, 10. August 20..
Konrad Fied KG
Textilfabrik
Fied

Heidelberg, den 8. August 20..
Ort und Tag der Ausstellung (Monat in Buchstaben)

Nr. d. Zahl.-Ortes	Zahlungsort	Verfalltag
250	Hannover	08.11.20..

Gegen diesen **Wechsel** - erste Ausfertigung - zahlen Sie am 8. November 20..
Monat in Buchstaben

an eigene Order € ---12.800,00---
Betrag in Ziffern

Euro zwölftausendachthundert------------------------------ Cent wie oben
Betrag in Buchstaben

Bezogener Textilfabrik
Konrad Fied KG
in 30159 Hannover, Goseriede 41
Ort und Straße (genaue Anschrift)

Zahlbar in Hannover
Zahlungsort
bei Kreissparkasse 88 230
Name des Kreditinstituts z. L. Konto Nr.

Bernhard Müller OHG
Im Weiher 1
69121 Heidelberg
Müller
Unterschrift und genaue Anschrift des Ausstellers

sigel-formular Einheitswechsel DIN 5004

15 Wie lauten die Buchungssätze?

1.	Zielverkauf eigener Erzeugnisse, Nettowert	10.000,00 €
	+ 19 % Umsatzsteuer	1.900,00 €
2.	Unser Kunde bezahlt mit Akzept	11.900,00 €
3.	Wir belasten den Kunden mit Diskont (90 Tage, 8 %)	? €
4.	Kunde zahlt den in Rechnung gestellten Diskont per Banküberweisung	? €
5.	Wir diskontieren den Wechsel bei unserer Bank, Wechselsumme	11.900,00 €
	– Diskont (60 Tage, 8 %)	? €
	– Ankaufspesen	5,00 €
	Wechselbarwert	? €

16 Sie sind Angestellte(r) der Textilfabrik Konrad Fied KG, Goseriede 41, 30159 Hannover. Die unten stehenden Belege liegen Ihnen zur Buchung vor.

a) Welche Geschäftsfälle liegen den Belegen zugrunde? b) Wie lauten die Buchungssätze?

Beleg 1

Kreissparkasse Hannover
WECHSELABRECHNUNG Tel. 0511 1600-436

Abrechnungstag	Wechselobligo-Konto-Nr.
27.03.20..	0 600 088 234

Bezogener
Söffgen OHG
51503 Rösrath

Aussteller
Konrad Fied KG

zahlbar bei: Kreissparkasse Köln — Bankleitzahl: 370 502 99

Wechsel-Nr.	Ausstellungstag	Verfalltag
9 999	27.03.20..	25.06.20..

Abrechnungssatz	Tage
06,500	90

Herrn/Frau/Firma
Textilfabrik
Konrad Fied KG
Goseriede 41
30159 Hannover

Wechselbetrag	15.500,00
Diskont	251,88
Provision	
Ankaufspesen	5,00
Nettobetrag EUR	15.243,12

Gutschriftskonto-Nr.	Wert
000 088 230	27.03.20..

Für obigen Wechsel haben wir Sie Eingang vorbehalten erkannt. Rückbuchungen vorbehalten, falls die noch laufenden Auskünfte unseren Anforderungen nicht entsprechen.

Kreissparkasse Hannover
Zentrales Wechselgeschäft

Beleg 2

Wechsel-Abrechnung

Verfalltag: 17.07.20..
Wechsel-Nr.: 1 234
Abrechnungstag: 18.04.20..

Bezogener: Textileinzelhandel Gertrud Schön e. Kffr. 22159 Hamburg
Einreicher: Konrad Fied KG Goseriede 41 30159 Hannover
auf / zahlbar bei: Hamburger Sparkasse
Aussteller: Einreicher

Wechselbetrag	%	Tage	Zinszahlen	Zinsdivisor	Diskont	Provision	Spesen	Netto-Betrag
---15.000,00	9,00	90	13 500	40,00	337,50		7,50	EUR 14.655,00

Konto-Nr.: 12 345
Wert: 18.04.20..

Konrad Fied KG
Goseriede 41
30159 Hannover

Für obigen Wechsel haben wir Sie E. v. erkannt. Rückbuchungen vorbehalten, falls die noch laufenden Auskünfte unseren Anforderungen nicht entsprechen.

LINDENER VOLKSBANK EG

17 Wie lauten die Buchungssätze?

1. Zielverkauf von eigenen Erzeugnissen, Nettowert .... 20.000,00 €
   + 19 % Umsatzsteuer .... 3.800,00 €
2. Kunde übersendet uns zum Rechnungsausgleich 4 Wechsel:
   1. Wechsel, Wechselsumme .... 8.000,00 €
   2. Wechsel, Wechselsumme .... 6.000,00 €
   3. Wechsel, Wechselsumme .... 5.000,00 €
   4. Wechsel, Wechselsumme .... 3.000,00 €

   Zum Ausgleich des restlichen Rechnungsbetrages übersendet uns der Kunde einen Verrechnungsscheck über .... 1.800,00 €
3. Wir belasten unseren Kunden mit Diskont .... 315,00 €
4. Den ersten Wechsel reichen wir bei unserer Bank zum Diskont ein, Wechselsumme .... 8.000,00 €
   Die Bank berechnet Diskont (60 Tage, 6 %) .... – ? €
   und Ankaufspesen .... – 10,00 €
   Wechselbarwert .... ? €

5. Den zweiten Wechsel geben wir zum Ausgleich einer Verbindlichkeit an einen Lieferer weiter		6.000,00 €
6. Der Lieferer belastet uns mit Diskont (60 Tage, 6 %)		? €
7. Den dritten Wechsel ziehen wir selbst am Verfalltag beim Bezogenen bar ein		5.000,00 €
8. Den vierten Wechsel lassen wir von unserer Bank einziehen		3.000,00 €
Die Bank berechnet an Inkassogebühren	–	5,00 €
Gutschrift		2.995,00 €

18 Wie lauten die Buchungssätze?

1. Wir begleichen eine fällige Verbindlichkeit über	18.000,00 €
mit unserem Wechselakzept über	12.000,00 €
und mit einem Verrechnungsscheck über	6.000,00 €
2. Unser Lieferer belastet uns mit Diskont (90 Tage, 6 %)	? €
3. Am Verfalltag löst unsere Bank den Wechsel ein.	
Bankabrechnung: Wechselsumme	12.000,00 €
+ Domizilgebühren	24,00 €
Lastschrift	12.024,00 €

19

Hofgeismar, den 6. August 20..
Ort und Tag der Ausstellung (Monat in Buchstaben)
250 — Nr. d. Zahl.-Ortes
Hannover — Zahlungsort
06.11.20.. — Verfalltag

Gegen diesen **Wechsel** - erste Ausfertigung - zahlen Sie am 6. November 20..
Monat in Buchstaben

an eigene Order € ---22.000,00----
Betrag in Ziffern

Euro zweiundzwanzigtausend---------- Cent wie oben
Betrag in Buchstaben

Bezogener Textilfabrik
Konrad Fied KG
in 30159 Hannover, Goseriede 41
Ort und Straße (genaue Anschrift)

Zahlbar in Hannover
Zahlungsort
bei Kreissparkasse 88 230
Name des Kreditinstituts — z. L. Konto Nr.

EMUT GmbH
Hohler Weg 3
34369 Hofgeismar
Emut
Unterschrift und genaue Anschrift des Ausstellers

Angenommen
Hannover, 8. August 20..
Konrad Fied KG
Textilfabrik
Fied

sigel-formular Einheitswechsel DIN 5004

Hinweis: Ein Rohstoffeinkauf auf Ziel ist der Wechselakzeptierung vorausgegangen.

a) Wie bucht die Textilfabrik Konrad Fied KG, Goseriede 41, 30159 Hannover, den vorstehenden Beleg?
b) Wie bucht die Frottierweberei Emut GmbH, 34369 Hofgeismar, den vorstehenden Beleg?
c) Wie bucht die Frottierweberei Emut GmbH, 34369 Hofgeismar, das 1. Indossament?
d) Wie bucht die Gust OHG, 70499 Stuttgart, das 1. Indossament?
e) Wie bucht die Gust OHG, 70499 Stuttgart, den Wechselinkasso (5,00 € Inkassogebühren)?
f) Wie bucht die Textilfabrik Konrad Fied KG, 30159 Hannover (= Bezogener), den Wechselinkasso (6,00 € Domizilgebühren)?

Wechselrückseite

Für uns an die Order der
Gust OHG, Stuttgart.

Hofgeismar, 18. Aug. 20..

Frottierweberei
Emut GmbH
34369 Hofgeismar
Emut

Für uns an die Dresdner Bank AG,
Stuttgart, zum Inkasso.

Stuttgart, 3. Nov. 20..

Gust OHG
70499 Stuttgart
Gust

Wert erhalten.

Stuttgart, 6. Nov. 20..
Dresdner Bank AG,
Stuttgart
i. V.
Hermsen

6691256

3.3 Personalwirtschaft

Personalkosten ist der Oberbegriff für sämtliche das Personal betreffende Aufwendungen. Löhne sind das Arbeitsentgelt von Arbeitern. Gehälter erhalten kaufmännische und technische Angestellte.
Tarifverträge sind in der Regel die Grundlage des Arbeitsentgeltes. Häufig werden die sozialen Verhältnisse und die Leistungen der Arbeitnehmer berücksichtigt. Mit leitenden Angestellten schließen die Arbeitgeber meistens Einzelarbeitsverträge ab.

3.3.1 Die Lohn- und Gehaltsabrechnung

Eine Lohn- und Gehaltsabrechnung vollzieht sich nach folgendem Schema:

Bruttogehalt bzw. -lohn		
– Abzüge	Arbeitnehmeranteil zur Sozialversicherung	– Krankenversicherung – Pflegeversicherung – Rentenversicherung – Arbeitslosenversicherung
	Steuern	– Lohnsteuer – Solidaritätszuschlag – Kirchensteuer
= Nettogehalt bzw. -lohn (Auszahlung)		

Vom Bruttoverdienst behält der Arbeitgeber zum Zeitpunkt der Lohn- bzw. Gehaltszahlung die im vorstehenden Schema dargestellten Abzüge ein.
Ab dem 1. August 2009 gelten für die Sozialversicherung folgende Beitragssätze:

	Arbeitnehmer	**Arbeitgeber**
Krankenversicherung, 14,9 %[1], davon trägt der Arbeitnehmer 0,9 % mehr	7,9 %	7,0 %
Pflegeversicherung, für Versicherte mit Kindern: 1,95 %, ohne Kinder, ab dem 23. Lebensjahr: 2,2 %	0,975 % 1,225 %	0,975 % 0,975 %
Rentenversicherung: 19,9 %	9,95 %	9,95 %
Arbeitslosenversicherung: 2,8 %	1,4 %	1,4 %
Gesamtbeitragssatz für Versicherte mit Kindern: 40,15 %, ohne Kinder, ab dem 23. Lebensjahr: 40,40 %	20,225 % 20,475 %	19,325 % 19,325 %

Seit dem 1. Juli 2005 gilt der Grundsatz nicht mehr, dass sich Arbeitnehmer und Arbeitgeber die Sozialversicherungsbeiträge je zur Hälfte teilen.

Zur Finanzierung von Zahnersatz (+ 0,4 %) und Krankengeld (+ 0,5 %) zahlen die Arbeitnehmer nun insgesamt 0,9 % mehr als die Arbeitgeber in die **Krankenversicherung** ein.

Bei der **Pflegeversicherung** sind Versicherte mit Kindern besser gestellt als Versicherte (ab dem 23. Lebensjahr) ohne Kinder. Letztere zahlen 0,25 % mehr in die **Pflegeversicherung** ein. Damit wird ein Urteil des Bundesverfassungsgerichts umgesetzt.

Die Gesamtsozialversicherungsbeiträge **(Arbeitgeberanteil und Arbeitnehmeranteil)** sind seit dem 1. Jan. 2006 bereits am **drittletzten Bankarbeitstag** des Monats fällig, in dem die Beschäftigung ausgeübt wird, und müssen der Krankenkasse spätestens an diesem Tag wertstellungsmäßig zur Verfügung stehen.
Erfolgen die Lohn- und Gehaltsabrechnungen am Monatsende und erhalten alle oder ein Teil der Beschäftigten sich ändernde Vergütungen, so müssen die **vorab** zu zahlenden Gesamtversicherungsbeiträge (Arbeitgeberanteil und Arbeitnehmeranteil) für den laufenden Monat **geschätzt** werden (prognostizierte Vorausleistung).

1 einschl. des Mehranteils der Arbeitnehmer (oder: 14,0 %, ausschl. des Mehranteils der Arbeitnehmer)

Die monatlich einbehaltenen **Steuern** müssen bis zum 10. des Folgemonats beim zuständigen Finanzamt eingehen. Vom Finanzamt wird die Kirchensteuer weitergeleitet.

Der Gesetzgeber schreibt vor (§ 41 EStG), dass der Arbeitgeber für jeden Arbeitnehmer einen **Einzelnachweis** über das Arbeitsentgelt führen muss. In der Lohn- und Gehaltsbuchhaltung wird daher für jeden Arbeitnehmer ein **Lohn- bzw. Gehaltskonto** geführt.

In Lohn- und Gehaltslisten werden die Beträge der einzelnen Konten zusammengestellt. Die **Summenzeile der Lohn- bzw. Gehaltsliste** wird an die **Hauptbuchhaltung** weitergeleitet.

3.3.2 Lohn- bzw. Gehaltsbuchungen

Im Personalbereich fallen in Zusammenhang mit den Lohn- und Gehaltszahlungen **drei** Buchungen an:

1. Zunächst muss die **Zahlung des Sozialversicherungsbeitragssolls (prognostizierte Vorausleistung des laufenden Monats verrechnet mit einem Forderungs- bzw. Schuldvortrag aus dem Vormonat)** an die Krankenkasse gebucht werden. Dieses Sozialversicherungsbeitragssoll muss dem Bankkonto der Krankenkasse spätestens am drittletzten Bankarbeitstag eines jeden Monats wertstellungsmäßig zur Verfügung stehen[1].
2. Am Monatsende sind dann die **Lohn- bzw. Gehaltsbuchungen** (mit den **tatsächlichen** Sozialversicherungsbeiträgen) vorzunehmen.
3. Bis zum 10. des Folgemonats müssen die **einbehaltenen Steuern** an das zuständige Finanzamt abgeführt werden.

Beispiel

Zu 1.: Das **Sozialversicherungsbeitragssoll** (Arbeitgeberanteil und Arbeitnehmeranteil zur Sozialversicherung) eines Industriebetriebes beträgt für die beschäftigten Arbeiter im Monat April **81.405,00 €**. Es setzt sich zusammen aus einem Schuldvortrag aus dem Vormonat März (Restbeitrag) in Höhe von 500,00 € und einer prognostizierten Vorausleistung für den Monat April in Höhe von 80.905,00 € (81.405,00 € = 500,00 € + 80.905,00 €). Dieser Betrag wird am 26. April an die Krankenkasse gezahlt (Banküberweisung).

Buchungssatz für die Überweisung des Sozialversicherungsbeitragssolls am 26. April

	Soll	Haben
2640 SV-Beitragsvorauszahlung	81.405,00	
an 2800 Guthaben bei Kreditinstituten (Bank)		81.405,00

In der obigen Buchung sind die Sollbuchungen auf dem Konto „2640 SV-Beitragsvorauszahlung" zusammengefasst. Das Sozialversicherungsbeitragssoll von 81.405,00 € (= 500,00 € + 80.905,00 €) wird zur Vornahme der obigen Buchung außerhalb des Kontos ermittelt.[2]

Zu 2.: Am 30. April steht die **tatsächliche**[3] Höhe der fälligen Lohnzahlung und damit auch die **tatsächliche** Höhe der Gesamtsozialversicherungsbeiträge und die **tatsächliche** Höhe der noch abzuführenden Steuern fest:

---

1 Das zu überweisende Sozialversicherungsbeitragssoll ist so zu bemessen, dass nach der späteren Buchung der tatsächlich angefallenen Sozialversicherungsbeiträge das Konto „2640 SV-Beitragsvorauszahlung" möglichst keine Restschuld bzw. Restforderung ausweist. Entsprechend ist die Höhe der Vorausleistung (zum drittletzten Bankarbeitstag) festzulegen.

2 Wird die Sollbuchung auf dem Konto „2640 SV-Beitragsvorauszahlung" nicht zusammengefasst, so wird gebucht:

2640 SV-Beitragsvorauszahlung	500,00	
2640 SV-Beitragsvorauszahlung	80.905,00	
an 2800 Guthaben bei Kreditinstituten (Bank)		81.405,00

3 Die Vergütungen ändern sich monatlich bedingt durch unterschiedliche Arbeitsstunden, Überstunden, Urlaubsgeld, Zulagen, unbezahlten Urlaub, Fluktuation usw. Deshalb weichen die tatsächlichen Sozialversicherungsbeiträge von dem zuvor geschätzten Sozialversicherungsbeitragssoll ab.

Bruttolöhne (30. April)	Abzüge		Gesamt-abzüge	Nettolöhne (Banküber-weisung)	Arbeitgeber-anteil zur Sozialver-sicherung
	Steuern	AN-Anteil zur Sozial-versicherung			
205.000,00 €	38.000,00 €	41.922,50 €	79.922,50 €	125.077,50 €	40.077,50

Tatsächliche Gesamtsozialversicherungsbeiträge: 41.922,50 € + 40.077,50 € = 82.000,00 €

Buchungssatz für die Lohnzahlung am 30. April

			Soll	Haben
6200	Löhne		205.000,00	
6400	AG-Anteil zur Sozialversicherung (Lohnbereich)		40.077,50	
an	2800	Guthaben bei Kreditinstituten (Bank)		125.077,50
an	2640	SV-Beitragsvorauszahlung		82.000,00
an	4830	Sonst. Verb. ggü. Finanzbehörden		38.000,00

Die obigen Buchungen ergeben folgendes Bild auf dem Konto „2640 SV-Beitragsvorauszahlung":

Soll	2640 SV-Beitragsvorauszahlung		Haben
...	...	...	...
2800 (Saldo Ende März)[1]	500,00	6200/6400 (tatsächlicher SV-Beitrag April)...............	82.000,00
2800 (progn. Vorausl. April)[1]	80.905,00		
Saldo Ende April................	**595,00**		

Der Saldo von **595,00 €** ist der verbleibende Restbeitrag am Ende des Monats April (Schuldvortrag), der im Folgemonat Mai zusammen mit der dann wiederum zu ermittelnden Vorausleistung des Monats Mai als Sozialversicherungsbeitragssoll an die Krankenkasse abzuführen ist.

Hätte sich auf dem Konto „2640 SV-Beitragsvorauszahlung" ein **Habensaldo** ergeben, so hätte man Ende April einen **Erstattungsanspruch (Forderungsvortrag)**, gegenüber den Sozialversicherungsträgern[2].

Zu 3.: Die einbehaltenen Steuern werden am 8. Mai an das Finanzamt überwiesen.

Buchungssatz für die Überweisung der noch abzuführenden Steuern an das Finanzamt am 8. Mai

			Soll	Haben
4830	Sonst. Verb. gegenüber Finanzbehörden		38.000,00	
an	2800	Guthaben bei Kreditinstituten (Bank)		38.000,00

Das Konto „2640 SV-Beitragsvorauszahlung" ist ein Verrechnungskonto, das nach der Lohn- bzw. Gehaltsbuchung am Ende eines jeden Monats als Saldo einen Restbeitrag (Schuldvortrag) im Soll oder einen Erstattungsanspruch (Forderungsvortrag) im Haben ausweist. Beim Jahresabschluss ist ein Restbeitrag als Restschuld gegenüber den Sozialversicherungsträgern zu passivieren[3], ein Erstattungsanspruch ist als Restforderung gegenüber den Sozialversicherungsträgern entsprechend zu aktivieren[4].

1 Zur besseren Transparenz sind hier diese Sollbuchungen explizit (gemäß Fußnote 2 auf S. 258) ausgewiesen. Sie ergeben in der Summe das Sozialversicherungsbeitragssoll (500,00 € + 80.905,00 € = 81.405,00 €).

2 Wird das Sozialversicherungsbeitragssoll nicht außerhalb des Kontos ermittelt, wäre die Banküberweisung des Sozialversicherungsbeitragssolls in diesem Fall **unsaldiert** wie folgt zu buchen: 2640 SV-Beitragsvorauszahlung
an 2640 SV-Beitragsvorauszahlung
an 2800 Guthaben bei Kreditinstituten (Bank)

3 auf der **Passiv**seite der Bilanz auszuweisen

4 auf der **Aktiv**seite der Bilanz auszuweisen

Zum Zeitpunkt der Lohn- bzw. Gehaltszahlung stellen die einbehaltenen Steuern Verbindlichkeiten gegenüber dem Staat dar. Bis zum Zahlungstermin im Folgemonat werden die einbehaltenen Steuern vom Unternehmen treuhänderisch verwaltet.

Das Konto „4830 Sonstige Verbindlichkeiten gegenüber Finanzbehörden" ist ein passives Bestandskonto.

Zusammenfassung

Schaubild

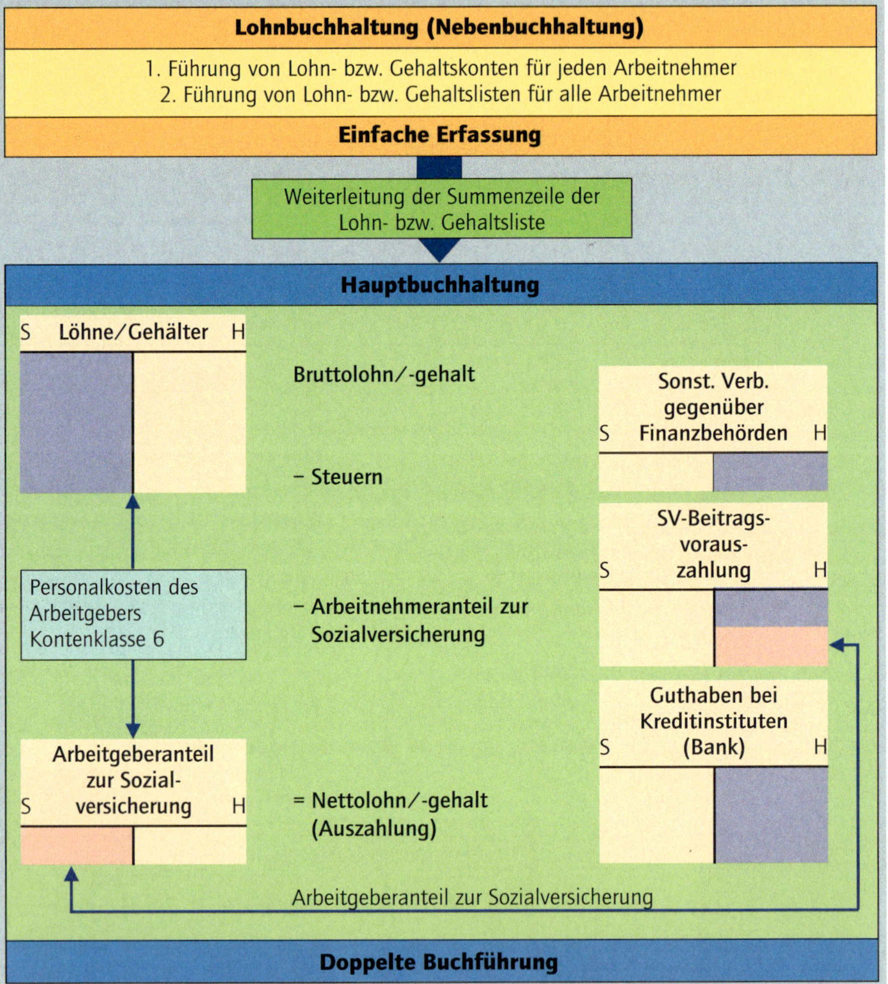

Merksätze

1. **Die Personalkosten setzen sich zusammen aus den Bruttolöhnen bzw. -gehältern sowie aus den Arbeitgeberanteilen zur Sozialversicherung.**
2. **In dem Konto „2640 SV-Beitragsvorauszahlung" werden die monatlich geschätzten und die monatlich tatsächlich angefallenen Gesamtsozialversicherungsbeiträge (Arbeitgeber- und Arbeitnehmeranteil) verrechnet. Ein Sollsaldo am Monatsende weist einen Restbeitrag (Schuldvortrag), ein Habensaldo einen Erstattungsanspruch (Forderungsvortrag) aus.**
3. **Die vom Bruttoverdienst einbehaltenen Steuern werden bis zu ihrem Abführen an das Finanzamt als durchlaufende Posten auf dem Konto „4830 Sonstige Verbindlichkeiten gegenüber Finanzbehörden" erfasst.**

Aufgaben folgen auf Seite 264 ff.

3.3.3 Die Buchung von Vorschüssen

Mit einem Vorschuss erhält ein Arbeitnehmer Zahlungsmittel, auf die er noch keinen Rechtsanspruch hat. Ein Vorschuss auf das Arbeitsentgelt hat daher den Charakter eines kurzfristigen Kredites. Aus diesem Grund wird ein Vorschuss zum Zeitpunkt der Auszahlung nicht auf einem Aufwandskonto, sondern auf dem **aktiven Bestandskonto** „2650 Forderungen an Mitarbeiter" gebucht.

Bei der Buchung der Lohn- bzw. Gehaltszahlung werden die Vorschüsse verrechnet.

Beispiel

Es sind aufgrund der unten stehenden Informationen zu buchen:

1. die Vorschusszahlung am 15. Juni,
2. die Überweisung des Sozialversicherungsbeitragssolls an die Krankenkasse am 25. Juni und
3. die Lohnabrechnung mit dem Arbeitgeberanteil zur Sozialversicherung am 30. Juni.

Lohnvorschüsse zum 15. Juni: 3.800,00 € (Banküberweisung).
Sozialversicherungsbeitragssoll: 27.650,00 €.

Bruttolöhne[1] (30. Juni)	Abzüge		Gesamtabzüge	Vorschüsse	Auszahlung (Banküberweisung)	Arbeitgeberanteil zur Sozialversicherung
	Steuern	AN-Anteil zur Sozialversicherung				
65.900,00	13.467,00	14.103,00	27.570,00	3.800,00	34.530,00	13.510,00

Tatsächliche Gesamtsozialversicherungsbeiträge: 14.103,00 € + 13.510,00 € = 27.613,00 €

1. Buchungssatz für die Vorschusszahlung am 15. Juni

		Soll	Haben
2650	Forderungen an Mitarbeiter	3.800,00	
an	2800 Guthaben bei Kreditinstituten (Bank)		3.800,00

2. Buchungssatz für die Überweisung des Sozialversicherungsbeitragssolls an die Krankenkasse am 25. Juni

		Soll	Haben
2640	SV-Beitragsvorauszahlung	27.650,00	
an	2800 Guthaben bei Kreditinstituten (Bank)		27.650,00

3. Buchungssatz für die Lohnzahlung am 30. Juni

		Soll	Haben
6200	Löhne	65.900,00	
6400	AG-Anteil zur Sozialversicherung (Lohnbereich)	13.510,00	
an	2800 Guthaben bei Kreditinstituten (Bank)		34.530,00
an	2650 Forderungen an Mitarbeiter		3.800,00
an	2640 SV-Beitragsvorauszahlung		27.613,00
an	4830 Sonst. Verb. ggü. Finanzbehörden		13.467,00

1 Die Vergütungen ändern sich monatlich bedingt durch unterschiedliche Arbeitsstunden, Überstunden, Urlaubsgeld, Zulagen, unbezahlten Urlaub, Fluktuation usw. Deshalb weichen die tatsächlichen Sozialversicherungsbeiträge von dem zuvor geschätzten Sozialversicherungsbeitragssoll ab.

3.3.4 Die entgeltliche Erzeugnislieferung an Arbeitnehmer

Eine Erzeugnislieferung an Arbeitnehmer wird häufig gegen den Arbeitslohn verrechnet. Zum Zeitpunkt der Lieferung an den Arbeitnehmer entsteht der Unternehmung – ebenso wie bei der Vorschusszahlung – eine sonstige kurzfristige Forderung. Diese wird mit der Buchung der Lohn- bzw. Gehaltszahlung ausgeglichen.

Beispiel

Am 4. August erhält ein Angestellter einen in unserer Textilfabrik hergestellten Anzug aus hochwertigem Kaschmir .... 200,00 €
+ 19 % Umsatzsteuer .... 38,00 €
Der Preis des Anzuges soll mit der Gehaltszahlung verrechnet werden.

1. Buchungssatz für die Erzeugnislieferung an den Arbeitnehmer am 4. August

	Soll	Haben
2650 Forderungen an Mitarbeiter	238,00	
an 5000 Umsatzerlöse f. e. E.		200,00
an 4800 Umsatzsteuer		38,00

Das Sozialversicherungsbeitragssoll beträgt 1.160,00 € (Banküberweisung am 26. August).

2. Buchungssatz für die Überweisung des Sozialversicherungsbeitragssolls an die Krankenkasse am 26. August

	Soll	Haben
2640 SV-Beitragsvorauszahlung	1.160,00	
an 2800 Guthaben bei Kreditinstituten (Bank)		1.160,00

Am 31. August ist folgende Gehaltsabrechnung zu buchen:

Bruttogehalt[1] (31. Aug.)	Steuern	AN-Anteil zur Sozialversicherung	Erzeugnisbezug	Auszahlung (Banküberweisung)	AG-Anteil zur Sozialversicherung
2.800,00	462,00	600,00	238,00	1.500,00	574,00

Tatsächliche Gesamtsozialversicherungsbeiträge: 600,00 € + 574,00 € = 1.174,00 €

3. Buchungssatz für die Gehaltszahlung am 31. August

	Soll	Haben
6300 Gehälter	2.800,00	
6410 AG-Anteil zur Sozialversicherung (Gehaltsbereich)	574,00	
an 2800 Guthaben bei Kreditinstituten (Bank)		1.500,00
an 2650 Forderungen an Mitarbeiter		238,00
an 2640 SV-Beitragsvorauszahlung		1.174,00
an 4830 Sonst. Verb. ggü. Finanzbehörden		462,00

1 einschließlich Überstunden

3.3.5 Die buchhalterische Behandlung von vermögenswirksamen Leistungen

Nach dem Vermögensbildungsgesetz erhalten die Arbeitnehmer vom **Staat** eine **Arbeitnehmer-Sparzulage.**

Übersicht über die staatliche Förderung

	Bausparen	Beteiligungssparen	Summe
Geförderte Anlageformen	Bausparvertrag	Aktien, Aktienfonds, GmbH-Anteile	
Zulagenbegünstigter Höchstbetrag	470,00 € jährlich	400,00 € jährlich	870,00 € jährlich
Arbeitnehmer-sparzulage Förderungswürdige	9 % (max. 42,30 € jährlich)	20 % (max. 80,00 € jährlich)	max. 122,30 € jährlich
Einkommensgrenzen (maßgeblich ist das zu versteuernde Einkommen)	17.900,00 € für Ledige 35.800,00 € für Verheiratete	20.000,00 € für Ledige 40.000,00 € für Verheiratete	

Die Arbeitnehmer-Sparzulage wird durch das Finanzamt des Arbeitnehmers festgesetzt. Sie wird ausgezahlt, nachdem die Sperrfristen nach dem Vermögensbildungsgesetz abgelaufen sind oder der Bausparvertrag zugeteilt worden ist.

Das vermögenswirksame Sparen der Arbeitnehmer kann aufgrund von Tarifverträgen, Betriebsvereinbarungen oder Einzelarbeitsverträgen durch den Arbeitgeber bezuschusst werden. Der Zuschuss des Arbeitgebers stellt ein **zusätzliches Arbeitsentgelt** dar, das **steuer-** und **sozialversicherungspflichtig** ist.

Beispiel

Die folgende Gehaltsabrechnung ist zu buchen:

Bruttogehalt		1.600,00 €
+ Arbeitgeberzuschuss zur vermögenswirksamen Anlage		26,00 €
= steuer- und sozialversicherungspflichtiges Gehalt		1.626,00 €
– Steuern	248,00 €	
– Arbeitnehmeranteil zur Sozialversicherung	342,00 €	
– vermögenswirksame Anlage	39,00 €	629,00 €
= Auszahlungsbetrag		997,00 €
Arbeitgeberanteil zur Sozialversicherung		328,00 €

1. Buchungssatz für die Gehaltszahlung

		Soll	Haben
6300	Gehälter	1.600,00	
6320	Sonst. tarifl. o. vertr. Aufwendungen	26,00	
6410	AG-Anteil zur Sozialversicherung (Gehaltsbereich)	328,00	
an	2800 Guthaben bei Kreditinstituten (Bank)		997,00
an	2640 SV-Beitragsvorauszahlung		670,00[1]
an	4830 Sonst. Verb. ggü. Finanzbehörden		248,00
an	4860 Verb. aus vermögenswirksamen Leistungen		39,00

1 = Arbeitnehmeranteil zur SV + Arbeitgeberanteil zur SV (= 342,00 € + 328,00 €)

2. Buchungssatz für die Überweisung der einbehaltenen Abzüge

		Soll	Haben
4860	Verb. aus vermögenswirksamen Leistungen	39,00	
4830	Sonst. Verb. ggü. Finanzbehörden	248,00	
an	2800 Guthaben bei Kreditinstituten (Bank)		287,00

Zusammenfassung

Merksätze

1. **Der Staat begünstigt vermögenswirksames Bausparen und Beteiligungssparen mit der Arbeitnehmer-Sparzulage.**
2. **Die vermögenswirksame Anlage wird häufig vom Arbeitgeber bezuschusst.**

AUFGABEN

Aufgaben 1 bis 3: Einfache Lohn- und Gehaltsbuchungen;
Aufgaben 4 bis 7: Vorschüsse und entgeltliche Erzeugnislieferungen an Arbeitnehmer;
Aufgaben 8 und 9: Vermögenswirksame Leistungen;
Aufgabe 10: Belegbuchungen;
Aufgabe 11: Sonstige Personalaufwendungen;
Aufgabe 12: Geschäftsgang.

1[1] **A**

1. SV-Forderungsvortag aus dem Vormonat Februar: 150,00 €
   Prognostizierte SV-Vorausleistung (März): 3.000,00 €
   Bilden Sie den Buchungssatz für die Banküberweisung des Sozialversicherungsbeitragssolls am 27. März.
2. Erstellen Sie in Ihrem Arbeitsheft mithilfe der auf S. 265 stehenden Auszüge aus der Lohnsteuertabelle (Kirchensteuersatz: 9 %) und anhand der Sozialversicherungsbeitragssätze für 2010 (siehe Tabelle S. 257) eine Gehaltsliste für den Monat März für die Angestellten:
   Heinz Aust (28 Jahre), Bruttomonatsverdienst im März (einschließlich Überstunden) 2.387,69 €, verheiratet, 1 Kind, Steuerklasse III, ev.-luth.
   Angelika Schuster (37 Jahre), Bruttomonatsverdienst im März (einschließlich Überstunden) 2.399,51 €, verheiratet, 2 Kinder, Steuerklasse III, keine Kirchenzugehörigkeit.
   Gabriele Mönkemeyer (25 Jahre), Bruttomonatsverdienst im März (einschließlich Überstunden) 2.408,74 €, ledig, kein Kind, Steuerklasse I, röm.-kath.
3. Bilden Sie am 31. März den Buchungssatz für die Summenzeile der Gehaltsliste (mit dem Arbeitgeberanteil zur Sozialversicherung). Die Gehälter werden per Banküberweisung gezahlt.
4. Stellen Sie die Buchungen aus 1. und aus 3. auf dem Konto „2640 SV-Beitragsvorauszahlung" dar. Weisen Sie dabei jeden Buchungsbetrag explizit aus.
   Erklären Sie den Charakter des Saldos, der sich am 31. März auf diesem Konto ergibt.
5. Bilden Sie am 8. April den Buchungssatz für das Abführen (Banküberweisung) der noch abzuführenden Steuern.

1 Um eine gewisse Konstanz bei dieser Aufgabe zu erreichen, wird sie nur in größeren Abständen aktualisiert.

6691264

Allgemeine Monatslohnsteuertabelle Quelle: Stollfuß Monats-Lohnsteuer-Tabelle

Abzüge an Lohnsteuer, Solidaritätszuschlag (SolZ) und Kirchensteuer (8%, 9%) in den Steuerklassen

Lohn/ Gehalt bis €*	I – VI					I, II, III, IV		mit Zahl der Kinderfreibeträge ... 0,5			1			1,5			2			2,5			3**		
		LSt	ohne Kinderfreibeträge SolZ	8%	9%		LSt	SolZ	8%	9%	SolZ	8%	9%	SolZ	8%	9%	SolZ	8%	9%	SolZ	8%	9%	SolZ	8%	9%
2 387,99	I,IV	320,41	17,62	25,63	28,83	I	320,41	13,11	19,08	21,46	8,87	12,90	14,51	1,56	7,10	7,99	—	2,20	2,47	—	—	—	—	—	—
	II	289,25	15,90	23,14	26,03	II	289,25	11,50	16,73	18,82	7,35	10,70	12,03	—	5,10	5,73	—	0,75	0,84	—	—	—	—	—	—
	III	109,66	—	8,77	9,86	III	109,66	—	4,26	4,79	—	0,50	0,56	—	—	—	—	—	—	—	—	—	—	—	—
	V	579,16	31,85	46,33	52,12	IV	320,41	15,33	22,30	25,09	13,11	19,08	21,46	10,96	15,94	17,93	8,87	12,90	14,51	6,84	9,96	11,20	1,56	7,10	7,99
	VI	611,33	33,62	48,90	55,01																				
2 390,99	I,IV	321,08	17,65	25,68	28,89	I	321,08	13,15	19,14	21,53	8,91	12,96	14,58	1,70	7,16	8,05	—	2,24	2,52	—	—	—	—	—	—
	II	290,—	15,95	23,20	26,10	II	290,—	11,54	16,78	18,88	7,39	10,75	12,09	—	5,14	5,78	—	0,78	0,88	—	—	—	—	—	—
	III	110,33	—	8,82	9,92	III	110,33	—	4,30	4,84	—	0,54	0,61	—	—	—	—	—	—	—	—	—	—	—	—
	V	580,16	31,90	46,41	52,21	IV	321,08	15,37	22,36	25,16	13,15	19,14	21,53	11,—	16,—	18,—	8,91	12,96	14,58	6,88	10,01	11,26	1,70	7,16	8,05
	VI	612,16	33,66	48,97	55,09																				
2 393,99	I,IV	321,91	17,70	25,75	28,97	I	321,91	13,19	19,19	21,59	8,94	13,01	14,63	1,81	7,20	8,10	—	2,28	2,56	—	—	—	—	—	—
	II	290,75	15,99	23,26	26,16	II	290,75	11,58	16,84	18,95	7,42	10,80	12,15	—	5,19	5,84	—	0,82	0,92	—	—	—	—	—	—
	III	110,83	—	8,86	9,97	III	110,83	—	4,34	4,88	—	0,57	0,64	—	—	—	—	—	—	—	—	—	—	—	—
	V	581,16	31,96	46,49	52,30	IV	321,91	15,41	22,42	25,22	13,19	19,19	21,59	11,04	16,06	18,06	8,94	13,01	14,63	6,92	10,06	11,32	1,81	7,20	8,10
	VI	613,33	33,73	49,06	55,19																				
2 396,99	I,IV	322,66	17,74	25,81	29,03	I	322,66	13,23	19,25	21,65	8,98	13,06	14,69	1,95	7,26	8,16	—	2,31	2,60	—	—	—	—	—	—
	II	291,50	16,03	23,32	26,23	II	291,50	11,61	16,90	19,01	7,46	10,85	12,20	—	5,24	5,89	—	0,85	0,95	—	—	—	—	—	—
	III	111,50	—	8,92	10,03	III	111,50	—	4,38	4,93	—	0,61	0,68	—	—	—	—	—	—	—	—	—	—	—	—
	V	582,16	32,01	46,57	52,39	IV	322,66	15,45	22,48	25,29	13,23	19,25	21,65	11,07	16,11	18,12	8,98	13,06	14,69	6,95	10,12	11,38	1,95	7,26	8,16
	VI	614,33	33,78	49,14	55,28																				
2 399,99	I,IV	323,41	17,78	25,87	29,10	I	323,41	13,27	19,31	21,72	9,02	13,12	14,76	2,08	7,31	8,22	—	2,35	2,64	—	—	—	—	—	—
	II	292,25	16,07	23,38	26,30	II	292,25	11,66	16,96	19,08	7,49	10,90	12,26	—	5,28	5,94	—	0,88	0,99	—	—	—	—	—	—
	III	112,—	—	8,96	10,08	III	112,—	—	4,42	4,97	—	0,64	0,72	—	—	—	—	—	—	—	—	—	—	—	—
	V	583,33	32,08	46,66	52,49	IV	323,41	15,50	22,54	25,36	13,27	19,31	21,72	11,11	16,17	18,19	9,02	13,12	14,76	6,99	10,17	11,44	2,08	7,31	8,22
	VI	615,50	33,85	49,24	55,39																				
2 402,99	I,IV	324,16	17,82	25,93	29,17	I	324,16	13,31	19,36	21,78	9,06	13,18	14,82	2,20	7,36	8,28	—	2,39	2,69	—	—	—	—	—	—
	II	293,—	16,11	23,44	26,37	II	293,—	11,69	17,01	19,13	7,53	10,96	12,33	—	5,33	5,99	—	0,92	1,03	—	—	—	—	—	—
	III	112,66	—	9,01	10,13	III	112,66	—	4,46	5,02	—	0,68	0,76	—	—	—	—	—	—	—	—	—	—	—	—
	V	584,33	32,13	46,74	52,58	IV	324,16	15,53	22,60	25,42	13,31	19,36	21,78	11,15	16,22	18,25	9,06	13,18	14,82	7,02	10,22	11,49	2,20	7,36	8,28
	VI	616,50	33,90	49,32	55,48																				
2 405,99	I,IV	324,91	17,87	25,99	29,24	I	324,91	13,35	19,42	21,85	9,09	13,23	14,88	2,33	7,41	8,33	—	2,42	2,72	—	—	—	—	—	—
	II	293,75	16,15	23,50	26,43	II	293,75	11,73	17,06	19,19	7,57	11,01	12,38	—	5,38	6,05	—	0,95	1,07	—	—	—	—	—	—
	III	113,33	—	9,06	10,19	III	113,33	—	4,50	5,06	—	0,70	0,79	—	—	—	—	—	—	—	—	—	—	—	—
	V	585,50	32,20	46,84	52,69	IV	324,91	15,57	22,66	25,49	13,35	19,42	21,85	11,19	16,28	18,31	9,09	13,23	14,88	7,06	10,27	11,55	2,33	7,41	8,33
	VI	617,66	33,97	49,41	55,58																				
2 408,99	I,IV	325,66	17,91	26,05	29,30	I	325,66	13,39	19,48	21,91	9,13	13,28	14,94	2,45	7,46	8,39	—	2,46	2,77	—	—	—	—	—	—
	II	294,50	16,19	23,56	26,50	II	294,50	11,77	17,12	19,26	7,60	11,06	12,44	—	5,42	6,10	—	0,98	1,10	—	—	—	—	—	—
	III	113,83	—	9,10	10,24	III	113,83	—	4,56	5,13	—	0,74	0,83	—	—	—	—	—	—	—	—	—	—	—	—
	V	586,50	32,25	46,92	52,78	IV	325,66	15,62	22,72	25,56	13,39	19,48	21,91	11,22	16,33	18,37	9,13	13,28	14,94	7,09	10,32	11,61	2,45	7,46	8,39
	VI	618,66	34,02	49,49	55,67																				

2 26. Juli: Prognostizierte SV-Vorausleistung (Juli): 7.200,00 €,
SV-Schuldvortrag aus dem Vormonat Juni: 60,00 €.

Bruttogehälter[1] (31. Juli)	Abzüge		Nettogehälter (Banküberweisung)	Arbeitgeberanteil zur Sozialvers.
	Steuern	AN-Anteil zur Sozialvers.		
17.000,00	3.160,00	3.638,00	10.202,00	3.485,00

1. Bilden Sie den Buchungssatz für die Banküberweisung des Sozialversicherungsbeitragssolls am 26. Juli.
2. Bilden Sie den Buchungssatz für die Gehaltszahlung (mit dem Arbeitgeberanteil zur Sozialversicherung) am 31. Juli.
3. Stellen Sie die Buchungen aus 1. und 2. auf dem Konto „2640 SV-Beitragsvorauszahlung" dar. Weisen Sie dabei jeden Buchungsbetrag explizit aus.
   Erklären Sie den Charakter des Saldos, der sich am 31. Juli auf diesem Konto ergibt.
4. Bilden Sie am 9. August den Buchungssatz für das Abführen (Banküberweisung) der noch abzuführenden Steuern.

3 26. Oktober: Prognostizierte SV-Vorausleistung (Oktober): 5.700,00 €,
SV-Forderungsvortrag aus dem Vormonat September: 100,00 €.

Bruttolöhne[1] (31. Oktober)	Abzüge		Nettolöhne (Banküberweisung)	Arbeitgeberanteil zur Sozialvers.
	Steuern	AN-Anteil zur Sozialvers.		
13.800,00	2.484,00	2.953,00	8.363,00	2.829,00

1 Die Vergütungen ändern sich monatlich bedingt durch unterschiedliche Arbeitsstunden, Überstunden, Urlaubsgeld, Zulagen, unbezahlten Urlaub, Fluktuation usw. Deshalb weichen die tatsächlichen Sozialversicherungsbeiträge von dem zuvor geschätzten Sozialversicherungsbeitragssoll ab.

1. Bilden Sie den Buchungssatz für die Banküberweisung des Sozialversicherungsbeitragssolls am 26. Oktober.
2. Bilden Sie den Buchungssatz für die Lohnzahlung (mit dem Arbeitgeberanteil zur Sozialversicherung) am 31. Oktober.
3. Stellen Sie die Buchungen aus 1. und 2. auf dem Konto „2640 SV-Beitragsvorauszahlung" dar. Weisen Sie dabei jeden Buchungsbetrag explizit aus.
   Erklären Sie den Charakter des Saldos, der sich am 31. Oktober auf diesem Konto ergibt.
4. Bilden Sie am 9. November den Buchungssatz für das Abführen (Banküberweisung) der noch abzuführenden Steuern.

4 15. Januar: Lohnvorschüsse durch Banküberweisung: 3.000,00 €,
26. Januar: Prognostizierte SV-Vorausleistung (Januar): 14.300,00 €,
SV-Schuldvortrag aus dem Vormonat Dezember: 50,00 €.

Bruttolöhne[1] (31. Januar)	Steuern	Arbeitnehmeranteil zur Sozialvers.	Vorschüsse	Auszahlung (Banküberweisung)	Arbeitgeberanteil zur Sozialvers.
33.900,00	5.200,00	7.255,00	3.000,00	18.445,00	6.949,00

1. Buchen Sie die Banküberweisung der Vorschusszahlungen am 15. Januar.
2. Bilden Sie den Buchungssatz für die Banküberweisung des Sozialversicherungsbeitragssolls am 26. Januar.
3. Bilden Sie den Buchungssatz für die Lohnzahlung (mit dem Arbeitgeberanteil zur Sozialversicherung) am 31. Januar.
4. Stellen Sie die Buchungen aus 2. und 3. auf dem Konto „2640 SV-Beitragsvorauszahlung" dar. Weisen Sie dabei jeden Buchungsbetrag explizit aus.
   Erklären Sie den Charakter des Saldos, der sich am 31. Januar auf diesem Konto ergibt.
5. Bilden Sie am 9. Februar den Buchungssatz für das Abführen (Banküberweisung) der noch abzuführenden Steuern.

5 Sie sind Angestellte(r) der Textilfabrik Konrad Fied KG, Goseriede 41, 30159 Hannover. Der unten stehende Beleg liegt Ihnen zur Buchung vor.

a) Welcher Geschäftsfall liegt dem Beleg zugrunde? b) Wie lautet der Buchungssatz?

Ausgabebeleg

Ausgezahlt wurden an
Herrn
Klaus Pieper
im Hause

Kassenbeleg-Nr. 181
netto € ---800 Ct 00
USt % € Ct
gesamt € ---800 Ct 00

Tausender ------------ Hunderter --acht-- Zehner ---------- Einer ---------- Ct wie oben
Gesamtbetrag in Worten — Freie Felder durchstreichen

für Gehaltsvorschuss für August 20..

zulasten

Ort Hannover — Datum 10.08.20..

Buchungsvermerke

Gesamtbetrag dankend erhalten
Pieper
Unterschrift des Empfängers

1 Die Vergütungen ändern sich monatlich bedingt durch unterschiedliche Arbeitsstunden, Überstunden, Urlaubsgeld, Zulagen, unbezahlten Urlaub, Fluktuation usw. Deshalb weichen die tatsächlichen Sozialversicherungsbeiträge von dem zuvor geschätzten Sozialversicherungsbeitragssoll ab.

6691266

6 Buchen Sie folgende Geschäftsfälle:

1. Entgeltliche Erzeugnislieferung an Arbeiter am 9. November .... 1.000,00 €
   + 19 % Umsatzsteuer .... 190,00 €
   (Verrechnung erfolgt bei der Lohnzahlung.)
2. Prognostizierte SV-Vorausleistung (November): 10.900,00 €,
   SV-Forderungsvortrag aus dem Vormonat: 100,00 €,
   Banklastschrift für Überweisung des Sozialversicherungsbeitragssolls am 26. November.
3.

Bruttolöhne[1] (30. Nov.)	Steuern	Arbeitnehmeranteil (SV)	Erzeugnislieferung	Gesamtabzüge	Auszahlung (Banküberw.)	Arbeitgeberanteil (SV)
25.900,00	4.500,00	5.542,00	1.190,00	11.232,00	14.668,00	5.309,00

4. Abführen der Steuern durch Banküberweisung am 9. Dezember (siehe 3.).

7 Buchen Sie folgende Geschäftsfälle:

1. Vorschusszahlung am 10. Mai an Angestellte, bar .... 2.000,00 €
2. Entgeltliche Erzeugnislieferung am 16. Mai an Angestellte .... 1.500,00 €
   + 19 % Umsatzsteuer .... 285,00 €
   (Verrechnung erfolgt bei der Gehaltszahlung.)
3. Prognostizierte SV-Vorausleistung (Mai): 21.000,00 €,
   SV-Schuldvortrag aus dem Vormonat: 80,00 €,
   Banklastschrift für Überweisung des Sozialversicherungsbeitragssolls am 27. Mai.
4.

Bruttogehälter[1] (31. Mai)	Steuern	Arbeitnehmeranteil (SV)	Vorschuss	Erzeugnislieferung	Auszahlung (Banküberw.)	Arbeitgeberanteil (SV)
50.400,00	7.580,00	10.786,00	2.000,00	1.785,00	28.249,00	10.332,00

5. Banküberweisung der Steuern am 9. Juni (siehe 4.).

8 Bilden Sie die Buchungssätze.

1. Prognostizierte SV-Vorausleistung (Februar): 5.000,00 €,
   SV-Forderungsvortrag aus dem Vormonat: 120,00 €,
   Banklastschrift für Überweisung des Sozialversicherungsbeitragssolls am 24. Februar.
2.

Bruttolöhne[1] (28. Febr.)	Zuschuss zur vermögenswirks. Anlage	Steuern	Arbeitnehmeranteil (SV)	vermögenswirks. Anlage	Auszahlung (Bank)	Arbeitgeberanteil (SV)
11.900,00	78,00	2.100,00	2.546,00	130,00	7.202,00	2.439,00

3. Banküberweisung der einbehaltenen vermögenswirksamen Anlagen am 2. März.
4. Banküberweisung der einbehaltenen Steuern am 9. März.

9

Betrieb	Bruttolöhne	Zuschuss zur vermögensw. Anlage	Steuern	Arbeitnehmeranteil (SV)	vermögenswirks. Anlage	Auszahlung (Bank)	Arbeitgeberanteil (SV)
1	47.500,00	338,00	8.230,00	10.165,00	676,00	?	9.737,00
2	30.200,00	234,00	5.180,00	6.462,00	468,00	?	6.191,00
3	68.700,00	640,00	11.790,00	14.701,00	832,00	?	14.083,00

1 Die Vergütungen ändern sich monatlich bedingt durch unterschiedliche Arbeitsstunden, Überstunden, Urlaubsgeld, Zulagen, unbezahlten Urlaub, Fluktuation usw. Deshalb weichen die tatsächlichen Sozialversicherungsbeiträge von dem zuvor geschätzten Sozialversicherungsbeitragssoll ab.

a) Errechnen Sie für jeden Betrieb den Auszahlungsbetrag. b) Bilden Sie für jeden Betrieb die Buchungssätze für 1. die Lohnzahlung,
2. die Banküberweisung der einbehaltenen vermögenswirksamen Anlagen und
3. die Banküberweisung der einbehaltenen Steuern.

10 Sie sind Angestellte(r) der Textilfabrik Konrad Fied KG, Goseriede 41, 30159 Hannover. Die nachstehenden Belege liegen Ihnen zur Buchung vor.

a) Welche Geschäftsfälle liegen den Belegen zugrunde?
b) Wie lauten die Buchungssätze?

Hinweis: Das entsprechende Konto finden Sie in der Kontengruppe 66.

Beleg 1

KREY & Rubin
Personal-Leasing GmbH

Der Dienstleister für die Arbeitswelt
schafft sichere Arbeitsplätze im kaufmännischen, technischen und gewerblichen Bereich

Krey & Rubin Personal-Leasing GmbH
Lutherstraße 51 • 30171 Hannover
Telefon: 0511 8140-0
Telefax: 0511 8140-55
E-Mail: info@krey-rubin-wvb.de
Internet: www.krey-rubin-wvb.de

Krey & Rubin GmbH • Lutherstraße 51 • 30171 Hannover

Textilfabrik
Konrad Fied KG
Goseriede 41
30159 Hannover

bei Zahlungen bitte immer angeben:
Rechnungsnummer: 463
Kundennummer: 24009
Rechnungsdatum: 10.12.20..

Rechnung

Berufsbezeichnung Einsatzort Mitarbeiter/-in Zeitraum	geleistete Stunden	Zuschläge	%-Satz	Stundensatz (€)	Gesamt (€)
Finanzbuchhalter Hannover, Goseriede 41					
Georg Ansmann 12.11.20.. bis 16.11.20..	40,00	Normalstunden	100,0	29,50	1.180,00
	4,50	Überstunden-zuschlag	125,0	36,88	165,96
Georg Ansmann 19.11.20.. bis 23.11.20..	40,00	Normalstunden	100,0	29,50	1.180,00
Georg Ansmann 26.11.20.. bis 30.11.20..	40,00	Normalstunden	100,0	29,50	1.180,00
				Nettobetrag	3.705,96
				19 % USt	704,13
				Rechnungsbetrag	**4.410,09**

Wir bitten um Zahlungseingang bis spätestens 10 Tage nach Rechnungszugang.

5 226 00098
2 36, BIC SPKHDE2H
56, BIC PBNKDEFF250

Beleg 2[1]

Konto-Nummer: **12 345** BLZ **251 901 01**
IBAN: DE81 2519 0101 0000 0123 45 BIC: GENODEF1HLI

Lindener Volksbank eG

Beleg	Buch.-Datum	Text	Wert	Betrag
99 801	26.03.20..	SB-ÜBERWEISUNG, AB KRANKENKASSE, AB-KONTO-NR. 8976, SOZIALVERSICHERUNGSBEITRAGS-SOLL MÄRZ 20..	26.03.20..	6.300,00 -
99 712	27.03.20..	SB-ÜBERWEISUNG, TEXTIL-BERUFSGENOSSENSCHAFT, VORAUSZAHLUNG UNFALLVERSICHERUNG 1. QUARTAL 20.., MITGLIEDS-NR. AB/345XY	27.03.20..	8.998,00 -

TEXTILFABRIK
KONRAD FIED KG
GOSERIEDE 41
30159 HANNOVER

Konto-Auszug		
27.03.20..	23	1
Datum	Nummer	Blatt

EUR 40.000,00 +	Alter Kontostand
EUR 24.702,00 +	Neuer Kontostand

Hinweis: Es sind zwei Geschäftsfälle zu bearbeiten.

1 *Zur Information zum zweiten Geschäftsfall:* Die Beiträge zur Unfallversicherung sind nach Gefahrenklassen gestaffelt und betragen etwa 0,7 % bis 4,5 % der Bruttolohnsumme des Betriebes. Der Arbeitgeber hat für das laufende Jahr **Vorauszahlungen** an die Berufsgenossenschaft zu leisten. Aufgrund der bis Mitte Februar des Folgejahres von den Arbeitgebern einzureichenden Feststellungsbogen ermittelt die Berufsgenossenschaft den endgültig zu zahlenden Betrag. Geht der Arbeitgeber davon aus, dass für das Abschlussjahr zu geringe Vorauszahlungen an die Berufsgenossenschaft geleistet wurden, so hat er am Geschäftsjahresende **Rückstellungen für ungewisse Verbindlichkeiten** zu bilden.

Beleg 3

Konto-Nummer: **12 345** BLZ **251 901 01**
IBAN: DE81 2519 0101 0000 0123 45 BIC: GENODEF1HLI

Lindener Volksbank eG

Beleg	Buch.-Datum	Text	Wert	Betrag
99 242	08.04.20..	SB-ÜBERWEISUNG, XY AKTIENFONDS, VERMÖGENSWIRKSAME LEISTUNGEN UNSERER ARBEITNEHMER MÄRZ 20.. GEMÄß LISTE	08.04.20..	538,00 -
99 378	09.04.20..	SB-ÜBERWEISUNG, FINANZAMT HANNOVER SÜD, LOHN- UND KIRCHENSTEUER, SOLIDARITÄTSZUSCHLAG MÄRZ 20.. STEUER-NR. 26/815/08151	09.04.20..	4.900,00 -

TEXTILFABRIK
KONRAD FIED KG
GOSERIEDE 41
30159 HANNOVER

Konto-Auszug		
10.04.20..	27	1
Datum	Nummer	Blatt

EUR 30.000,00 +
Alter Kontostand

EUR 24.562,00 +
Neuer Kontostand

Hinweis: Es sind zwei Geschäftsfälle zu bearbeiten.

Beleg 4

HANN ZTG/N *100 VERLAGSGESELLSCHAFT ADSACK GMBH

Rubrik
Stellenangebote 163

Kurztext
Buchhalter/-in gesucht

Seite	Manuskript-Nr.	Erscheinungsdatum	Höhe mm	Spalten Anzahl	Gesamt mm	mm-Preis	Brutto
	37 410	04.04.		32	ZEILE	5,00	160,00

Anzeigen-Rechnung
vom 04.04.20..

ADSACK GMBH • PF. 20 • 30449 HANNOVER

Herrn, Frau, Firma

Konrad Fied KG
Textilfabrik
Goseriede 41
30159 Hannover

EINGEGANGEN
5. April 20..
Erl. ....

NETTOBETRAG	160,00
19 % UST	30,40
RECHNUNGSBETRAG €:	190,40

Bei Zahlung bitte unbedingt angeben Rechnungs-Nr.
237 410

Bankverbindung
Nord LB Hannover, Kto.-Nr. 1 234 567, BLZ 250 500 00
IBAN DE78 2505 0000 0001 2345 67, BIC NOLADE2H451
Postbank Hannover, Kto.-Nr. 9876 54-302, BLZ 250 100 30
IBAN DE91 2501 0030 0987 6543 02, BIC PBNKDEFF250

Fernruf 0511 15-1
St.-Nr. 40 257 70602
Zahlungsbedingungen: Zahlung bis 04.05.20..

Erfüllungsort und Gerichtsstand ist für das Mahnverfahren und im Verkehr zu Kaufleuten
HANNOVER

11 Nennen Sie die Buchungssätze.
(Suchen Sie sich dazu die entsprechenden Konten aus dem Kontenrahmen heraus.)

1. Einem leitenden Angestellten, der jeden Tag ca. 100 km zur Arbeitsstätte anreisen muss, erstatten wir die monatlichen Fahrtkosten mit der Bahn von 310,00 € durch Banküberweisung.
2. Das 100-jährige Firmenjubiläum wird mit der Belegschaft in einem Restaurant gefeiert. Die Rechnung des Restaurants über 20.825,00 € (einschließlich 19 % USt) geht bei uns ein.
3. Für die betriebliche Bücherei wird Fachliteratur für 321,00 € (einschließlich 7 % USt) bar angeschafft.

12[1] **Anfangsbestände** **FIBU möglich**

I. Anfangsbestände der Sachkonten

0720 Anlagen und Maschinen: 900.000,00 €; 0840 Fuhrpark: 350.000,00 €; 2000 Rohstoffe: 250.000,00 €; 2020 Hilfsstoffe: 80.000,00 €; 2100 Unfertige Erzeugnisse: 70.000,00 €; 2200 Fertige Erzeugnisse: 90.000,00 €; 2400 Forderungen a. LL: 120.000,00 €; 2640 SV-Beitragsvorauszahlung: 100,00 € (Anfangsbestand im Soll); 2800 Guthaben bei Kreditinstituten (Bank): 200.000,00 €; 2880 Kasse: 9.000,00 €; 3000 Eigenkapital: 977.700,00 €; 4250 Langfristige Bankverbindlichkeiten: 973.000,00 €; 4400 Verbindlichkeiten a. LL: 118.400,00 €.

1 Der Geschäftsgang kann alternativ nach der „Fortschreibungsmethode" oder nach der „Inventurmethode" oder nach dem „Aufwandsrechnerischen Verfahren" gebucht werden.

II. Anfangsbestände der Kundenkonten (Offene-Posten-Liste der Debitoren)

Kd.-Nr.	Debitoren	Beleg-Nr.	Betrag (€)
24 001	Söffgen OHG	1	80.000,00
24 002	G. Schön e. Kffr.	2	40.000,00
			120.000,00

III. Anfangsbestände der Liefererkonten (Offene-Posten-Liste der Kreditoren)

L.-Nr.	Kreditoren	Beleg-Nr.	Betrag (€)
44 002	Emut GmbH	3	71.400,00
44 006	Vödisch AG	4	47.000,00
			118.400,00

Kontenplan

Kontenklasse 0 (Immaterielle Vermögensgegenstände und Sachanlagen): 0720 Anlagen und Maschinen; 0840 Fuhrpark.

Kontenklasse 2 (Umlaufvermögen und aktive Rechnungsabgrenzung): 2000 Rohstoffe; 2020 Hilfsstoffe; 2100 Unfertige Erzeugnisse; 2200 Fertige Erzeugnisse; 2400 Forderungen a. LL (24 001 Forderungen an die Söffgen OHG, 24 002 Forderungen an G. Schön e. Kffr.); 2600 Vorsteuer; 2640 SV-Beitragsvorauszahlung; 2650 Forderungen an Mitarbeiter; 2800 Guthaben bei Kreditinstituten (Bank); 2880 Kasse.

Kontenklasse 3 (Eigenkapital und Rückstellungen): 3000 Eigenkapital; 3001 Privatkonto.

Kontenklasse 4 (Verbindlichkeiten und passive Rechnungsabgrenzung): 4250 Langfristige Bankverbindlichkeiten; 4400 Verbindlichkeiten a. LL (44 002 Verbindlichkeiten gegenüber der Emut GmbH, 44 006 Verbindlichkeiten gegenüber der Vödisch AG); 4800 Umsatzsteuer; 4830 Sonstige Verbindlichkeiten gegenüber Finanzbehörden.

Kontenklasse 5 (Erträge): 5000 Umsatzerlöse für eigene Erzeugnisse; 5001 Erlösberichtigungen für eigene Erzeugnisse; 5201 Bestandsveränderungen an unfertigen Erzeugnissen; 5202 Bestandsveränderungen an fertigen Erzeugnissen; 5420 Entnahme von Gegenständen und sonstigen Leistungen.

Kontenklasse 6 (Betriebliche Aufwendungen): 6000 Aufwendungen für Rohstoffe; 6001[1] Bezugskosten für Rohstoffe; 6002[2] Nachlässe für Rohstoffe; 6020 Aufwendungen für Hilfsstoffe; 6021[3] Bezugskosten für Hilfsstoffe; 6200 Löhne; 6300 Gehälter; 6400 Arbeitgeberanteil zur Sozialversicherung (Lohnbereich); 6410 Arbeitgeberanteil zur Sozialversicherung (Gehaltsbereich); 6420 Beiträge zur Berufsgenossenschaft; 6690 Übrige sonstige Personalaufwendungen; 6710 Leasing; 6800 Büromaterial.

Kontenklasse 8 (Ergebnisrechnungen): 8000 Eröffnungsbilanzkonto; 8010 Schlussbilanzkonto; 8020 Gewinn- und Verlustkonto.

Geschäftsfälle

Beleg-Nr.		€
	1. Eingangsrechnung der	
	1. Emut GmbH (L.-Nr. 44 002), Nettopreis (Rohstoffe)	50.000,00
11	− 10 % Rabatt	5.000,00
	+ Rollgeld	800,00
	+ 19 % Umsatzsteuer	8.702,00
	Rechnungsbetrag[4]	54.502,00
	2. Vödisch AG (L.-Nr. 44 006), Nettopreis (Hilfsstoffe)	20.000,00
	− 15 % Rabatt	3.000,00
12	+ Rollgeld	400,00
	+ 19 % Umsatzsteuer	3.306,00
	Rechnungsbetrag[1]	20.706,00

1 alternativ: 2001 („Bestandsrechnerisches Verfahren")
2 alternativ: 2002 („Bestandsrechnerisches Verfahren")
3 alternativ: 2021 („Bestandsrechnerisches Verfahren")
4 Für Bruttosteuerschlüssel (EDV-Buchführung): Bruttowert der Rohstoffe 53.550,00 €; Bruttowert der Bezugskosten 952,00 €
5 Für Bruttosteuerschlüssel (EDV-Buchführung): Bruttowert der Hilfsstoffe 20.230,00 €; Bruttowert der Bezugskosten 476,00 €

6691270

	2. Der Geschäftsinhaber Konrad Fied hat	
21	1. dem Betrieb eigene Erzeugnisse zum privaten Gebrauch	
	entnommen. Nettowert	500,00
	+ 19 % Umsatzsteuer	95,00
22	2. eigene Erzeugnisse für das Müttergenesungswerk gespendet.	
	Nettowert	2.000,00
	+ 19 % Umsatzsteuer	380,00
	3. Ausgangsrechnung an	
31	1. Söffgen OHG (Kd.-Nr. 24 001),	
	Nettopreis (eigene Erzeugnisse)	220.000,00
	– 10 % Rabatt	22.000,00
	+ Fracht	1.000,00
	+ 19 % Umsatzsteuer	37.810,00
	Rechnungsbetrag	236.810,00
32	2. Gertrud Schön e. Kffr. (Kd.-Nr. 24 002),	
	Nettopreis (eigene Erzeugnisse)	90.000,00
	+ 19 % Umsatzsteuer	17.100,00
	Rechnungsbetrag	107.100,00
40	**4.** Angestellter erhält eigene Erzeugnisse, die mit seinem Gehalt	
	verrechnet werden. Nettowert	400,00
	+ 19 % Umsatzsteuer	76,00
	5. Kassenausgänge für	
51	1. Bareinkauf von Büromaterial. Nettopreis	500,00
	+ 19 % Umsatzsteuer	95,00
	Rechnungsbetrag	595,00
52	2. Vorschusszahlung an Arbeiter	800,00
	6. Banklastschrift gemäß Kontoauszug für	
61	1. Überweisung an die Krankenkasse:	
	Prognostizierte SV-Vorausleistung des laufenden Monats	37.300,00
	– SV-Forderungsvortrag aus dem Vormonat	100,00
	Sozialversicherungsbeitragssoll	37.200,00
62	2. Lohnzahlung	
	Bruttolöhne	40.500,00
	einbehaltene Steuern	7.900,00
	Arbeitnehmeranteil zur Sozialversicherung	8.667,00
	Vorschuss (Verrechnung)	800,00
	Auszahlung (Banküberweisung)	23.133,00
	Arbeitgeberanteil zur Sozialversicherung	8.302,00
	3. Bonusauszahlung an die Söffgen OHG, netto	1.000,00
63	+ 19 % Umsatzsteuer	190,00
	(Nettobuchung)	

64	4. Gehaltszahlung	
	Bruttogehälter	48.700,00
	einbehaltene Steuern	9.200,00
	Arbeitnehmeranteil zur Sozialversicherung	10.420,00
	Bezug von eigenen Erzeugnissen (Verrechnung)	476,00
	Auszahlung (Banküberweisung)	28.604,00
	Arbeitgeberanteil zur Sozialversicherung	9.980,00
65	5. die Leasinggebühr des Lkw (Dauerauftrag), netto	600,00
	+ 19 % Umsatzsteuer	114,00
66	6. Überweisung an die Emut GmbH (L.-Nr. 44 002, betrifft: Beleg 3)[1],	
	Bruttorechnungsbetrag (Rohstoffe)	71.400,00
	– 3 % Nettoskontonachlass	1.800,00
	– 19 % Umsatzsteuer (auf Nettoskontonachlass)	342,00
	Lastschrift	69.258,00
	(Nettobuchung)	
67	7. einbehaltene Steuern (Lohnzahlung)	7.900,00
68	8. Vorauszahlung der Beiträge an die Berufsgenossenschaft (Einzugsermächtigung)	1.200,00
69	9. einbehaltene Steuern (Gehaltszahlung)	9.200,00
610	10. Überweisung der Prüfungsgebühr für die Abschlussprüfung unseres Auszubildenden Jürgen Engel an die IHK Hannover-Hildesheim (Einzugsermächtigung)	140,00
	7.[2] Verbrauch gemäß Materialentnahmescheine	
71	1. Rohstoffe	80.000,00
72	2. Hilfsstoffe	9.000,00
80	**8.**[2] Rückgabe von Rohstoffen aus der Fertigung an das Lager	5.000,00
	Abschlussangaben	
90	**9.** Ermittlung und Passivierung der Zahllast	?
101	**10. Schlussbestände laut Inventur:** 1. Unfertige Erzeugnisse	60.000,00
102	2. Fertige Erzeugnisse	120.000,00
110	**11.** Die Schlussbestände der anderen Bestandskonten entsprechen den Inventurbeständen.	
	Zusätzliche Abschlussangaben bei Buchung nach der „Inventurmethode" oder nach dem „Aufwandsrechnerischen Verfahren"	
121	**12. Schlussbestände laut Inventur:** 1. Rohstoffe	219.000,00
122	2. Hilfsstoffe	88.400,00

1 Zahlungsausgang innerhalb des Skontozahlungsziels.

2 Soll nach der „Inventurmethode" oder nach dem „Aufwandsrechnerischen Verfahren" gebucht werden, so entfällt dieser Geschäftsfall.

3.4 Anlagenwirtschaft

3.4.1 Ursachen der Wertminderung des Anlagevermögens

Anlagegüter (z. B. Gebäude, Maschinen, Kraftfahrzeuge, Betriebs- und Geschäftsausstattung) stehen den Unternehmen längerfristig zur Verfügung. Ihre Nutzungsdauer ist jedoch zeitlich begrenzt. Der Wert der Anlagegüter[1] nimmt im Zeitablauf ab.

Die **Ursachen der Wertminderung** der Anlagegüter liegen hauptsächlich begründet

- im **technischen Verschleiß** (verursacht durch Gebrauch, Abgabe von Nutzungen),
- im **natürlichen Verschleiß** (z. B. Verrosten, Verwitterung) und
- im **technischen Fortschritt** (ein neues – technisch verbessertes – Produkt kommt auf den Markt).

3.4.2 Die buchhalterische Behandlung der Wertminderung des Anlagevermögens

Der buchhalterische Vorgang, Wertminderungen der Anlagegüter zu erfassen, wird Abschreibung genannt.
Im Einkommensteuergesetz spricht man von „Absetzung für Abnutzung" (= AfA).

Buchmäßig werden die Wertminderungen des Anlagevermögens auf dem **Aufwandskonto „6520 Abschreibungen auf Sachanlagen"** erfasst.

Beispiel

Ein Lkw, der mit 100.000,00 € auf dem Konto Fuhrpark geführt wird, hat im Betrachtungsjahr 20.000,00 € an Wert verloren. Er ist entsprechend abzuschreiben.

Buchungssatz

		Soll	Haben
6520	Abschreibungen auf SA	20.000,00	
an	0840 Fuhrpark		20.000,00

Buchung

S	6520 Abschreibungen auf SA		H
0840	20.000,00		

S	0840 Fuhrpark		H
AB	100.000,00	6520	20.000,00

Abschlussbuchungssatz des Abschreibungskontos

		Soll	Haben
8020	Gewinn- und Verlustkonto	20.000,00	
an	6520 Abschreibungen auf SA		20.000,00

Abschlussbuchungssatz des Fuhrparkkontos

		Soll	Haben
8010	Schlussbilanzkonto	80.000,00	
an	0840 Fuhrpark		80.000,00

1 Ausnahme: Grund und Boden

Buchungen

S	6520 Abschreibungen auf SA		H
0840	20.000,00	GuV	20.000,00

S	0840 Fuhrpark		H
AB	100.000,00	6520	20.000,00
		SB	80.000,00
	100.000,00		100.000,00

S	8020 Gewinn- und Verlustkonto		H
Abschr.	20.000,00		

S	8010 Schlussbilanzkonto		H
Fuhrpark	80.000,00		

3.4.3 Abschreibungsmethoden

3.4.3.1 Die lineare Abschreibungsmethode

Bei der linearen Abschreibungsmethode wird mit gleich bleibenden Beträgen von den Anschaffungs- oder Herstellungskosten abgeschrieben.

Abschreibungsprozentsatz und Abschreibungsbetrag werden nach folgenden Formeln ermittelt:

$$\text{Abschreibungsprozentsatz} = \frac{100\ \%}{\text{Nutzungsdauer}} \qquad \text{Abschreibungsbetrag} = \frac{\text{Anschaffungswert}}{\text{Nutzungsdauer}}$$

Beispiel

Ein Pkw mit einem Anschaffungswert von 60.000,00 € soll abgeschrieben werden. Die voraussichtliche Nutzungsdauer beträgt 6 Jahre.
Die folgende Tabelle zeigt den linearen Abschreibungsplan vom 1. bis zum 6. Nutzungsjahr.

$$\text{Abschreibungsprozentsatz} = \frac{100\ \%}{6} = 16\ ^2\!/_3\ \% \qquad \text{Abschreibungsbetrag} = \frac{60.000,00\ €}{6} = 10.000,00\ €$$

	lineare Abschreibung (16 ⅔ %)
Anschaffungswert – Abschreibung 1. Jahr	60.000,00 € 10.000,00 €
Buchwert am Anfang des 2. Jahres – Abschreibung 2. Jahr	50.000,00 € 10.000,00 €
Buchwert am Anfang des 3. Jahres – Abschreibung 3. Jahr	40.000,00 € 10.000,00 €
Buchwert am Anfang des 4. Jahres – Abschreibung 4. Jahr	30.000,00 € 10.000,00 €
Buchwert am Anfang des 5. Jahres – Abschreibung 5. Jahr	20.000,00 € 10.000,00 €
Buchwert am Anfang des 6. Jahres – Abschreibung 6. Jahr	10.000,00 € 10.000,00 € (9.999,00 €)
Buchwert am Ende des 6. Jahres	0,00 € (1,00 €)

Nach 6 Jahren erreicht die lineare Abschreibung den Nullwert. Falls der Pkw weiterhin betrieblich genutzt wird, so wird er mit **1,00 € Erinnerungswert** in den Büchern weitergeführt. Der Abschreibungsbetrag beträgt dann im letzten Jahr **9.999,00 €.**

Betriebswirtschaftlich empfehlenswert ist die lineare Abschreibungsmethode bei gleichmäßiger Wertminderung des Anlagegutes während der einzelnen Nutzungsjahre.

Abschreibungen stellen einen betrieblichen Aufwand dar und schmälern den steuerpflichtigen Gewinn. Die Höhe der Abschreibungen muss daher in einem von der Finanzverwaltung anerkannten Rahmen liegen.

Das Bundesministerium der Finanzen hat AfA-Tabellen herausgegeben. In diesen Tabellen sind für die Nutzungsdauer einzelner Wirtschaftsgüter Erfahrungswerte angegeben, die Richtgrößen darstellen. In begründeten Fällen kann hiervon abgewichen werden.

Beispiele

Anlagegut	Nutzungsdauer in Jahren	linearer AfA-Satz
Vermessungsgeräte	8	12 ½ %
Überwachungsanlagen	11	9 ¹⁄₁₁ %
Dampfmaschinen u. -turbinen	15	6 ⅔ %
Maschinen		
– Drehbänke	16	6 ¼ %
– Fräsmaschinen	15	6 ⅔ %
Kraftwagen		
– Lastwagen	9	11 ⅑ %
– Personenwagen	6	16 ⅔ %
Fotokopiergeräte	7	14 ²⁄₇ %

3.4.3.2 Die degressive Abschreibungsmethode[1]

Die degressive Abschreibungsmethode schreibt mit fallenden Beträgen vom Buch- oder Restwert ab. Der Abschreibungsbetrag wird mithilfe eines gleich bleibenden Prozentsatzes vom Buch- oder Restwert errechnet.

$$\text{Abschreibungsbetrag} = \frac{\text{Buchwert} \cdot \text{Abschreibungssatz}}{100}$$

Für den degressiven Abschreibungsprozentsatz galt bzw. gilt:

Anschaffung bzw. Herstellung	Begrenzung
ab 01.08.1981 bis 31.12.2000	höchstens das 3-fache des linearen AfA-Satzes, maximal jedoch 30 %
ab 01.01.2001 bis 31.12.2005	höchstens das 2-fache des linearen AfA-Satzes, maximal jedoch 20 %
ab 01.01.2006 bis 31.12.2007	höchstens das 3-fache des linearen AfA-Satzes, maximal jedoch 30 %
ab 01.01.2008 bis 31.12.2008	Verbot der degressiven Abschreibung
ab 01.01.2009 bis 31.12.2010	höchstens das 2,5-fache des linearen AfA-Satzes, maximal jedoch 25 %

1 Zur Konjunkturbelebung dürfen Wirtschaftsgüter, die zwischen dem 01.01.2009 und dem 31.12.2010 angeschafft werden, wieder degressiv abgeschrieben werden. Aus diesem Grund verbleibt dieses Kapitel zunächst im Lehrbuch.

Beispiel

Ein Pkw (Anschaffung am 10. Januar 2010) mit einem Anschaffungswert von 60.000,00 € ist mit 25 % degressiv abzuschreiben.
Die folgende Tabelle zeigt einen degressiven Abschreibungsplan für 6 Jahre.

	degressive Abschreibung (25 %)
Anschaffungswert – Abschreibung 1. Jahr	60.000,00 € 15.000,00 €
Buchwert am Anfang des 2. Jahres – Abschreibung 2. Jahr	45.000,00 € 11.250,00 €
Buchwert am Anfang des 3. Jahres – Abschreibung 3. Jahr	33.750,00 € 8.437,50 €
Buchwert am Anfang des 4. Jahres – Abschreibung 4. Jahr	25.312,50 € 6.328,13 €
Buchwert am Anfang des 5. Jahres – Abschreibung 5. Jahr	18.984,37 € 4.746,09 €
Buchwert am Anfang des 6. Jahres – Abschreibung 6. Jahr	14.238,28 € 3.559,57 €
Buchwert am Ende des 6. Jahres	10.678,71 €

Der Nullwert wird bei der degressiven Abschreibungsmethode nach 6 Nutzungsjahren nicht erreicht. Um in der Nutzungszeit zum Nullwert zu gelangen, wird in der Regel von der degressiven zur linearen Abschreibungsmethode übergegangen. Wird nicht zur linearen Abschreibungsmethode gewechselt, so wird im letzten Nutzungsjahr auf 0,00 € bzw. 1,00 € Erinnerungswert abgeschrieben.

Ein Übergang von der degressiven Abschreibungsmethode zur linearen Abschreibungsmethode ist möglich. Umgekehrt ist es nicht zulässig, von der linearen Abschreibungsmethode auf die degressive Abschreibungsmethode überzugehen.

3.4.3.3 Die Leistungsabschreibung

Bei der Leistungsabschreibung wird die Nutzungsdauer des abzuschreibenden Anlagegutes nicht in Jahren ausgedrückt, sondern in Leistungseinheiten (Stückzahl, Maschinenstunden, Kilometer usw.), die das Anlagegut in seiner Nutzungszeit erbringt. Der Abschreibungsbetrag ergibt sich aus der jährlichen Leistung gemessen an der voraussichtlichen Gesamtleistung.

$$\text{Abschreibungsbetrag} = \frac{\text{Anschaffungskosten} \cdot \text{Istleistung pro Jahr}}{\text{Sollgesamtleistung}^{1}}$$

1 = voraussichtliche Gesamtleistung

6691276

Beispiel

Ein Lkw mit einem Anschaffungswert von 100.000,00 € soll nach Leistungseinheiten abgeschrieben werden. Der Lkw ist insgesamt 250 000 km einsetzbar. Laut Fahrtenbuch ergeben sich folgende jährliche Fahrleistungen:

1. Jahr:	70 000 km	4. Jahr:	55 000 km
2. Jahr:	45 000 km	5. Jahr:	38 000 km
3. Jahr:	42 000 km		

Die folgende Tabelle zeigt die Errechnung der jährlichen Abschreibungsbeträge:

Abschreibungsjahr	$\frac{\text{Anschaffungskosten} \cdot \text{Istleistung pro Jahr}}{\text{Sollgesamtleistung}}$	= Abschreibungsbetrag
1.	$\frac{100.000 \cdot 70\,000}{250\,000}$	= 28.000,00 €
2.	$\frac{100.000 \cdot 45\,000}{250\,000}$	= 18.000,00 €
3.	$\frac{100.000 \cdot 42\,000}{250\,000}$	= 16.800,00 €
4.	$\frac{100.000 \cdot 55\,000}{250\,000}$	= 22.000,00 €
5.	$\frac{100.000 \cdot 38\,000}{250\,000}$	= 15.200,00 €
	Summe der Abschreibungsbeträge:	= 100.000,00 €

Die Leistungsabschreibung berücksichtigt die technische Abnutzung von allen Abschreibungsmethoden am stärksten.

Steuerlich ist die Leistungsabschreibung zulässig, wenn die folgenden zwei Bedingungen erfüllt sind:

1. Die Leistungsabschreibung muss **wirtschaftlich begründet** sein. Dies ist gegeben, wenn die jährlichen Leistungsabgaben **erheblich schwanken.**
2. Die auf das einzelne Jahr entfallende Leistungsabgabe muss **nachweisbar** sein (z. B. durch km-Zähler eines Kraftfahrzeuges, Zählwerk einer Maschine).

3.4.4 Zeitanteilige Abschreibungen[1]

Anlagegüter, die während des Wirtschaftsjahres

- **angeschafft** bzw. **hergestellt (= Zugang)** oder
- **veräußert** bzw. **entnommen (= Abgang)**

werden, sind grundsätzlich **zeitanteilig** abzuschreiben.
In der Praxis wird dabei nach **Nutzungsmonaten** abgeschrieben.

1 Kapitel gilt nicht für Leistungsabschreibungen.

1. Zugang von Anlagegütern (zeitanteilige Abschreibungen im Zugangsjahr)

Im Zugangsjahr wird die zeitanteilige Abschreibung so gehandhabt, dass das angeschaffte bzw. hergestellte Anlagegut **ab dem Monat des Zugangs** abgeschrieben wird.

Beispiel

Bei Anschaffung eines Betriebsgebäudes am 27. März (Betriebszugehörigkeit im Zugangsjahr: 27. März bis 31. Dez.) werden $^{10}/_{12}$ der Jahresabschreibung angesetzt (Annahme: Wirtschaftsjahr entspricht Kalenderjahr).

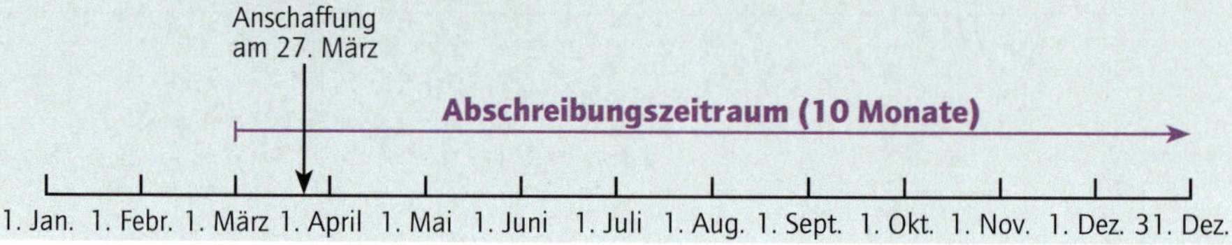

2. Abgang von Anlagegütern (zeitanteilige Abschreibungen im Abgangsjahr)

In der Praxis wird die zeitanteilige Abschreibung veräußerter oder entnommener Anlagegüter im Abgangsjahr so gehandhabt, dass auf volle Monate abgeschrieben wird. Endet die Nutzung eines Anlagegutes im Laufe eines Monats, so ist es nach herrschender Rechtsauffassung zulässig, **wahlweise auf volle Monate auf- oder abzurunden.**[1]

Beispiel

Eine Maschine wird am 3. Aug. veräußert (Betriebszugehörigkeit im Abgangsjahr: 1. Jan. bis 3. Aug.). Der Abschreibungsbetrag beträgt nun im Jahr des Ausscheidens $^{7}/_{12}$ oder $^{8}/_{12}$ der Jahresabschreibung (Annahme: Wirtschaftsjahr entspricht Kalenderjahr).

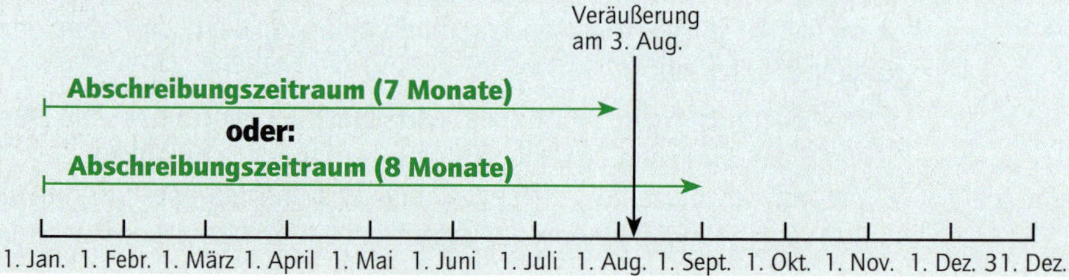

3.4.5 Das Anlagenverzeichnis (Anlagenbuch)

Im Hauptbuch werden die Anlagekonten i. d. R. als **Sammelkonten** gemäß Kontenrahmen geführt. In jedem Sammelkonto wird eine Vielzahl von einzelnen Anlagegütern erfasst.

Um nun die Abschreibungen pro Sammelkonto exakt ermitteln zu können, ist das Führen eines **Anlagenbuches** (= Nebenbuch) erforderlich.

Dieses Anlagenbuch kann in Form einer **Anlagenkartei** angelegt sein. Für jeden Gegenstand des Anlagevermögens wird dann eine **Anlagenkarteikarte** geführt.

1 Da bei Ausscheiden eines Anlagegutes (siehe Kapitel 3.4.11) sein Wert ohnehin auf null gebracht wird, hat die Höhe der Abschreibung im Abgangsjahr keinen Einfluss auf den zu versteuernden Gewinn.

Bei der EDV-Buchführung erfolgt die Speicherung (Anlagendatei) auf einem elektronischen Datenträger.

Muster einer Anlagenkarteikarte:

Inventar-Nr.: 662	**Bezeichnung:** Lkw (H–RW 692)	**Kostenstelle:** Fuhrpark
Anlagenkonto: 0840	**Abschreibungskonto:** 6520	**Abschreibungsbeginn:** 1. Januar Jahr 1
Voraussichtliche Nutzungsdauer: 9 Jahre	**Abschreibung:** linear	**Anschaffungskosten:** 90.000,00 € **Wiederbeschaffungswert:** 100.000,00 € **Versicherungswert:** 90.000,00 €

Datum	**Buchwert (AB)**	**jährliche AfA**	**Σ AfA**
31. Dez. Jahr 1	90.000,00 €	10.000,00 €	10.000,00 €
31. Dez. Jahr 2	80.000,00 €	10.000,00 €	20.000,00 €
31. Dez. Jahr 3	70.000,00 €	10.000,00 €	30.000,00 €
31. Dez. Jahr 4	60.000,00 €	10.000,00 €	40.000,00 €
31. Dez. Jahr 5	50.000,00 €		
31. Dez. Jahr 6			
31. Dez. Jahr 7			
31. Dez. Jahr 8			
31. Dez. Jahr 9			

Aufgrund der Daten der Anlagenkartei wird ein **Anlagenverzeichnis** erstellt.

Die Kopfzeile eines Anlagenverzeichnisses könnte folgendermaßen aufgebaut sein:

Nr.	Bezeichnung des Anlagegutes	Bilanzwert 1. Jan.	Anschaffungs-/Herstellungs-		Abgangstag	Nutzungsdauer	AfA			Bilanzwert 31. Dez.
			tag	kosten			Methode	Satz	Betrag	
1	2	3	4	5	6	7	8	9	10	11

Die Spalten 2 und 11 beinhalten die steuerlichen Mindestanforderungen. Enthält das Bestandsverzeichnis nur diese Informationen, so ist es jährlich aufgrund einer körperlichen Bestandsaufnahme zu erstellen.

Die Spalten 4 bis 6 sind erforderlich, wenn auf die jährliche körperliche Bestandsaufnahme der Gegenstände des beweglichen Anlagevermögens verzichtet werden soll.

Die Spalten 3 und 7 bis 10 stellen sinnvolle betriebswirtschaftliche Ergänzungsinformationen dar.

3.4.6 Geringwertige Wirtschaftsgüter

Abnutzbare bewegliche Güter des Anlagevermögens,

- die selbstständig nutzbar sind und
- deren Anschaffungs- oder Herstellungskosten nicht mehr als 1.000,00 € netto (ohne Umsatzsteuer) betragen,

bezeichnet man als **Geringwertige Wirtschaftsgüter (GWG).**

Im Folgenden ist die buchhalterische Behandlung der Geringwertigen Wirtschaftsgüter dargestellt, die ab dem 01.01.2010 angeschafft bzw. hergestellt wurden.

3.4.6.1 Sofortaufwand bei Geringwertigen Wirtschaftsgütern mit Anschaffungs- bzw. Herstellungskosten bis 150,00 €

Die Anschaffungs- bzw. Herstellungskosten von Wirtschaftsgütern, die selbstständig nutzbar sind und deren Wert **150,00 €** netto (ohne Umsatzsteuer) **nicht übersteigt, können**[1] im Anschaffungs- bzw. Herstellungsjahr in voller Höhe als Betriebsausgabe (Sofortaufwand) erfasst werden. Dabei wird entsprechend der sachlichen Herkunft gebucht, z. B. auf den Konten „6800 Büromaterial", „6822 Telefonkosten" oder „6060 Aufwendungen für Reparaturmaterial".

Eine besondere Aufzeichnungspflicht, z. B. in einem Anlagenverzeichnis, besteht für diese Geringwertigen Wirtschaftsgüter nicht.

Beispiel

	Barkauf einer Büroschreibtischlampe	50,00 €
+	19 % Umsatzsteuer	9,50 €
=	Bruttorechnungsbetrag	59,50 €

Buchungssatz

	Soll	Haben
6800 Büromaterial	50,00	
2600 Vorsteuer	9,50	
an 2880 Kasse		59,50

3.4.6.2 Poolabschreibung bei Geringwertigen Wirtschaftsgütern mit Anschaffungs- bzw. Herstellungskosten ab 150,01 € bis 1.000,00 €

Selbstständig nutzbare Wirtschaftsgüter, die ohne Umsatzsteuer mehr als **150,00 €,** aber **höchstens 1.000,00 €** kosten, **können** [**Wahlrecht**[2] zur 410,00-€-Regelung (siehe Kapitel 3.4.6.3) bzw. zur Regelabschreibung[3]] in einem Jahressammelposten (Pool) zusammengefasst und gemeinsam über fünf Jahre linear, also mit 20 % pro Jahr, abgeschrieben werden.

Dabei ist unerheblich

- zu welchem Zeitpunkt die Wirtschaftsgüter im Anschaffungsjahr erworben werden (keine zeitanteilige Abschreibung im Anschaffungsjahr),
- wann die Wirtschaftsgüter aus dem Betriebsvermögen ausscheiden (konstante Abschreibungen auf den Jahressammelposten im Fünf-Jahreszeitraum auch bei vorzeitigem oder nachträglichem Ausscheiden der Wirtschaftsgüter).

Abgesehen von der buchhalterischen Erfassung dieser Wirtschaftsgüter im Jahressammelposten bestehen keine weiteren Dokumentationspflichten.

Nicht selbstständig nutzbare Wirtschaftsgüter dieser Kategorie (z. B. Drucker, Monitore) werden nicht in diesem Jahressammelposten erfasst, sondern isoliert nach den allgemeinen Regeln abgeschrieben (Regelabschreibung).

1 Im Gegensatz zu der Regelung in den Jahren 2008 und 2009 besteht ab dem Jahr 2010 ein **Wahlrecht** (siehe § 6 Abs. 2 a Satz 4 EStG). Wirtschaftsgüter mit Anschaffungs- bzw. Herstellungskosten bis 150,00 € **können** alternativ nun auch nach den allgemeinen Regeln abgeschrieben werden. Dieses sehr aufwändige Vorgehen dürfte in der betrieblichen Praxis allerdings kaum Anwendung finden. Diese Variante bleibt deshalb in allen Ausführungen und Aufgaben dieses Lehrbuches außen vor.

2 Die Wahlentscheidung muss für alle in einem Wirtschaftsjahr angeschafften, hergestellten oder eingelegten Wirtschaftsgüter einheitlich getroffen werden.

3 Die Regelaschreibung lässt das Einkommensteuergesetz für Wirtschaftsgüter dieser Kategorie auch zu (§ 6 Abs. 2 a Satz 1 EStG, **Kannvorschrift).**

Beispiel

	Kauf eines Notebooks mit ec-Karte unserer Bank, netto	700,00 €
+	19 % Umsatzsteuer	133,00 €
=	Bruttorechnungsbetrag	833,00 €

Buchungssatz für die Anschaffung des Notebooks

		Soll	Haben
0891	Sammelposten BGA Jahr 1 (WG ab 150,01 € bis 1.000,00 €)	700,00	
2600	Vorsteuer	133,00	
an	2800 Guthaben bei KI (Bank)		833,00

Im Geschäftsjahr 1 sind ferner auf dem Konto „0891 Sammelposten BGA Jahr 1 (Wirtschaftsgüter ab 150,01 € bis 1.000,00 €)" folgende Anschaffungskosten gebucht worden:

500,00 € für einen Büroschreibtisch und 800,00 € für einen Büroschrank.

a) Errechnen Sie den Poolabschreibungsbetrag des Jahres 1.

b) Nennen Sie den Abschreibungsbuchungssatz für den Jahrespool.

Lösung

a) Gebuchte Anschaffungskosten: 700,00 € + 500,00 € + 800,00 € = 2.000,00 €
20 % von 2.000,00 € ergeben einen Poolabschreibungsbetrag von **400,00 €**.

b) Buchungssatz für die Abschreibung des Jahrespools

		Soll	Haben
6540	Abschr. auf Sammelposten (WG ab 150,01 € bis 1.000,00 €)	400,00	
an	0891 Sammelposten BGA Jahr 1 (WG ab 150,01 € bis 1.000,00 €)		400,00

3.4.6.3 Sofortabschreibung bei Geringwertigen Wirtschaftsgütern mit Anschaffungs- bzw. Herstellungskosten ab 150,01 € bis 410,00 €

Selbstständig nutzbare Wirtschaftsgüter mit Anschaffungs- bzw. Herstellungskosten **zwischen 150,01 € und 410,00 €** (jeweils netto, ohne Umsatzsteuer) **können (Wahlrecht) alternativ** zu der im Kapitel 3.4.6.2 dargestellten Poolabschreibung und **alternativ** zur Regelabschreibung[1] im Anschaffungs- bzw. Herstellungsjahr **vollständig abgeschrieben** werden **(Sofortabschreibung).**

Derartige Geringwertige Wirtschaftsgüter müssen in einem besonderen Anlagenverzeichnis mit Angabe des Tages der Anschaffung bzw. Herstellung aufgeführt werden. Dieses Verzeichnis ist nicht erforderlich, wenn die Angaben aus der Buchführung hervorgehen.

Folgende Konten sind vorgesehen:

- 0780 Geringwertige Anlagen und Maschinen und
- 0880 Geringwertige Vermögensgegenstände der Betriebs- und Geschäftsausstattung.

1 Die Regelaschreibung lässt das Einkommensteuergesetz für Wirtschaftsgüter dieser Kategorie auch zu (§ 6 Abs. 2 Satz 1 EStG, **Kannvorschrift).**

Beispiele

1. Kauf eines Büroschranks mit ec-Karte unserer Bank .... 375,00 €
   + 19 % Umsatzsteuer .... 71,25 €
2. Barkauf eines Büroschreibtisches .... 350,00 €
   + 19 % Umsatzsteuer .... 66,50 €
3. Barkauf einer Büroschreibtischlampe .... 25,00 €
   + 19 % Umsatzsteuer .... 4,75 €

Buchungssätze

		Soll	Haben
1.	0880 Geringwertige Vermögensgegenstände (BGA)	375,00	
	2600 Vorsteuer	71,25	
	an 2800 Guthaben bei Kreditinstituten (Bank)		446,25
2.	0880 Geringwertige Vermögensgegenstände (BGA)	350,00	
	2600 Vorsteuer	66,50	
	an 2880 Kasse		416,50
3.	6800 Büromaterial	25,00	
	2600 Vorsteuer	4,75	
	an 2880 Kasse		29,75

Buchungssatz für die vollständig Abschreibung der Geringwertigen Wirtschaftsgüter

	Soll	Haben
6540 Abschreibungen auf GWG	725,00	
an 0880 Geringwertige Vermögensgegenst. (BGA)		725,00

Das Konto „0880 Geringwertige Vermögensgegenstände der Betriebs- und Geschäftsausstattung" hat am Ende des Geschäftsjahres folgendes Aussehen:

0880 Geringwertige Vermögensgegenstände der Betriebs- und Geschäftsausstattung

S		H	
1. 2800	375,00	6540	725,00
2. 2880	350,00		
	725,00		725,00

Die Wahlentscheidung (Poolabschreibung oder 410,00-€-Regelung oder Regelabschreibung) muss für alle in einem Wirtschaftsjahr angeschafften, hergestellten oder eingelegten Geringwertigen Wirtschaftsgüter **einheitlich** getroffen werden **(wirtschaftsjahrbezogene Anwendung).**

Nicht selbstständig nutzbare Wirtschaftsgüter mit Anschaffungs- bzw. Herstellungskosten zwischen 150,01 € und 410,00 € (z. B. Drucker, Monitore) müssen isoliert nach den allgemeinen Regeln abgeschrieben werden (Regelabschreibung).

Zusammenfassung

Schaubild

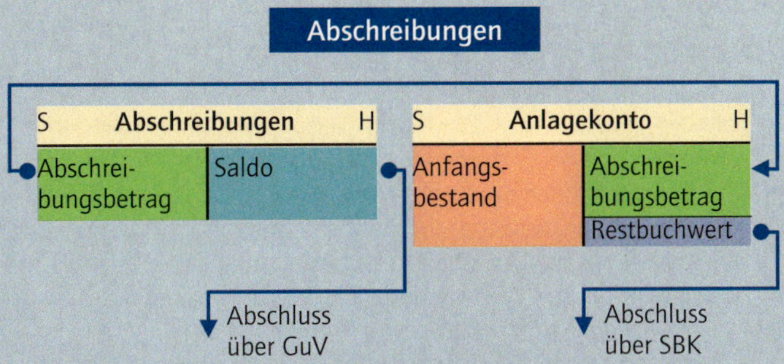

Merksätze

1. **Wertminderungen der Anlagegüter werden durch Abschreibungen buchhalterisch erfasst.**
2. **Abschreibungen werden als Aufwendungen im Soll des Aufwandskontos „Abschreibungen" und als Bestandsminderungen im Haben der Anlagekonten gebucht.**
3. **Bei der linearen Abschreibungsmethode wird mit gleich bleibenden Beträgen vom Anschaffungs- oder Herstellungswert abgeschrieben.**
4. **Bei der degressiven Abschreibungsmethode[1] wird mit fallenden Beträgen vom Buchwert abgeschrieben.**
5. **Bei der Leistungsabschreibung ergibt sich der Abschreibungsbetrag aus der jährlichen Leistung gemessen an der voraussichtlichen Gesamtleistung.**
6. **Bleibt ein Anlagegut nach seiner vollständigen buchmäßigen Abschreibung weiterhin Bestandteil des Betriebsvermögens, so muss es mit 1,00 € Erinnerungswert auf dem jeweiligen Anlagekonto weitergeführt werden.**
7. **Anlagegüter, deren Zugang oder Abgang während des Wirtschaftsjahres erfolgt, sind im Zugangs- bzw. Abgangsjahr zeitanteilig abzuschreiben.**
8. **Jedes Anlagegut wird einzeln in einer Anlagekartei/Anlagedatei geführt (und abgeschrieben). Die Anlagekonten des Hauptbuches ergeben sich aus diesen Anlagekarteien/Anlagedateien.**
9. **Selbstständig nutzbare Wirtschaftsgüter, deren Anschaffungs- bzw. Herstellungskosten 150,00 € (netto) nicht übersteigen, können im Anschaffungs- bzw. Herstellungsjahr sofort als Betriebsausgaben (Sofortaufwand) erfasst werden.**
10. **Selbstständig nutzbare Wirtschaftsgüter, deren Anschaffungs- bzw. Herstellungskosten mehr als 150,00 € höchstens aber 1.000,00 € (jeweils netto) betragen, können (Wahlrecht) in einem Jahressammelpool zusammengefasst und gemeinsam über fünf Jahre mit 20 % linear abgeschrieben werden (Poolabschreibung).**
11. **Selbstständig nutzbare Wirtschaftsgüter, deren Anschaffungs- bzw. Herstellungskosten zwischen 150,01 € und 410,00 € (jeweils netto) liegen, können (Wahlrecht) vollständig abgeschrieben werden (Sofortabschreibung). In diesem Fall unterliegen die Wirtschaftsgüter, die den Wert von 410,00 € überschreiten, der Regelabschreibung.**
12. **Die Wahlentscheidung [Poolabschreibung (Merksatz 10.) oder 410,00-€-Regelung (Merksatz 11.) oder Regelabschreibung] muss für alle in einem Wirtschaftsjahr angeschafften, hergestellten oder eingelegten Wirtschaftsgüter einheitlich getroffen werden.**

---

1 Zur Konjunkturbelebung dürfen Wirtschaftsgüter, die zwischen dem 01.01.2009 und dem 31.12.2010 angeschafft werden, wieder degressiv abgeschrieben werden. Aus diesem Grund verbleibt die degressive Abschreibungsmethode zunächst im Lehrbuch.

AUFGABEN

Aufgabe 1: Einführung ins Thema;
Aufgabe 2: steuerliche Auswirkungen der Abschreibungen;
Aufgaben 3 bis 5: lineare AfA;
Aufgabe 6: Abschreibungen im Zeitablauf;
Aufgabe 7: degressive AfA;
Aufgaben 8 bis 10: zeitanteilige Abschreibungen (mit Belegbuchungen);
Aufgabe 11: Leistungsabschreibung;
Aufgaben 12 bis 15: Geringwertige Wirtschaftsgüter;
Aufgabe 16: Geschäftsgang.

1

a) Warum wird der Kauf eines Anlagegutes nicht als Aufwand gebucht?
b) Welche Bilanzveränderung liegt z. B. beim Barkauf eines Autos vor?
c) Nennen Sie die Ursachen für die Wertminderungen von Anlagegütern.
d) Wie werden die Wertminderungen des Anlagevermögens buchhalterisch erfasst?
e) Was für ein Konto ist das Abschreibungskonto?
f) Welchen Vorteil bringen hohe Abschreibungen?
g) Wie wird ein Anlagegut buchhalterisch erfasst, das über seine Nutzungsdauer hinaus benutzt wird?

2

Abschreibungen mindern den steuerpflichtigen Gewinn. Errechnen Sie für die Fälle a) bis e) die durch die linearen Abschreibungen erzielte Steuerersparnis jeweils im Anschaffungsjahr (volle Jahresabschreibung) und jeweils für die gesamte Nutzungsdauer.

Anschaffungskosten	betriebsgewöhnliche Nutzungsdauer	Steuersatz	Steuerersparnis im Anschaffungsjahr	Steuerersparnis im gesamten Abschreibungszeitraum
a) 100.000,00 €	5 Jahre	50 %	?	?
b) 60.000,00 €	6 Jahre	40 %	?	?
c) 320.000,00 €	8 Jahre	25 %	?	?
d) 200.000,00 €	4 Jahre	32 %	?	?
e) 210.000,00 €	7 Jahre	30 %	?	?

3

Errechnen Sie für die unten stehenden Anlagegüter
a) den linearen Abschreibungsbetrag,   b) den linearen Abschreibungsprozentsatz.

	betriebsgewöhnliche Nutzungsdauer	Anschaffungswert
Klimageräte	11 Jahre	77.000,00 €
Drucker	6 Jahre	1.500,00 €
Lastkraftwagen	9 Jahre	90.000,00 €

4 **A**

Anfangsbestände

0510 Bebaute Grundstücke	470.000,00 €
0720 Maschinen	180.000,00 €
0840 Fuhrpark	120.000,00 €
0870 Sonstige Geschäftsausstattung	85.000,00 €

Die Anschaffungskosten betrugen:

0510 Bebaute Grundstücke	500.000,00 €
0720 Maschinen	250.000,00 €
0840 Fuhrpark	240.000,00 €
0870 Sonstige Geschäftsausstattung	150.000,00 €

a) Buchen Sie die Abschreibungen nach der linearen Methode bei folgenden vom Finanzamt anerkannten betriebsgewöhnlichen Nutzungsdauern:

0510 Bebaute Grundstücke	50 Jahre
0720 Maschinen	10 Jahre
0840 Fuhrpark	6 Jahre
0870 Sonstige Geschäftsausstattung	5 Jahre

b) Schließen Sie die Konten ab.

6691284

5 Der Anfangsbestand auf dem Konto „0860 Büromaschinen, Organisationsmittel und Kommunikationsanlagen" beträgt 40.000,00 € (48.000,00 €). Der Anschaffungswert, der bereits zwei Jahre linear abgeschrieben wurde, betrug 80.000,00 € (72.000,00 €).
Der Kauf von 12 PCs bewirkt eine Bestandsmehrung auf dem Konto „0860" von insgesamt 20.000,00 € (18.000,00 €). Für die PCs gilt eine betriebsgewöhnliche Nutzungsdauer von 3 Jahren (4 Jahren).

a) Wie hoch sind der Abschreibungsprozentsatz und der jährliche Abschreibungsbetrag für den bereits 2 Jahre abgeschriebenen Anfangsbestand des Kontos „0860" bei linearer Abschreibung?
b) Wie hoch sind der Abschreibungsprozentsatz und der jährliche Abschreibungsbetrag für die 12 neu angeschafften PCs bei linearer Abschreibung?
c) Wie hoch ist der Abschreibungsbetrag des Kontos „0860" insgesamt nach der Neuanschaffung der 12 PCs?

6 A [1] Die Anschaffungskosten eines Pkw betragen 36.000,00 €.
Betriebsgewöhnliche Nutzungsdauer: 6 Jahre.

a) Errechnen Sie den linearen Abschreibungsprozentsatz (und den maximal möglichen degressiven Abschreibungsprozentsatz bei Anschaffung zwischen dem 1. Jan. 2009 und dem 31. Dez. 2010).
b) Stellen Sie in einer Abschreibungstabelle die lineare (und die degressive) Abschreibungsmethode bis zum Ende des 6. Jahres dar.
c) Erstellen Sie das Fuhrparkkonto mit Anfangsbestand, Abschreibungsbetrag und Schlussbestand am Ende des 3. Nutzungsjahres bei linearer Abschreibung.
(d) Erstellen Sie das Fuhrparkkonto mit Anfangsbestand, Abschreibungsbetrag und Schlussbestand am Ende des 3. Nutzungsjahres bei degressiver Abschreibung.)
e) Wie lautet der Abschreibungsbuchungssatz am Ende des 3. Nutzungsjahres bei linearer (und bei degressiver) Abschreibung?
f) Wie lautet der Abschlussbuchungssatz des Kontos Fuhrpark am Ende des 3. Nutzungsjahres bei linearer (und bei degressiver) Abschreibung?
g) Wie lautet der Abschreibungsbuchungssatz am Ende des 6. Jahres bei linearer Abschreibung, wenn der Pkw weiterhin genutzt wird?

7 [2] Wie hoch sind bei Anschaffung der Anlagegüter zwischen dem 1. Januar 2009 und dem 31. Dezember 2010 die degressiven Abschreibungssätze höchstens

a) bei folgenden linearen Abschreibungssätzen:
5 %, 10 %, 20 %, 12 %, 8 %, 15 %, 6 %, 2 %, 18 %,
b) bei folgenden betriebsgewöhnlichen Nutzungsdauern:
50 Jahre, 5 Jahre, 25 Jahre, 4 Jahre, 10 Jahre, 8 Jahre, 20 Jahre?

8 Berechnen Sie die linearen Abschreibungsbeträge für das Anschaffungsjahr.[3]

Anlagegut	Anschaffungsdatum	Anschaffungskosten	Nutzungsdauer
Pkw	27. Juni	48.000,00 €	6 Jahre
Fernsprechanlagen	9. Dez.	8.000,00 €	8 Jahre

1 *Hinweis für die Lehrerin/den Lehrer:* Soll die degressive Abschreibungsmethode im Unterricht nicht mehr besprochen werden, so verzichten Sie bitte auf die Lösung der eingeklammerten Aufgaben/Teilaufgaben.

2 Zur Konjunkturbelebung dürfen Wirtschaftsgüter, die zwischen dem 01.01.2009 und dem 31.12.2010 angeschafft werden, wieder degressiv abgeschrieben werden. Aus diesem Grund verbleibt diese Aufgabe zunächst im Lehrbuch.

3 Annahme: Wirtschaftsjahr entspricht dem Kalenderjahr.

9 Berechnen Sie die linearen Abschreibungsbeträge für das Veräußerungsjahr.[1]

Anlagegut	Veräußerungsdatum	Anschaffungskosten	Nutzungsdauer
Pkw	11. Juli	48.000,00 €	6 Jahre
Maschine	2. März	100.000,00 €	10 Jahre
Schreibtisch	21. Sept.	1.500,00 €	8 Jahre

10 Sie sind Angestellte(r) der Textilfabrik Konrad Fied KG, Goseriede 41, 30159 Hannover. Die folgenden Belege liegen Ihnen zur Buchung vor.

a) Welche Geschäftsfälle liegen den Belegen zugrunde?

b) Wie lauten die Buchungssätze?

Beleg 1

Autohaus
Sauer KG
Rehbergstraße 24
30173 Hannover

Autohaus Sauer KG · Rehbergstraße 24 · 30173 Hannover

Textilfabrik
Konrad Fied KG
Goseriede 41
30159 Hannover

Bitte bei Zahlung angeben:
Rechnungsnummer: 4 153
Rechnungsdatum: 22.07.20..
Ihre Bestellung vom: 20.06.20..
Unsere Lieferung vom: 21.07.20..

Telefax 0511 3213-33
E-Mail walter@sauer-wvd.de

Telefon 0511 3213-29

Rechnung

Wir danken für Ihren Auftrag und berechnen Ihnen wie folgt:

	Leistungsbezeichnung/Warenbezeichnung	Preise in €
1	Pkw, Kombi 20 GS fabrikneu Fahrgestell-Nr. 506 748	
	zum Preis von	24.000,00
	+ 19 % USt	4.560,00
		28.560,00

EINGEGANGEN
23. Juli 20..
Erl. ....

Zahlungsbedingungen: 4 Wochen nach Erhalt der Rechnung

Beleg 2

Konrad Fied KG Hannover	**Buchungsanweisung** Buchungsdatum: 30.12.20..	**Beleg-Nr.** 4 298

für: anteilige Jahresabschreibung Pkw, Kombi 20 GS (506 748).
Abschreibung für 6 Monate
6/12 von $16^2/_3$ % aus 24.000,00 € .... 2.000,00 €

11 A Eine Maschine mit einem Anschaffungswert von 90.000,00 € (110.000,00 €) soll nach Leistungseinheiten abgeschrieben werden. Die Maschine kann insgesamt 20 000 Stück (25 000 Stück) produzieren. Die jährlichen Leistungen betragen:

1. Jahr: 6 000 Stück (7 000 Stück) — 3. Jahr: 7 000 Stück (11 000 Stück)
2. Jahr: 4 000 Stück (3 000 Stück) — 4. Jahr: 3 000 Stück (4 000 Stück)

Erstellen Sie eine Abschreibungstabelle für die 4 Nutzungsjahre.

1 Annahme: Wirtschaftsjahr entspricht dem Kalenderjahr.

12 Die Summe der Anschaffungskosten der selbstständig nutzbaren Wirtschaftsgüter im Wert ab 150,00 € bis 1.000,00 € beträgt:
Jahr 1: 3.000,00 €, Jahr 2: 4.500,00 €, Jahr 3: 5.200,00 €.
Nennen Sie die Abschreibungsbuchungssätze gemäß Poolabschreibung für die Jahressammelposten der Jahre 1, 2 und 3.

Konten:
0891 Sammelposten BGA Jahr 1 (WG ab 150,01 € bis 1.000,00 €), 0892 Sammelposten BGA Jahr 2 (WG ab 150,01 € bis 1.000,00 €), 0893 Sammelposten BGA Jahr 3 (WG ab 150,01 € bis 1.000,00 €), 6540 Abschreibungen auf Sammelposten (WG ab 150,01 € bis 1.000,00 €).

13 A

Geschäftsfälle	€
1. Kauf eines Fotokopiergerätes mit ec-Karte (Bank) zum Listenpreis von	500,00
− 25 % Rabatt	125,00
+ 19 % Umsatzsteuer	71,25
2. Barkauf eines Schreibtisches zum Listenpreis von	300,00
+ 19 Umsatzsteuer	57,00
3. Kauf eines Telefaxgerätes mit ec-Karte (Postbank) zum Listenpreis von	375,00
+ 19 Umsatzsteuer	71,25
4. Barkauf einer Schreibtischauflage für	25,00
+ 19 Umsatzsteuer	4,75

a) Wie lauten die Buchungssätze gemäß 410,00-€-Regelung?
b) Buchen Sie die Geschäftsfälle gemäß 410,00-€-Regelung auf dem Konto „0880 Geringwertige Vermögensgegenstände der Betriebs- und Geschäftsausstattung" (ohne Gegenkonten), soweit dieses Konto berührt wird.
c) Schließen Sie das Konto „0880" ab und nennen Sie den entsprechenden Abschlussbuchungssatz.

14 Ordnen Sie zu. (Der Begriff „Sofortaufwand" wird zweimal zugeordnet.)

A	B
1. Das Wirtschaftsgut 1 wird im Geschäftsjahr 1 angeschafft und gemäß „Poolabschreibung" abgeschrieben. Wirtschaftsgut 2 (Anschaffungskosten: 380,00 €) wird ebenfalls im Geschäftsjahr 1 angeschafft. Buchhalterische Behandlung?	1. Sofortaufwand
2. Das Wirtschaftsgut 1 wird im Geschäftsjahr 1 angeschafft und gemäß „410,00-€-Regelung" abgeschrieben. Wirtschaftsgut 2 (Anschaffungskosten: 380,00 €) wird ebenfalls im Geschäftsjahr 1 angeschafft. Buchhalterische Behandlung?	2. Sofortaufwand
3. Das Wirtschaftsgut 1 wird im Geschäftsjahr 1 angeschafft und gemäß „Poolabschreibung" abgeschrieben. Wirtschaftsgut 2 (Anschaffungskosten: 90,00 €) wird ebenfalls im Geschäftsjahr 1 angeschafft. Buchhalterische Behandlung?	3. Regelabschreibung
4. Das Wirtschaftsgut 1 wird im Geschäftsjahr 1 angeschafft und gemäß „410,00-€-Regelung" abgeschrieben. Wirtschaftsgut 2 (Anschaffungskosten: 90,00 €) wird ebenfalls im Geschäftsjahr 1 angeschafft. Buchhalterische Behandlung?	4. Poolabschreibung
5. Das Wirtschaftsgut 1 wird im Geschäftsjahr 1 angeschafft und gemäß „410,00-€-Regelung" abgeschrieben. Wirtschaftsgut 2 (Anschaffungskosten: 810,00 €) wird ebenfalls im Geschäftsjahr 1 angeschafft. Buchhalterische Behandlung?	5. Sofortabschreibung (410,00-€-Regelung)

15 Sie sind Angestellte(r) der Textilfabrik Konrad Fied KG, Goseriede 41, 30159 Hannover.
Die folgenden Belege liegen Ihnen zur Buchung vor.

a) Welche Geschäftsfälle liegen den Belegen zugrunde?
b) Wie lauten die Buchungssätze (Alle Wirtschaftsgüter werden im Jahr 1 angeschafft.)
   b1) bei Anwendung der „Poolabschreibung"?
   b2) bei Anwendung der „410,00-€-Regelung"?

Möbel Huss

Telefon 0511 2797811
Telefax 0511 2797822

Versand/Disposition
Telefon: 0511 2797833
Kundendienst
Telefon: 0511 2797844
0511 2797855
Internet: www.moebel-huss-wvd.de
E-Mail: info@moebel-huss-wvd.de
St.-Nr. 14 852 43917

Möbel Huss • 30827 Garbsen-Berenbostel an der B 6

Textilfabrik
Konrad Fied KG
Goseriede 41
30159 Hannover

Lieferanschrift
Herrn/Frau/Firma: Konrad Fied KG | Vorname:
Straße: Goseriede 41 | Etage: 01
PLZ: 30159 | Ort: Hannover
Telefon: 0511 4155-0 | Telefon (Firma): | Tour: 010 | Fah.: | Fah.:
KV-Datum: 10.05.20.. | Bemerkung: 330 KOM
Liefertermin: 29.05.20.. | **Auftragsnummer** I07824 | **Achtung: Bei Zahlung immer Auftragsnummer angeben!**

Lieferschein und Rechnung

Pos.	Anz.	Bezeichnung, Art, Modell, Ausführung, Größe	EZ-Preis, €	Gesamtpreis, €
		Es bediente Sie FRAU LUKOW, ANDREA		
1	3	09440059 WH:L/00/C201256(1) AKTENSCHRANK 3598 KIEFER MASSIV NATUR LACKIERT CA. 150 X 195 X 31 CM	400,00	1.200,00
		USt-Betrag 19,00 %		228,00

Unser Fahrpersonal ist verpflichtet, bei Lieferung fällige Beträge zu kassieren.
Unsere Preise sind Netto-Preise, verstehen sich also ohne jeden Abzug. Skonti und Rabatte sind durch reelle Preisgestaltung in unserem Netto-Preis-System bereits in Abzug gebracht. Verspätete Zahlung bedingt Skonti- und Zinsbelastung.

Rechnungsbetrag, € 1.428,00

Bankverbindung:
Kreissparkasse Hannover, Konto-Nr. 2 008 845, BLZ 250 502 99, IBAN DE98 2505 0299 0002 0088 45 , BIC KRHADE2H239

Quittung
KV-Summe 1.428,00 €
Auftragsnummer: I07824 | Rechnungsnummer: | Liefertermin: 29.05.20..
Betrag (€): 1.428,00 | Betrag in Worten: tausend EINS | hundert VIER | zehn ZWEI | eins ACHT
Herrn/Frau/Firma: Konrad Fied KG | Straße: Goseriede 41 | PLZ: 30159 | Ort: Hannover

Betrag dankend erhalten – Nur gültig mit Unterschrift
☒ Bankscheck
☐ Postbankscheck
☐ Bar
Brückner
Unterschrift des Inkassoberechtigten

Möbel Huss GmbH, Amtsgericht Neustadt HRB 421, Geschäftsführer: Detlef Deising

Beleg 1

Beleg 2

Alles für Ihr Büro

Brink
... wenn's um Ihr Geld geht.
Hamburg · Hannover · Bremen · Dortmund · Osnabrück · Kiel · Neumünster · Flensburg
Kassel · Wismar · Stralsund · Oldenburg · Magdeburg · Greifswald · Rostock · Plauen · Erfurt

Ernst Brink KG · Georgstraße 18 · 30159 Hannover

Textilfabrik
Konrad Fied KG
Goseriede 41
30159 Hannover

xxxxxxxxxxxxxxxxxxxxxxxx
19 % USt 169,10
xxxxxxxxxxxxxxxxxxxxxxxx
Barzahlung 1.059,10

Rechnung Datum 01.11.20.. **B 600 509**

Menge	Artikel	Einzelpreis €	Gesamtpreis €
1	Xanon FG 230 Fotokopiergerät		890,00
	+ 19 % USt		169,10
			1.059,10
570			

Brink
1.Nov. 20..
WARENAUSGABE
Bürotechnikabteilung

Verkäufer: Vihelf | Montage geg. Berechn. | Stückzahl der Sendung | Abruf zum | Abholung am: sofort | Anlieferung am

Zahlbar sofort ohne Abzug – spätestens jedoch bei Empfang der Ware an den Lieferer. Quittung erfolgt beim Kauf durch Kassendruck, bei Anlieferung durch Unterschrift des Inkassobevollmächtigten auf der Originalrechnung. Die Bestellung vorstehend aufgeführter Gegenstände erfolgt zu den umseitig aufgeführten Bedingungen.

Besteller: | Ware erhalten: Fied | Betrag dankend erhalten: Schramm

ERNST BRINK KG · GEORGSTRASSE 18 · 30159 HANNOVER · St.-Nr. 21 914 5462 0 · USt-IdNr. DE 843 342 638
Telefon 0511 3020 · Telefax 0511 3022 · E-Mail: service@brinkkg-wvd.de
Commerzbank Hannover · Konto 4384719, BLZ 250 400 66 · IBAN DE40 2504 0066 0004 3847 19 · BIC DRESDEFF250
Postbank Hannover · Konto 622 26-308, BLZ 250 100 30 · IBAN DE09 2501 0030 0062 2263 08 · BIC PBNKDEFF250

Beleg 3

```
       Ernst Brink KG
 Georgstr. 18 • 30159 HANNOVER
Tel.: 0511 3020 • Fax: 0511 3022
      St.-Nr. 21 914 54620
--------------------------------
   1909 BAR-1    2875 0015 095
432 Schreibtischlampe VK 1A 45,00
              SUMME EUR    45,00
xxxxxxxxxxxxxxxxxxxxxxxxxxxxxxxx
inklusive 19 % USt          7,18
xxxxxxxxxxxxxxxxxxxxxxxxxxxxxxxx
              BARGELD     100,00
              RÜCKGELD     55,00
 VIELEN DANK FÜR IHREN EINKAUF
   KENNEN SIE SCHON UNSERE
         BRINK-CARD?
   01.11.20..         14:13
```

Beleg 4

TELE-POINT

Tele-Point Vertriebsgesellschaft mbH
Angerburger Str. 248 • 30451 Hannover

Steuernummer: 205/1111/2222

Art/EAN 41223698
Telefon Merkur 120 Double EUR **69,99**
Verkäufer: 002

SUMME EUR **69,99**

EC-Cash EUR 69,99
- Kundenbeleg -

- Kundenbeleg -

Tele-Point Vertriebsgesellschaft mbH
Angerburger Str. 248 • 30451 Hannover

Terminal-ID: 69885485
ec-Nr 001532 BNr 0854
------ Kartenzahlung ------
electronic cash
Chip Offline
EUR 69,99
Datum: 11.10.20.. 10:24 Uhr
Nr. 6856658854125978236
Karte 2 gültig bis XX/12
AICPara
03 08 9D 0D 060814 0275
455553 02 4F 0001 0027
AID 2A8A53A753FB4D80
*** Zahlung erfolgt ***

NETTOBETRAG EUR 58,82
1 = Umsatzsteuer 19 % = 11,17

Es bediente Sie: Kassierer: 003

Datum	Zeit	Filiale	Pos	Bed	Transakt
11.10.20..	10:24	096659	001	003	C000080

Beleg 5

Alles für Ihr Büro

Brink

... wenn's um Ihr Geld geht.

Hamburg · Hannover · Bremen · Dortmund · Osnabrück · Kiel · Neumünster · Flensburg
Kassel · Wismar · Stralsund · Oldenburg · Magdeburg · Greifswald · Rostock · Plauen · Erfurt

Ernst Brink KG · Georgstraße 18 · 30159 Hannover

Textilfabrik
Konrad Fied KG
Goseriede 41
30159 Hannover

xxxxxxxxxxxxxxxxxxxxxxx
19 % USt 75,05
xxxxxxxxxxxxxxxxxxxxxxx
Barzahlung 470,05

Rechnung Datum 01.11.20.. **B 600 510**

Menge	Artikel	Einzelpreis €	Gesamtpreis €
1	Samuno XL 530 PC-Bildschirm		395,00
	+ 19 % USt		75,05
			470,05
570			

Brink
1. Nov. 20..
WARENAUSGABE
Bürotechnikabteilung

Verkäufer	Montage geg. Berechn.	Stückzahl der Sendung	Abruf zum	Abholung am	Anlieferung am
Vihelf				sofort	

Zahlbar sofort ohne Abzug – spätestens jedoch bei Empfang der Ware an den Lieferer. Quittung erfolgt beim Kauf durch Kassendruck, bei Anlieferung durch Unterschrift des Inkassobevollmächtigten auf der Originalrechnung. Die Bestellung vorstehend aufgeführter Gegenstände erfolgt zu den umseitig aufgeführten Bedingungen.

Besteller	Ware erhalten	Betrag dankend erhalten
	Fied	Schramm

ERNST BRINK KG · GEORGSTRASSE 18 · 30159 HANNOVER · St.-Nr. 21 914 5462 0 · USt-IdNr. DE 843 342 638
Telefon 0511 3020 · Telefax 0511 3022 · E-Mail: service@brinkkg-wvd.de
Commerzbank Hannover · Konto 4384719, BLZ 250 400 66 · IBAN DE40 2504 0066 0004 3847 19 · BIC DRESDEFF250
Postbank Hannover · Konto 622 26-308, BLZ 250 100 30 · IBAN DE09 2501 0030 0062 2263 08 · BIC PBNKDEFF250

16[1] FIBU möglich

Anfangsbestände

I. Anfangsbestände der Sachkonten

0720 Anlagen und Maschinen: 900.000,00 €; 0840 Fuhrpark: 300.000,00 €; 0860 Büromaschinen, Organisationsmittel und Kommunikationsanlagen: 250.000,00 €; 2000 Rohstoffe: 200.000,00 €; 2020 Hilfsstoffe: 70.000,00 €; 2100 Unfertige Erzeugnisse: 80.000,00 €; 2200 Fertige Erzeugnisse: 60.000,00 €; 2400 Forderungen a. LL: 121.120,00 €; 2640 SV-Beitragsvorauszahlung: 120,00 € (Anfangsbestand im Haben); 2800 Guthaben bei Kreditinstituten (Bank): 180.000,00 €; 2880 Kasse: 20.000,00 €; 3000 Eigenkapital: 944.400,00 €; 4250 Langfristige Bankverbindlichkeiten: 985.000,00 €; 4400 Verbindlichkeiten a. LL: 251.600,00 €.

II. Anfangsbestände der Kundenkonten (Offene-Posten-Liste der Debitoren)

Kd.-Nr.	Debitoren	Beleg-Nr.	Betrag (€)
24 001	Söffgen OHG	1	33.320,00
24 002	G. Schön e. Kffr.	2	87.800,00
			121.120,00

III. Anfangsbestände der Liefererkonten (Offene-Posten-Liste der Kreditoren)

L.-Nr.	Kreditoren	Beleg-Nr.	Betrag (€)
44 001	B. Müller OHG	3	47.600,00
44 002	Emut GmbH	4	204.000,00
			251.600,00

Kontenplan

Kontenklasse 0 (Immaterielle Vermögensgegenstände und Sachanlagen): 0720 Anlagen und Maschinen; 0840 Fuhrpark; 0860 Büromaschinen, Organisationsmittel und Kommunikationsanlagen.

Kontenklasse 2 (Umlaufvermögen und aktive Rechnungsabgrenzung): 2000 Rohstoffe; 2020 Hilfsstoffe; 2100 Unfertige Erzeugnisse; 2200 Fertige Erzeugnisse; 2400 Forderungen a. LL (24 001 Forderungen an die Söffgen OHG, 24 002 Forderungen an G. Schön e. Kffr.); 2600 Vorsteuer; 2640 SV-Beitragsvorauszahlung; 2800 Guthaben bei Kreditins-tituten (Bank); 2880 Kasse; 2910 Disagio.

Kontenklasse 3 (Eigenkapital und Rückstellungen): 3000 Eigenkapital.

Kontenklasse 4 (Verbindlichkeiten und passive Rechnungsabgrenzung): 4250 Langfristige Bankverbindlichkeiten; 4400 Verbindlichkeiten a. LL (44 001 Verb. ggü. der B. Müller OHG, 44 002 Verb. ggü. der Emut GmbH, 44 004 Verb. ggü. K.-H. More e. Kfm., 44 007 Verb. ggü. der Sauer KG, 44 010 Verb. ggü. F.-W. Heine e. K., 44 012 Verb. ggü. Marketing Hannover 96 GmbH, 44 013 Verb. ggü. Krey & Rubin); 4800 Umsatzsteuer; 4830 Sonstige Verb. ggü. Finanzbehörden.

Kontenklasse 5 (Erträge): 5000 Umsatzerlöse für eigene Erzeugnisse; 5001 Erlösberichtigungen für eigene Erzeugnisse; 5201 Bestandsveränderungen an unfertigen Erzeugnissen; 5202 Bestandsveränderungen an fertigen Erzeugnissen; 5403 Nebenerlöse aus Werksküche und Kantine; 5710 Zinserträge.

Kontenklasse 6 (Betriebliche Aufwendungen): 6000 Aufw. für Rohstoffe; 6001[2] Bezugskosten für Rohstoffe; 6002[3] Nachlässe für Rohstoffe; 6020 Aufw. für Hilfsstoffe; 6200 Löhne; 6400 Arbeitgeberanteil zur Sozialversicherung (Lohnbereich); 6520 Abschreibungen auf Sachanlagen; 6690 Übrige sonstige Personalaufwendungen; 6870 Werbung; 6930 Verluste aus Schadensfällen.

Kontenklasse 7 (Weitere Aufwendungen): 7590 Sonstige zinsähnliche Aufwendungen.

Kontenklasse 8 (Ergebnisrechnungen): 8000 Eröffnungsbilanzkonto; 8010 Schlussbilanzkonto; 8020 Gewinn- und Verlustkonto.

Beleg-Nr.	Geschäftsfälle	
	1. Kasseneingänge für	€
11	1. 280 verkaufte Einheiten aus dem Getränkeautomaten in der Kantine, netto	280,00
	+ 19 % Umsatzsteuer	53,20
		333,20
12	2. Barverkäufe der Verkaufsfiliale (eigene Erzeugnisse)	
	– Kasse 1 (8.000,00 + 1.520,00 [= 19 % USt])	9.520,00
	– Kasse 2 (9.000,00 + 1.710,00 [= 19 % USt])	10.710,00
	2. Ausgangsrechnung an	
21	1. Gertrud Schön e. Kffr. (Kd.-Nr. 24 002), Nettopreis (eigene Erzeugnisse)	200.000,00
	+ Fracht	1.000,00
	+ 19 % Umsatzsteuer	38.190,00
	Rechnungsbetrag	239.190,00

1 Der Geschäftsgang kann alternativ nach der „Fortschreibungsmethode" oder nach der „Inventurmethode" oder nach dem „Aufwandsrechnerischen Verfahren" gebucht werden.

2 alternativ: 2001 („Bestandsrechnerisches Verfahren")

3 alternativ: 2002 („Bestandsrechnerisches Verfahren")

22	2. Söffgen OHG (Kd.-Nr. 24 001),	
	Nettopreis (eigene Erzeugnisse)	300.000,00
	– 10 % Rabatt	30.000,00
	+ Verpackung	1.000,00
	+ Rollgeld	800,00
	+ 19 % Umsatzsteuer	51.642,00
	Rechnungsbetrag	323.442,00
	3. Gutschrift der Bank gemäß Kontoauszug für	
31	1. Kundenzahlung (Söffgen OHG, Kd.-Nr. 24 001, betrifft: Beleg 1)[1], Bruttorechnungsbetrag (eigene Erzeugnisse)	33.320,00
	– 3 % Nettoskontonachlass	840,00
	– 19 % Umsatzsteuer (auf Nettoskontonachlass)	159,60
	Gutschrift (Nettobuchung)	32.320,40
32	2. Kreditaufnahme	
	Bankkredit	200.000,00
	– Disagio	20.000,00
	Auszahlung (Gutschrift)	180.000,00
33	3. Zinsen	200,00
	4. Eingangsrechnung der	
41	1. Emut GmbH (L.-Nr. 44 002), Nettopreis (Rohstoffe)	60.000,00
	– 20 % Rabatt	12.000,00
	+ Rollgeld	800,00
	+ 19 % Umsatzsteuer	9.272,00
	Rechnungsbetrag[2]	58.072,00
42	2. Sauer KG (L.-Nr. 44 007) für gekauften Pkw, Nettopreis	30.000,00
	+ 19 % Umsatzsteuer	5.700,00
	Rechnungsbetrag	35.700,00
43	3. Handelsvertretung F.-W. Heine e. K. (L.-Nr. 44 010) über Provision für eingekaufte Rohstoffe	1.000,00
	+ 19 % Umsatzsteuer	190,00
	Rechnungsbetrag	1.190,00
44	4. Marketing Hannover 96 GmbH (L.-Nr. 44 012) für Bandenwerbung in der AWD-Arena, netto	20.000,00
	+ 19 % Umsatzsteuer	3.800,00
	Rechnungsbetrag	23.800,00
45	5. der Krey & Rubin Personal-Leasing GmbH (L.-Nr. 44 013) für Leihnäherin, Leasinggebühr, netto	1.800,00
	+ 19 % Umsatzsteuer	342,00
	Rechnungsbetrag	2.142,00

1 Zahlungseingang innerhalb des Skontozahlungsziels.

2 Für Bruttosteuerschlüssel (EDV-Buchführung): Bruttowert der Rohstoffe .... 57.120,00 €
Bruttowert der Bezugskosten ... 952,00 €

51	**5. Lastschrift der Bank gemäß Kontoauszug für Überweisung**	
	1. an Lieferanten (B. Müller OHG, L.-Nr. 44 001, betr.: Beleg 3)[1]	
	Bruttorechnungsbetrag (Rohstoffe)	47.600,00
	– 3 % Nettoskontonachlass	1.200,00
	– 19 % Umsatzsteuer (auf Nettoskontonachlass)	228,00
	Lastschrift (Nettobuchung)	46.172,00
52	2. an die Krankenkasse:	
	Prognostizierte SV-Vorausleistung des laufenden Monats	18.180,00
	+ SV-Schuldvortrag aus dem Vormonat	120,00
	Sozialversicherungsbeitragssoll	18.300,00
53	3. der Fertigungslöhne	
	Bruttolöhne	47.000,00
	Steuern	7.960,00
	Arbeitnehmeranteil zur Sozialversicherung	9.500,00
	Auszahlung (Banküberweisung)	29.540,00
	Arbeitgeberanteil zur Sozialversicherung	8.900,00
54	4. der einbehaltenen Steuern	7.960,00
60	**6.** Durch einen Brand im Einkaufslager wurden nicht versicherte Rohstoffe vernichtet	2.000,00
	7.[2] **Abgabe an die Fertigung gemäß Materialentnahmescheine**	
71	1. Rohstoffe	100.000,00
72	2. Hilfsstoffe	30.000,00
80	**8.**[2] Rückgabe von Rohstoffen aus der Fertigung an das Lager	8.000,00
	Abschlussangaben	
90	**9.** Tilgung (Abschreibung) des aktivierten Disagios	2.000,00
	10. Abschreibungen auf	
101	1. 0720 Anlagen und Maschinen	180.000,00
102	2. 0840 Fuhrpark	60.000,00
103	3. 0860 Büromaschinen, Organisationsmittel und Kommunikationsanlagen	50.000,00
110	**11.** Ermittlung und Passivierung der Zahllast	?
121	**12. Schlussbestände laut Inventur:** 1. Unfertige Erzeugnisse	70.000,00
122	2. Fertige Erzeugnisse	190.000,00
130	**13.** Die Schlussbestände der anderen Bestandskonten entsprechen den Inventurbeständen.	
	Zusätzliche Abschlussangaben bei Buchung nach der „Inventurmethode" oder nach dem „Aufwandsrechnerischen Verfahren"	
141	**14. Schlussbestände laut Inventur:** 1. Rohstoffe	154.600,00
142	2. Hilfsstoffe	40.000,00

1 Zahlungsausgang innerhalb des Skontozahlungsziels.

2 Soll nach der „Inventurmethode" oder nach dem „Aufwandsrechnerischen Verfahren" gebucht werden, so entfällt dieser Geschäftsfall.

6691292

3.4.7 Außerplanmäßige Abschreibungen

Außerplanmäßige Abschreibungen werden

- aufgrund einer **außergewöhnlichen technischen Abnutzung** (z. B. verursacht durch Explosion, Brand, Unfall) oder
- aufgrund einer **außergewöhnlichen wirtschaftlichen Entwertung** (z. B. Preisverfall infolge veränderter Marktbedingungen)

vorgenommen.

Sowohl das **abnutzbare Anlagevermögen** als auch das **nicht abnutzbare Anlagevermögen** können außerplanmäßig abgeschrieben werden.

3.4.7.1 Außerplanmäßige Abschreibungen auf das nicht abnutzbare Anlagevermögen

Beteiligungen, Wertpapiere, die langfristig angelegt sind, und Grund und Boden gehören zum **nicht abnutzbaren Anlagevermögen.**

Grundsätzlich ist das nicht abnutzbare Anlagevermögen mit den **Anschaffungskosten** zu bewerten, die zugleich die **Wertobergrenze** bilden (Anschaffungskostenprinzip, § 253 Abs. 1 Satz 1 HGB).

Liegt bei Positionen des nicht abnutzbaren Anlagevermögens eine **dauernde Wertminderung** vor, so **müssen handelsrechtlich (Handelsbilanz) außerplanmäßige Abschreibungen** (§ 253 Abs. 3 Satz 3 HGB) vorgenommen werden **(Niederstwertprinzip).**

Nur bei **Finanzanlagen können handelsrechtlich** außerplanmäßige Abschreibungen auch bei voraussichtlich nicht dauernder Wertminderung vorgenommen werden (§ 253 Abs. 3 Satz 4 HGB).

Steuerrechtlich (Steuerbilanz) können (Wahlrecht) außerplanmäßige Abschreibungen vorgenommen werden, wenn sie durch eine **voraussichtlich dauernde Wertminderung** veranlasst werden.

Beispiel

Ein Grundstück wurde bisher zu seinen Anschaffungskosten von 200.000,00 € aktiviert. Aufgrund der Stilllegung der Straße, die am Grundstück vorbeiführt, sinkt der Wert des Grundstückes auf 150.000,00 €.

Da eine (voraussichtlich) dauernde Wertminderung des Grundstückes vorliegt, wird das Grundstück auf 150.000,00 € abgeschrieben.

Buchungssatz

		Soll	Haben
6550	Außerplanmäßige Abschreibungen auf Sachanlagen	50.000,00	
an	0500 Unbebaute Grundstücke		50.000,00

Sind außerplanmäßige Abschreibungen vorgenommen worden und **steigt** nun der Wert der entsprechenden nicht abnutzbaren Anlagegüter, so muss handelsrechtlich (Handelsbilanz) und steuerrechtlich (Steuerbilanz) eine Zuschreibung auf den höheren Wert erfolgen **(Wertaufholungsgebot)**.

Beispiel

Das Grundstück des obigen Beispiels wurde jahrelang nach der vorgenommenen außerplanmäßigen Abschreibung mit 150.000,00 € bilanziert.

Die im obigen Beispiel stillgelegte Straße wird wider Erwarten neu ausgebaut und dabei verbessert und verbreitert. Dadurch steigt der Wert des Grundstückes auf 240.000,00 €.

Es wird eine Wertzuschreibung **bis zu den Anschaffungskosten** (200.000,00 €) vorgenommen:

Buchungssatz		Soll	Haben
0500	Unbebaute Grundstücke	50.000,00	
an	5440 Ertr. aus Werterhöhungen v. Gegenst. des AV		50.000,00

Auf diese Weise wird die außerplanmäßige Abschreibung **rückgängig** gemacht. Dadurch **verbessert** sich einerseits die in der Bilanz ausgewiesene **Vermögensstruktur** des Unternehmens, andererseits **erhöht** sich der **steuerpflichtige Gewinn.**

3.4.7.2 Außerplanmäßige Abschreibungen auf das abnutzbare Anlagevermögen

Gebäude, Maschinen, Fuhrpark sowie Betriebs- und Geschäftsausstattung gehören zum **abnutzbaren Anlagevermögen.**

Grundsätzlich ist das abnutzbare Anlagevermögen sowohl steuer- als auch handelsrechtlich mit den **fortgeführten Anschaffungskosten (Herstellungskosten)** zu bewerten. Die fortgeführten Anschaffungskosten (Herstellungskosten) stellen zugleich die **Wertobergrenze** dar. Sie ergeben sich wie folgt:

Steuerrecht	Handelsrecht
Anschaffungskosten (Herstellungskosten) – Absetzung für Abnutzung (AfA) (§ 6 Abs. 1 Nr. 1 Satz 1 und § 7 EStG)	Anschaffungskosten (Herstellungskosten) – planmäßige Abschreibung (§ 253 Abs. 3 Satz 1 HGB)
= Fortgeführte Anschaffungskosten (Fortgeführte Herstellungskosten)	= Fortgeführte Anschaffungskosten (Fortgeführte Herstellungskosten)

Dauernde Wertminderungen des abnutzbaren Anlagevermögens, die über die planmäßigen Abschreibungen (AfA) hinausgehen (z. B. verursacht durch Explosion, Unwetter, technischen Fortschritt), **müssen handelsrechtlich (Handelsbilanz) zusätzlich** durch **außerplanmäßige Abschreibungen** berücksichtigt werden **(Niederstwertprinzip,** § 253 Abs. 3 Satz 3 HGB).

Steuerrechtlich (Steuerbilanz) können (Wahlrecht) außerplanmäßige Abschreibungen vorgenommen werden, wenn sie durch eine **voraussichtlich dauernde Wertminderung** veranlasst werden.

6691294

Beispiel

In einem Industriebetrieb beläuft sich der Buchwert einer Maschine auf 80.000,00 €. Die planmäßige Abschreibung beträgt 20.000,00 €.
Bedingt durch den technischen Fortschritt verliert die Maschine zusätzlich 30.000,00 € an Wert.

	alter Buchwert	80.000,00 €
−	planmäßige Abschreibung	20.000,00 €
=	fortgeführte Anschaffungskosten	60.000,00 €
−	außerplanmäßige Abschreibung	30.000,00 €
=	neuer Buchwert	30.000,00 €

Buchungssatz

		Soll	Haben
6520	Abschreibungen auf Sachanlagen	20.000,00	
6550	Außerplanmäßige Abschreibungen auf Sachanlagen	30.000,00	
an	0720 Maschinen		50.000,00

Sind außerplanmäßige Abschreibungen vorgenommen worden und **steigt** nun der Wert der entsprechenden abnutzbaren Anlagegüter, so muss handelsrechtlich (Handelsbilanz) und steuerrechtlich (Steuerbilanz) eine Zuschreibung auf den höheren Wert erfolgen **(Wertaufholungsgebot)**.

Werden bewegliche abnutzbare Anlagen degressiv abgeschrieben, sind Absetzungen für außergewöhnliche technische oder wirtschaftliche Abnutzungen nicht zulässig (§ 7 Abs. 2 Satz 5 EStG). Sind die Voraussetzungen für derartige Absetzungen gegeben, so ist dann zunächst zur linearen Abschreibung überzugehen, bevor wegen außergewöhnlicher technischer oder wirtschaftlicher Abnutzung abgeschrieben werden kann.

Zusammenfassung

Tabellarische Übersicht (Bewertung des Anlagevermögens)

	nicht abnutzbares Anlagevermögen	abnutzbares Anlagevermögen
1. Grundlage der Bewertung	Anschaffungskosten = Obergrenze der Bewertung	Anschaffungs- oder Herstellungskosten abzüglich planmäßige Abschreibungen (= fortgeführte Anschaffungs- bzw. Herstellungskosten) = Obergrenze der Bewertung
2. voraussichtlich dauernde Wertminderung	handelsrechtliche Pflicht zur außerplanmäßigen Abschreibung (Abschreibungsgebot) ➜ Niederstwertprinzip, steuerrechtliches Abschreibungswahlrecht	
3. vorübergehende Wertminderung	handelsrechtliches und steuerrechtliches Abschreibungsverbot (Ausnahme: Finanzanlagen ➜ handelsrechtliches Abschreibungswahlrecht)	
4. Grund für die außerplanmäßige Abschreibung entfällt	handelsrechtliches und steuerrechtliches Wertaufholungsgebot	

AUFGABEN

Aufgaben 1 und 2: Außerplanmäßige Abschreibungen auf das nicht abnutzbare Anlagevermögen;
Aufgaben 3 und 4: Außerplanmäßige Abschreibungen auf das abnutzbare Anlagevermögen.

1 Die Textilfabrik Konrad Fied KG hat vor 10 Jahren Wertpapiere (Konto 1500) zu Anschaffungskosten von 150.000,00 € erworben. Der Wert dieser Wertpapiere ist aufgrund der derzeitigen Konjunkturlage vorübergehend auf 100.000,00 € gesunken.

a) Muss (Abschreibungsgebot) oder kann (Abschreibungswahlrecht) eine außerplanmäßige Abschreibung handelsrechtlich vorgenommen werden?

b) Wo liegt die Wertuntergrenze für die handelsrechtliche Bilanzierung der Wertpapiere?

c) Die außerplanmäßige Abschreibung wird bis zur Wertuntergrenze der Wertpapiere vorgenommen. Nennen Sie den entsprechenden Buchungssatz.

d) Der Wert der Wertpapiere steigt auf 180.000,00 €. Muss (Zuschreibungsgebot) oder kann (Zuschreibungswahlrecht) handelsrechtlich eine Wertzuschreibung erfolgen?

e) Auf welchen Wert kann höchstens eine Wertzuschreibung erfolgen (Wertobergrenze)?

f) Die Wertzuschreibung[1] bis zur Wertobergrenze der Wertpapiere wird vorgenommen. Nennen Sie den entsprechenden Buchungssatz.

2 Wir haben bisher zwei vor drei Jahren angeschaffte, unbebaute Grundstücke zu ihren Anschaffungskosten bilanziert (Grundstück I: 60.000,00 €; Grundstück II: 70.000,00 €). Zum Abschluss-Stichtag ist der Verkehrswert des Grundstückes I auf 90.000,00 € gestiegen. Aufgrund einer Straßenverlegung verliert hingegen Grundstück II 20.000,00 € an Wert.

a) Mit welchem Wert sind die beiden Grundstücke handelsrechtlich zu bilanzieren? Begründen Sie Ihre Meinung.

b) Nennen Sie den/die entsprechenden Buchungssatz/Buchungssätze.

c) Fünf Jahre später wird die für das Grundstück II nachteilige Straßenverlegung rückgängig gemacht. Die stillgelegte Straße wird wider Erwarten neu ausgebaut und dabei verbessert und verbreitert. Dadurch steigt gemäß Sachverständigengutachten der Wert von Grundstück II auf 100.000,00 €.

   Muss (Zuschreibungsgebot) oder kann (Zuschreibungswahlrecht) handelsrechtlich eine Wertzuschreibung erfolgen?

d) Auf welchen Wert kann höchstens eine Wertzuschreibung erfolgen (Wertobergrenze)?

e) Es wird die maximal mögliche Wertzuschreibung vorgenommen. Nennen Sie den entsprechenden Buchungssatz.

3 Die Textilfabrik Konrad Fied KG hat im Jahr 1 eine Maschine für 150.000,00 € Anschaffungskosten erworben.

Die Maschine wird linear mit 20 % abgeschrieben. Im Jahr 2 verliert die Maschine bedingt durch technischen Fortschritt zusätzlich 40.000,00 € an Wert.

a) Nennen Sie den Abschreibungsbuchungssatz im Jahr 1.

b) Nennen Sie den Abschreibungsbuchungssatz im Jahr 2.

4 Für einen Pkw gelten folgende Daten: Anschaffungskosten: 42.000,00 €; Abschreibung: $16\,^2/_3$ %, linear; Buchwert: 21.000,00 €.

Bei einem Unwetter ist der Pkw erheblich beschädigt worden. Anhand eines Gutachtens wird nachgewiesen, dass die Wertminderung 7.000,00 € beträgt.

Nennen Sie den Buchungssatz für die planmäßige und für die außerplanmäßige Abschreibung.

1 Der komplette IKR sieht hierfür das Konto „5602 Erträge aus Zuschreibungen zu Wertpapieren" vor. Verwenden Sie dieses Konto.

6691296

3.4.8 Indirekte Abschreibungen

3.4.8.1 Die Bildung von Anlagewertberichtigungen

Bei Anwendung der indirekten Abschreibungsmethode erfolgt die Gegenbuchung des Abschreibungsbetrages nicht auf dem abzuschreibenden Anlagekonto, sondern auf dem **passiven Bestandskonto „3610 Wertberichtigungen zu Sachanlagen"**.

Wertberichtigungen sind Korrekturposten auf der Habenseite des Schlussbilanzkontos, die zu hohe Wertansätze von Vermögensteilen auf der Sollseite des Schlussbilanzkontos berichtigen.

Beispiel

Anschaffungskosten eines Lkw .... 180.000,00 €
lineare Abschreibung bei 9-jähriger Nutzungsdauer .... 20.000,00 €[1]

Der Lkw ist bereits 2 Jahre indirekt abgeschrieben worden.

Buchungssatz für die indirekte Abschreibung

		Soll	Haben
❶ 6520	Abschreibungen auf Sachanlagen	20.000,00	
an	3610 Wertberichtigungen zu Sachanlagen		20.000,00

Abschlussbuchungssätze

		Soll	Haben
❷ 8020	GuV	20.000,00	
an	6520 Abschreibungen auf Sachanlagen		20.000,00
❸ 8010	Schlussbilanzkonto	180.000,00	
an	0840 Fuhrpark		180.000,00
❹ 3610	Wertberichtigungen zu Sachanlagen	60.000,00	
an	8010 Schlussbilanzkonto		60.000,00[2]

Buchungen

S 6520 Abschreibungen auf SA H

S			H
3610 (❶)	20.000,00	8020 (❷)	20.000,00

S 3610 Wertbericht. zu Sachanlagen H

S			H
8010 (❹)	60.000,00	AB	40.000,00[3]
		6520 (❶)	20.000,00
	60.000,00		60.000,00

S 0840 Fuhrpark H

S			H
AB	180.000,00	8010 (❸)	180.000,00

S 8020 Gewinn- und Verlustkonto H

S			H
6520 (❷)	20.000,00		

S 8010 Schlussbilanzkonto H

S			H
0840 (❸)	180.000,00	3610 (❹)	60.000,00

---

1 20.000,00 € = 180.000,00 € : 9

2 Der Schlussbestand von 60.000,00 € auf dem Wertberichtigungskonto ergibt sich durch die Aufrechnung der nunmehr dreimalig vorgenommenen Abschreibungen (zu je 20.000,00 €).

3 Der Anfangsbestand auf dem Konto „3610 Wertberichtigungen zu Sachanlagen" ergibt sich aus den bereits gebuchten zweimaligen Abschreibungen (zu je 20.000,000 €).

Da das Anlagekonto bei Anwendung der indirekten Abschreibung buchungsmäßig nicht berührt wird, weist es immer den Anschaffungswert aus.

Auf dem Wertberichtigungskonto addieren sich Jahr für Jahr die Abschreibungsbeträge.

Der Buchwert der Anlagegüter ergibt sich im Schlussbilanzkonto aus der Saldierung des aktivierten Anlagewertes und der passivierten Wertberichtigung.

Das Schlussbilanzkonto hat bei Anwendung der indirekten Abschreibungsmethode einen **größeren Informationsgehalt** als bei Anwendung der direkten Abschreibungsmethode:

1. Der Anschaffungswert der abgeschriebenen Anlagegüter ist aus dem Schlussbilanzkonto ersichtlich.
2. Die Summe der bisher vorgenommenen Abschreibungen wird durch die Position „Wertberichtigungen zu Sachanlagen" ausgewiesen.

Das Konto „3610 Wertberichtigungen zu Sachanlagen" kann als Sammelkonto für alle indirekten Abschreibungen auf das abnutzbare Anlagevermögen dienen. Man kann aber auch für **jedes Konto des abnutzbaren Anlagevermögens** ein **spezielles Wertberichtigungskonto** führen.

Beispiele

3611 Wertberichtigungen zu Maschinen
3612 Wertberichtigungen zu Fuhrpark
3613 Wertberichtigungen zu bebauten Grundstücken

§ 266 HGB sieht für die offenlegungspflichtige Bilanz von Kapitalgesellschaften die Passivposition „Wertberichtigungen zu Sachanlagen" nicht vor. Bei Kapitalgesellschaften sind daher in der offenlegungspflichtigen Bilanz die Wertberichtigungen **aktivisch** abzusetzen.

Zusammenfassung

Schaubild

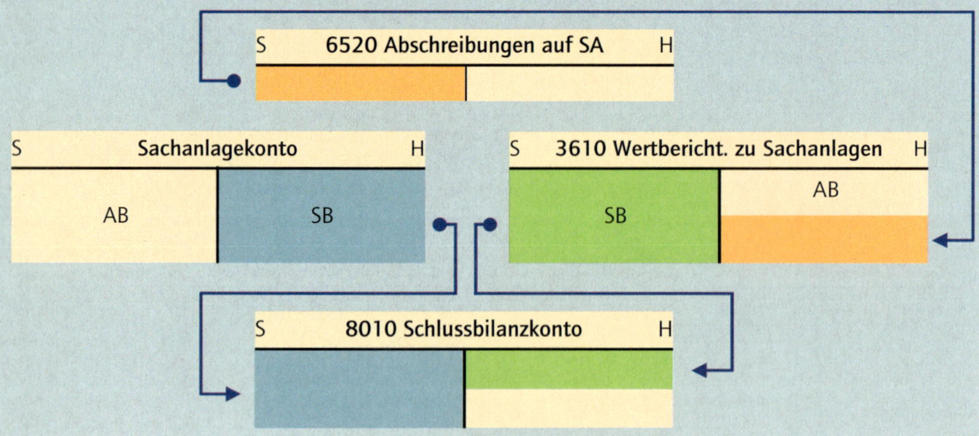

Merksätze

1. **Bei Anwendung der indirekten Abschreibungsmethode wird der Abschreibungsbetrag auf dem passiven Bestandskonto „3610 Wertberichtigungen zu Sachanlagen" gegengebucht.**
2. **Die indirekte Abschreibungsmethode erhöht den Informationsgehalt des Schlussbilanzkontos: Der Anschaffungswert der abgeschriebenen Anlagegüter und die Summe der bisher vorgenommenen Abschreibungen werden ausgewiesen.**
3. **§ 266 HGB sieht für die (offenlegungspflichtige) Bilanz von Kapitalgesellschaften die Passivposition „Wertberichtigungen zu Sachanlagen" nicht vor (Passivierungsverbot). Die Wertkorrektur wird daher auf der Aktivseite der offenlegungspflichtigen Bilanz vorgenommen.**

3.4.8.2 Die Auflösung von Anlagewertberichtigungen

Wenn Anlagegüter aufgrund von Verschrottung oder Verkauf aus dem Betrieb ausscheiden, ist die gebildete Wertberichtigung aufzulösen.

Beispiel

Ein Geschäftswagen mit einem Anschaffungswert von 35.000,00 € wird am Ende seiner Nutzungsdauer verschrottet. Die gebildete Wertberichtigung von 35.000,00 € ist aufzulösen.

Buchungssatz

	Soll	Haben
3610 Wertberichtigungen zu Sachanlagen	35.000,00	
an 0840 Fuhrpark		35.000,00

Buchung

S	3610 Wertberichtig. zu Sachanlagen		H
0840	35.000,00	AB	35.000,00

S	0840 Fuhrpark		H
AB	35.000,00	3610	35.000,00

AUFGABEN

Aufgabe 1: Unterschied zwischen der direkten und indirekten Abschreibungsmethode;
Aufgabe 2: Vor- und Nachteile der indirekten Abschreibungsmethode;
Aufgabe 3: Bildung von Anlagewertberichtigungen;
Aufgabe 4: Aufstockung und Auflösung (bei Verschrottung) von Anlagewertberichtigungen.

1 Erklären Sie den buchungsmäßigen Unterschied zwischen der direkten und der indirekten Abschreibungsmethode.

2 Welche Vorteile und welche Nachteile hat die Anwendung der indirekten Abschreibungsmethode?

3 A

Anfangsbestände	€
0720 Maschinen	600.000,00
0840 Fuhrpark	200.000,00
3611 Wertberichtigungen zu Maschinen	306.000,00
3612 Wertberichtigungen zu Fuhrpark	120.000,00

Abschreibungen
auf Maschinen: 20 % indirekt, degressiv
auf Fuhrpark: 16 ⅔ % indirekt, linear

a) Richten Sie sich die Konten 0720, 0840, 3611, 3612, 6520, 8010 und 8020 ein.
b) Buchen Sie die Abschreibungen.
c) Schließen Sie die Konten 0720, 0840, 3611, 3612 und 6520 ab.
d) Ermitteln Sie den Buchwert der Maschinen und des Fuhrparks.

4 A Ein Geschäfts-Pkw mit einem Anschaffungswert von 30.000,00 € wird über die (vom Finanzamt anerkannte) Nutzungsdauer von 4 Jahren indirekt linear abgeschrieben.

a) Richten Sie sich die Konten 0840 Fuhrpark, 3612 Wertberichtigungen zu Fuhrpark und 6520 Abschreibungen auf Sachanlagen ein.
b) Buchen Sie die Abschreibungen für jeweils das 1., 2., 3. und 4. Nutzungsjahr.
c) Lösen Sie die Wertberichtigung am Ende des 4. Nutzungsjahres auf (Pkw wird verschrottet).

3.4.9 Der Anlagenspiegel

Gemäß § 268 Abs. 2 HGB müssen **Kapitalgesellschaften** (AG, GmbH, KGaA) die Entwicklung der einzelnen Posten des Anlagevermögens in der **Bilanz oder** im **Anhang** darstellen.

„Dabei sind, ausgehend von den gesamten Anschaffungs- und Herstellungskosten, die Zugänge, Abgänge, Umbuchungen und Zuschreibungen des Geschäftsjahres sowie die Abschreibungen in ihrer gesamten Höhe gesondert aufzuführen." (§ 268 Abs. 2 Satz 2 HGB)

Den **Zugängen** und **Abgängen** liegen **mengenmäßige Veränderungen** des Anlagevermögens zugrunde.

- **Zugänge** ergeben sich aus Anschaffungen.
- **Abgänge** resultieren aus Veräußerungen, Entnahmen und Verschrottungen.

Umbuchungen werden vorgenommen, wenn Anlagegüter in andere Bilanzpositionen aufgenommen werden. Im Bau befindliche Anlagen werden beispielsweise zunächst auf dem Konto „0950 Anlagen im Bau" erfasst, um dann nach ihrer Fertigstellung auf das entsprechende Anlagekonto umgebucht zu werden (z. B. 0720 Maschinen an 0950 Anlagen im Bau).

Bei **Zuschreibungen**[1] und **Abschreibungen** handelt es sich um **wertmäßige Veränderungen** des Anlagevermögens.

Beispiel

Bilanzposition: Technische Anlagen und Maschinen.

Jahr 1: AB: 0,00 €.
Januar: Kauf einer Maschine A zu 60.000,00 € Anschaffungskosten.
Abschreibung: 10 % linear.

Jahr 2: Januar: Kauf einer Maschine B zu 200.000,00 € Anschaffungskosten.
Abschreibung: 10 % linear.

Jahr 3: Verkauf von Maschine A.

1 siehe Kapitel 3.4.7.1 und 3.4.7.2

Die Entwicklung der Bilanzposition „Technische Anlagen und Maschinen" wird nun in einem **Anlagenspiegel (Anlagengitter)** im **Anhang** oder bei den **Bilanzerläuterungen** aufgezeigt.

Anlagenspiegel (Anlagengitter) der Bilanzposition „Technische Anlagen und Maschinen":

(*Anmerkung:* Um die Gesamtzusammenhänge deutlich zu machen, wird hier die Entwicklung der Bilanzposition „Technische Anlagen und Maschinen" für 3 Jahre aufgezeigt. Im Anlagenspiegel des Jahresabschlusses werden hingegen lediglich die Daten des jeweiligen Abschlussjahres dargestellt.)

Position des AV	Jahr	AB zu AK/HK	Zugänge zu AK/HK	Abgänge zu AK/HK	Umbuchungen	Zuschreibungen	Abschreibungen			Buchwert 31. Dez. Abschlussjahr	Buchwert 31. Dez. Vorjahr
							der Vorjahre	des Abschlussjahres	insgesamt[1]		
Techn. Anlagen und Maschinen	1	0	60.000	–	–	–	–	6.000	6.000	54.000	0
	2	60.000	200.000	–	–	–	6.000	26.000	32.000	228.000	54.000
	3	260.000	–	60.000	–	–	20.000[2]	20.000[2]	40.000[2]	160.000[2]	228.000

Zusammenfassung

Merksätze

1. **Der Anlagenspiegel zeigt die Entwicklung der einzelnen Posten des Anlagevermögens auf.**
2. **Durch den Ausweis der insgesamt angefallenen (kumulierten) Abschreibungsbeträge jeder Position des Anlagevermögens liefert der Anlagenspiegel u. a. die Informationen der Wertberichtigungskonten.**

AUFGABEN

1 A Erstellen Sie einen Anlagenspiegel nach dem obigen Muster fortführend für die Jahre 1, 2 und 3[3].

Bilanzposition: Technische Anlagen und Maschinen.

Jahr 1: AB zu Anschaffungskosten: 100.000,00 €.
Januar: Kauf einer Maschine A zu 50.000,00 € Anschaffungskosten. Summe der Abschreibungen der Vorjahre: 40.000,00 €.
Abschreibungen auf AB und Maschine A: 10 % linear.
Buchwert am 31. Dez. des Vorjahres: 60.000,00 €.

Jahr 2: Januar: Kauf einer Maschine B zu 80.000,00 € Anschaffungskosten.
Abschreibung: 10 % linear.

Jahr 3: August: Verkauf von Maschine A.

1 Die Spalte, die die Summe der Abschreibungen enthält, liefert die Informationen der Wertberichtigungskonten. (Im Bilanzgliederungsschema für Kapitalgesellschaften sind gemäß § 266 HGB keine Wertberichtigungen vorgesehen.)

2 Im Fall von Anlagenabgängen werden die ausgeschiedenen Anlagegüter in den Abschreibungen und im Buchwert nicht mehr berücksichtigt.

3 Veröffentlicht wird nur die Darstellung der Daten des jeweiligen Abschlussjahres.

2 A Erstellen Sie einen Anlagenspiegel nach dem Muster auf Seite 301 fortführend für die Jahre 1, 2, 3 und 4[1].

Bilanzposition: Andere Anlagen, Betriebs- und Geschäftsausstattung.

Jahr 1:	AB zu Anschaffungskosten: 0,00 €. Januar: Kauf eines Lkw zu 100.000,00 € Anschaffungskosten. Abschreibung: 20 % linear. Buchwert am 31. Dez. des Vorjahres: 0,00 €.
Jahr 2:	Januar: Kauf einer EDV-Anlage für 50.000,00 € Anschaffungskosten. Abschreibung: 20 % linear.
Jahr 3:	Abschreibung: 20 % linear.
Jahr 4:	August: Verkauf des Lkw.

3.4.10 Die Beschaffung und die Herstellung eigengenutzter Sachanlagegüter

3.4.10.1 Die Beschaffung von Sachanlagegütern

Fremdbezogene Sachanlagegüter sind bei ihrer Anschaffung grundsätzlich zu Anschaffungskosten zu aktivieren.

Den Begriff **„Anschaffungskosten"** gibt es sowohl im Steuerrecht als auch im Handelsrecht.

Zu den Anschaffungskosten gehören auch die **Anschaffungsnebenkosten**. **Anschaffungspreisminderungen** sind abzusetzen. (§ 255 Abs. 1 HGB)

Anschaffungskosten	=	Anschaffungspreis	–	Anschaffungspreisminderungen	+	Anschaffungsnebenkosten
		Kaufpreis gemäß Rechnung (ohne Umsatzsteuer).		Rabatte, Skonti, Boni, Minderungen.		Transportkosten, Transportversicherung, Einfuhrzölle, Provisionen, Fundamentierungs- und Montagekosten, Zulassungskosten, Kosten für Kfz-Kennzeichen usw. (Bei Grundstückskäufen: Notariatskosten, Maklercourtage, Grundbuchgebühren und Grunderwerbsteuer.) **Nicht** zu den Anschaffungsnebenkosten gehören: Geldbeschaffungskosten (Zinsen, Disagio), Lagerkosten.

1 Veröffentlicht wird nur die Darstellung der Daten des jeweiligen Abschlussjahres.

Beispiel

Wir kaufen eine Maschine. Der Listenpreis beträgt 50.000,00 € (ohne Umsatzsteuer). Der Lieferer gewährt uns auf den Listenpreis 10 % Rabatt. Er stellt uns ferner die Transportkosten in Höhe von 1.900,00 € (ohne Umsatzsteuer) und die Montagekosten in Höhe von 2.000,00 € (ohne Umsatzsteuer) in Rechnung.

Listenpreis	50.000,00 €
– Rabatt (10 %)	5.000,00 €
Zieleinkaufspreis	45.000,00 €
+ Transportkosten	1.900,00 €
+ Montagekosten	2.000,00 €
Anschaffungskosten	**48.900,00 €**
+ 19 % Umsatzsteuer	9.291,00 €
	58.191,00 €

Buchungssatz (für Eingangsrechnung)

			Soll	Haben
0720	Maschinen		48.900,00	
2600	Vorsteuer		9.291,00	
an	4400	Verbindlichkeiten a. LL		58.191,00

Die Liefererrechnung wird unter Abzug von 2 % Skonto (2 % von 58.191,00 € → 1.163,82 € → **978,00 € Nettoskontonachlass** + 185,82 € USt) per Banküberweisung bezahlt.

Der Nettoskontonachlass mindert die Anschaffungskosten:

	48.900,00 €	**(ursprüngliche Anschaffungskosten)**
–	**978,00 €**	**(2 % Nettoskontonachlass)**
	47.922,00 €	**(korrigierte Anschaffungskosten)**

Buchungssatz

			Soll	Haben
4400	Verbindlichkeiten a. LL		58.191,00	
an	2800	Guthaben bei Kreditinstituten (Bank)		57.027,18
an	0720	Maschinen		978,00
an	2600	Vorsteuer		185,82

Zusammenfassung

Merksatz **Fremdbezogene Sachanlagegüter werden bei ihrer Anschaffung grundsätzlich zu Anschaffungskosten aktiviert.**

AUFGABEN

1 Die Textilfabrik Konrad Fied KG kauft eine Lagerhalle einschließlich Grundstück für 250.000,00 €.

Die Grunderwerbsteuer beträgt 3,5 % vom Kaufpreis.

Der Notar stellt 1.666,00 € (einschließlich 19 % Umsatzsteuer) in Rechnung.

An Grundbuchgebühren fallen 280,00 € an. Außerdem sind noch 11.900,00 € (einschließlich 19 % Umsatzsteuer) an Maklergebühren zu zahlen.

Im Anschaffungsjahr fallen 14.000,00 € an Hypothekenzinsen an. 200.000,00 € der Anschaffungskosten werden mit einer Hypothek (100 % Auszahlung) finanziert.

a) Ermitteln Sie die Anschaffungskosten.

b) Nennen Sie den Buchungssatz
   - für die Zahlung der Anschaffungskosten (Sammelbuchung. Der Zahlungsausgleich erfolgt durch die Aufnahme der Hypothek und über das Bankkonto.) und
   - für die Zahlung der Hypothekenzinsen.

c) Abweichend vom obigen Geschäftsfall b) wird die Notarrechnung isoliert als Eingangsrechnung auf Ziel (Einzelbuchung) gebucht. Nennen Sie für diesen Fall den Buchungssatz für die Notarrechnung.

2 Wir kaufen ein Grundstück für 180.000,00 €. An Maklercourtage fallen 4 % vom Kaufpreis (+ 19 % Umsatzsteuer) an. Die Grunderwerbsteuer beträgt 3,5 % des Kaufpreises. An den Notar entrichten wir 1.523,20 € (einschließlich 19 % Umsatzsteuer). Die Grundbuchkosten belaufen sich auf 250,00 €. 150.000,00 € der Anschaffungskosten finanzieren wir mit einer Hypothek (100 % Auszahlung). 6.000,00 € sind im Anschaffungsjahr an Hypothekenzinsen zu zahlen.

a) Ermitteln Sie die Anschaffungskosten.

b) Nennen Sie den Buchungssatz
   - für die Zahlung der Anschaffungskosten (Sammelbuchung. Der Zahlungsausgleich erfolgt durch die Aufnahme der Hypothek und über das Bankkonto.) und
   - für die Zahlung der Hypothekenzinsen.

c) Abweichend vom obigen Geschäftsfall b) wird die Maklerrechnung isoliert als Eingangsrechnung auf Ziel (Einzelbuchung) gebucht. Nennen Sie für diesen Fall den Buchungssatz für die Maklerrechnung.

3 Sie sind Angestellte(r) der Textilfabrik Konrad Fied KG, Goseriede 41, 30159 Hannover. Die folgenden Belege liegen Ihnen zur Buchung vor.

a) Welche Geschäftsfälle liegen den Belegen zugrunde?

b) Wie lauten die Buchungssätze?

Dr. D. Kuhlmann
RECHTSANWALT • NOTAR

30161 Hannover
Bödeckerstraße 28
Tel.: 0511 2234
Fax: 0511 2233
E-Mail: detlef@kuhlmann-wvd.de

Textilfabrik
Konrad Fied KG
Goseriede 41
30159 Hannover

Datum
08.03.20..

Kostenrechnung Urkundenrolle 172/20..

Ankauf unbebautes Grundstück, Flurstück 725/635 der Flur 26 der Gemarkung Hannover-Tiefenriede

1. Gebühren für die Ausfertigung des Kaufvertrags (Wert: 180.000,00 €)	600,00 €
2. Schreibgebühren	49,00 €
3. Sonstiges	8,00 €
	657,00 €
19 % Umsatzsteuer	124,83 €
	781,83 €

EINGEGANGEN
9. März 20..
Erl. ....

St.-Nr. 29 447 25368

Bankverbindung:
Stadtsparkasse Hannover
Kto.-Nr.: 123 765, BLZ 250 501 80
IBAN DE06 2505 0180 0000 1237 65
BIC SPKHDE2H

Beleg 1

Beleg 2

Mattke
Immobiliengesellschaft-Hannover

Mattke Immobiliengesellschaft · Podbielskistraße 50 · 30177 Hannover

Textilfabrik
Konrad Fied KG
Goseriede 41
30159 Hannover

EINGEGANGEN
7. März 20..
Erl. ....

Datum
06.03.20..

Rechnung

GEGENSTAND: Unbebautes Grundstück, Flurstück 725/635 der Flur 26 der Gemarkung Hannover-Tiefenriede

VERKÄUFERIN: Frau Erika Grimm, Darmstadt

KAUFPREIS: 180.000,00 €

PROVISION: 4,76 % inkl. USt

GRUNDLAGEN: Angebot vom 18. Dez. 20.., Vertragsverhandlung, Kaufvertrag vom 20. Febr. 20.., Notar Dr. D. Kuhlmann, Hannover, UR 172/20..

BERECHNUNG:	4 % von 180.000,00 €	7.200,00 €
	19 % USt	1.368,00 €
		8.568,00 €

Wir bitten um Überweisung auf unser u. g. Konto bei der Deutschen Bank AG Hannover.

Podbielskistraße 50
30177 Hannover
Tel.: 0511 7643
Fax: 0511 7622
E-Mail: immo@mattke-wvd.de

Beleg 3

Alles für Ihr Büro

Brink

... wenn's um Ihr Geld geht.

Hamburg · Hannover · Bremen · Dortmund · Osnabrück · Kiel · Neumünster · Flensburg
Kassel · Wismar · Stralsund · Oldenburg · Magdeburg · Greifswald · Rostock · Plauen · Erfurt

Ernst Brink KG · Georgstraße 18 · 30159 Hannover

Textilfabrik
Konrad Fied KG
Goseriede 41
30159 Hannover

EINGEGANGEN
18. Juni 20..
Erl. ....

Bitte stets angeben:

Rechnungs-Nr.:	B 380 243
Kunden-Nr.:	24 005
Datum:	17.06.20..

B 380 243

Rechnung Lieferdatum: 15.06.20..

Menge	Artikel/Bestellnummer	Einzelpreis €	Gesamtpreis €
1	Archivregalschrank, AS 4708 (H1950 x B6000 x T4000)	1.200,00	1.200,00
2	Aktenvernichter, T200	50,00	100,00
	Warenwert		1.300,00
	Aufbau Archivregalschrank		200,00
	Nettowert		1.500,00
	Umsatzsteuer 19 %		285,00
	Rechnungsbetrag		1.785,00
	Zahlungsziel: 20 Tage ab Rechnungsdatum. Bei Zahlung innerhalb von 7 Tagen ab Rechnungsdatum 2 % Skonto.		

ERNST BRINK KG · GEORGSTRASSE 18 · 30159 HANNOVER · St.-Nr. 21 914 5462 0 · USt-IdNr. DE 843 342 638
Telefon 0511 3020 · Telefax 0511 3022 · E-Mail: service@brinkkg-wvd.de
Commerzbank Hannover · Konto 4384719, BLZ 250 400 66 · IBAN DE40 2504 0066 0004 3847 19 · BIC DRESDEFF250
Postbank Hannover · Konto 622 26-308, BLZ 250 100 30 · IBAN DE09 2501 0030 0062 2263 08 · BIC PBNKDEFF250

Beleg 4

Spedition Küchler

Küchler
Speditionsgesellschaft mbH
Export – Import – Spedition
Nussriede 4
30627 Hannover

Küchler Speditionsgesellschaft mbH, Postfach 11 15 52, 30627 Hannover

Textilfabrik
Konrad Fied KG
Goseriede 41
30159 Hannover

Kunden-Nr.	Rechnungs-Nr.
24 009	6 291
Bitte stets angeben!	

Telefax 0511 2641- 329
E-Mail werner@kuechler-wvd.de

Ihr Zeichen, Ihre Nachricht vom	Unser Zeichen	Telefon, Name 0511 2641-	Datum
ki 13.05.20..	we	321 Herr Werner	16.06.20..

Rechnung

Für die Anlieferung Ihrer neuen Produktionsmaschine PD 3 am 15. Juni 20.. von der Maschinenfabrik Schramm GmbH in 01307 Dresden, Gutenbergstraße 18, in Ihr Werk in 30159 Hannover, Goseriede 41, berechnen wir Ihnen

Transportkosten, netto	1.500,00 €
19 % Umsatzsteuer	285,00 €
	1.785,00 €

EINGEGANGEN 18. Juni. 20.. Erl. ....

Zahlbar binnen 14

Neumann & Wontke KG

- Maßarbeit mit schwerster Last
- Maschinenmontagen und -demontagen
- Auf- und Umstellungen von Produktionsanlagen

Neumann & Wontke KG • Falkenstr. 2 • 30449 Hannover

Textilfabrik
Konrad Fied KG
Goseriede 41
30159 Hannover

Bitte stets angeben!
Kundennummer 24 008
Rechnungsnummer 385

Telefax 0511 458-2
E-Mail neumann@neuwo-wvd.de

Ihr Zeichen, Ihre Bestellung vom	Unser Zeichen	Telefon, Name 0511 458-	Datum
ki 20.05.20..		432 Frau Neumann	18.06.20..

Rechnung

Gegenstand	Betrag/€
Für die Montage Ihrer neuen Produktionsmaschine PD 3 am 16. Juni 20.. in Ihrem Werk in 30159 Hannover, Goseriede 41, berechnen wir Ihnen (siehe beigefügte detaillierte Auflistung):	
Montagekosten	3.400,00
19 % Umsatzsteuer	646,00
	4.046,00
Zahlungsziel: 30 Tage. Bei Zahlung innerhalb von 10 Tagen 2 % Skonto.	

EINGEGANGEN 21. Juni 20.. Erl. ....

Falkenstraße 2
30449 Hannover
USt-IdNr. DE 352 221747

Hannover HRA 246
Geschäftsführerin: Karin Neumann

Bankverbindung:
Kreissparkasse Hannover
Konto-Nr.: 864 579, BLZ 250 502 99
IBAN DE04 2505 0299 0000 8645 79, BIC KRHADE2H239

Beleg 5

Beleg 6

Konto-Nummer: **12 345** BLZ **251 901 01**
IBAN: DE81 2519 0101 0000 0123 45 BIC: GENODEF1HLI

Lindener Volksbank eG

Beleg	Buch.-Datum	Text	Wert	Betrag
99 312	27.06.20..	SB-ÜBERWEISUNG, NEUMANN & WONTKE, KD.-NR. 24008, R.-NR. 385, 4.046,00 EUR - 2 % SKONTO 80,92 EUR	27.06.20..	3.965,08 -

TEXTILFABRIK
KONRAD FIED KG
GOSERIEDE 41
30159 HANNOVER

Konto-Auszug		
28.06.20..	46	1
Datum	Nummer	Blatt

EUR	50.000,00 +	Alter Kontostand
EUR	46.034,92 +	Neuer Kontostand

Beleg 7

LANDESHAUPTSTADT HANNOVER DER OBERBÜRGERMEISTER
- ORDNUNGSAMT OE 32.33 - AM SCHÜTZENPLATZ 1
30169 HANNOVER

04.08.20.. / 12 44 08 H-KF 123

	EUR
BERICHT.ERFASSUNGSUNTERL.ZFR	3,00
KFZ-NEUZULASSUNG	20,00
ABSTEMPELN VON KENNZEICHEN	3,00
HU- UND AU-PLAKETTE U.PRÜFM.	1,00
HU- UND AU-PLAKETTE U.PRÜFM.	1,00
PLAKETTE MIT LANDESWAPPEN	1,00
PLAKETTE MIT LANDESWAPPEN	1,00
ZUTEILUNG WUNSCHKENNZEICHEN	10,00
ZWISCHENSUMME	40,00
SUMME	40,00
B A R	40,00
ZURÜCK	0,00

Beleg 8

HANN GmbH & Co. KG
Autonummernschilder
Am Schützenplatz • 30169 Hannover • Telefon 0511 13192
St.-Nr. 12 872 62813

Datum: 04.08.20..

KONRAD FIED KG

Menge	Schilder/Stempel	EUR	ct
2	H-KF 123	27,	00
	Verstärker/Schrauben/Plakettenhalter		
1	Montage	7,	00
Endbetrag enthält die USt mit: 19 % =		34,	00

Erfüllungsort und Gerichtsstand Hannover 1799-**25** Meißner

Hinweis: Barzahlung

Beleg 9

KARL-HEINZ MORE e. Kfm.

Großküchen- und Kantineneinrichtungen, Krankenhausapparate, Milchküchen, Geschirrspülmaschinen, Kaffeemaschinen, Kartoffelschälmaschinen

Karl-Heinz More e. Kfm. • Postfach 4 06 • 30175 Hannover

VERKAUFSBÜRO
PLANUNG
KUNDENDIENST

Textilfabrik
Konrad Fied KG
Goseriede 41
30159 Hannover

Telefax 0511 4066-18 E-Mail service@more-wvd.de

Ihre Bestellung vom, Ihre Bestell-Nr.	Unser Zeichen	Telefon, Name 0511 4066-	Datum
ki 10.11.20..	wo-ge	531 Wohmann	20.11.20..

Gutschrift wegen Mängelrüge
Rechnung Nr. 4 231 vom 02.11.20..

EINGEGANGEN 21. Nov. 20.. Erl. ....

Sehr geehrte Damen und Herren,

wir beziehen uns auf das mit Ihrer Frau Kibat am 10. November 20.. geführte Gespräch und bestätigen, dass wir Ihnen für die beschädigte Gleiki-Kartoffelschälmaschine einen Preisnachlass gewähren.

Gutschrift	300,00 €
+ 19 % USt	57,00 €
	357,00 €

Bitte buchen Sie entsprechend.

Mit freundlichem Gruß

Karl-Heinz More e. Kfm.

i. V. Wohmann

4 Die Textilfabrik Konrad Fied KG kauft eine innerbetriebliche Transportanlage zum Listenpreis von 180.000,00 € (netto). Der Lieferer gewährt einen Rabatt von 10 %.

An die mit dem Transport beauftragte Spedition werden 3.570,00 € (einschließlich 19 % Umsatzsteuer) gezahlt.

Mit dem Einbau der Transportanlage wird eine Montagefirma beauftragt, die für ihre Arbeitsleistung 2.380,00 € (einschließlich 19 % Umsatzsteuer) erhält.

a) Ermitteln Sie die Anschaffungskosten der Transportanlage.

b) Buchen Sie jeweils die Eingangsrechnungen (Zahlungsausgleich ist noch nicht erfolgt.) der Lieferfirma, der Spedition und der Montagefirma (3 Einzelbuchungen).

5 Die Textilfabrik Konrad Fied KG (Fortsetzung der Aufgabe 4) nimmt zur Finanzierung der innerbetrieblichen Transportanlage ein Darlehen über 120.000,00 € auf (100 % Auszahlung).

Nach der Darlehensaufnahme wird die Rechnung an die Lieferfirma (unter Abzug von 2 % Skonto), die Rechnung an die Spedition (ohne Abzug) und die Rechnung an die Montagefirma (unter Abzug von 3 % Skonto) beglichen.

a) Ermitteln Sie die Anschaffungskosten der Transportanlage, die sich nun ergeben.

b) Buchen Sie
   - die Aufnahme des Darlehens,
   - das Begleichen der Rechnung der Lieferfirma,
   - das Begleichen der Rechnung der Spedition und
   - das Begleichen der Rechnung der Montagefirma.

   (Alle Zahlungen werden über das Bankkonto abgewickelt.)

6 Wir kaufen einen Lkw mit Anhänger zu einem Listenpreis von 150.000,00 € (netto).

Das Autohaus berechnet uns 1.547,00 € (einschließlich 19 % Umsatzsteuer) für die Überführung des Lkw.

Auf den Listenpreis werden uns 5 % Rabatt gewährt.

Bei der Zulassungsstelle zahlen wir für den Lkw 75,00 €.

Im Anschaffungsjahr betragen Kfz-Versicherung 1.600,00 € und Kfz-Steuer 1.400,00 €.

a) Ermitteln Sie die Anschaffungskosten.

b) Nennen Sie die Buchungssätze
   - für die Rechnung des Autohauses (Zahlungsausgleich ist noch nicht erfolgt.),
   - für die Barzahlung der Zulassungskosten und
   - für die Zahlung der Kfz-Versicherung und der Kfz-Steuer (Banküberweisung).

7 Wir begleichen die Rechnung des Autohauses (Fortsetzung der Aufgabe 6) unter Abzug von 2 % Skonto per Banküberweisung.

a) Ermitteln Sie die Anschaffungskosten des Lkw.

b) Nennen Sie den Buchungssatz für das Begleichen der Rechnung.

6691308

3.4.10.2 Die Herstellung eigengenutzter Sachanlagegüter (aktivierungspflichtige Eigenleistungen)

Eigengenutzte Sachanlagegüter können auch im eigenen Betrieb hergestellt werden.

Beispiele

Ein Autohersteller produziert die eigenen Geschäftsfahrzeuge selbst.
Eine Bauunternehmung erstellt das eigene Verwaltungsgebäude.
Ein Möbelhersteller stattet die eigenen Geschäftsräume mit selbst erstellten Möbeln aus.

Derartige innerbetriebliche Eigenleistungen sind zu Herstellungskosten zu aktivieren[1].

„Herstellungskosten sind Aufwendungen, die durch den Verbrauch von Gütern und die Inanspruchnahme von Diensten für die Herstellung eines Vermögensgegenstandes ... entstehen." (§ 255 Abs. 2 Satz 1 HGB)

Beispiel

Eine Maschinenfabrik stellt eine eigengenutzte Produktionsanlage selbst her.

An Aufwendungen (Aufwendungen für Rohstoffe, Aufwendungen für Hilfsstoffe, Löhne, Arbeitgeberanteil zur Sozialversicherung usw.) sind in der Geschäftsbuchführung hierfür insgesamt 120.000,00 € gebucht worden.

Buchungssätze für die bei der Herstellung der Produktionsanlage angefallenen Aufwendungen (grob vereinfacht)

	Soll	Haben
Div. Konten der Kontenklasse 6 (Betriebliche Aufwendungen)	120.000,00	
an Diverse Konten der Kontengruppe 28 (Flüssige Mittel)		120.000,00

Buchungssatz für die Aktivierung der innerbetrieblichen Eigenleistung

	Soll	Haben
0700 TA und Maschinen	120.000,00	
an 5300 Aktivierte Eigenleistungen[2]		120.000,00

Auf das GuV-Konto und das Schlussbilanzkonto haben die vorgenommenen Buchungen folgende Auswirkungen:

S	8020 GuV-Konto		H
6...	+120.000,00	5300	+120.000,00

S	8010 Schlussbilanzkonto		H
0700	+120.000,00		
28..	−120.000,00		

Die vorgenommenen Buchungen sind **erfolgsneutral:**

1. Im GuV-Konto **gleichen sich** die zusätzlich gebuchten Aufwendungen und Erträge aus.
2. Das Schlussbilanzkonto weist einen **Aktivtausch** auf:

einerseits die Zunahme des Kontos „0700 TA und Maschinen" um +120.000,00 €,
andererseits die Abnahme der Kontengruppe „28 Flüssige Mittel" um −120.000,00 €.

1 auf der Aktivseite der Bilanz als Anlagegüter auszuweisen
2 = Ertragskonto

Beispiel In einer Bauunternehmung erstreckt sich der Bau des eigenen Verwaltungsgebäudes auf 2 Jahre. Im 1. Jahr fallen dafür 250.000,00 € Herstellungskosten an, im 2. Jahr 600.000,00 €.

Buchung der aktivierungspflichtigen Eigenleistung im 1. Jahr

	Soll	Haben
0950 Anlagen im Bau	250.000,00	
an 5300 Aktivierte Eigenleistungen[1]		250.000,00

Buchung nach der Fertigstellung des Verwaltungsgebäudes im 2. Jahr

	Soll	Haben
0540 Verwaltungsgebäude	850.000,00	
an 0950 Anlagen im Bau		250.000,00
an 5300 Aktivierte Eigenleistungen[1]		600.000,00

Zusammenfassung

Merksätze

1. **Selbst hergestellte eigengenutzte Sachanlagegüter werden nach ihrer Fertigstellung zu Herstellungskosten aktiviert.**
2. **Die Buchungen für die Herstellung der eigengenutzten Sachanlagegüter (innerbetriebliche Eigenleistungen) sind insgesamt erfolgsneutral. Die zu buchenden Aufwendungen und Erträge heben sich gegeneinander auf, neutralisieren sich also.**

AUFGABEN

1 Eine Bauunternehmung erstellt ihr Verwaltungsgebäude selbst. Im September des Betrachtungsjahres ist das Verwaltungsgebäude komplett fertig. Die Bauunternehmung ermittelt dafür Herstellungskosten in Höhe von 450.000,00 €. Auf dem Immobilienmarkt wäre für das Verwaltungsgebäude ein Preis von 600.000,00 € erzielbar.

a) Begründen Sie, weshalb eine aktivierungspflichtige Eigenleistung vorliegt.
b) Mit welchem Wert ist das selbst erstellte Verwaltungsgebäude zu aktivieren?
c) Nennen Sie die Buchungssätze für die bei der Herstellung des Verwaltungsgebäudes angefallenen Aufwendungen (grob vereinfacht) und für die Aktivierung der Eigenleistung.
d) Erklären Sie anhand des GuV-Kontos und des Schlussbilanzkontos, wie sich die Aktivierung des selbst erstellten Verwaltungsgebäudes auf das Ergebnis auswirkt.
e) Nennen Sie den Buchungssatz für die lineare Abschreibung im Herstellungsjahr bei einem Abschreibungssatz von 4 %.

2 Eine Maschinenfabrik erstellt im Mai des Betrachtungsjahres 2 Spezialwerkzeuge für die eigene Nutzung. Die Herstellungskosten für das Spezialwerkzeug 1 betragen 1.280,00 €, der Nettoverkaufspreis für das Spezialwerkzeug 1 würde 1.600,00 € betragen. Für Spezialwerkzeug 2 betragen die Herstellungskosten 400,00 €, der Nettoverkaufspreis 580,00 €.

Die betriebsgewöhnliche Nutzungsdauer beläuft sich für beide Spezialwerkzeuge auf 5 Jahre.

a) Nennen Sie den Buchungssatz für die Aktivierung des Spezialwerkzeuges 1.
b) Nennen Sie den Buchungssatz für die Aktivierung des Spezialwerkzeuges 2.
c) Nennen Sie den Buchungssatz für die lineare Abschreibung von Spezialwerkzeug 1 im Herstellungsjahr.
d) Nennen Sie den Buchungssatz für die Abschreibung von Spezialwerkzeug 2 im Herstellungsjahr (bei größtmöglicher Minderung des steuerpflichtigen Gewinns).

1 = Ertragskonto

3 Ein Automobilhersteller entnimmt am 18. Januar des Betrachtungsjahres der Montageabteilung des eigenen Werkes 5 Pkws, die im eigenen Vertrieb eingesetzt werden sollen.

Herstellungskosten pro Pkw:	20.000,00 €
Nettoverkaufspreis pro Pkw:	26.000,00 €
Betriebsgewöhnliche Nutzungsdauer:	6 Jahre

a) Nennen Sie den Buchungssatz für die Entnahme der 5 Pkws.
b) Nennen Sie den Buchungssatz für die lineare Abschreibung der 5 Pkws im Herstellungsjahr.

4 In einer Bauunternehmung erstreckt sich der Bau einer eigenen Lagerhalle auf 2 Jahre. Im 1. Jahr fallen dafür 100.000,00 € Herstellungskosten an, im 2. Jahr 180.000,00 €.

a) Wie ist die aktivierungspflichtige Eigenleistung im 1. Jahr zu buchen?
b) Wie ist nach der Fertigstellung der Lagerhalle im 2. Jahr zu buchen?

3.4.11 Der Verkauf gebrauchter Sachanlagegüter

3.4.11.1 Die buchhalterische Erfassung eines Buchgewinnes/Buchverlustes beim Verkauf gebrauchter Sachanlagegüter

Gebrauchte Anlagegüter[1] können 1. zum Buchwert, 2. über Buchwert oder 3. unter Buchwert verkauft werden.

Beim Verkauf über Buchwert bzw. unter Buchwert ergibt sich ein **Buchgewinn** bzw. **Buchverlust**.

Beispiel

Am 5. Mai verkaufen wir einen gebrauchten Pkw gegen Bankscheck.

Buchwert am 1. Jan.	12.000,00 €
– Abschreibung vom 1. Jan. bis 31. Mai[2]	1.500,00 €
Restbuchwert am 5. Mai	10.500,00 €

Fall a) Verkauf über Buchwert

Nettoverkaufspreis	15.000,00 €
+ 19 % Umsatzsteuer	2.850,00 €
Bruttoverkaufspreis	17.850,00 €

Es ergibt sich folgender Buchgewinn:

Nettoverkaufspreis	15.000,00 €
– Restbuchwert am 5. Mai	10.500,00 €
Buchgewinn	4.500,00 €

Der Buchgewinn wird auf dem Konto „5460 Erträge aus dem Abgang von VG" ausgewiesen.

1. Buchung der Abschreibung

		Soll	Haben
6520	Abschreibungen auf Sachanlagen	1.500,00	
an	0840 Fuhrpark		1.500,00

2. Buchung des Verkaufserlöses

		Soll	Haben
2800	Guthaben bei Kreditinstituten (Bank)	17.850,00	
an	5410 Sonstige Erlöse		15.000,00
an	4800 Umsatzsteuer		2.850,00

1 Ein Sonderfall liegt vor, wenn gebrauchte Anlagegüter aus dem Jahressammelposten (Wirtschaftsgüter ab 150,01 € bis 1.000,00 €) verkauft werden. Hier wird nur der Verkaufserlös gebucht. Die jährlichen Abschreibungen erfolgen unverändert vom Jahressammelposten (siehe Kapitel 3.4.6).
2 hier: Abschreibung bis einschließlich Monat der Veräußerung (vgl. Kapitel 3.4.4)

3. Ausbuchung des Restbuchwertes und Erfassung des Buchgewinnes

		Soll	Haben
5410	Sonstige Erlöse	15.000,00	
an	0840 Fuhrpark		10.500,00
an	5460 Erträge aus dem Abgang von VG		4.500,00

Fall b) Verkauf unter Buchwert
(Buchwert und Abschreibung des gebrauchten Pkw wie vorstehend)

Nettoverkaufspreis	8.500,00 €
+ 19 % Umsatzsteuer	1.615,00 €
Bruttoverkaufspreis	10.115,00 €

Es ergibt sich folgender Buchverlust:

Nettoverkaufspreis	8.500,00 €
– Restbuchwert am 5. Mai	10.500,00 €
Buchverlust	2.000,00 €

Der Buchverlust wird auf dem Konto „6960 Verluste aus dem Abgang von VG" ausgewiesen.

1. Buchung der Abschreibung

		Soll	Haben
6520	Abschreibungen auf Sachanlagen	1.500,00	
an	0840 Fuhrpark		1.500,00

2. Buchung des Verkaufserlöses

		Soll	Haben
2800	Guthaben bei Kreditinstituten (Bank)	10.115,00	
an	5410 Sonstige Erlöse		8.500,00
an	4800 Umsatzsteuer		1.615,00

3. Ausbuchung des Restbuchwertes und Erfassung des Buchverlustes

		Soll	Haben
5410	Sonstige Erlöse	8.500,00	
6960	Verluste aus dem Abgang von VG	2.000,00	
an	0840 Fuhrpark		10.500,00

Zusammenfassung

Schaubild **Fall a) Verkauf über Buchwert**

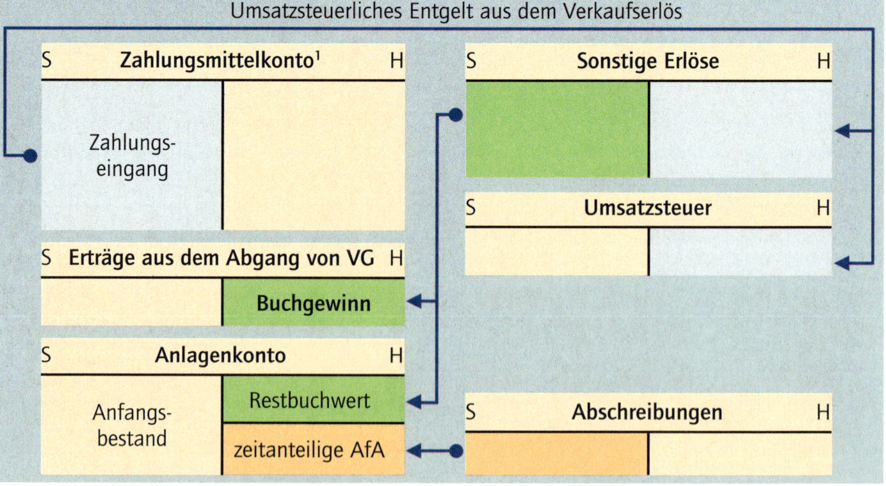

1 z. B. „Guthaben bei Kreditinstituten (Bank)"

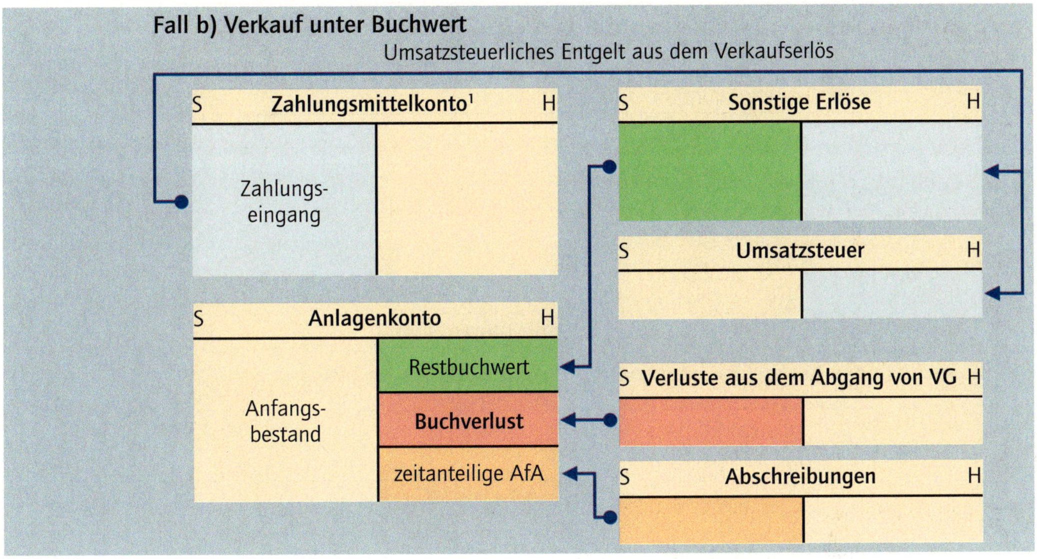

3.4.11.2 Die Inzahlunggabe gebrauchter Sachanlagegüter

Häufig werden beim Kauf neuer Anlagegüter die zu ersetzenden gebrauchten Anlagegüter in Zahlung gegeben. In diesem Fall ist der Bruttoverkaufspreis des gebrauchten Anlagegutes gegen den Bruttoeinkaufspreis des neuen Anlagegutes zu verrechnen.

Beispiel

Wir kaufen am 19. Sept. einen neuen Pkw und geben unseren gebrauchten Pkw in Zahlung.

Nettoeinkaufspreis, neuer Pkw		40.000,00 €
+ 19 % Umsatzsteuer		7.600,00 €
		47.600,00 €
Nettoverkaufspreis, gebrauchter Pkw	10.000,00 €	
+ 19 % Umsatzsteuer	1.900,00 €	– 11.900,00 €
Restzahlung einschl. 19 % Umsatzsteuer (Banküberweisung)		35.700,00 €

Buchwert des gebrauchten Pkw am 1. Jan.	8.000,00 €
– Abschreibung vom 1. Jan. bis 31. Aug.[2]	1.600,00 €
Restbuchwert am 19. Sept.	6.400,00 €

1. Anschaffung des neuen Pkw

		Soll	Haben
0840	Fuhrpark	40.000,00	
2600	Vorsteuer	7.600,00	
an	4400 Verbindlichkeiten a. LL		47.600,00

1 z. B. „Guthaben bei Kreditinstituten (Bank)"
2 hier: Abschreibung bis zum Monat, der der Veräußerung vorausgeht (vgl. Kapitel 3.4.4)

2. Abschreibung des gebrauchten Pkw für den Zeitraum vom 1. Jan. bis 31. Aug.

		Soll	Haben
6520	Abschreibungen auf Sachanlagen	1.600,00	
an	0840 Fuhrpark		1.600,00

3. Rechnungsausgleich

		Soll	Haben
4400	Verbindlichkeiten a. LL	47.600,00	
an	5410 Sonstige Erlöse		10.000,00
an	4800 Umsatzsteuer		1.900,00
an	2800 Guthaben bei Kreditinstituten Bank		35.700,00

4. Ausbuchung des Restbuchwertes und Erfassung des Buchgewinnes

		Soll	Haben
5410	Sonstige Erlöse	10.000,00	
an	0840 Fuhrpark		6.400,00
an	5460 Erträge aus dem Abgang von VG		3.600,00

Das Verbindlichkeitenkonto dient bei den Buchungen 1. und 3. als Verrechnungskonto.

AUFGABEN

Aufgaben 1 bis 3: Verkauf gebrauchter Sachanlagegüter;
Aufgaben 4 und 5: Verkauf gebrauchter Sachanlagegüter mit Auflösung von Wertberichtigungen;
Aufgaben 6 bis 10: Inzahlunggabe gebrauchter Sachanlagegüter.

1 Wir verkaufen am 9. Sept.[1] einen gebrauchten Pkw gegen Bankscheck. Der Buchwert dieses Pkw beträgt am 1. Jan. 8.000,00 €. Er wird linear mit jährlich 4.000,00 € abgeschrieben. Wir erzielen einen Verkaufspreis von

a) 5.950,00 € (5.000,00 € netto + 950,00 € Umsatzsteuer),
b) 8.330,00 € (7.000,00 € netto +1.330,00 € Umsatzsteuer),
c) 3.570,00 € (3.000,00 € netto + 570,00 € Umsatzsteuer).

Buchen Sie den Verkauf des Pkw gegen Bankscheck.

2 Nennen Sie die Buchungssätze.

1. Zielkauf einer technischen Anlage (Konto: 0720)........ 300.000,00 €
   \+ 19 % Umsatzsteuer........ 57.000,00 €
2. Die obige Rechnung über den Kauf der technischen Anlage wird abzüglich 2 % Skonto durch Banküberweisung beglichen.
3. Nach einigen Jahren wird die technische Anlage (Buchwert 20.000,00 €) für
   a) 17.850,00 € (einschließlich 19 % Umsatzsteuer),
   b) 5.950,00 € (einschließlich 19 % Umsatzsteuer),
   c) 26.180,00 € (einschließlich 19 % Umsatzsteuer)
   gegen Bankscheck verkauft.
   Die anteilige Abschreibung des laufenden Jahres beträgt 5.000,00 €.

1 hier: Abschreibung bis einschließlich Monat der Veräußerung (vgl. Kapitel 3.4.4)

3 Wir verkaufen eine gebrauchte Verpackungsmaschine am 5. Aug.[1] d. J. gegen Bankscheck für
a) 31.832,50 € (einschließlich 19 % Umsatzsteuer),
b) 21.420,00 € (einschließlich 19 % Umsatzsteuer),
c) 35.700,00 € (einschließlich 19 % Umsatzsteuer).

Der Buchwert der Verpackungsmaschine beträgt am 1. Jan. d. J. 32.000,00 €.
Die Verpackungsmaschine wird mit 9.000,00 € jährlich linear abgeschrieben.
Nennen Sie die Buchungssätze
– für die zeitanteilige Abschreibung im Verkaufsjahr und
– für den Verkauf der Verpackungsmaschine (gegen Bankscheck).

4 In der Anlagenbuchführung sind für 3 Pkw folgende Anschaffungswerte und Wertberichtigungen festgehalten:
1. Pkw: Anschaffungswert 35.000,00 €; Wertberichtigung 20.000,00 €
2. Pkw: Anschaffungswert 30.000,00 €; Wertberichtigung 25.000,00 €
3. Pkw: Anschaffungswert 32.000,00 €; Wertberichtigung 22.000,00 €

Die Pkw werden gegen Bankscheck verkauft. Es werden folgende Verkaufserlöse erzielt:
1. Pkw: 17.000,00 € + 3.230,00 € Umsatzsteuer
2. Pkw: 5.000,00 € + 950,00 € Umsatzsteuer
3. Pkw: 8.000,00 € + 1.520,00 € Umsatzsteuer

Bilden Sie die Buchungssätze für die Auflösung der Wertberichtigung und für den Verkauf (für jeden Pkw getrennt).

5 Eine Büromaschine mit einem Anschaffungswert von 30.000,00 €, auf die eine Wertberichtigung von 25.000,00 € gebildet wurde, wird gegen Bankscheck
1. für 5.000,00 € + 950,00 € Umsatzsteuer,
2. für 6.000,00 € +1.140,00 € Umsatzsteuer,
3. für 3.500,00 € + 665,00 € Umsatzsteuer

verkauft.
Wie lauten die Buchungssätze für die Auflösung der Wertberichtigung und den Verkauf?

6 Wir kaufen am 10. März eine neue EDV-Anlage und geben unsere gebrauchte EDV-Anlage in Zahlung.

Nettoeinkaufspreis, neue EDV-Anlage		6.000,00 €
+ 19 % Umsatzsteuer		1.140,00 €
		7.140,00 €
Nettoverkaufspreis (Inzahlunggabe), gebrauchte EDV-Anlage	2.000,00 €	
+ 19 % Umsatzsteuer	380,00 €	
		– 2.380,00 €
Restzahlung per Banküberweisung, einschl. 19 % Umsatzsteuer		4.760,00 €
Buchwert der gebrauchten EDV-Anlage am 1. Jan.		1.500,00 €
jährliche Abschreibung		600,00 €

Nennen Sie die erforderlichen Buchungssätze
a) für den Kauf der neuen EDV-Anlage (über das Verbindlichkeitenkonto),
b) für die anteilige Abschreibung der gebrauchten EDV-Anlage[2],
c) für den Rechnungsausgleich (Banküberweisung) und
d) für die Ausbuchung des Restbuchwertes der gebrauchten EDV-Anlage.

7 Wie lauten die Buchungssätze von Aufgabe 6 c) und 6 d), wenn die gebrauchte EDV-Anlage für 595,00 € (500,00 € netto + 95,00 € Umsatzsteuer) in Zahlung gegeben wird?

1 hier: Abschreibung bis zum Monat, der der Veräußerung vorausgeht (vgl. Kapitel 3.4.4)
2 hier: Abschreibung bis einschließlich Monat der Veräußerung (vgl. Kapitel 3.4.4)

8 Am 8. Aug. kaufen wir einen neuen Pkw für 41.650,00 € (35.000,00 € netto + 6.650,00 € Umsatzsteuer). Unseren alten Pkw geben wir für 9.520,00 € (8.000,00 € netto + 1.520,00 € Umsatzsteuer) in Zahlung. Die Restzahlung von 32.130,00 € nehmen wir per Banküberweisung vor.
Der Buchwert des alten Pkw betrug am Geschäftsjahresanfang 6.000,00 € (13.000,00 €). Die lineare jährliche Abschreibung beläuft sich auf 4.800,00 €.
Nennen Sie die Buchungssätze
a) für den Kauf des neuen Pkw (über das Verbindlichkeitenkonto),
b) für die anteilige Abschreibung des alten Pkw[1],
c) für den Rechnungsausgleich (Banküberweisung) und
d) für die Ausbuchung des Restbuchwertes des gebrauchten Pkw.

9 Ein Pkw wird für 25.000,00 € + 4.750,00 € Umsatzsteuer gekauft.
Ein gebrauchter Pkw, der einen Anschaffungswert von 20.000,00 € hatte und für den eine Wertberichtigung in Höhe von 17.000,00 € gebildet wurde, wird für 5.000,00 € + 950,00 € Umsatzsteuer in Zahlung gegeben.
Der Restbetrag wird durch Banküberweisung beglichen.
Nennen Sie die Buchungssätze
a) für den Kauf des neuen Pkw über das Verbindlichkeitenkonto,
b) für die Auflösung der Wertberichtigung des gebrauchten Pkw,
c) für den Rechnungsausgleich (Banküberweisung) und
d) für die Ausbuchung des Restbuchwertes des gebrauchten Pkw.

10 Sie sind Angestellte(r) der Textilfabrik Konrad Fied KG, Goseriede 41, 30159 Hannover. Die folgenden Belege liegen Ihnen zur Buchung vor.
a) Welche Geschäftsfälle liegen den Belegen zugrunde?
b) Wie lauten die Buchungssätze?

Autohaus
Sauer KG
Rehbergstraße 24
30173 Hannover

Autohaus Sauer KG · Rehbergstraße 24 · 30173 Hannover

Textilfabrik
Konrad Fied KG
Goseriede 41
30159 Hannover

Bitte bei Zahlung angeben:
Rechnungsnummer: 3 612
Rechnungsdatum: 10.11.20..
Ihre Bestellung vom: 02.07.20..
Unsere Lieferung vom: 09.11.20..
Telefax 0511 3213-33
E-Mal walter@sauer-wvd.de
Telefon 0511 3213-29

Rechnung

Wir danken für Ihren Auftrag und berechnen Ihnen wie folgt:

	Leistungsbezeichnung/Warenbezeichnung	Preise in €
1	Pkw 230 GT fabrikneu Fahrgestell-Nr. 902 346	
	zum Preis von	40.000,00
	Fracht	500,00
		40.500,00
	+ 19 % USt	7.695,00
		48.195,00

EINGEGANGEN
11. Nov. 20..
Erl. ....

Zahlungsziel: Bis 4 Wochen nach Erhalt der Rechnung.

Telefon 0511 3213-0
Internet www.sauer-wvd.de
St.-Nr. 22 235 86417
Stadtsparkasse Hannover
Konto-Nr. 1 122, BLZ 250 501 80
IBAN DE78 2505 0180 0000 0011 22
BIC SPKHDE2H
Die gelieferte Ware bleibt bis zur vollständigen Bezahlung Eigentum des Lieferanten.

Beleg 1

1 hier: Abschreibung bis zum Monat, der der Veräußerung vorausgeht (vgl. Kapitel 3.4.4)

6691316

Beleg 2

Konrad Fied KG Hannover	**Buchungsanweisung** Buchungsdatum 13.11.20..	**Beleg-Nr.** 3 872

für: anteilige Jahresabschreibung Pkw 300 SL (662 966).
Abschreibung bis einschl. Oktober 20..
10/12 von 16 2/3 % aus 72.000,00 € . . . . 10.000,00 €

Hinweis: Der Buchwert des Pkw 300 SL (662 966) beträgt (vor der Abschreibung im Abgangsjahr) laut Anlagendatei 24.000,00 €.

Zum Rechnungsausgleich sind Beleg 3 und Beleg 4 in einem Buchungssatz zu erfassen. Zusätzlich ist die Ausbuchung des Restbuchwertes mit der Erfassung des Buchgewinnes/Buchverlustes vorzunehmen.

Beleg 3

Konrad Fied KG Hannover	**Buchungsanweisung** Buchungsdatum 10.12.20..	**Beleg-Nr.** 3 873

für: Abgangsmeldung an die Anlagenbuchhaltung.
Wir gaben den Pkw 300 SL (662 966) der Sauer KG
am 12. Nov. 20.. in Zahlung zum Preis von . . . . 12.000,00 €
+ 19 % USt . . . 2.280,00 €

Beleg 4

Konto-Nummer: **12 345** BLZ **251 901 01**
IBAN: DE81 2519 0101 0000 0123 45 BIC: GENODEF1HLI

Lindener Volksbank eG

Beleg	Buch.-Datum	Text	Wert	Betrag
90 244	08.12.20..	SB-ÜBERWEISUNG, SAUER KG, R.-NR. 3612, R.-DATUM 10.11.20..	08.12.20..	33.915,00 -

TEXTILFABRIK
KONRAD FIED KG
GOSERIEDE 41
30159 HANNOVER

Konto-Auszug		
12.12.20..	95	1
Datum	Nummer	Blatt

EUR 70.000,00 +
Alter Kontostand
EUR 36.085,00 +
Neuer Kontostand

Beleg 5

Konrad Fied KG Hannover	**Buchungsanweisung** Buchungsdatum 30.12.20..	**Beleg-Nr.** 4 219

für: anteilige Jahresabschreibung Pkw 230 GT (902 346).
Abschreibung für zwei Monate
2/12 von 16 2/3 % aus 40.500,00 € . . . . 1.125,00 €

4 Statistik

Die **Betriebsstatistik** gehört neben der **Buchführung**, der **Kostenrechnung** und der **Planungsrechnung** zum betrieblichen Rechnungswesen. Sie sammelt Zahlenmaterial aus allen betrieblichen Bereichen, vergleicht es und wertet es aus.

Es gibt betriebliche Produktionsstatistiken, Kostenstatistiken, Lagerstatistiken, Personalstatistiken, Einkaufsstatistiken, Verkaufsstatistiken, Werbestatistiken usw.

Neben den reinen Betriebsstatistiken werden in den Unternehmungen auch **volkswirtschaftliche Statistiken** geführt, die unternehmerische Entscheidungen unterstützen.

Hierzu gehören z. B. Statistiken über die Wertpapierbörsen, die Devisenbörsen, die Einkommensverteilung, den Bevölkerungsaufbau, die Geburtenentwicklung usw.

Die grafische Darstellung von Statistiken ist besonders anschaulich.

4.1 Grafische Darstellungsformen

Man unterscheidet bei den grafischen Darstellungen

1. Stab-, Säulen- und Kurvendiagramme, 2. Flächendiagramme und 3. Bildstatistiken.

4.1.1 Stab-, Säulen- und Kurvendiagramme

Bei Stab-, Säulen- und Kurvendiagrammen werden statistische Zusammenhänge in einem Koordinatensystem veranschaulicht.

Auf der x-Achse (Abszisse) werden statistische Merkmale (z. B. Zeitpunkte) und auf der y-Achse (Ordinate) statistische Zahlenwerte (z. B. Umsätze) abgetragen.

Beispiel

Ein Industriebetrieb weist für das vergangene Geschäftsjahr folgende Personalentwicklung (Lohnempfänger) auf:

Jan.	Febr.	März	April	Mai	Juni	Juli	Aug.	Sept.	Okt.	Nov.	Dez.
710	718	735	748	752	722	708	705	725	738	742	719

Jahresdurchschnitt: 727

Darstellung der Personalentwicklung in Form eines Stabdiagramms

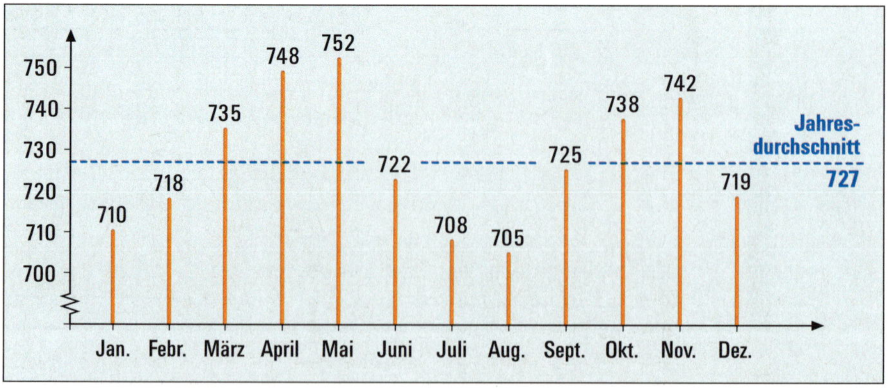

Darstellung der Personalentwicklung in Form eines Säulendiagramms

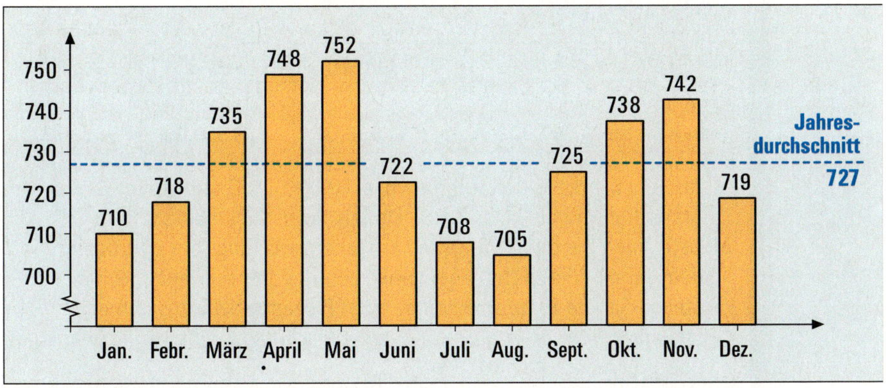

Darstellung der Personalentwicklung in Form eines Kurvendiagramms

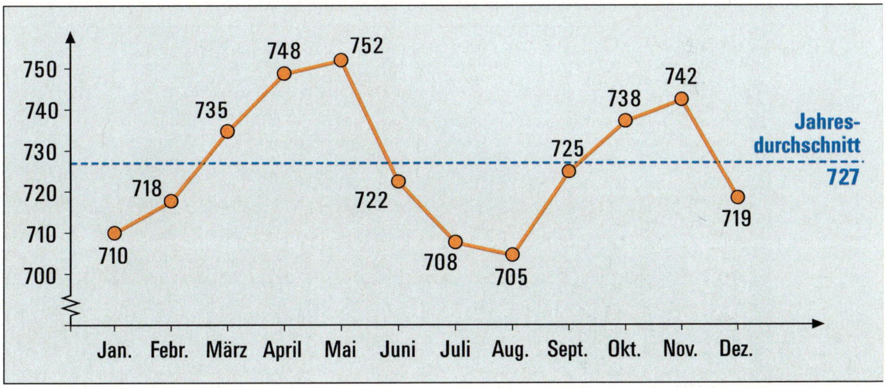

AUFGABEN

1 Der Rohstoffbestand eines Industriebetriebes weist im 1. Halbjahr folgende Entwicklung auf (jeweils Anfangsbestände):

Monat	Lagerbestand jeweils am 1. des Monats in t
Januar	190
Februar	210
März	220
April	180
Mai	170
Juni	200
Juli	160

a) Errechnen Sie den durchschnittlichen Lagerbestand.

b) Stellen Sie die Lagerbestandsentwicklung in einem Stabdiagramm, in einem Säulendiagramm und in einem Kurvendiagramm dar.
Tragen Sie in das jeweilige Diagramm den durchschnittlichen Lagerbestand ein.

2 Die Materialgemeinkosten eines Industriebetriebes haben sich in den letzten 5 Jahren wie folgt entwickelt (in €):

	Jahr 1	Jahr 2	Jahr 3	Jahr 4	Jahr 5
Material-gemeinkosten	597.822,00	641.560,00	618.589,00	719.473,00	793.510,00

a) Runden Sie die €-Beträge auf volle 10.000,00 € und stellen Sie die Kostenentwicklung grafisch dar (wahlweise Stab-, Säulen- oder Kurvendiagramm).
b) Berechnen Sie die prozentuale Kostenentwicklung (der gerundeten Beträge) gegenüber dem Jahr 1 (die Materialgemeinkosten des Jahres 1 entsprechen 100 %).
Stellen Sie die Prozentzahlen in einer Prozenttabelle zusammen.
c) Stellen Sie die prozentuale Kostenentwicklung grafisch dar (wahlweise Stab-, Säulen- oder Kurvendiagramm).

3 Erstellen Sie aufgrund des unten stehenden Säulendiagramms eine geeignete Umsatztabelle.

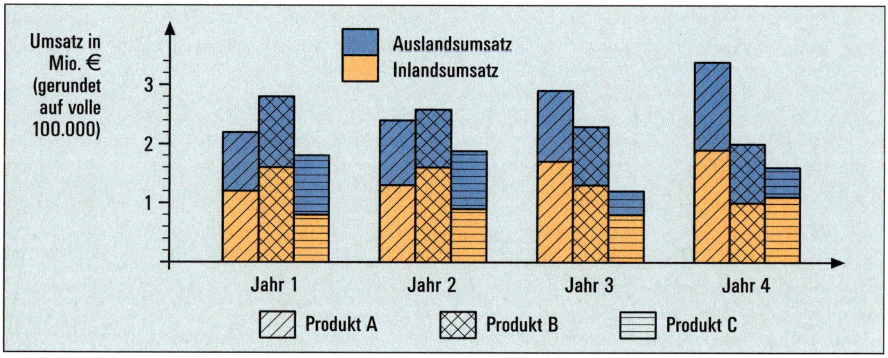

4 Die Mitarbeiterzahl und der Umsatz haben sich in den letzten 5 Jahren wie folgt entwickelt:

Jahr	1	2	3	4	5
ø Mitarbeiterzahl	530	560	540	590	620
Umsatz in Mio. €	66,25	72,8	75,6	85,55	93,0

a) Errechnen Sie für jedes Jahr den „Umsatz pro Kopf".
b) Stellen Sie die Entwicklung des „Umsatzes pro Kopf" in einem Säulendiagramm dar.
c) Wie interpretieren Sie die Entwicklung des „Umsatzes pro Kopf"?

5

Jahr	1	2	3	4
ø Rohstoffbestand in Mio. €	16,2	17,8	17,1	18,2
Rohstoffeinsatz in Mio. €	121,5	106,8	136,8	163,8

a) Stellen Sie die Lagerbestandsentwicklung in einem Säulendiagramm dar.
b) Errechnen Sie die Lagerumschlagshäufigkeiten und stellen Sie diese in einem Säulendiagramm dar.
c) Errechnen Sie für jedes Jahr die durchschnittliche Lagerdauer und erstellen Sie ein entsprechendes Säulendiagramm.

6 In einer Verkaufsfiliale ergaben sich im Vorjahr für den Monat März folgende durchschnittliche Tagesumsätze:

Tag	Mo.	Di.	Mi.	Do.	Fr.	Sa.
März (Vorjahr) (T€)	12	14	15	13	16	11

Im laufenden Geschäftsjahr wurden im März folgende Tagesumsätze registriert:

Tag	Mo.	Di.	Mi.	Do.	Fr.	Sa.
März, 1. Woche (T€)	11	13	12	11	16	9
März, 2. Woche (T€)	13	17	14	15	18	13
März, 3. Woche (T€)	14	16	16	14	19	12
März, 4. Woche (T€)	14	14	14	12	15	10

a) Errechnen Sie die durchschnittlichen Tagesumsätze des Monats März für das laufende Geschäftsjahr.
b) Stellen Sie die durchschnittlichen Tagesumsatzzahlen des Monats März für das Vorjahr und für das laufende Geschäftsjahr in einem Säulendiagramm gegenüber.
c) Lösen Sie die Aufgabe b) in einem Kurvendiagramm.
d) Welches Diagramm stellt Ihrer Meinung nach die Vergleichswerte besser gegenüber? Begründen Sie Ihre Meinung.

4.1.2 Flächendiagramme

Flächendiagramme sind geeignet zur Darstellung von prozentualen Anteilen an einer Gesamtgröße. Die Veranschaulichung kann durch Rechteckdiagramme oder Kreisdiagramme erfolgen.

Beispiel

Das Sortiment A ist mit 40 %, das Sortiment B mit 35 % und das Sortiment C mit 25 % am Umsatz eines Unternehmens beteiligt.

Darstellung der Umsatzstruktur in Form eines Rechteckdiagramms

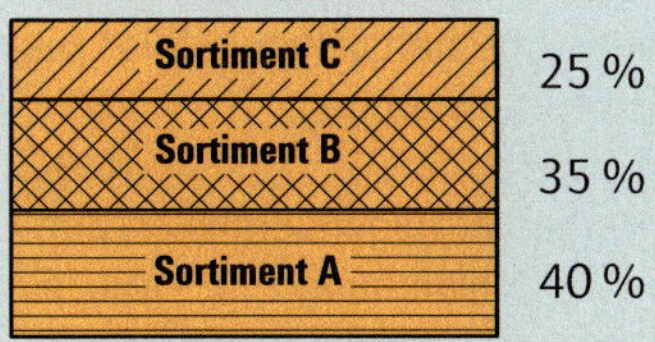

Die Höhe der übereinanderliegenden Flächen bildet den Maßstab.

Darstellung der Umsatzstruktur in Form eines Kreisdiagramms

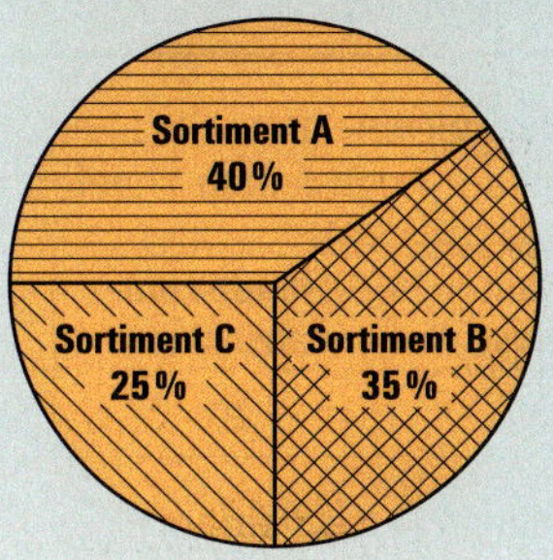

Die Gradanteile der Kreisausschnitte bilden den Maßstab.
Sie werden mit Dreisatz errechnet.
Zum Beispiel für Sortiment A:

$100\,\% \mathrel{\widehat{=}} 360°$

$40\,\% \mathrel{\widehat{=}} x°$

$$x = \frac{360 \cdot 40}{100} = \underline{\underline{144°}}$$

4.1.3 Bildstatistiken

Neben den dargebotenen relativ nüchternen Darstellungsformen von Statistiken gibt es noch so genannte Bildstatistiken. Sie enthalten die oben dargestellten Elemente. Die statistischen Informationen werden dabei für den Nichtfachmann möglichst einfach und bildhaft aufbereitet.

Bildstatistiken erscheinen häufig in Tageszeitungen und Werbezeitschriften.

Beispiel

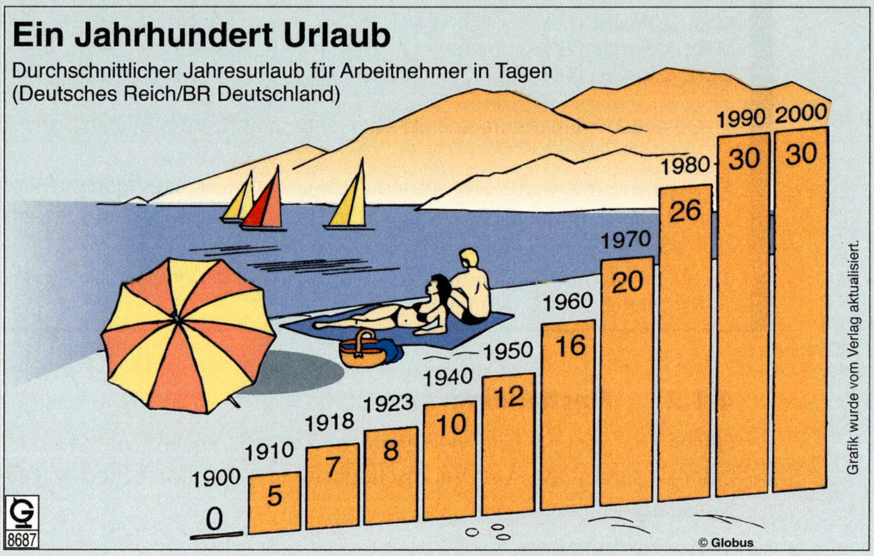

AUFGABEN

1 Die Werbekosten setzten sich im vergangenen Geschäftsjahr wie folgt zusammen:

Fernsehwerbung:	45 %,	Zeitschriftenwerbung:	20 %,
Rundfunkwerbung:	25 %,	Plakatwerbung:	10 %.

Im laufenden Geschäftsjahr teilt sich der Werbeetat folgendermaßen auf:

Fernsehwerbung:	4,8 Mio. €,	Zeitschriftenwerbung:	3 Mio. €,
Rundfunkwerbung:	3,6 Mio. €,	Plakatwerbung:	0,6 Mio. €.

Stellen Sie die Zusammensetzung der Werbekosten der beiden Geschäftsjahre in vergleichbaren Rechteckdiagrammen (Kreisdiagrammen) gegenüber.

2 In der Personalabteilung eines Industriebetriebes soll eine grafische Statistik (mit absoluten Zahlen und Prozentzahlen) über die Vorbildung der Angestellten angefertigt werden.

Hochschulabschluss	Abitur	Realschulabschluss	Hauptschulabschluss	ohne Abschluss
27	108	324	81	–

Erstellen Sie ein entsprechendes Rechteckdiagramm (Kreisdiagramm).

6691322

3

Aktiva		**Aufbereitete Bilanz**			Passiva
	Berichtsjahr Mio. €	Vorjahr Mio. €		Berichtsjahr Mio. €	Vorjahr Mio. €
A. Anlagevermögen	52,25	52,80	A. Eigenkapital	33,25	29,04
B. Umlaufvermögen			B. Fremdkapital		
Vorräte	23,75	19,36	langfr. FK	42,75	42,24
Forderungen	11,40	8,80	kurzfr. FK	19,00	16,72
flüssige Mittel	7,60	7,04			
	95,00	88,00		95,00	88,00

Stellen Sie jeweils in einem Rechteckdiagramm (Kreisdiagramm) die prozentuale Zusammensetzung der Bilanz (Aktiv- und Passivseite) für das Berichtsjahr und das Vorjahr gegenüber. (Anmerkung: Die Oberbegriffe Umlaufvermögen und Fremdkapital sollen nicht in den Diagrammen erscheinen.)

4 Der Betriebsabrechnungsbogen eines Industriebetriebes weist folgende Gemeinkostensummen im 1. Quartal aus:

	Kostenstellen			
Monat	**Material (€)**	**Fertigung (€)**	**Verwaltung (€)**	**Vertrieb (€)**
Januar	98.000,00	588.000,00	245.000,00	49.000,00
Februar	110.400,00	579.600,00	202.400,00	27.600,00
März	147.000,00	609.000,00	231.000,00	63.000,00

a) Errechnen Sie für jeden Monat die prozentuale Zusammensetzung der Gemeinkosten.
b) Stellen Sie die prozentuale Gemeinkostenverteilung der 3 Monate in Kreisdiagrammen (Rechteckdiagrammen) gegenüber.
c) Errechnen Sie für das 1. Quartal die durchschnittliche prozentuale Zusammensetzung der Gemeinkosten.
d) Stellen Sie die in c) ermittelten Werte in einem Kreisdiagramm dar.

5 Die Produktionskapazität eines Industriebetriebes verteilt sich wie folgt:

	1. Quartal	**2. Quartal**	**3. Quartal**	**4. Quartal**
Produkt A	39 %	42 %	40 %	45 %
Produkt B	21 %	24 %	20 %	23 %
Produkt C	16 %	14 %	12 %	14 %
Leerkapazität	24 %	20 %	28 %	18 %

a) Stellen Sie die Kapazitätsverteilung der 4 Quartale in Kreisdiagrammen (Rechteckdiagrammen) gegenüber.
b) Errechnen Sie die durchschnittliche Kapazitätsverteilung des Jahres und erstellen Sie ein entsprechendes Kreisdiagramm (Rechteckdiagramm).

4.2 Verhältniszahlen

Mit **Verhältniszahlen** werden statistische Größen miteinander in Beziehung gesetzt, i. d. R. in ein prozentuales Verhältnis gebracht.

Man unterteilt die Verhältniszahlen in **Gliederungszahlen, Messzahlen, Indexzahlen** und **Beziehungszahlen**.

4.2.1 Gliederungszahlen

Eine Gliederungszahl drückt das prozentuale Verhältnis einer Teilmasse zu ihrer Gesamtmasse aus.

Beispiele

Prozentualer Anteil des Eigenkapitals am Gesamtkapital; prozentualer Anteil der Personalkosten an den Gesamtkosten.

Gesamtmasse ≙ 100 %
Teilmasse ≙ x % (= Gliederungszahl)

$$\textbf{Gliederungszahl} = \frac{100 \cdot \text{Teilmasse}}{\text{Gesamtmasse}}$$

Beispiel

Der Gesamtumsatz beträgt 2.385.780,00 €. Der Umsatz der Produktgruppe I beträgt 321.512,00 €. Wie hoch ist der prozentuale Anteil des Umsatzes der Produktgruppe I am Gesamtumsatz?

$$\textbf{Gliederungszahl} = \frac{100 \cdot 321.512}{2.385.780} = \underline{\underline{13{,}48\ \%}}$$

Der prozentuale Anteil der Produktgruppe I beträgt 13,48 % am Gesamtumsatz.

AUFGABEN

1

	Mio. €	ø Branche (%)
Materialaufwendungen	355,2	37
Personalaufwendungen	268,8	36
Abschreibungen	240,0	17
Sonstige Aufwendungen	38,4	3
Steueraufwendungen	57,6	7

a) Errechnen Sie die prozentualen Anteile der einzelnen Aufwandsarten am Gesamtaufwand.
b) Wie heißen die Verhältniszahlen, die Sie in a) errechnet haben?
c) Vergleichen Sie die Aufwandsstruktur mit der branchendurchschnittlichen Aufwandsstruktur.
d) Welche Kostensenkung könnte insgesamt erzielt werden (absolut und prozentual), wenn bedingt durch Rationalisierungsinvestitionen die Abschreibungen um 10 % steigen und die Personalaufwendungen um 15 % sinken (bei Konstanz der übrigen Aufwendungen)?
e) Errechnen Sie bei Vornahme der Rationalisierungsinvestition die prozentuale Zusammensetzung der Aufwendungen (Genauigkeit: 1 Stelle nach dem Komma). Welcher Trend wird beim Vergleich mit dem Branchendurchschnitt erkennbar?

6691324

2 Eine Umfrage bei unseren Reisenden hat folgende Verteilung der wöchentlichen Arbeitszeit ergeben:

	Reisender A (Stunden)	Reisender B (Stunden)	Reisender C (Stunden)
Fahrtzeit	11,40	12,92	12,16
Wartezeit beim Kunden	7,60	8,36	7,98
Verkaufsgespräche	6,08	6,84	6,46
Führen der Verkaufsunterlagen	9,50	7,60	8,74
Sonstiges	3,42	2,28	2,66
Wochenstunden	38,00	38,00	38,00

a) Errechnen Sie für jeden Reisenden die prozentuale Aufteilung der wöchentlichen Arbeitszeit.
b) Errechnen Sie die durchschnittliche prozentuale Aufteilung der wöchentlichen Arbeitszeit insgesamt.
c) Erstellen Sie ein Kreisdiagramm über die durchschnittliche prozentuale Aufteilung der wöchentlichen Arbeitszeit.

3 Unsere Textilfabrik hat – nach Produktgruppen differenziert – folgende Jahresumsätze erzielt:

Monat	Herren-bekleidung (€)	Damen-bekleidung (€)	Kinder-bekleidung (€)
Januar	120.000,00	170.000,00	60.000,00
Februar	100.000,00	130.000,00	40.000,00
März	140.000,00	160.000,00	50.000,00
April	150.000,00	180.000,00	70.000,00
Mai	160.000,00	170.000,00	80.000,00
Juni	130.000,00	140.000,00	60.000,00
Juli	110.000,00	120.000,00	40.000,00
August	140.000,00	160.000,00	80.000,00
September	120.000,00	140.000,00	70.000,00
Oktober	110.000,00	120.000,00	50.000,00
November	140.000,00	180.000,00	60.000,00
Dezember	170.000,00	200.000,00	90.000,00

a) Errechnen Sie die prozentualen Anteile der Produktgruppen am Jahresumsatz (Genauigkeit: 1 Stelle nach dem Komma).
b) Errechnen Sie die prozentualen Anteile der Monatsumsätze (insgesamt) am Jahresumsatz (insgesamt). (Genauigkeit: 1 Stelle nach dem Komma)
c) Durch eine Werbekampagne soll der Umsatz der Herrenbekleidung im Folgejahr um 10 % erhöht werden. Errechnen Sie für diesen Fall die neuen prozentualen Anteile der Produktgruppen am Jahresumsatz (bei Konstanz der Umsätze für Damen- und Kinderbekleidung). (Genauigkeit: 1 Stelle nach dem Komma)
d) Stellen Sie die sich aus c) ergebende Umsatzstruktur in einem Rechteckdiagramm dar.

4.2.2 Messzahlen

Eine Messzahl drückt das prozentuale Verhältnis einer Teilmasse zu einer anderen Teilmasse oder einer Gesamtmasse zu einer anderen Gesamtmasse aus.

Beispiele

Prozentuales Verhältnis von Eigenkapital zu Fremdkapital; prozentuales Verhältnis von Personalkosten zu Abschreibungen; prozentuales Verhältnis zweier Jahresumsätze.

Masse A ≙ 100 % (= Basis)
Masse B ≙ x % (= Messzahl)

$$\textbf{Messzahl} = \frac{100 \cdot \text{Masse B}}{\text{Masse A}}$$

Beispiel

Der Umsatz der Artikelgruppe I beträgt 321.512,00 €. Der Umsatz der Artikelgruppe II beträgt 108.793,00 €. Wie verhält sich der Umsatz der Artikelgruppe II prozentual zum Umsatz der Artikelgruppe I (= Basis → 100 %)?

$$\textbf{Messzahl} = \frac{100 \cdot 108.793}{321.512} = \underline{\underline{33{,}84\ \%}}$$

Der Umsatz der Artikelgruppe II macht 33,84 % des Umsatzes der Artikelgruppe I aus.

AUFGABEN

1 Ein Kühlschrankhersteller verkauft im März 980 Kühlschränke der Marke „Nordpol". Im April werden 870 Kühlschränke dieser Marke verkauft.

a) Auf wie viel Prozent ist die Verkaufszahl des Monats April gegenüber der Verkaufszahl des Monats März gesunken? (Genauigkeit: 2 Stellen nach dem Komma)

b) Wie heißt die Verhältniszahl, die Sie in a) errechnet haben?

2 In einem Industriebetrieb beträgt das Umlaufvermögen 155,6 Mio. €. Das Anlagevermögen beläuft sich auf 82,4 Mio. €.
Wie viel Prozent macht das Anlagevermögen gemessen am Umlaufvermögen aus (= Konstitution)? (Genauigkeit: 1 Stelle nach dem Komma)

3 Eigenkapital: 33,6 Mio. € Fremdkapital: 61,2 Mio. €

a) Wie viel Prozent des Fremdkapitals macht das Eigenkapital aus (= Finanzierung)? (Genauigkeit: 1 Stelle nach dem Komma)

b) Wie viel Prozent des Eigenkapitals macht das Fremdkapital aus (= Verschuldungskoeffizient)? (Genauigkeit: 1 Stelle nach dem Komma)

4 Eigenkapital: 54,8 Mio. €
Anlagevermögen: 49,6 Mio. €
Wie viel Prozent des Anlagevermögens sind durch Eigenkapital gedeckt (= Anlagendeckung I)? (Genauigkeit: 1 Stelle nach dem Komma)

5 Die monatlichen Erträge eines Unternehmens betragen 2.527.285,00 €. Die Kosten belaufen sich auf 2.298.632,00 €. Wie hoch ist der prozentuale Anteil der Kosten an den Erträgen?

6 Errechnen Sie die Messzahlen (Berichtsjahr gemessen am Vorjahr).
(Genauigkeit: 1 Stelle nach dem Komma)

	Vorjahr	Berichtsjahr
Umsatz	328,7 Mio. €	369,8 Mio. €
ø Lagerbestand	14,3 Mio. €	13,1 Mio. €
Arbeiter	759	788
Ausschuss	1 485 Stück	1 232 Stück
Fixe Kosten	80,9 Mio. €	78,4 Mio. €
Forderungsausfälle	0,5 Mio. €	0,6 Mio. €

4.2.3 Beziehungszahlen

Beziehungszahlen drücken das Verhältnis zweier verschiedenartiger Massen zueinander aus.

Beispiele

Herstellkosten pro Fertigungsstunde; Verkaufssumme pro Auftrag; Jahresumsatz je m^2 Verkaufsfläche.

$$\textbf{Beziehungszahl} = \frac{\text{Masse von Art 1}}{\text{Masse von Art 2}}$$

Beispiel

In einer Verkaufsfiliale eines Industriebetriebes wurde in 502 Arbeitsstunden ein Umsatz von 279.112,00 € erzielt. Wie hoch ist der Umsatz pro Arbeitsstunde?

$$\textbf{Beziehungszahl} = \frac{279.112}{502} = \underline{\underline{556{,}00\ €}}$$

Der Umsatz pro Arbeitsstunde beträgt 556,00 €.

AUFGABEN

1 Ein Industriebetrieb unterhält 3 Verkaufsfilialen. Hinsichtlich der Beschäftigtenzahl, der Verkaufsfläche, des Jahresumsatzes und der Betriebskosten ergeben sich folgende Zahlen:

Filiale	Mitarbeiter	Verkaufs-fläche (m^2)	Umsatz (€)	Betriebskosten (€)
I	10	560	5.880.000,00	1.764.000,00
II	24	1 152	14.169.600,00	3.542.400,00
III	18	756	10.886.400,00	2.177.280,00

Errechnen Sie für jede Filiale
a) die Verkaufsfläche pro Mitarbeiter,
b) den Umsatz pro m^2 Verkaufsfläche,
c) den „Umsatz pro Kopf",
d) die Betriebskosten pro m^2 Verkaufsfläche,
e) die Betriebskosten pro Mitarbeiter,
f) die Betriebskosten pro 100,00 € Umsatz.
Welche Filiale schneidet beim Vergleich dieser Beziehungszahlen am besten ab?

2

Jahr	Umsatz (€)	produktives Anlagevermögen[1] (€)	Beschäftigte
1	462.000.000,00	41.250.000,00	3 300
2	511.500.000,00	47.740.000,00	3 410
3	584.000.000,00	54.750.000,00	3 650
4	644.000.000,00	58.880.000,00	3 680

a) Errechnen Sie für die Jahre 1 bis 4 den „Umsatz pro Kopf".
b) Errechnen Sie für die Jahre 1 bis 4 das „produktive Anlagevermögen pro Kopf" (= Investitionen pro Arbeitsplatz).
c) Stellen Sie den „Umsatz pro Kopf" und das „produktive Anlagevermögen pro Kopf" (= Investitionen pro Arbeitsplatz) in je einem Balkendiagramm grafisch dar.
d) Wie heißen die Verhältniszahlen, die Sie in a) und b) errechnet haben?
e) Wie interpretieren Sie die Ergebnisse aus a) und b)?

3 Errechnen Sie die Beziehungszahlen.
a) Gewinn: 2.520.000,00 €; Beschäftigte: 840
b) Umsatz: 37.500.000,00 €; Verkaufsfläche: 5 000 m^2
c) Umsatz: 25.600.050,00 €; Anzahl der Aufträge: 11 340
d) Unfälle: 360; Beschäftigte: 18 000
e) produzierte Stückzahl: 241 020; Arbeiter: 585

4.2.4 Indexzahlen

Indexzahlen geben die prozentuale Veränderung von Größen im Zeitablauf an. Die Ausgangsgröße wird als Basiszahl bezeichnet und entspricht 100 %.

Beispiel

Die prozentuale Veränderung der Jahresumsätze wird gegenüber einem Ausgangsjahr (= Basisjahr) berechnet.

Wird die prozentuale Veränderung einer Größe von Zeitpunkt zu Zeitpunkt berechnet, so liegt eine **Kettenindexierung** (= Indexreihe mit veränderlicher Basis) vor.

Beispiel

Die prozentuale Veränderung der Jahresumsätze wird gegenüber dem jeweiligen Vorjahr berechnet.

Wert zum Basiszeitpunkt ≙ 100 %
Wert zum jeweiligen Zeitpunkt ≙ x %

$$\textbf{Indexzahl} = \frac{100 \cdot \text{Wert zum jeweiligen Zeitpunkt}}{\text{Wert zum Basiszeitpunkt}}$$

Beispiel

Die unten stehende Tabelle zeigt die Entwicklung der variablen Kosten des Artikels A auf. Es werden eine einfache Indexierung (Basisjahr: 4) und eine Kettenindexierung gegenüber dem jeweiligen Vorjahr vorgenommen.

Jahr	1	2	3	4	5	6	7	8
variable Kosten	8,00	8,20	8,32	8,55	8,96	9,12	9,43	9,74
Index	93,6	95,9	97,3	100,0	104,8	106,7	110,3	113,9
Kettenindex	–	102,5	101,5	102,8	104,8	101,8	103,4	103,3

1 Das produktive Anlagevermögen dient ausschließlich dem betrieblichen Leistungsprozess. Im produktiven Anlagevermögen sind folglich Grundstücke, Gebäude, Beteiligungen, Wertpapiere usw. **nicht** enthalten.

6691328

AUFGABEN

1 Die Textilfabrik Konrad Fied KG registriert folgende Umsatzentwicklungen:

Jahr	Jeanshosen	Jeansjacken	Jeanshemden
1	279.400,00 €	120.300,00 €	80.800,00 €
2	291.600,00 €	131.900,00 €	85.900,00 €
3	303.100,00 €	138.400,00 €	89.200,00 €
4	296.500,00 €	144.200,00 €	84.300,00 €
5	308.700,00 €	139.100,00 €	92.700,00 €
6	313.400,00 €	158.900,00 €	99.100,00 €
7	309.900,00 €	152.500,00 €	96.600,00 €

a) Errechnen Sie für jede Produktgruppe die Indexzahlen (Basisjahr: 3. Jahr).
b) Nehmen Sie für jede Produktgruppe eine Kettenindexierung gegenüber dem jeweiligen Vorjahr vor.
(Genauigkeit bei a) und b): 1 Stelle nach dem Komma)

2 Für den durchschnittlichen Lagerbestand an Rohstoffen wurden folgende Indexzahlen errechnet:

Jahr	1	2	3	4	5	6
Rohstoff I	94,5	96,7	100	104,1	102,9	109,1
Rohstoff II	93,8	95,9	100	103,5	106,7	104,5
Rohstoff III	92,9	95,1	100	102,9	108,2	106,8

a) Welches ist das Basisjahr?
b) Im 6. Jahr beträgt der durchschnittliche Lagerbestand von Rohstoff I 680.000,00 €, von Rohstoff II 520.000,00 € und von Rohstoff III 860.000,00 €.
Errechnen Sie für jedes Jahr die durchschnittlichen Lagerbestände.
(Runden Sie dabei auf ganze €-Beträge.)
c) Nehmen Sie für jeden Rohstoff eine Kettenindexierung gegenüber dem jeweiligen Vorjahr vor. (Genauigkeit: 1 Stelle nach dem Komma)

3 In einem Industriebetrieb gibt es folgende Entwicklung bei der Anzahl der Beschäftigten und bei den Abschreibungen:

Jahr	1	2	3	4	5
Beschäftigte	1 960	1 882	1 788	1 695	1 635
Abschreibungen Mio. €	3,10	3,18	3,31	3,44	3,56

a) Errechnen Sie für die Anzahl der Beschäftigten und für die Abschreibungen die Indexzahlen (Basisjahr: 1. Jahr).
(Genauigkeit: 1 Stelle nach dem Komma)
b) Stellen Sie die Indexzahlen für die Anzahl der Beschäftigten und für die Abschreibungen in einem Kurvendiagramm gegenüber.
c) Interpretieren Sie das Diagramm.

4 Welche Definition gehört zu welchem Begriff? Ordnen Sie zu.

A Definitionen

1. Es wird das prozentuale Verhältnis einer Teilmasse zu einer anderen Teilmasse oder einer Gesamtmasse zu einer anderen Gesamtmasse ausgedrückt.
2. Es wird die prozentuale Veränderung von Größen im Zeitablauf vorgegeben. Die Ausgangsgröße wird als Basiszahl bezeichnet und entspricht 100 %.
3. Es wird das prozentuale Verhältnis einer Teilmasse zu einer Gesamtmasse ausgedrückt.
4. Es wird das Verhältnis zweier verschiedenartiger Massen zueinander ausgedrückt.

B Begriffe

1. Indexzahlen, 2. Gliederungszahlen, 3. Beziehungszahlen, 4. Messzahlen.

4.3 Durchschnittswerte

4.3.1 Der arithmetische Durchschnitt (arithmetisches Mittel)

Unter dem arithmetischen Mittel mehrerer Größen (einer statistischen Reihe) versteht man den Quotienten aus ihrer Summe und ihrer Anzahl.

$$\text{arithmetisches Mittel} = \frac{\text{Summe der Größen}}{\text{Anzahl der Größen}} = \frac{a_1 + a_2 + a_3 + \ldots + a_n}{n}$$

Beispiel

Aus den Monatsumsätzen der Erzeugnisgruppe I der ersten beiden Quartale ist der durchschnittliche monatliche Umsatz zu errechnen.

Jan.	80.000,00 €	März	55.000,00 €	Mai	74.000,00 €
Febr.	68.000,00 €	April	62.000,00 €	Juni	81.000,00 €

$$\text{Ø Monatsumsatz} = \frac{80.000 + 68.000 + 55.000 + 62.000 + 74.000 + 81.000}{6}$$

$$= \frac{420.000}{6} = \underline{\underline{70.000,00\ €}}$$

Der durchschnittliche monatliche Umsatz beträgt 70.000,00 €.

AUFGABEN

1 Ein Industriebetrieb ermittelt für das Rohstofflager folgende wertmäßige Lagerbestände:

	€		€
Januar	AB[1] 480.000,00	Juli	SB 440.000,00
	SB[2] 520.000,00	August	SB 420.000,00
Februar	SB 450.000,00	September	SB 460.000,00
März	SB 460.000,00	Oktober	SB 480.000,00
April	SB 510.000,00	November	SB 470.000,00
Mai	SB 500.000,00	Dezember	SB 430.000,00
Juni	SB 490.000,00		

a) Errechnen Sie den durchschnittlichen Lagerbestand.
b) Errechnen Sie die Umschlagshäufigkeit (Rohstoffeinsatz: 2.820.000,00 €).
c) Errechnen Sie die durchschnittliche Lagerdauer.

1 AB = Anfangsbestand
2 SB = Schlussbestand

2 Unser Unternehmen hält Aktien der Sächsischen Fahrradwerke AG. Die Aktienkurse haben sich im Monat März wie folgt entwickelt:

1. März (Do.)	85,60 €	16. März (Fr.)	90,90 €
2. März (Fr.)	83,20 €	19. März (Mo.)	89,70 €
5. März (Mo.)	82,70 €	20. März (Di.)	89,60 €
6. März (Di.)	81,60 €	21. März (Mi.)	91,10 €
7. März (Mi.)	80,50 €	22. März (Do.)	92,30 €
8. März (Do.)	87,30 €	23. März (Fr.)	92,30 €
9. März (Fr.)	88,90 €	26. März (Mo.)	90,20 €
12. März (Mo.)	90,10 €	27. März (Di.)	91,30 €
13. März (Di.)	91,60 €	28. März (Mi.)	92,40 €
14. März (Mi.)	94,80 €	29. März (Do.)	93,80 €
15. März (Do.)	92,50 €	30. März (Fr.)	94,60 €

Errechnen Sie den durchschnittlichen Kurswert.

3 Im vergangenen Geschäftsjahr entwickelten sich in unserem Unternehmen die Mitarbeiterzahl und der Umsatz folgendermaßen:

Monat	Mitarbeiterzahl	Umsatz (T€)
Januar	418	8.360
Februar	405	8.080
März	430	8.690
April	442	8.860
Mai	461	9.200
Juni	453	9.060
Juli	441	8.190
August	433	8.690
September	438	8.760
Oktober	440	8.820
November	428	8.510
Dezember	420	8.330

a) Errechnen Sie die durchschnittliche Mitarbeiterzahl.
b) Errechnen Sie den durchschnittlichen Monatsumsatz (gerundet auf ganze T€).
c) Errechnen Sie den durchschnittlichen monatlichen Umsatz pro Kopf (gerundet auf ganze T€).

4 Unsere Vertreter haben im 1. Halbjahr d. J. folgende Umsätze getätigt (in €):

Monat	Albrecht	Breitfeld	Cinterra
Januar	62.000,00	67.800,00	58.900,00
Februar	68.600,00	69.400,00	69.800,00
März	69.400,00	70.200,00	72.400,00
April	74.800,00	68.400,00	66.900,00
Mai	78.500,00	79.800,00	70.500,00
Juni	72.100,00	77.300,00	76.900,00

a) Errechnen Sie den durchschnittlichen Monatsumsatz für jeden Vertreter.
b) Errechnen Sie den durchschnittlichen Vertreterumsatz für jeden Monat.
c) Errechnen Sie den durchschnittlichen monatlichen Vertreterumsatz des 1. Halbjahres.

4.3.2 Der gewogene arithmetische Durchschnitt (gewogenes arithmetisches Mittel)

Das gewogene arithmetische Mittel wird aus Größen ermittelt, die eine unterschiedliche Gewichtung haben.

$$\text{gewogenes arithmetisches Mittel} = \frac{\text{Summe der gewogenen Größen}}{\text{Anzahl der gewogenen Größen}}$$

$$= \frac{(a_1 \cdot b_1) + (a_2 \cdot b_2) + \ldots + (a_n \cdot b_n)}{b_1 + b_2 + \ldots + b_n}$$

Beispiel

Artikel A wurde zu unterschiedlichen Einstandspreisen bezogen. Zurzeit sind eingelagert:

500 Stück zu 5,00 € Einstandspreis
800 Stück zu 6,00 € Einstandspreis
600 Stück zu 6,20 € Einstandspreis

Für die Lagerkalkulation ist der durchschnittliche Einstandspreis zu errechnen.

$$\text{Ø Einstandspreis} = \frac{(5 \cdot 500) + (6 \cdot 800) + (6{,}20 \cdot 600)}{500 + 800 + 600} = \underline{\underline{5{,}80\ €}}$$

Der durchschnittliche Einstandspreis beträgt 5,80 €.

AUFGABEN

1 Die Schuhfabrik „Eidechse AG", Magdeburg, verkauft den Schuh Modell „Panther" an verschiedene Großabnehmer zu unterschiedlichen Preisen.

Großabnehmer	Paar	Gewinn je Paar (€)
A	2 640	13,60
B	1 240	18,10
C	360	0,00
D	510	– 3,80
E	3 420	9,50

Errechnen Sie den gewogenen Durchschnittsgewinn pro Paar.

2

	Menge (Stück)	Anschaffungs-stückkosten (€)
AB 1. Jan.	12 300	8,30
Zugang 18. März	5 900	9,10
Zugang 20. Aug.	8 300	8,70
Zugang 8. Okt.	3 600	9,30
Zugang 19. Dez.	4 500	9,20

a) Errechnen Sie die gewogenen durchschnittlichen Anschaffungsstückkosten.
b) Der Schlussbestand beträgt 10 400 Stück. Bewerten Sie den Schlussbestand mit den gewogenen durchschnittlichen Anschaffungsstückkosten.

3 Errechnen Sie den Durchschnittspreis pro Liter der unten stehenden Mischung:

		a)	b)
25 l	zu	26,80 €/l	2,30 €/l
182 l	zu	14,10 €/l	54,20 €/l
61 l	zu	2,80 €/l	12,30 €/l
94 l	zu	9,60 €/l	18,90 €/l

4 Ein Jeanshersteller verkauft 2 verschiedene Herrenjeanshemden.

Größe	Modell 1		Modell 2	
	verkaufte Hemden	Preis (€)	verkaufte Hemden	Preis (€)
S	2 890	24,40	4 210	27,25
M	3 460	25,95	4 780	28,10
L	3 720	26,30	4 990	29,05
XL	3 980	27,10	5 150	30,15
XXL	3 510	27,55	4 810	30,95

a) Errechnen Sie den Durchschnittspreis je Modell.
b) Errechnen Sie den gewogenen Durchschnittspreis je Modell.

5

Auftrag	Stückzahl	variable Stückkosten (€)
I	790	124,00
II	930	143,00
III	610	165,00
IV	880	116,00
Fixe Kosten: 180.000,00 €		

a) Errechnen Sie die gewogenen durchschnittlichen variablen Stückkosten.
b) Errechnen Sie die gewogenen durchschnittlichen Stückkosten (einschließlich der fixen Kosten, Vollkostenrechnung).

4.4 Mittelwerte

4.4.1 Der häufigste Wert (Modus)

Der häufigste Wert tritt in einer statistischen Zahlenreihe am häufigsten auf.

Beispiel

8 Akkordarbeiter erbrachten die folgenden Stückleistungen pro Stunde:

Arbeiter 1:	10 Stück	Arbeiter 5:	12 Stück
Arbeiter 2:	11 Stück	Arbeiter 6:	9 Stück
Arbeiter 3:	12 Stück	Arbeiter 7:	13 Stück
Arbeiter 4:	13 Stück	Arbeiter 8:	12 Stück

Der häufigste Wert ist die Stückleistung 12. Er wird von 3 Arbeitern erreicht.

4.4.2 Der Zentralwert (Median)

Der Zentralwert liegt in der Mitte einer nach der Größe der Werte geordneten Reihe.

Beispiel

Die Stückleistungen der 8 Akkordarbeiter (siehe obiges Beispiel) werden geordnet:

9 10 11 12 13

↑

Die Stückleistung von 11 liegt in der Mitte der Reihe; sie bildet den Zentralwert (Median).

Liegt eine Zahlenreihe mit einer geraden Anzahl von Gliedern vor, so wird der Zentralwert aus dem Durchschnitt der beiden in der Mitte liegenden Zahlen ermittelt.

AUFGABEN

1 Im abgelaufenen Geschäftsjahr haben wir drei Rohstoffe zu unterschiedlichen Listeneinkaufspreisen bezogen.

	Rohstoff 1 (€/t)	Rohstoff 2 (€/t)	Rohstoff 3 (€/t)
1. Lieferung	46,00	95,00	132,00
2. Lieferung	49,00	93,00	131,00
3. Lieferung	48,00	94,00	133,00
4. Lieferung	47,00	95,00	134,00
5. Lieferung	50,00	96,00	132,00
6. Lieferung	49,00	95,00	134,00
7. Lieferung	48,00	96,00	135,00
8. Lieferung	47,00	94,00	134,00
9. Lieferung	49,00	93,00	131,00
10. Lieferung	50,00	95,00	135,00

a) Ermitteln Sie jeweils den häufigsten Wert (Modus).
b) Ermitteln Sie jeweils den Zentralwert (Median).

2 Die Listenverkaufspreise unserer Produkte kalkulieren wir mit unterschiedlichen Gewinnzuschlagssätzen und Nachlässen.

	Gewinnzuschlagssatz	Kundenrabatt	Kundenskonti
Produkt 1	25 %	20 %	3 %
Produkt 2	15 %	5 %	1 %
Produkt 3	20 %	10 %	2 %
Produkt 4	10 %	15 %	2 %
Produkt 5	20 %	10 %	3 %
Produkt 6	25 %	20 %	1 %
Produkt 7	20 %	15 %	2 %
Produkt 8	30 %	10 %	2 %

a) Ermitteln Sie jeweils den häufigsten Wert (Modus).
b) Ermitteln Sie jeweils den Zentralwert (Median).

Sachwortverzeichnis

6691336

Erläuterungen zu den einzelnen Positionen:

① Bestimmte Begriffe der gesetzlichen Gliederungsschemata können nicht in die Nomenklatur des Kontenrahmens selbst übernommen werden, weil sie sich nicht mit einem Konto oder einer Kontengruppe decken. Sie wurden deshalb in Kursivdruck als Zwischenüberschriften an den entsprechenden Stellen des Kontenrahmens eingefügt. Eine Ausnahme bilden demgegenüber die Kursiv-Zeilen der Klasse 8, die als Überschriften zur Abgrenzung von getrennten Funktionsbereichen eingefügt wurden.

② Bestandsrechnerisches Verfahren

③ Bei der Kontengruppe 33 „Ergebnisverwendung“ ergibt sich eine Besonderheit. Sie steht anstelle der Position A IV der Passivseite „Gewinnvortrag/Verlustvortrag“ des Bilanzgliederungsschemas. Eine gleich lautende Bezeichnung für die Kontengruppe erweist sich jedoch als nicht sinnvoll, weil in der Bilanz dieser Posten vom Gesetzgeber nur unter der Voraussetzung einer Bilanzaufstellung „vor Ergebnisverwendung“ oder „nach vollständiger Ergebnisverwendung“ vorgesehen ist. Bei Bilanzaufstellung „nach teilweiser Ergebnisverwendung“ steht an dieser Stelle der Bilanz der Posten „Bilanzgewinn/Bilanzverlust“. In allen drei Fällen ist es aber dieselbe Kontengruppe, die je nach den Voraussetzungen den einen oder den anderen Posten als Saldo ausweist. Es musste daher für die Kontengruppe eine Bezeichnung gewählt werden, die alle Alternativen abdeckt.

④ Wertberichtigungen werden in der Praxis vielfach auf gesonderten Konten oder Unterkonten in der betreffenden Kontengruppe auf der Aktivseite erfasst.

⑤ Die mit den Konten 5400 und 5410 angesprochenen Erträge können je nach den Verhältnissen des einzelnen Unternehmens auch zu den Umsatzerlösen gehören und sind dann in Kontengruppe 50/51 zu erfassen (s. § 277 Abs. 1 HGB).

⑥ Aufwandrechnerisches Verfahren